儒學轉型與經學變古

楊世文 著

上海古籍出版社

四川大學“2035 先導計劃”文明互鑒與全球治理學科群

“儒釋道思想融通創新與人類命運共同體”專項研究成果

四川大學古籍整理與經典文獻研究培育項目

儒學轉型與經學變古（代前言）

一

　　吾國學術,源遠流長。夏商之時,蒙昧初啓,文明草創,"國之大事,惟祀與戎"(《左傳·成公十三年》)。書稱"惟殷先人,有册有典"(《尚書·多士》)。西周之時,學在王官,教有六藝。《禮記·王制》曰:"天子命之教然後爲學……大學在郊。天子曰辟雍,諸侯曰泮宫。"到西周中期,形成了以禮樂爲中心的六藝教育體制。隨着周室東遷,王綱解紐,禮崩樂壞,"天子失官,學在四夷"(《左傳·昭公十七年》),官學教育體制逐漸衰落,過去由王室、官府掌握的學術文化也散落於民間。加之貴族没落,游士崛起,於是私學蝟興,形成"百家争鳴"的局面。王國維論曰:"自周之衰,文王、周公勢力之瓦解也,國民之智力成熟於内,政治之紛亂乘之於外,上無統一之制度,下迫於社會之要求,於是諸子九流,各創其學説,於道德、政治、文學上,燦然放萬丈之光焰。此爲中國思想之能動時代。"①孔子繼承周公開創的文化傳統,以復興周禮爲職志,創立儒家學派,成爲三代禮樂文明的傳承者。孔子"論次《詩》《書》,修起禮樂"(《史記·儒林列傳》),修《春秋》,贊《周易》,系統整理西周以來的文化典籍,確立了儒家的經典體系。司馬遷稱"孔子以詩書禮樂教,弟子蓋三千焉,身通六藝者七十有二人"(《史記·孔子世家》)。又説:"自孔子卒後,七十子之徒散游諸侯,大者爲卿相師傅,小者友教士大夫,或隱而不見。故子路居衛,子張居陳,澹臺子羽居楚,子夏居西河,子貢終於齊。如田子方、段干木、吴起、禽滑釐之屬,皆受業於子夏之倫,爲王者師"(《史記·儒林列傳》)。可見,孔子之後,弟子散布各國,傳道授業,宣傳

----

① 王國維:《静庵文集·論近年之學術界》,遼寧教育出版社,1997 年,第 112 頁。

儒家文化。另外,曾子作《孝經》,子思作《中庸》,發展了儒家理論體系。孟子、荀子也主要從事教育活動,對儒家思想的發展、儒家經典的傳授做出了重大貢獻。戰國時期,儒家是當時"顯學",在百家爭鳴中處於"諸子之首"的地位。儒家内部也産生分化,故韓非有所謂"儒分爲八"之説。① 與此同時,儒家學術思想不斷完善,儒家經典的傳授與闡釋没有中斷,近年來出土的大量戰國秦漢竹書可證。

但是,先秦儒學還僅僅是諸子中的一家,由於没有取得政治權威的認同,儒學始終還祇是子學。儒學在秦代還遭遇了焚坑事件,在"偶語《詩》《書》棄市"(《史記·秦始皇本紀》)的屬禁之下,儒家典籍淪散,儒學發展受到了極大的壓制。秦尚法術,滅禮樂,暴戾殘虐,故天怒人怨,陳勝、吳廣大澤一呼,天下響應,秦以二世而亡。漢興,除挾書之律,山岩屋壁之藏紛紛出世,重見天日。但西漢前期,天下殘破,諸事草創,故君臣多行"無爲"之政,休養生息,學尚黄老。不過儒家的地位亦有所提高,儒家的思想主張和禮樂文化得到部分統治者的接受和推崇。漢高祖原來輕視儒家,後被叔孫通制定的威儀所折服,轉而重視儒家。漢惠帝深受儒家思想影響,是一位"寬仁之主"。漢文帝時,"博士諸生刺《六經》中作《王制》,謀議巡狩封禪之事"(《史記·封禪書》),開始徵用文學之士爲官。西漢前期還出現了如楚元王、河間獻王那樣提倡儒學的王侯,以及賈誼那樣强調"仁義"的政論家,申公、轅固、韓生、伏生、胡母生、董仲舒等大批傳授儒家經典的儒生。

儒學演變爲經學,是與政治地位的提升同步的。漢朝建立之初,爲了復興經濟,穩定統治,奉行"清静無爲"的政策,儒家的那套繁文縟禮暫時派不上用場。文、景二帝逐漸留意學術,廣開獻書之路,並爲儒經設置專經博士,同時,諸子、傳記也立有博士,反映漢初文、景之時學術文化包容各家的特點。漢武帝即位後,用竇嬰、田蚡爲相,重視儒學。但直到建元六年(前135)竇太后去世,儒學才取得了政治上的優勢。次年,朝廷即徵文學之士公孫弘等,史稱"公孫弘以《春秋》,白衣爲天子三公,封以平津侯,天下之學士靡然鄉風矣"(《史記·儒林列傳》)。到元朔五年(前124),又採納公孫弘、董仲舒等人的建議,爲博士置弟子員五十人,

---

① 《韓非子·顯學篇》。所謂"儒分爲八"祇是一個籠統的説法,並不準確。

"復其身"。博士弟子及受業如弟子者,能通一藝以上,可補文學掌故缺,其優秀者可以爲郎中。其餘官吏,也多用經學之士。"自此以來,則公卿大夫士吏斌斌多文學之士矣"(《史記·儒林列傳》)。通經可以作卿相,這是對漢初"無功者不得封侯"的祖宗家法的突破,利禄之途開,經學遂大盛。

西漢前期儒家學説的復蘇和發展,爲董仲舒完成對先秦儒學的改造和漢武帝獨尊儒術奠定了基礎。董仲舒將陰陽家、法家、名家甚至道家的一些思想引入儒學,其《天人三策》《春秋繁露》則是以儒家爲主,集先秦秦漢之際思想大成的理論結晶。尤其是他倡導的《春秋》"大一統"思想,適應了漢武帝時代的客觀形勢,故深受武帝賞識。他建議"諸不在六藝之科、孔子之術者,皆絕其道,勿使並進",獲得漢武帝首肯,於是"卓然罷黜百家,表章六經"(《漢書·武帝紀》),從此結束了思想界長達數百年的百家爭鳴局面,儒家學説成爲王朝的正統思想。這是儒學發展史上的第一次重大轉型,即由民間走向廟堂,由私學轉爲官學,儒學變爲經學。班固《漢書·儒林傳贊》:"自武帝立五經博士,開弟子員,設科射策,勸以官禄,訖於元始,百有餘年,傳業者浸盛,枝葉蕃滋,一經説至百餘萬言,大師衆至千餘人。蓋禄利之路然也。"由於利禄之途大開,經學風氣轉盛,終於出現了兩漢"經學昌明"與"經學極盛"時代。

二

西漢武帝以後,直到東漢末年,是經學極盛時代。但在元帝、成帝之前,王朝尊崇的主要是今文經。大量的用先秦六國文字所寫的古文經在民間傳授,或保存於秘府。直至西漢末年,由於劉歆的提倡,爲古文經爭政治地位,於是形成今文、古文的爭論。

兩漢經學在東漢後期達到高峰,表現之一是出現了衆多兼通五經和今古文家法的大師,漢代經學進入了總結和集大成的階段。今文經學最著名的大師,西漢有董仲舒,東漢有何休。《公羊春秋》是今文經學最重要的經典,西漢董仲舒的《春秋繁露》是漢代公羊學的代表作,班固《白虎通德論》將公羊學理論法典化,何休《公羊解詁》則對漢代公羊學進行了總結,理論體系更加完整。清代後期今文學復興,以及借之實行改制,所依據的理論,以何休《解詁》爲多。

　　漢代最爲後人稱道、被譽爲“漢學正宗”的是以賈、馬、許、鄭爲代表的所謂古文經學,鄭玄集其大成。鄭玄周旋於當時諸經學名家之間,轉益多師,博通今古,遍注群經,旁及天文、曆算、緯候之學,著述達百萬言,成一代大儒(《後漢書·鄭玄傳》)。鄭玄之學,既是漢學極盛的標志,也是漢學衰落的轉捩點。鄭玄之學行世,博士家法遂趨衰亡。

　　鄭學出來之時,正值漢魏喪亂之際。時代的巨變也帶來了學術的變化。荆州諸儒崛起,標榜新學。隨後王肅之學興起,借貶斥鄭學標新立異,提高自己在學術上的地位。王肅也遍注群經,用今文家的觀點攻鄭玄的古文説,用古文家的觀點駁鄭玄的今文説,同時又憑藉政治權勢,把所注《尚書》《詩經》《三禮》《左傳》以及其父王朗的《易傳》立於學官,設置博士。在西晉時代,“王學”占據了統治地位。

　　同時,戰亂也導致了兩漢今文家法的消亡。永嘉之亂以後,“《易》亡梁丘、施氏、高氏,《書》亡歐陽、大小夏侯,《齊詩》在魏已亡,《魯詩》不過江東,《韓詩》雖存,無傳之者,孟、京、費《易》亦無傳人,《公》《穀》雖在若亡。晉元帝修學校,簡省博士,置《周易》王氏,《尚書》鄭氏,《古文尚書》孔氏,《毛詩》鄭氏,《周官》《禮記》鄭氏,《春秋左傳》杜氏、服氏,《論語》《孝經》鄭氏博士各一人。太常荀崧上疏,請增置鄭《易》《儀禮》及《春秋公羊》《穀梁》博士各一人,時以爲《穀梁》膚淺不足立。王敦之難,復不果行。晉所立博士,無一漢十四博士所傳者,而今文之師法遂絶”①。

　　魏晉南北朝時期,政治腐敗,干戈頻興,篡亂相乘。前後歷經數百年,而太平統一時間不到十分之一。但是,動蕩的政治環境並没有阻斷學術文化之發展,“學術尚有傳統,人物尚有規儀,在文化大體系上,亦多創辟”②。因此,這一時期的文化學術成就仍然可觀。儒學的成就,也主要體現在經學上。《十三經注疏》是宋以前經學成果之總結,我們可以看到,《易》王弼注,《論語》何晏集解,《左傳》杜預集解,《穀梁》范甯集解,《爾雅》郭璞注,以及後世備受爭議的《古文尚書》孔安國傳,都出於魏晉時期。當時還創造了一種“義疏”新體,惜多佚失,今存皇侃《論語義疏》

---

① 皮錫瑞:《經學歷史·經學中衰時代》,周予同注釋本,中華書局,1959年,第160頁。
② 錢穆:《略論魏晉南北朝學術文化與當時門第之關繫》,載《中國學術思想史論叢》第三册,東大圖書公司,1982年,第134頁。

尚可見大略。唐孔穎達等纂集《五經正義》，疏之部分大多取自南北朝。總的説來，這一時期儒學獨尊局面雖然被打破，但正統地位並没有喪失，儒學仍然是社會的支配力量和主要意識形態。這個時期既是經學由分而合的歷史過程，也是儒、佛、道三教競爭、吸納，不斷充實自身理論體系的歷史過程。

魏晉南北朝時期的經學，雖然較兩漢時期發生了一些變化，特別是玄學的興起，王弼易學摒棄象數，專談義理，一時玄風盛熾，援老、莊、佛教思想説經，但是，這主要發生在《周易》《論語》等少數幾部經典之中。此時儒者治經，在解經方法上雖然孕育着不少變化，但從整體上説没有突破漢儒的傳統，不足以形成新的解經範式。所以，魏晉南北朝時期的經學，可以看成是漢代經學的餘波。魏晉到唐代中期之前，實際上是漢代經學的延續與發展。

三

唐初完成了政治的統一以後，又組織學者釐定五經文本，建構統一的經典解釋模式。需要指出的是，唐初經學的統一並非一蹴而就，而是經歷了相當長的複雜的歷史過程。學者多注意到南北朝時期南北學術的差異。其實這種差異祇是相對的，並非想象的那樣迥然不同。儘管這個時期南北儒學如雙水分流，各有淵源，但二流歸海的趨勢也開始出現。特別是南北朝後期，南學北傳，北方學者中出現了劉炫、劉焯等兼通南學的大儒。南北兼融、南學勝出成爲當時的學術大趨勢。因此唐初儒學統一既是時代政治的必然選擇，也是符合南北學術發展的内在理路的。

唐初編纂《五經定本》《五經正義》，對儒家典籍及漢魏以來的注疏作了系統的清理。《定本》及《正義》的頒布，標志着唐初最終完成了南北經學的統一。雖然這種統一帶有明顯的"欽定"的官學特徵，但並不是各家學説、不同觀點、不同解釋的終結。《五經正義》集漢唐經學之大成。顏、孔諸儒對五經及注疏的整理，在當時就引起了一些學者的非議。雖然南北經學統一是學術發展的大趨勢，但官學之外，學者門派師法不一，不可强求一致。何況孔穎達《正義》也並非無懈可擊。《正義》甫成，就招致博士馬嘉運的批駁，朝廷不得不下令重定。此後批評者不乏其人。正如馬宗霍所説："蓋官學雖尊，而執守一家之言，每不足以厭通人之望，緣罅思難,亦其勢也。"①

　　學隨世變,是中國古代學術發展的一個顯著特點。中國古代社會發展到唐代中期,在社會生活、政治制度、學術文化等諸多方面都發生了巨大的變化。陳寅恪先生在《論韓愈》一文中說:"綜括言之,唐代之史可分爲前後兩期,前期結束南北朝相承之舊局面,後期開啓趙宋以降之新局面,關於政治、社會、經濟者如此,關於文化學術者亦莫不如此。"②許多其他中外學者也有類似看法。蒙文通先生提出以唐代爲中心,將中國史分爲二大階段(唐前、唐後)、五個時期(以晚周,建安,正始,天寶,大曆,正德、嘉靖爲轉捩點)。他認爲唐前、唐後中國歷史變化最大、最劇,因此中唐可以説是中國歷史上最大的一個轉型時期。雖然此前、此後中國歷史也發生過多次重要的變化,但這些變化都是局部的。而唐宋之際的變化則是廣泛的、深刻的、全面的,影響後期中國封建社會是深遠的。③ 唐長孺先生也從社會經濟的變化、門閥的衰弱和科舉制的興起、軍事制度的變化、學術思想的變化等方面進行了系統的論述。④ 日本學者内藤湖南則把唐代作爲中國歷史從"中古"向"近世"轉變的分水嶺。⑤ 美國漢學家包弼德(Peter K.Bol)立足於對古代知識精英"士人"身份地位轉變的考察,認爲唐宋之際"士人"從門閥士族向文官、再向地方精英轉變,論證了唐宋之際是中國古代思想轉型的關鍵時期。⑥

　　唐宋之際的變革在儒學、經學上有充分的反映。漢代經學號稱"極盛",但是,也存在着兩個最大的問題:一是支離繁瑣,二是缺乏義理深度。漢代經生對經典的闡釋,往往側重於對章句訓詁的考辨,糾纏於名物制度等細枝末節,而對儒學思想的闡發相對薄弱。因此,經學實際上

① 馬宗霍:《中國經學史》,商務印書館,1936 年,第 103 頁。
② 陳寅恪:《金明館叢稿初編》,上海古籍出版社,1980 年,第 296 頁。
③ 蒙文通:《中國歷代農産量的擴大和賦役制度及學術思想的演變》,原載《四川大學學報(哲學社會科學版)》1957 年第 2 期,收入《蒙文通文集》第 5 卷《古史甄微》,巴蜀書社,1999 年,第 253—380 頁。
④ 唐長孺:《魏晉南北朝隋唐史三論》第三篇《論唐代的變化》,武漢大學出版社,1993 年。
⑤ 内藤湖南:《中國近世史》,中譯本收入《中國史通論——内藤湖南中國歷史論著選譯》,社會科學文獻出版社,2004 年。
⑥ 包弼德:《斯文:唐宋思想的轉型》,劉寧譯,江蘇人民出版社,2001 年。

等同於訓詁學、文獻學。魏晉以後，佛教、道教經過長期的改造、發展，已經建立起了一整套系統的理論，大有與儒學爭奪思想陣地的架勢。中國古代知識精英最害怕的就是"以夷變夏"，害怕儒學失去正統思想的地位。所以中唐以後，出現了一股儒學革新運動。這個運動既是儒學對外來挑戰的回應，也是儒學自身發展要求的必然結果。中唐儒學革新運動反映在經學領域，主要表現在三個方面：一是以劉知幾爲代表，對一些儒家經傳提出疑問；二是以啖助、趙匡、陸淳爲代表的新經學運動；三是以韓愈、李翱爲代表，試圖建立儒家的道統論與心性之學。這三個方面既是儒學開始第二次大轉型的標志，也是中唐以來經學變古的主要內容。

唐代中期的文化變動和由此帶來的儒家經學研究上的巨大變化，對宋代文化產生了重要的影響。我們可以看到，宋代的儒學革新運動其實是中唐以來學術思想的繼續發展與深化。宋學所要解決的問題以及討論的主題，如建立新的儒學本體論、心性論與功夫論，以抗衡佛、道二教的挑戰；經學方面，捨棄繁瑣的章句注疏，直接探求經典的本義，重視對儒學義理的闡發；並對儒家經典進行辨疑，清除其中的"僞經""僞說"。所有這些方面，都已經由中唐儒者發其端。宋儒繼續中唐學者開創的事業，並加以發揚光大，建立起了一種區別於漢學的新的儒學與經學範式——後世稱之爲宋學。

四

宋儒雖然大多標榜"義理之學"，但治學也是從整理研究古代經典入手的。他們在對前人成説甚至某些經書本身進行考證、辨疑的同時，又將一些較爲抽象的倫理規範、政治原則精密化、哲理化，使之具有更大的適用性。義理與考證互相依存，同樣都是爲了現實社會政治需要。宋代學者勇於疑古，他們追求的目標是：超越漢唐，直接孔孟。因此注重義理，闡明道統。從宋代學術的發展來看，懷疑、創新、開拓、求實精神，在義理和考據兩個方面都充分地表現出來。一方面，他們從時代特點和現實需要出發，根據自己對"聖人之意"或"經典本義"的理解來解説經書、移改經書，進行義理的探求，試圖將儒家傳統的政治倫理規範建立在理性認識和邏輯思辨的層次上。另一方面，他們又努力突破傳統的學術範式，開創新的學術門類，希望在更大的時間、空間範圍內，對整個歷史文

化重新加以研究,從新的角度、新的觀點出發,利用新的方法、新的材料,
對儒學文化的載體——儒家經典進行重新審視,對前人的成果進行反
思。與恪守師説、盲從權威、遵循疏不破注原則的漢唐諸儒相比,宋人的
考證更能體現自己的理性認識,更具有個性,因此他們取得的成果更具
新意和創見。當然,義理與考據這兩個方面,表現在具體的學者身上,是
各有側重的。一般來説,除陸九淵心學一派外,大多學人都兼顧了這兩
個方面。劉敞、歐陽修等人是開創宋代疑古、考證風氣的人物。歐陽修
在《讀書》一詩中寫道:"正經首唐虞,僞説起秦漢;篇章異句讀,解詁及箋
注;是非自相攻,去取在勇斷。"他曾對《周禮》《周易》《毛詩序》等儒家經
典提出了疑問,理由就是書中有"自相乖戾,則曲爲牽合而不能通"的地
方。劉敞的經學著述雖以自出新意、增改經文著稱,但也不乏學術方面
的創見。他的《七經小傳》以己意説經,而在論及漢唐舊説時,也有不少
精見。他還善於依據金石銘文來考證古代的典章制度,對禮樂制度尤其
熟悉。南宋的朱熹是理學的集大成者,但他的博學多識,善於考證也是
人所共知的,義理之學與考證之學在朱熹那裏實現了統一。至於鄭樵、
洪邁、黄震、王應麟等人,更以精通考證而聞名。

　　宋人學風,影響深遠。元、明之學,都是宋學緒餘。清初諸大師雖然
力矯晚明空疏之習,提倡實事求是,但"皆以宋學爲根柢,不分門户,各取
所長,是爲漢宋兼采之學"①。直到清代中葉,這種局面才有所改變。乾
嘉時期,考據之學勃興,學術界幾至"家家許、鄭,人人賈、馬"。此時,"漢
學昌明,遍於寰宇,有一知半解者,無不痛詆宋學"②。儘管如此,完全否
定宋學的論點並不多見。乾隆時四庫館臣尊漢抑宋的傾向非常明顯,但
對於宋人學術也不完全否定,承認漢學、宋學各有所長:"夫漢學具有根
柢,講學者以淺陋輕之,不足服漢儒也。宋學具有精微,讀書者以空疏薄
之,亦不足服宋儒也。消融門户之見,而各取所長,則私心祛而公理出,
公理出而經義明矣。"③在具體的經典研究上,紀昀評論説:"《尚書》《三
禮》《三傳》《毛詩》《爾雅》諸注疏,皆根據古義,斷非宋儒所能。《論語》

---

① 皮錫瑞:《經學歷史·經學復盛時代》,周予同注釋本,第 341 頁。
② 江藩:《國朝宋學淵源記》卷上(《國朝漢學師承記》附),中華書局,1983 年,第
　　154 頁。
③ 永瑢等:《四庫全書總目提要》卷一《經部總序》。

《孟子》，宋儒積一生精力，字斟句酌，亦斷非漢儒所及。蓋漢儒重師傳，淵源有自；宋儒尚心悟，研索易深。漢儒或執舊文，過於信傳；宋儒或憑臆斷，勇於改經，計其得失，亦復相當。"①

在經典闡釋方面，漢儒、宋儒各有得失。清代漢學家對宋儒經學也並非一概排斥。江藩作《國朝漢學師承記》《國朝宋學淵源記》，強調漢學、宋學的對立，批評"濂、洛、關、閩之學，不究禮樂之源，獨標性命之旨，義疏諸書，束之高閣，視如糟粕，棄等弁髦。蓋率履則有餘，考鏡則不足也"。江藩謹守漢學門户，對宋儒棄先儒古義爲土梗的作法十分不滿，斥之爲"邪説詭言，亂經非聖"②。龔自珍即致書商榷，認爲"漢學"之名有十未安，而最有關繋的有三點："若以漢與宋爲對峙，尤非大方之言；漢人何嘗不談性道！""宋人何嘗不談名物訓詁？不足概服宋儒之心。""近有一類人，以名物訓詁爲盡聖人之道，經師收之，人師擯之，不忍深論，以誣漢人，漢人不受。"③

龔自珍反對過分强調漢學、宋學之間的差別，認爲宋儒雖以講明義理爲長，但也不廢名物訓詁，不能以講義理或講訓詁來界定漢學、宋學之分野。這種看法是有道理的。不過，宋儒比較重視義理，這是不争的事實。至少給人的表面印象是如此。因此不少學者將清學看成是對宋學的反動，是宋學的對立物。但也有學者不同意這種觀點。他們不否認清學有其創造性，但强調宋明理學的傳統在清代仍有其生命力。如馮友蘭認爲："漢學家之義理之學，表面上雖爲反道學，而實則係一部分道學之繼續發展也。"④錢穆更認爲清學必溯源於晚明遺老，孫奇逢、黄宗羲、李顒、王夫之、陸世儀、顧炎武、張爾岐、顏元等一世魁碩"靡不寢饋於宋學"；此後李塨、方苞、李紱、全祖望以及江永等人，都與宋學有"甚深契諧"；此時已及乾嘉，"漢學之名始稍稍起"。但是清代漢學家並非不重視宋學，也並非不談義理；其宋學修養往往影響到他們的考據之學。錢穆

① 紀昀：《閲微草堂筆記》卷一，清嘉慶五年（1800）北平盛氏望益書屋刻本。
② 江藩：《國朝漢學師承記》卷一，中華書局，1983 年，第 4 頁。
③ 龔自珍：《與江子屏箋》，見《龔自珍全集》，王佩諍校點本，中華書局上海編輯所，1959 年，第 347 頁。
④ 馮友蘭：《中國哲學史》，中華書局，1984 年，第 975 頁。

甚至認爲："漢學諸家之高下淺深,亦往往視其宋學之高下淺深以爲判。"①馮、錢二先生在不否認清學的創新意義的同時,又注意宋學在清代的延續性,比較接近情理。

<h2 style="text-align:center">五</h2>

清代的官方儒學還是理學。從清初到康熙、雍正時期平定了各地反抗武裝後,爲了鞏固中央集權統治,程朱理學再次作爲官方學術而被提倡。但清代理學家多承宋明緒餘,殊少新創。清初科舉考試,仍沿明制,以"四書五經"爲考試內容,以程朱等理學家之疏解爲標準。康熙帝頒布《聖諭十六條》,雍正帝又據此補充發揮,號爲"聖諭廣訓","意取顯明,語多質樸"(雍正帝序)。這些貫穿着理學社會政治思想的"聖諭"被作爲大衆教育的範本,經過各級官吏的不斷宣講,家喻户曉,成爲當時社會的核心價值觀。需要注意的是,程朱理學在清代雖爲官方哲學和全社會的統治思想,但在學術研究領域,與宋學對立的漢學,却得到前所未有的發展,蔚爲顯學。

清代理學也依榜於經學,特別是對四書五經的闡釋更是如此。不過,隨着漢學的復興,以考訂辨釋經書本義爲指歸的古文經學受到推崇。廣義的漢學,包括了經學、史學、音韻、文字、訓詁、金石、輯佚等諸多領域中的考據之學。漢學注重實證,因而又被稱爲樸學。清代漢學自清初顧炎武開其端,中經閻若璩、胡渭等人的推闡,至乾隆、嘉慶時期,惠棟、戴震、錢大昕發揚光大,迄段玉裁、王念孫、王引之達到極盛。乾嘉學者繼承漢代經學家考據訓詁的方法,加以條理發展,治學以解經爲主,以漢儒經注爲宗,學風樸實嚴謹,不尚空談。通過古字古音以通古訓,通古訓然後明經義,是其共同的學術主張。這是中國儒學史上的第三次大轉型。

清代中後期,今文經學再次興起。今文經學在漢代曾盛極一時,魏晉以後,即已衰絶。千餘年間,今文經學湮没無聞,久成絶響。乾隆時又開始受到學者的注意,至嘉慶時竟然蔚爲新興的學派,對思想界產生了深遠的影響。這是因爲嘉慶以後,以治古文經爲特徵的漢學漸趨衰落。隨着清朝各種社會矛盾、內憂外患的突顯,議政革新之風日漸興起。今

---

① 錢穆:《中國近三百年學術史》,商務印書館,1997 年新 1 版,第 1 頁。

文經學既可以在經學領域開闢學術研究的新境，又可以在政治生活中成爲托古改制的工具。沉寂千年的今文經學於是又受到人們的重視而得以復蘇。莊存與、劉逢祿、宋翔鳳等開風氣於前，中經龔自珍、魏源等人的發展，到晚清有廖平、康有爲、梁啓超諸人出，以公羊學爲變法張本。隨着變法的失敗，傳統儒學與經學也受到前所未有的質疑和挑戰。

1901 年，清政府不得不明諭變科舉、廢八股、興學校，1905 年下令廢止科舉。面對西學輸入後經學行將消亡之窘況，清政府在進行學制改革的同時，千方百計地在新學制中給經學留下一席之地。如《學務綱要》明文規定：“中小學號，宜注重讀經義、存聖教。”張之洞等人擬定的新學制中，小學、中學皆有讀經之課，高等學有講經之課，大學堂、通儒院則以精深經學列爲專科，希望通過這些課程的設置，達到“尊崇聖道”“保存古學”之目的。不僅如此，在張之洞設計的大學堂學制中，專門設有經學科，分爲十一門：周易學門、尚書學門、毛詩學門、春秋左傳學門、春秋三傳學門、周禮學門、儀禮學門、禮記學門、論語學門、孟子學門、理學門，並對各門類講授的科目及講授法作了詳細的規定。張之洞等人還建議在地方上設立“存經”“存古”學堂，以保存國粹。1911 年 4 月，清政府學部頒布《奏修訂存古學堂章程》，將經學、史學、詞章三門舊學定爲存古學堂主要學科，並對經學門研習科目作了規定。儘管這些規定非常細密，但在清末西學大潮衝擊下的傳統經學，畢竟無法適應近代新式學堂講授及學科整合的需要，因而日益受到人們的冷落。1912 年民國成立後，經學科正式從分科大學中取消，經學及其所屬之典籍，被分解歸併到文、史、哲等近代學科體系中，傳統經學因失去其必要的生存空間而漸趨衰亡。

隨着帝制時代的結束，以經學爲特徵的傳統儒學失去了制度上的依榜，走下神壇，成爲被批判、審視和研究的對象。在這前後一百年的時間裏，由於政治和社會環境的變化，經學研究也呈現出不同的態勢，其發展的進路，可以説是大起大落、曲折多變。從整體上來講，經學研究具有明顯不同於以往的特點。隨着新的學科體系的建立，傳統經學研究的範式被突破，經學不再獨立，成爲現代文史哲研究的有機組成部分。

總之，從漢代開始，中國思想學術進入了經學時代，孔子被視爲無上的權威，經典、聖人與聖道三位一體，儒家經典同樣具有神聖的地位。人們詮釋經典，或疏通章句，訓釋字義，或發掘微言，創通大義，這是傳統經學家治經的"正途",也是歷代儒者表達思想、發展儒學的主要方式。孔子之後,儒學經過三次大的轉型:第一次是漢代(歷魏晉迄唐前期),儒學由私學提升爲官學,轉型爲經學;第二次是中唐(歷宋元迄明末),儒學由章句注疏之學轉型爲義理之學;第三次是清代,理學轉型爲重訓詁考據的樸學。與此相應,經學也經過三次"變古":漢代變周秦之古,中唐變漢唐(前期)之古,清代變宋明之古。當然,三次大轉型之間還有若干小的轉型,如西漢、東漢之際今文學與古文學的興衰,魏晉時期儒學、經學的玄學化,宋明理學、心學之轉圜,清代後期漢宋之爭以及今文學的興起,等等。

　　進入 20 世紀,由於儒學權威的打破和現代西方學術理論方法的引入,經學不再是明道通聖的工具,變成了文學、史學或哲學的研究對象;學者們研究經學的目的,變成了對儒家思想的闡發與評價,對經典文獻的重新審視與考證,對經典中的文學美的闡釋與發現,經學的研究進入一個新的天地。與此同時,爲應對"古今""中西"文化的沖突,適應社會的變遷,強調"返本開新""綜合創新",注重發掘儒學當代價值的新儒學興起,爲儒學的未來發展打開了一個新的空間。這可以視爲儒學的第四次大轉型,這個轉型過程還在繼續。

　　本書選録的二十餘篇文章,寫作時間不一,跨度較長,然而所論基本上跟儒學轉型與經學變古相關。從中唐的韓、柳、李、啖,到宋代新經學形態的確立,以及明末劉宗周、清中葉戴震、近代的廖平,兼及近百年的儒家經典研究,皆反映了轉型時代儒學、經學發展的某些特點。故不揣譾陋,敝帚自珍。知我罪我,俟諸君子。

目　　録

韓愈的儒學文化觀及其歷史意義

韓愈作爲唐代著名的文學家、思想家,儘管生前生後褒貶莫一,但總的説來,一直享有很高的聲名。蘇軾在《潮州韓文公廟碑》一文中贊揚説:"自東漢以來,道喪文弊,異端並起,歷唐貞觀、開元之盛,輔以房、杜、姚、宋而不能救。獨韓文公起布衣,談笑而麾之,天下靡然從公,復歸於正,蓋三百年於此矣。文起八代之衰,而道濟天下之溺。"①對於韓愈的歷史地位給予了經典性的評價。本文擬從文化史的角度,對韓愈的儒學文化觀作再探討,不當之處,祈方家教正。

一、維護儒學文化的主體地位

韓愈的歷史地位,並不是因爲他是一位有影響的政治家而取得的。他在文學上、思想上的建樹,遠遠超過了他在政治上的建樹。他除了以一代文宗著稱外,還力排釋老,"扶樹教道",挽救儒家文化的危機,致力於儒學創新。在文學革新與儒學創新之間,以"文以載道"的形式貫穿了起來。唐代的古文運動與儒學復興運動,是作爲一對孿生兄弟,幾乎同時誕生的。

由韓愈倡導的儒學復興運動,有其深刻的社會文化背景。

首先,佛、道二教的昌熾,給儒家文化的主體地位造成了嚴重的威脅。

佛教自傳入中國後,歷經魏晉南北朝,到唐代而發展到了高峰。與此同時,引發出一系列的社會問題。在韓愈之前,許多有識之士對佛教的危害都有所揭露。如狄仁傑曾指出:

> 里陌動有經坊,閭閻亦立精舍。化誘倍急,切於官徵,法事所
> 須,嚴於制敕。膏腴美業,倍取其多;水碾莊園,數亦非少。逃丁避

---

① ［宋］蘇軾:《東坡全集》卷八六《潮州韓文公廟碑》,影印文淵閣四庫全書本。

罪,併集法門,無名之僧,凡有幾萬,都下檢括,已得數千。且一夫不耕,猶受其弊;浮食者衆,又劫人財。①

武周一世,"鑄浮屠,立廟塔,絕無虛歲",到肅宗、代宗、德宗、順宗時,信佛佞佛之風更盛,中外臣民,如癡似狂,"承流相比,皆廢人事而奉佛"。唐代宗"常於禁中飯僧百餘人,有寇至則令僧講《仁王經》以禳之,寇去則厚加賞賜。胡僧不空,官至卿監,爵爲國公,出入禁闥,勢移權貴,京畿良田美利,多歸僧寺"②。德宗貞元六年,"詔出岐山無憂王寺佛骨迎置禁中,又送諸寺以示衆,傾都瞻禮,施財巨萬"③。德宗迎佛骨於禁中拜奉,已開憲宗迎佛骨之先河。佛教勢力的惡性發展,對國家的政治生活和社會經濟造成了嚴重危害。加之帝王、大臣多焚香禮佛,將儒家思想棄之不顧,而以佛教義理作爲安身立命的基礎,這勢必威脅到國家意識形態——儒家學説的地位。韓愈在一首詩中,以飽含文化憂患的筆觸寫道:

> 佛法入中國,爾來六百年。齊民逃賦役,高士著幽禪。官吏不之制,紛紛聽其然。耕桑日失隸,朝署時遺賢。④

因此,儒家文化面臨嚴峻的挑戰。

除佛教之外,道教對唐代社會生活也具有相當大的影響。因唐皇室姓李,道教徒因緣附會,造説老子(李耳)爲唐室之祖先,故道教自唐初以降,即逐漸取得政治、社會上的地位,至玄宗時而極盛,如以道士、女冠隸宗正寺,尊崇老子以帝號,爲之立廟,祀以祖宗之禮。除以《老子》爲《道德經》外,更名莊、文、列、庚桑諸子爲《南華》《通玄》《冲虛》《洞靈》等經,並設崇玄學以課生徒,同於國子監。更爲可笑的是,東漢班固作《漢書·古今人表》,將老子列爲第三等,唐代升爲一等,並號老子妻爲先天太后。塑像時還把孔子像侍於老子之側。三教序位爲道教在先,儒教爲次,釋教爲末。唐玄宗還親自爲《老子》作注,頒之全國,下詔要求"士庶家藏一

---

① [後晉]劉昫等:《舊唐書》卷八九《狄仁傑傳》,中華書局,1975年。
② [宋]司馬光:《資治通鑑》卷二二四《唐紀》四十,中華書局,1956年。
③ [宋]司馬光:《資治通鑑》卷二三三《唐紀》四十九。
④ [唐]韓愈:《送靈師》,見錢仲聯《韓昌黎詩繫年集釋》卷二,上海古籍出版社,1984年。

本,乃勸令習讀,使知指要"①。唐代很多帝王還迷信道教長生術,服食煉丹,對唐代政治、經濟造成了一定的危害。

其次,面對異質文化的威脅,傳統儒學在此時逐漸顯得蒼白無力,缺乏應戰能力。

先秦儒學發展到漢代,經董仲舒等人的改造,在意識形態領域中取得了獨尊的地位。但這是以犧牲它的活力爲代價的。以章句訓詁爲主要形式的繁瑣方法代替了對儒家義理的發揮。而佛、道二教發展到唐代,各自形成了自己的理論體系。特別是佛教關於心性義理之探討,較之變得刻板枯燥的儒學,對知識份子具有很大的吸引力。而佛教的來世說、輪迴說,道教的長生術、神仙說,不僅招來了大批士大夫信徒,對於生活在社會底層的廣大勞苦大衆,也無疑是一種精神安慰劑。因此,寺觀香火之興盛,與孔門氣氛之冷落,形成了鮮明的對比。儘管唐太宗、高宗欽定的《五經正義》被作爲科舉考試的標準,並集漢以來注疏學之大成,促進了經學的統一,但並沒有形成一個足以與釋、老抗衡的新儒學理論體系。唐代經學只不過承繼了南北朝以來的繁瑣方法。高宗、則天之後,偏重進士詞科之選,明經一目僅爲中材以下進身之階,爲人所不重。所以到韓愈時代,其社會政治地位一落千丈。因此,經學統一對儒學在文化意義上的復興並無多大的作用。

儒家文化在韓愈時代大體上面臨着上述兩個緊迫的危機。據韓門弟子沈亞之《送洪遜師序》云:"自佛行中國已來,國人爲緇衣之學多幾與儒等,然其師弟子之禮,傳爲嚴專。到於今世,益則儒道少衰,不能與之等矣。"②皇甫湜《送孫生序》也說:"浮屠之法,入中國六百年,天下胥而化。其所崇奉乃公卿大夫。"③由此可知,當時士人多信佛,足見儒學文化危機之深。

韓愈受時代召喚,首先舉起了復興儒學的大旗。他的努力目的是要喚起士大夫的群體自覺,以儒家之學而不是以佛、老之教作爲安身立命之地。因此,他首先從排擊佛老、"扶樹教道"入手。

---

① ［金］佚名:《龍角山記》"唐明皇詔下慶唐觀",正統道藏本。
② ［唐］沈亞之:《沈下賢集》卷九,四部叢刊本。
③ ［清］董誥等:《全唐文》卷六八六。

韓愈認爲佛教傳入中國是“亂華”。他在《贈譯經僧》一詩中寫道：“萬里休言道路賒，有誰教汝度流沙？只今中國方多事，不用無端更亂華。”他的反佛言論主要存於《原道》《論佛骨表》和其他一些詩文中。①

在《原道》一文中，韓愈列舉了佛教流行給社會帶來的三項弊端和闢佛的三項理由。（1）佛教、道教盛行，造成白食者衆多。與韓愈同時的彭偃曾指出：“今天下僧道，不耕而食，不織而衣，廣作危言險語，以惑愚者。一僧衣食，歲計約三萬有餘，五丁所出，不能致此。舉一僧以計天下，其費可知。”②韓愈更進一步指出：“古之爲民者四，今之爲民者六；古之教者處其一，今之教者處其三。農之家一，而食粟之家六；工之家一，而用器之家六；賈之家一，而資焉之家六。奈之何民不窮且盜也！”（《原道》）他認爲佛、道二教的廣泛流傳，大量人口不事生產，造成社會財富不足，影響了社會安定。這是經濟上的原因。（2）佛教“必棄而君臣，去而父子，禁而相生養之道”，即有悖於中國傳統的君臣父子之道，不合中華的倫理道德。（3）信佛乃是“舉夷狄之法，而加之先王之教之上，幾何其不胥而爲夷也”，即佛教作爲外來的異質文化，卻大有凌駕於中華本土文化之上之勢，這有悖於孔子以來儒家“用夏變夷”的精神，是“用夷變夏”，有可能喪失中華固有的民族文化特徵。

在《論佛骨表》中，韓愈也講了三點理由作爲反佛依據：（1）從華夷之辨出發，指斥佛教爲“夷狄之法”，與中國先王之教相悖違。（2）從歷史經驗來驗證佛教的效果，指出佛法傳入中國之前，百姓安樂壽考，自有佛法以後，反而“亂亡相繼，運祚不長”，“宋、齊、梁、陳、元魏以下，事佛漸謹，年代尤促”。由此得出結論——“事佛求福，乃更得禍”。（3）指出天子帶頭崇佛，會煽起宗教狂熱，出現“焚頂燒指”“解衣散錢”的情況，以至“斷臂臠身，以爲供養者，傷風敗俗，傳笑四方”。這是從教化角度上講，將瘋狂的拜佛行爲看成野蠻不文明的表現。

韓愈站在中華本位文化的立場上，以儒家文化爲華夏正統，佛是夷狄之法，不合中華民族的文化傳統。他的反佛論點，或着眼政治經濟，或

① 以下凡引韓文，若非特別注明，皆見於《韓昌黎文集校注》，上海古籍出版社，1986 年。
② ［後晉］劉昫等：《舊唐書》卷一二七《彭偃傳》。

着眼倫理道德。他的這些觀點,大抵在他之前都有人提出過,如唐初傅奕曾說:"佛在西域,言妖路遠,漢譯胡書,恣其假托。故使不忠不孝,削髮而揖君親;游手游食,易服以逃租賦。"① 韓愈不同於前人之處在於,他敏銳地從佛、道、儒三教勢力的消長中,感覺到儒家文化面臨的困境。他不單單停留在對佛教、道教的抨擊上面,而試圖建立一個完整的、與佛道二教對抗的理論體系。這個理論體系的輪廓就體現在《原道》《原性》《原人》等著作中。

二、揭示儒學文化的基本精神與傳承脉絡

韓愈對儒學基本精神的闡揚,以及對儒學精神傳承脉絡的爬梳,揭示了一條中華文化的發展主綫。

在《原道》一文中,韓愈以濃墨重彩闡發了儒家傳統文化的基本精神。他着重提出並論述了與老、釋二教的"道""德"迥異的儒家"道""德"觀。

韓愈指出:"博愛之謂仁,行而宜之之謂義,由是而之焉之謂道,足乎己,無待於外之謂德。"因此,"凡吾所謂道德云者,合仁與義言之也,天下之公言也"。即"道德"與"仁義"是相統一的。而佛、老之"道德",只不過是"道其所道""德其所德"的没有意義的"一人之私言"。韓愈所說的"道",是指人倫之道,他說:

> 其文《詩》《書》《易》《春秋》,其法禮、樂、刑、政,其民士、農、工、賈,其位君臣、父子、師友、賓主、昆弟、夫婦,其服麻、絲,其居宫、室,其食粟、米、果、蔬、魚、肉,其爲道易明,而其爲教易行也。(《原道》)

可見,他所說的"道"並不超然物外,而是見之日用的,故與佛、老二教之"道"有着本質的不同。所以他說:"斯道也,何道也? 曰:斯吾所謂道也,非向所謂老與佛之道也。"(《原道》)

在韓愈看來,儒家文化的基本精神是仁義道德。所謂"仁",就是對人充滿温情的關懷與熱愛,這是一種無差别的"博愛",始於孝敬父母,友愛兄

---

① ［後晋］劉昫等:《舊唐書》卷七九《傅奕傳》。

弟,而推及其他人,而對所有的人都要"一視同仁"(《原人》)。這種博愛在具體的道德實踐中能得體適宜,就是"義",順着"仁義"向前走,就是"道",無須外界的幫助和安慰,切實具備"仁義",達到自足自樂的境界就是"德"。韓愈以"仁義"來限定"道德",所以說"仁與義爲定名,道與德爲虛位"(《原道》),儒家的"道德"是以"仁義"作爲具體内核,而這正是釋、老二教所缺乏的。在他看來,釋、老二教"外天下國家,滅天常",捨離"此世",追求超脱,不僅對社會政治無補,而且也無法成就自身的道德生命。

與佛、道二教相對立,韓愈提出中國文化有自己的聖人,儒家文化之"道"就體現在這些聖人身上,他們能除天下之害,興天下之利,創造了人類的文化。他說:

> 古之時,人之害多矣,有聖人者立,然後教之以相生養之道,爲之君,爲之師,驅其蟲蛇禽獸,而處之中土。寒然後爲之衣,飢然後爲之食。木處而顛,土處而病也,然後爲之宫室。爲之工以贍其器用,爲之賈以通其有無,爲之醫藥以濟其夭死,爲之葬埋祭祀以長其恩愛,爲之禮以次其先後,爲之樂以宣其湮鬱,爲之政以率其怠倦,爲之刑以鋤其强梗。相欺也,爲之符璽、斗斛、權衡以信之;相奪也,爲之城郭、甲兵以守之。害至而爲之備,患生而爲之防。(《原道》)

人類的物質文明、精神文明經過這些"聖人"的創制才得以存在,是聖人給人類帶來了文明的曙光。所以他宣稱:"如古之無聖人,人之類滅久矣。"(《原道》)他的聖人觀與文明史觀目的在於批判道家的"聖人不死,大盗不止,剖斗折衡,而民不爭",具有鮮明的針對性。

聖人不僅創造了人類文明,而且還爲人類社會規定了群體生活的秩序,即所謂"其民士、農、工、商,其位君臣、父子、師友、賓主、昆弟、夫婦"等社會關繫(《原道》)。社會生活中存在"四民",是"天經地義"的,但如果多出"二民"(佛、道),就不正常了。君臣父子等社會關繫也是聖人定的:"君者,出令者也;臣者,行君之令而致之民者也;民者,出粟米麻絲,作器皿,通貨財,以事其上者也。"(《原道》)他沉痛地指出:

> 今其法曰:必棄而君臣,去而父子,禁而相生養之道,以求其所謂清凈寂滅者。嗚呼!其亦幸而出於三代之後,不見黜於禹、湯、文、武、周公、孔子也;其亦不幸而不出於三代之前,不見正於禹、湯、

文、武、周公、孔子也。(《原道》)

所以,他要奮力衛道,登高疾呼,甚至提出極端的主張:"人其人,火其書,廬其居,明先王之道以道之。"即强行使那些信仰佛、道二教的人接受儒家文化,使他們回到正途上來。由此可見,韓愈在捍擊佛道的同時,"扶樹教道"的態度不可謂不激烈。

韓愈在對佛道二教展開激烈抨擊的同時,也不得不承認儒家文化自孔子死後已經衰落了。衰落的根本原因則是"異端"對精神世界的爭奪。他感慨地説:

> 周道衰,孔子没,火於秦,黄、老於漢,佛於晉、魏、梁、隋之間,其言道德仁義者,不入於楊,則入於墨,不入於老,則入於佛。(《原道》)

戰國時出現的楊、墨"異端",是由孟子擔負起予以批判的責任;孟子以後出現的老、佛"異端",到韓愈爲止還没有人進行過系統的抨擊;因此,他認爲自己天然地能夠承擔這一歷史使命。他認爲,儒家傳統文化並没有中絕,只不過現在已極爲衰弊,急待繼承與發展。爲此,他全面提出了對後世儒學發展産生很大影響的"道統"思想。

他認爲中華文化(即儒家主體文化)有一貫的精神,即"道",這個"道"與佛、老所謂的"道"不同,是由歷代聖聖相傳,不絕如綫。但孟子以後,已無傳人能接續此道。他説:

> 堯以是傳之舜,舜以是傳之禹,禹以是傳之湯,湯以是傳之文、武、周公,文、武、周公傳之孔子,孔子傳之孟軻;軻之死,不得其傳焉。(《原道》)

"道統"二字,韓愈還没有正式使用,但後世理學家"道統説"的基本内容,已全部包含在《原道》一文中。"道統"思想源於《孟子·盡心下》篇,隋代王通對道統思想也有所闡發。韓愈的"道統"思想也許受了佛教宗派傳法世系的影響。[①] 韓愈提出儒家的道統,目的是用來對抗佛教的宗派法統。韓愈以這一"道統"的當然繼承人自居。他接着説:

---

① 陳寅恪《論韓愈》:"退之自述其道統傳授淵源固由《孟子》卒章所啓發,亦從新禪宗所自稱者摹襲得來也。"見《金明館叢稿初編》,上海古籍出版社,1980 年,第 286 頁。

荀與揚也,擇焉而不精,語焉而不詳。由周公而上,上而爲君,故其事行;由周公而下,下而爲臣,故其説長。(《原道》)

這樣,荀子、揚雄被排除在這一"道統"之外。在繼承"道統"這一問題上,韓愈未免有些自大。他本人也認識到捍衛此"道"的艱巨性,但他決心爲這一偉大的事業奮鬥,雖死無恨。他說:

釋老之害過於楊墨,韓愈之賢不及孟子。孟子不能救之於未亡之前,而韓愈乃欲全之於已壞之後。嗚呼!其亦不量其力,且見其身之危,莫之救以死也。雖然,使其道由愈而粗傳,雖滅死萬萬無恨。(《與孟尚書》)

韓愈的"道統"思想提出的問題值得注意。首先,他明確指出,中華文化的傳道正統,爲堯、舜、禹、湯、文、武、周公、孔、孟一系的儒家文化。其次,孟子以後,道統失傳,出現了中華文化斷層。這個斷層被釋、老異質文化填補,因此,要恢復中華正統文化的領導地位,應先向佛、老開火。第三,他明確指出,在三代以前,中華文化道統與政統是一致的。自周公而下,道統與政統相分離,而爲臣所傳承。因此我們自然地得出結論:中華文化的本質不在於君主爲何人,而在於是否繼承了"道統",只有"道統"才使中國成其爲中國。因此,"道統"應該高於政統,並對政統産生制衡作用,使其在"道統"所認可的軌道上運行。

韓愈的"道統"說對後世影響很大。朱熹繼承韓愈的學說並加以改造,在孔子以後,又增列顏淵、曾參、子思;於孟子以後,又增列二程子。①到朱熹的弟子黃榦,又增列周敦頤及其師朱熹。② 於是,理學家的"道統說"至此遂告確定不移。但理學家的"道統"中間並不包括韓愈,如果韓愈有靈,不知會作何感想!

三、對儒學人性論的充實與發展

人性問題,在孔子的言論中很少提及。《論語》中只留下"性相近,習

① [宋] 朱熹:《中庸章句》序。
② [宋] 黃榦:《勉齋集》卷三《聖賢道統傳授總叙説》。

相遠""唯上智下愚不移"①這樣幾句話,並没有提出系統的人性論。孟子倡"性善"之說,關於"性"的探討,才成爲儒家傳統文化中一個占顯著地位的問題。但孟子"性善"論有一個不小的漏洞,即他只看到人性的"善"的一面,對現實生活中大量"惡"的存在,却無法作出合乎邏輯的解釋。既然人性都"善",那麽"惡"的根源在哪里?因此,當時就有人提出反對,荀子的"性惡"論便是直接針對孟子"性善"論而發的。但"性惡"論與"性善"論同樣面臨着理論難題:無法解釋現實生活中大量存在的"善"的事實。所以後來又有人試圖在"性善"與"性惡"兩者之間進行調和,如西漢的董仲舒的"性善情惡"主張。這種"性""情"二元論是在不觸動孟子"性善"說這一權威結論的前提下,適當地吸收和改造了"性惡"論而形成的。王充引述董仲舒之言曰:

> 董仲舒覽孫(荀)、孟之書,作情性之說曰:"天之大經,一陰一陽;人之大經,一情一性。性生於陽,情生於陰。陰氣鄙,陽氣仁。曰性善者,是見其陽也;謂惡者,是見其陰者也。"②

董仲舒以陰陽五行學說改造儒家傳統文化,倡"性陽情陰""性仁情貪"即"性善情惡"說,這一主張後來被東漢官方神學大全——《白虎通》吸收。北周《六條詔書》論治人之心曰:"人受陰陽之氣以生,有情有性,性則爲善,情則爲惡。"③這顯然是接受了董仲舒的論點。

儒家人性說,在兩漢以後没有什麽新發展。原因是多方面的。首先,儒家哲學經學化以後,成爲僵死的教條,章句、訓詁代替了對儒學義理之探討,記誦之學代替了自得之學。這不僅使儒學思想趨於停滯,而且給儒學的統治地位帶來了全面的危機。其次,歷經魏晉南北朝直到隋唐,先是玄學,後是佛學極其興盛,士大夫在這兩者之中找到了哲學思辯的話題。如魏晉時代的"有無""本末""才性""體用"之辯,令當時的士大夫如醉如狂;而佛學中高超精緻的心性理論,對士大夫也頗有吸引力,特別是禪宗的理論體系,產生了很大的影響。

---

① 《論語·陽貨》。
② [漢]王充:《論衡·本性》。
③ 見《北史》卷六三《蘇綽傳》。

　　韓愈"睹儒家之積弊,效禪侣之先河,直指華夏之特性,掃除賈、孔之繁文"①,進行儒學革新。他在《寄盧仝》詩中説:"《春秋》三傳束高閣,獨抱遺經究始終。"表明對章句訓詁不感興趣,而着重對儒家文化内在精神的發明,建立儒家心性之學,以與佛學相抗。因此,他特别重視《禮記》中的《大學》一篇。在《原道》一文中,他徵引《大學》説:

　　　"古之欲明明德於天下者,先治其國;欲治其國者,先齊其家;欲齊其家者,先修其身;欲修其身者,先正其心;欲正其心者,先誠其意。"然則古之所謂正心而誠意者,將以有爲也。

他指明儒學有體有用,異於佛、老之空虚不實。韓愈對《大學》的推崇,在中國文化史上具有重要意義。陳寅恪先生在《論韓愈》一文中評價説:

　　　退之首先發見《小戴記》中《大學》一篇,闡明其説,抽象之心性與具體之政治社會組織可以融會無礙,即儘量談心説性,兼能濟世安民,雖相反而實相成,天竺爲體,華夏爲用,退之於此奠定後來宋代新儒學之基礎。退之固是不世出之人傑,若不受新禪宗之影響,恐亦不克臻此。又觀退之《寄盧仝詩》,則知此種研究經學之方法亦由退之所稱獎之同輩中人發其端,與前此經詩著述大意,而開啓宋代新儒學家治經之途徑者也。

陳寅恪評韓愈發明《大學》之旨着重於三點:其一是受新禪宗之影響;其二是奠定新儒學之基礎;其三是開啓新儒學治經新方法。這是非常中肯的。

　　韓愈在革除儒學積弊,發明正心誠意之旨,直指人倫的同時,提出了一種新人性論,即"性三品"説。韓愈在《原性》一文中,對以前各家人性論作了總結。他開宗明義給"性""情"下了定義:

　　　性也者,與生俱生也;情也者,接於物而生也。

也就是説,"性"是先天就有的;"情"是後天所得的。性、情二分法是從董仲舒那裏繼承下來的。接着,他提出了自己的人性論:"性之品有三,而其所以爲性者五;情之品有三,而其所以爲情者七。"

---

① 陳寅恪:《論韓愈》,見《金明館叢稿初編》,第288頁。

關於性分上、中、下三品，韓愈解釋説：

> 性之品有上中下三。上焉者，善焉而已矣；中焉者，可導而上下也；下焉者，惡焉而已矣。

由是可知，韓愈所謂上品之性，只有善而無惡；中品之性，則可以善，也可以惡，關鍵在於引導；下品之性，則只有惡而無善。這樣，韓愈把"性善"論、"性有善有惡"論及"性惡"論統一在"性三品"説之中。他批評前人説：

> 孟子之言性曰："人之性善。"荀子之言性曰："人之性惡。"揚子之言性曰："人之性善惡混。"夫始善而進惡，與始也混而今也善惡，皆舉其中而遺其上下者也，得其一而失其二者也。

韓愈認爲孟、荀、揚三子言性皆是以偏概全，缺乏分析。

構成"性"的要素有五，即仁、禮、信、義、智之五種道德品質（五常），在"性三品"中，這五種道德品質的比重不一：

> 上焉者之於五也，主於一而行於四；中焉者之於五也，一不少有焉，其於四也混；下焉者之於五也，反於一而悖於四。

即上品之性五常俱備，而統於仁；下品之性反於仁而違背其餘四種品質。中品之性裏仁的成份多少不同，其餘四者雜而不純。正因爲有了這五種規定性，所以與佛、老在"虚""無"基礎上談性是有根本區別的。

韓愈把"性"説建立在人倫的基點上，這就拈出了儒家文化與佛老文化的本質區別。後來朱熹對韓愈的性説評論道："退之説性，只將仁義禮智來説，便是識見高處。"①

韓愈認爲"情"是"接於物而生"，即後天才出現的。"情"包括喜、怒、哀、懼、愛、惡、欲七種。"情"也分爲上中下三品，並與性之上中下三品相對應。上品之性有上品之情，中品之性有中品之情，下品之性有下品之情。他説：

> 上焉者之於七也，動而處其中；中焉者之於七也，有所甚，有所亡，然而求合其中者也；下焉者之於七也，亡與甚，直情而行者也。情之於性視其品。

---

① ［宋］黎靖德編：《朱子語類》卷一三七，中華書局，1986 年。

可見,韓愈並不否認情感欲望的存在。但主張"情"要適"中",這個"中"就是合乎儒家的倫理規範,"性三品"與"情三品"是一致的。

韓愈的"性三品"説的思想淵源,與董仲舒把人性分爲"聖人之性""中人之性""斗筲之性"三類有密切關繫。但董仲舒主張"性善情惡",把"性""情"對立起來,這是韓愈没有接受的,在這一點上,韓愈比董仲舒前進了一步。

從理論上説,韓愈把儒家的倫理道德説成是人類的普遍人性,這並没有從本質上解決人性問題。而且他將人性品級化,從社會作用上來説,在於論證儒家倫理秩序合乎人性。他説:"上之性就學而愈明,下之性畏威而寡罪。是故上者可教,而下者可制也。"(《原性》)對於下品之性,既然無法改變,就只有以威相加,以刑相制了。

繼先秦兩漢以後,韓愈重提儒家人性論,對後世產生了很大的影響。《原性》一文寫成後,李翱、皇甫湜、杜牧也寫出文章,發表了對人性問題的看法。後來經過宋儒的發展,佛教原來在性理之學方面的優勢逐漸被新儒學取代,儒家文化的主體地位重新被牢固地確定了下來。

四、千秋萬歲,名不寂寞

韓愈卓新儒學,倡導古文,開一代新風。史學大師陳寅恪在《論韓愈》一文中,對他予以極高的評價:

> 綜括言之,唐代之史可分爲前後兩期,前期結束南北朝相承之舊局面,後期開啓趙宋以降之新局面,關於政治、社會、經濟者如此,關於文化、學術者亦莫不如此。退之者,唐代文化學術史上承先啓後、轉舊爲新關捩點之人物也。[1]

這一評價非常中肯。但是,韓愈生前生後並非一貫受人尊崇。正如李漢所説的,在他生前"時人始而驚,中而笑且排,先生益堅,終而翕然隨以定"[2];

---

① 陳寅恪:《論韓愈》,見《金明館叢稿初編》,第 296 頁。
② [唐]李漢:《朱文公校昌黎先生集序》,載《朱文公校昌黎先生集》卷首,四部叢刊本。

"自愈没,其言大行,學者仰之如泰山北斗云"①。唐末皮日休甚至請求以韓愈配享太學。

到了宋初,韓愈的地位大大下降。"是時天下學者,楊劉之作,號爲時文,能者取科第,擅名聲,以誇榮當世,未嘗有道韓文者"。到了慶曆年間,經過歐陽修、蘇軾等人的大力提倡,"韓文遂行於世,至於今蓋三十餘年矣。學者非韓不學也,可謂盛矣"②。於是又重新出現了韓文熱。歐陽修尊之爲文宗,石介列之於道統,蘇軾作《潮州韓文公廟碑》,竟贊韓愈"匹夫而爲百世師,一言而爲天下法"。二程則欣賞韓愈擡高孟子的做法,説:"韓愈亦近世豪傑之士。如《原道》中言語雖有病,然自孟子而後,能將許大見識尋求者,才見此人。"③

但宋人對韓愈也不是一味推崇。如對韓愈評價極高的蘇軾,雖然肯定韓愈尊孔孟、拒佛老,但認爲"韓愈之於聖人之道,蓋亦知好其名矣,而未能樂其實","其論至於理而不精,支離蕩佚,往往自叛其説而不知"④。理學大師朱熹雖然肯定韓愈"所以自任者不爲不重",但又指出他"平生用力深處,終不離文字言語之工",評韓愈《原道》是"無頭學問",評《讀墨》也説韓公"第一義是學文字,第二義方究道理",批評他在理論上缺乏深度和建樹。⑤ 王安石則對韓愈貶多褒少。他在《讀韓》一詩中寫道:"紛紛易盡百年身,舉世無人識道真。力去陳言誇末俗,可憐無補費精神。"説韓愈並没有把握儒家真正的"道",他的努力徒勞無益。

宋人評韓還涉及韓愈的人品,如説他貪禄喜進、言行失儉、沽名釣譽等等。如程頤謂"退之正在好名中",又説"退之晚來爲文,所得處甚多;學本是修德,有德然後有言,退之却倒學了"⑥。張九成説"韓退之求官書略不知耻"⑦。朱熹甚至説韓愈"當初本只是要討官職做,始終只是這心。他只是要做得言語似六經,便以爲傳道。至其每日功夫,只是做詩、

① ［宋］歐陽修、宋祁等:《新唐書》卷一七六《韓愈傳》。
② ［宋］歐陽修:《記舊本韓文後》,見《韓昌黎文集校注》附録。
③ ［宋］朱熹、吕祖謙編:《近思録》卷一四。
④ ［宋］蘇軾:《經進東坡文集事略》卷八《韓愈論》。
⑤ ［宋］黎靖德編:《朱子語類》卷一三七。
⑥ ［宋］胡仔:《苕溪漁隱叢話》前集卷一八。
⑦ ［宋］張九成:《橫浦日新》。

博弈、酗飲取樂而已"①。明末清初的王夫之對韓愈的道、文、詩、德無一
褒詞,説他"所奉者義也,所志者得也"②。直到現代,人們對韓愈的評價
仍無定論,聚訟紛紛,真可謂"千秋萬歲,名不寂寞"(錢鍾書語)。

對韓愈的評價,不能失之片面和武斷。韓愈這個人有他的時代局限
性。對他勇於進取、追逐功名這一點,我們要看到他不像後來的道學家
那樣虛偽。而且他積極入世,勇於任責,對政治表現出極大的關懷,爲了
維護自己所懷之"道",敢於直言忤君,觸犯逆鱗,這表現了一個正直士大
夫應有的品格。至於以利禄誘子一事,古代社會有幾人不是在利益驅動
之下讀書做官的?

韓愈的一生,幾經浮沉。特別是處在朋黨、宦官、藩鎮鬥争的三角關
繫中,個人的命運更難以捉摸。他依違其間,儘管各個集團之中都有與
他交往的友人,但雙方都懷着或明或暗的戒心。因此,他有時感到非常
的孤獨。他自述説:"公不見信於人,私不見助於友,跋前躓後,動輒得
咎"(《進學解》);"不善交人,無相生相死之友於朝"(《釋言》);"其知我
者固少,知而相愛不相忌者又加少,内無所資,外無所從,終安何爲乎"?
(《與李翱書》)但總來説,韓愈雖屢被貶黜,却能得以善終,平生的名位
也不爲不高。他有一首《示兒詩》這樣寫道:"始我來京師,止攜一束書。
辛勤三十年,以有此屋廬。……開門問誰來? 無非卿大夫。"可見他對自
己的處境還是較爲滿意的。他雖然一生汲汲追求功名,但並不滿足於個
人富貴,始終保持着强烈的進取心,希望立德、立言、立功,對那些"得一
名、獲一位,則棄其業而役役於持權者之門,故事業功德日以忘,月以削,
老而益昏,死後遂亡"的人非常輕蔑。他認爲,身爲素習儒業的士大夫,
對社會、對國家應該有强烈的責任感,以天下爲己任,勇於擔負起振斯
溺、覺斯民的責任,雖然"事修而謗興,德高而毁來"(《原毁》),也在所不
辭。因此,他在朝中遇事能先人之所言,言人之所不敢言,不甘寂寞,評
議朝政,表現了一個正直的儒家士大夫應有的氣節。他還以儒家傳統的
衛道士自居,把復興儒學、排抵異端作爲自己平生的事業。史書説"自晉
訖隋,老、佛顯行,聖道不斷如帶,諸儒倚天下正議,助爲怪神;愈獨喟然

① [宋]黎靖德編:《朱子語類》卷一三七。
② [清]王夫之:《讀通鑑論》卷二五《憲宗》。

引聖,爭四海之惑,雖蒙訕笑,跆而復奮。始未之信,卒大顯於時"。經過他的努力,他的學術思想漸漸被接受,在他去世後,"其言大行,學者仰之如泰山北斗"①。

韓愈對後世的影響是多方面的。他的文學成就,具有持久的生命力。他的散文行文流暢,富於變化,感情充沛,筆力雄健,語言生動精煉,給後世留下了許多膾炙人口的佳句。成書於清代康熙年間、在社會上具有很大的影響的《古文觀止》,共輯明末以前的 50 餘家散文 222 篇,其中韓愈一家的就有 24 篇,可見其深受人們的推崇。韓愈的文學理論與他的新儒學主張是密切相關的。他不提倡爲作文而作文,而要求在文章中要體現、反映儒家之"道"。他説:"君子居其位,則思死其官;未得位,則思修其辭,以明其道。我將以明道也。"(《爭臣論》)這就是"文以明道"的主張。此外,他在論述文學的産生時,提出了"不平則鳴"與"文窮益工"的見解。這些理論豐富了我國文藝理論的寶庫。

韓愈的新儒學理論,儘管後世有不少疵議,但現在人們講新儒學史,大體都要追溯到韓愈。首先,韓愈排詆異端、攘斥佛老的用心,成爲後世新儒學興起的原因之一。其次,韓愈對儒家心性論的關注,開了後世新儒學之先河。再次,韓愈的道統説,對後世新儒學産生了直接的影響。韓愈以後,很多新儒學家都致力於理論創造,發揮儒學奧旨,並以道統的繼承人自居,推動儒家文化的向前發展。最後,韓愈着重發掘儒學的基本精神,不爲章句訓詁之學,推動了儒學研究方法的革新。所有這四點,印證了陳寅恪先生的論斷:韓愈是唐代學術文化史上承先啓後、轉舊爲新的關鍵人物。我們可以更進一步説:韓愈不僅是唐代學術文化史上具有劃時代意義的人物,更是中國儒學史上承先啓後、轉舊爲新的關折性人物。

(原載《孔子研究》2002 年第 6 期,
題作《論韓愈的儒學文化觀及其歷史意義》)

---

① [後晉]劉昫等:《舊唐書》卷一六〇《韓愈傳》。

李翱對傳統儒學的繼承與改造

　　李翱(772—841)是與韓愈齊名的唐代重要儒學家,後世將韓、李並稱。他的思想傾向與韓愈基本相同,但在政治主張與哲學思想方面卻有自身的特色。他繼承了儒家傳統的民本思想,對現實政治與民生疾苦表現出強烈的關懷。同時致力於儒學理論的創新。他對佛、道二教的批評比同時代人更爲理性,善於吸取其中的理論精華,豐富了傳統儒學的内容。李翱於儒家衆多的經典中,着重表彰《中庸》《大學》《易傳》《論語》《孟子》。其《復性書》以儒爲主,綜合佛、道二家(特别是佛教)的思想,加以創造性的熔鑄,形成一種較爲系統的心性理論,補充和完善了儒學在心性論方面的不足,豐富了儒家思想,開啓了宋明新儒學的先河。

一、對儒家傳統政治思想的繼承

　　李翱的政治主張大體上根柢儒家傳統的政治學説。他主要針對現實政治生活中的種種情勢,發表自己的看法,因此表現出鮮明的時代性。他贊成中央集權,反對藩鎮割據。李翱生活的時代,正是唐代中央政府與藩鎮勢力進行激烈鬥爭的時代。唐憲宗即位以後,任用裴度爲相,平定了當時最驕悍的割據勢力——淮西鎮吳元濟。李翱對朝廷的這一舉措給予了很高的評價,認爲這是大唐中興的先兆。但他認爲:"定禍亂者,武功也;復制度、興太平者,文德也。"①針對當時的政治現實,提出"修文德"的六點意見:用忠正、屏佞邪、改税法、絶進獻、厚邊兵、通雍弊。他認爲:"此六者,政之根本,太平之所以興。"他勸憲宗説:"如不惑近習容悦之詞,選用骨鯁正直之臣,與之修復故事而行之,以興太平,可

---

① ［宋］歐陽修:《新唐書》卷一七七《李翱傳》,中華書局,1975 年。

不勞而功成也。"①如果不以這六條根本爲意,那麼大唐中興就難以成功。李翱向憲宗提出自己的擔憂:"若一日不以爲事,臣恐大功之後易生逸樂,而君臣進言者必曰天下既以太平矣,陛下可以高枕而爲宴樂矣。若如此,則高祖、太宗之制度不可以復矣。制度不復,則太平未可以遽至矣。"(《論事疏表》)他滿懷信心地說,如果能將他所提出的這六條完全做到,並保持五年不變,那麼五年以後,"臣必知百姓樂康,蕃虜入侍,天垂景星,地湧醴泉,鳳凰鳴於山林,麒麟游於苑囿"(《論事疏表》),這是和氣感應的結果。在這裏,他援據先儒的天人感應說,爲自己的主張張目。李翱比較重要的政治主張有這樣幾點:

(一) 用忠正之士,屏奸佞之人

李翱認爲,國家興亡的關鍵,在於君王是否能夠信任大臣,大臣是否能忠正輔佐君王,忠正是"百行之宗"。針對有人感慨忠邪難辨,他認爲辨忠邪是有辦法的,"能盡言憂國而不希恩容者,此忠正之徒也"。但忠正之士往往被指責爲朋黨。他指出,"夫忠正之人,亦各自有黨類。邪臣嫉而讒之,必且以爲相朋黨矣"。李翱總結歷史上的經驗,說忠正之士,都是以道德仁義相往來:"邪人嫉而讒之,且以爲朋黨,用以惑時主之聽,從古以來皆有之矣。"如兩漢的蕭望之、周堪、劉向是忠正之士,却被邪臣所勝,漢元帝不能辨別忠邪,任用邪臣,造成漢朝中衰。所以,能講逆耳之言的,往往是忠臣,君王要能加以分辨,"用忠正而不疑,則功德成"(以上見《疏用忠正》)。

李翱認爲用忠正就必須屏奸佞,二者是統一的。對忠正之士雖加以任用,如果"雜以邪佞",則太平必不能成。孔子說"遠佞人",李翱解釋說:"言不可以共爲國也。"(《疏屏奸邪》)李翱認爲奸佞之人也並不難於分辨:"不知大體,不懷遠慮,務於利己,貪富貴,固榮寵",這類人就是奸佞之徒。而且這類人喜歡用"甘言諂辭"來投合君主之意,"主之所貴,因而賢之;主之所怒,因而罪之;主好利則獻蓄聚斂剝之計;主好聲色則開妖艷鄭衛之路;主好神仙則通燒煉變化之術;望主之色,希主之意,順主

---

① [唐]李翱:《李文公集・論事疏表》,四部叢刊本。以下凡引《李文公集》,只出篇名。

之言而奉承之",這類人往往能得到人主的歡心。李翱警告說,君主如果信用奸佞之臣,"大則亡國,小則壞法度而亂生矣"(《疏屏奸邪》),必須加以警惕。

李翱關於忠正奸佞之辨是有所指的。當時朝廷黨争很激烈,唐代後期的朋黨政治正在形成,他也難免捲入其中。他用儒家的君子、小人之辨去分析現實政治中的黨争,有一定的進步意義。

(二) 改革税法,減輕百姓負擔

唐德宗建中元年(780),宰相楊炎爲了解決當時的財政危機,推行"兩税法",代替過去的租庸調制度。到唐憲宗元和末年,這種"兩税法"産生了一系列弊病,給百姓造成了沉重的負擔。從建中初到元和末四十年來税額未變,但物價變化很大。建中時税户交納十千錢的税額,只需要二匹半絹;而元和末同樣交納十千錢的税額,卻要八匹絹。這樣,實際上税額增加了三倍,造成"農人日困,末業日增,一年水旱,百姓菜色,家無滿歲之食"(《疏改税法》)。李翱主張改革税制,不再讓百姓交錢,而代之以布帛,以實物税代替貨幣税,恢復唐初的租庸調制,這樣可以大大減少百姓的負擔(《疏改税法》)。在《平賦書》中,李翱從儒家民本思想出發,認爲"四人(民)之苦者莫甚於農人。麥粟布帛,農人之所生也,歲大豐農人猶不能足衣食,如有水旱之災,則農人先受其害"。他同情民間疾苦,主張"善爲政者莫大於理(治)人,理人者莫大於既富之,又教之"。應當先讓百姓富足,然後才有可能施行教化。如果百姓不足,就會"視其長上如仇讎",自古危亡之道,皆由於此。他批評重斂百姓的做法說,"人皆知重斂之爲可以得財,而不知輕斂之得則愈多也"(《平賦書》)。他進一步論證說:"重斂則人貧,人貧則流者不歸,而天下之人不來,由是土地雖大,有荒而不耕者,雖耕之而地力有所遺,人日益困,財日益匱,是謂棄天之時,遺地之利,竭人之財"(《平賦書》)。他希望恢復遠古時的井田制及什一之法,認爲"秦滅古法,隳井田,而夏商周之道廢",因此作《平賦書》,取"可行於當時者",希望有人推行他的這一套主張,目的是要達到百姓富足安康,天下太平的理想境界。這些主張雖然是爲唐王朝的長治久安設計,而且具有濃厚的烏托邦色彩,但從中我們也可以看出李翱思想中的儒家民本主義和人道主義特徵,而且直到今天,也有一定的參考價值。

二、重申儒學本位文化的主體地位

和韓愈一樣,李翱也站在儒家文化正統的立場上,極力排斥佛教。他認爲"佛法害人,甚於楊墨。論心術雖不異於中土,考較迹實有蠹於生靈,浸溺人情,莫此之甚,爲人上者所宜抑焉"(《再請停率修寺觀錢狀》)。他反對興造寺觀,指出"土木銅鐵,周於四海,殘害生人,爲逋逃之藪澤"(《與本使楊尚書請停修寺觀錢狀》),不僅不利於人心,而且也不合國家的長遠利益。在《去佛齋》一文中,李翱較爲系統地闡述了他的反佛論點。他反佛的出發點主要是認爲佛法爲夷狄之術,不合於中國禮法。

李翱認爲,佛法自傳入中國後六百多年,從漢至於今,"無辨而排之者",使"夷狄之術"行於中華。特別是一些士大夫,也附會佛教之説,吉凶之禮參用佛法,使儒家特有的"禮"謬亂,成爲"戎禮"(《去佛齋》)。當時溫縣令楊垂撰集《喪儀》,其中一篇説:"七七齋,以其日送卒者衣服於佛寺,以申追福。"李翱認爲這種説法和做法是以戎狄之法變亂聖人之法,傷禮害道,是正統的儒家士大夫不能接受的。

在反佛的同時,李翱重申了儒家禮法不可動搖。他説:"君臣、父子、夫婦、兄弟、朋友存有所養,死有所歸,生物有道,費之有節,自伏羲至於仲尼,雖百代聖人不能革也。"(《去佛齋》)這是儒學文化的人倫特色,注重親情,達到上下和睦,"故可使天下舉而行之無弊者,此聖人之道,所謂君臣父子夫婦兄弟朋友,而養之以道德仁義之謂也"。維繫這種人倫關繫的紐帶即仁義道德,是儒家的聖人之道。這種"聖人之道"是可使"天下舉而行之"的。至於佛法,本來是印度特有的文化,是"戎狄之道",不能"使天下舉而行之",尤其不能推行於中國。佛教徒"不蠶而衣裳具,弗耨而飲食充,安居不作,役物以養己者至於千百萬人,推是而凍餒者幾何人,可知矣"(《去佛齋》)。佛教徒不勞而獲,如果全民信之從之,那麼天下之人將無衣無食,凍餓而死。而且興築樓殿宮閣以事佛,雕造土木銅鐵以肖佛,竭盡百姓的財力,必然給社會經濟造成危害。

李翱反佛的態度,顯然不像韓愈那樣斬釘截鐵。他批評人們對佛教"惑之者溺於其教,而排之者不知其心",因此"雖辨不當,不能使其徒無嘩而勸來者,故使其術若彼其熾也”(《去佛齋》)。自從佛教傳入中國以來,就有很多人站在儒家本位文化的立場上對它進行過排擊,但越是排擊,佛教在中土越是昌熾,終於與儒、道二教鼎足而三,甚至有壓倒二教之勢。李翱認為這是因為佛教對普通百姓具有一定的誘惑力,而批評佛教的人又沒有真正理解佛教,即“不知其心”。李翱雖然反對佛教,但同時也承認佛理可以正心。在《與本使楊尚書請停修寺觀錢狀》一文中,他感嘆“天下之人以佛理證心者寡矣”。他把佛教理論與佛教形式(土木銅鐵)作了明顯的區別,從文章的傾向來看,反對的是後者,而不是前者。因此,李翱對佛教的態度,不是簡單的罵倒,而注意吸取佛教的思想營養,自覺地將這些思想營養融合到自己的理論系統中去。他的學說中有很大一部分來自佛學,特別是佛教禪宗的理論。據計有功《唐詩紀事》卷三五載,李翱任朗州刺史時,有贈禪宗僧藥山惟儼詩二首,其中有“我來問道無餘說,雲在青霄水在瓶”之句,可以證明,李翱不僅與佛教禪宗高僧有很深的交情,而且虛心向這些高僧請教佛教義理,並深有所悟。

李翱自覺吸取佛教的心性學說,目的在於發展儒家的心性理論。他對佛理吸收的同時,強調六經之旨是“列天地、立君臣、親父子、別夫婦、明長幼、浹朋友”(《答朱載言》)。他贊頌孔子是“聖人之大者也”(《與侯高第二書》)。他服膺儒學,在《與淮南節度使書》中,他說:“翱自十五已後,即有志於仁義。”與他同時的韓愈首倡振興儒學,攘斥佛老,李翱作為韓愈的朋友兼學生,也為儒學復興搖旗吶喊。他與韓愈所不同的是,韓愈攘斥佛老,主要從外在的政治、經濟、文化、倫理等方面立論,而在心性論方面進行“鞭闢近裏”的闡發不足。韓愈在這方面的缺陷也成了他被後人批評的主要口實。李翱反佛也涉及佛教流行對國家政治、經濟的蠹害,對中華儒家傳統倫理道德的衝擊等方面,但他能在心性方面吸收佛教的學說,嘗試創立一套新的心性論,以發展儒學,彌補這方面的不足。他的理論成就主要體現在《復性書》中。

三、融攝儒佛道之說的《復性書》

李翱的《復性書》分為上、中、下三篇,作成於 29 歲之時。這是李翱哲學思想的代表之作。在《復性書》中,他闡述了一個以《中庸》為傳授中心的"道統"。他説：

> 子思,仲尼之孫,得其祖之道,述《中庸》四十七篇,以傳於孟軻。軻曰:"我四十不動心。"軻之門人達者公孫丑、萬章之徒蓋傳之矣。遭秦滅書,《中庸》之不焚者一篇存焉,於是此道廢缺,其教授者唯節行、文章、章句、威儀、擊劍之術相師焉,性命之源則吾弗能知其所傳矣。道之極於剥也必復,吾豈復之時邪?(《復性書》)

他認爲儒家的性命之學,到秦漢以後就趨於廢缺,至唐代衰落到了"極於剥"的地位,儒家的"性命之書雖存,學者莫能明,是故皆入於莊列老釋"。他以《中庸》爲主要的理論依據,旁采《易傳》《大學》《樂記》等儒學經典,綜合老子的"復歸"、莊子的"心齋"以及佛教禪宗、天台宗的部分思想,建立了自己的心性學説。

(一) 性與情的關繫

李翱的《復性書》是從闡述性、情關繫着手展開論述的。性、情問題雖然是儒家的舊話題,但李翱將它特別加以提出和發揮,既區別於先儒,也與同時的韓愈不同。

第一,性者天之命,情者性之動。

李翱在《復性書》中,開章明義就説:"人之所以爲聖人者,性也;人之所以惑其性者,情也。喜、怒、哀、懼、愛、惡、欲七者,皆情之所爲也。情既昏,性斯匿矣,非性之過;七者循環而交來,故性不能充也。"他把性、情這一對範疇進行了明確的界定,説:"性者,天之命也;聖人得之而不惑者也;情者,性之動也,百姓溺愛之而不能知其本者也。"也就是説,性是與生俱來、普遍存在於每個個體生命之中的,聖人與凡人(百姓)是没有差别的。所以他又説"百姓之性與聖人之性弗差也"。而且"人之性皆善",用孟子的話來解釋李翱所謂的"性",就是"善端";用佛教的話來解釋李翱所謂的"性",就是"佛性"。佛教説"一切衆生皆有佛性",可以與李翱所謂"百姓之性與聖人之性弗差"相參照。至於七情,是先天之"性"被蒙蔽而有所惑而産生的,所以説"情者性之動也"(《復性書》)。

第二,性與情不相無。

性與情雖然有如此巨大的差別,但性與情是互爲體用的,性情相生。

他説："性與情不相無也。雖然，無性則情無所生矣。是情由性而生，情不自情，因性而情；性不自性，由情以明"。"情"是由於"性"被蒙蔽而生，那麽它就不是平白無故從天而降的，它與"性"相輔相成。而且"性"也離不開"情"，一般人的"性"往往爲"情"所昏，只有將覆蓋在"性"上的"情"拂拭而去，"性"才會明朗，所以説"性不自性，由情以明"。由此我們不禁想到禪宗北派神秀"時時勤拂拭，勿使染塵埃"的著名偈語。

第三，性善情惡，性情相對。

李翱雖然承認性情相生，但認爲"情者妄也，邪也"，又説："人之性本皆善，而邪情昏焉。"所謂情，他認爲是"嗜欲愛憎之心"，只有這種妄情熄滅，本性才會清明。只有"情"才會"爲不善"，而"性"是絕對"善"的。李翱在《復性書》中，有時把性、情完全對立，認爲情是惡，是邪，認爲"情不作，性斯充矣"；有時又説"情有善有不善，而性無不善"，承認"情"也不完全是惡，也有善的成份。這樣，論證上顯得有些混亂和前後矛盾。雖然如此，李翱還是基本上否定"情"的。

第四，聖人與凡人的區別。

在李翱看來，聖人之"性"與凡人之"性"是沒有差別的。在《復性書》中，他以問答的形式寫道："問曰：凡人之性猶聖人之性與？曰：桀紂之性猶堯舜之性也，其所以不睹其性者，嗜欲好惡之所昏也，非性之罪也。"也就是説，凡人之"性"與聖人之"性"都是先天具有的，所不同的地方在於，聖人得到這種先天之"性"，沒有被嗜欲好惡等邪情所污染，所以是純粹的"性"。至於一般的凡人，"性"被嗜欲好惡所蒙蔽，即有七情六欲籠罩在"性"上面，所以"凡人之性"是不純潔的、不清明的。

那麽，聖人有沒有"情"？李翱是這樣回答的："聖人者寂然不動，不往而到，不耀而光，制作參乎天地，變化合乎陰陽，雖有情也，未嘗有情也。"也就是説，聖人之"性"不爲"情"所動，所以雖然"有情"，但"未嘗有情"。

這句話有些晦澀，不妨再看一下《復性書》中所言："問曰：堯舜豈不有情邪？曰：聖人至誠而已矣。堯舜之舉十六相，非喜也；流共工，放驩兜，殛鯀，竄三苗，非怒也，中於節而已矣。其所以皆中節者，設教於天下故也。"可見，李翱認爲，普通人所理解的"情"，在聖人身上是沒有的，聖人非喜非怒，動作都出於至誠，都是"中節"的。他引《中庸》的話説："喜怒哀樂之未發謂之中,發而皆中節謂之和。"李翺的論述開啓了後來理學家常常討論的"已發未發"的先聲。

(二) 復性的方法

聖人之性"寂然不動,廣大清明,照乎天地,感而遂通天下之故,行止語默無不處於極也"。既然是先天不被情所動,也就不必"復性"了。而普通人則不然,"性"即爲"邪情"所蔽,那麼就需要加以修煉,復其性以歸其本,使"妄情來息,本性清明"。因此,李翺提出了"復性滅情"的一些方法。

第一,弗慮弗思,情則不生。

這是"復性"的第一步。所謂"弗慮弗思",就是要擺脱思慮活動對清静本性的煩擾,斬斷思慮活動與妄情之間的聯繫,這樣,妄情就難以産生和發展,這就是"正思",即"無慮無思"。這一步就是"齋戒其心",即以寂静的方法使思慮不動,以達到齋心滅情的目的。這種"齋心"説實際上來源於《莊子》,要求用主觀的方法,靠自己的主觀能動性,迫使自己的思慮活動不與外界接觸。

第二,本無有思,動静皆離。

"弗慮弗思"還僅僅是消滅妄情的第一步,遠不徹底。李翺認爲"弗慮弗思"是"猶未離於静焉。有静必有動,有動必有静,動静不息,是乃情也"。也就是説,還没有超出有動有静的層次。静和動是一對矛盾,由静可以生動,由動可以生静,因此以静制動,無異於"以情止情",是不能真正達到"復性"目的的。而且:"以情止情,是乃大情也。情互相止,其有已乎!"因此在第一步之後,必須還要接着完成第二步、第三步,即:"方静之時,知心無思者,是齋戒也;知本無有思,動静皆離,是至誠也。"(《復性書》)

這樣,李翺把"復性"的過程分爲循序漸進的三個步驟:第一步即"弗思弗慮",將思慮活動排除在心外;第二步即"知心無思",就是要明白心本無思,是外在事物引起心的思慮活動。這二步"思"雖不存於心,但還没有否認"思"在心外的客觀存在,正如禪宗北支神秀所説要對心"時時勤拂拭,莫使有塵埃"。第三步即"知本無有思",思慮不僅不存在於心中,連它在心外也不存在了。正如禪宗南派慧能所説的"菩提本無

樹,明鏡亦非臺,佛性常清静,何處染塵埃"。心外的思(塵埃)都不存在
了,當然就没有邪情來污染真性,"復性"的目的也就達到了。這是一個
漸進的過程,用佛教術語説,是由"漸悟"達到"頓悟"的過程,達到"至
誠"的神秘境界。這樣,就與聖人相差無幾了。

第三,視聽言行,循禮而動。

李翱講"復性",具有明顯的宗教神秘主義色彩。"動静皆離,寂然不
動"的神秘方法,無異於教人不睹不聞,閉目塞聰,難免使人糊塗。李翱
本人也有所覺察,所以他解釋説:"不睹不聞,是非人也。視聽昭昭,而不
起於見聞者,斯可矣。無不知也,無弗爲也,其心寂然,光照天地。"既視
聽昭昭,又不起於見聞,要達到"無不知""無弗爲",這顯然又是一種超
凡的境界。在《復性書》的另一處,他用通俗得多的語言説:"聖人知人之
性皆善,可以循之不息而至於聖也,故制禮以節之,作樂以和之。安於和
樂,樂之本也;動而中禮,禮之本也。故在車則聞鸞和之聲,行步則聞珮
玉之音,無故不廢琴瑟,視聽言行循禮而動,所以教人忘嗜欲而歸性命之
道也。"聖人制禮作樂,目的就是教人循禮而動,忘記嗜欲,而歸於性命之
道,也就是"復其性"而"歸其源",用禮教約束自己,使妄情消滅,真性復
明,由格物致知達到正心誠意。李翱引《大學》的話説,致知在格物,"知
至故意誠,意誠故心正,心正故身修,身修而家齊,家齊而國理,國理而天
下平,此所以能參天地者也"(《復性書》)。

這樣,他的"復性"論由神秘的體驗最終落實到了人倫日用,關繫到
了現實的社會、政治生活,從而區別於佛教的"明心見性",老莊的"心
齋""坐忘",顯示出儒家心性化的性格特徵。

(三) 復性論對後世的影響

《復性書》以儒爲主,綜合佛、道二家(特別是佛教)的思想,加以創
造性的熔鑄,形成一種較爲系統的心性理論,補充和完善了儒學在心性
論方面的不足,豐富了儒家思想。李翱從儒學衆多的問題中拈出性、情
這一對範疇進行深入的闡述,擺脱了漢唐以來研究儒學重訓詁章句的傳
統思想方法,開闢了新的風氣。從此以後,心性問題成爲後世儒學討論
的主要話題。宋明理學家大都講性情、理欲之辨,追本其源流,不能不説
李翱《復性書》發出了先聲。

　　李翱於儒家衆多的經典中,着重表彰《中庸》,對《中庸》的心性論作了創造性的發揮。歐陽修在《讀李翱文》中説:"予始讀翱《復性書》三篇,曰:此《中庸》之義疏耳。"①李翱在《復性書》中還屢次徵引《大學》《孟子》《易傳》等。他另有與韓愈合著的《論語筆解》。傅斯年在《性命古訓辨證》中曾説:"儒家書中,談此虛高者(按:指性命問題),僅有《孟子》《易·繫》及《戴記》之《樂記》《中庸》《大學》三篇,在李氏前皆不爲人注意,自李氏提出,宋儒遂奉爲寶書,於是將此數書提出,合同其説,以與二氏相角。"②宋代儒學與漢學的重大區別之一,就是對"四書"地位的提升,藉"四書"構造儒家的心性之學。由此看來,李翱已開啓了後世重視《四書》的先河。

　　李翱(包括韓愈)對儒學的創新,基本目的在於反對佛、老二教,復興儒學。李翱一方面闢佛,另一方面却鑽進佛學的肚子裏,去吸取它的思想營養,以彌補儒學在心性論方面的不足。宋明許多理學家也正是如此。他們表面上站在儒家文化正統的立場上,竭力排斥佛老,另一方面却對佛(老)的思想成果加以利用,由崇儒排佛到援佛入儒。正如章太炎先生所講的"裏面也取佛法,外面却攻佛法"③。宋明理學家的這種慣用方法,不能不説受了李翱的啓發。

(原載《中華文化論壇》2001 年第 2 期)

---

① ［宋］歐陽修:《歐陽文忠公集》卷七三《讀李翱文》,四部叢刊本。

② 傅斯年:《性命古訓辯證》下卷《釋緒》第二章《理學之地位》。見《傅斯年全集》第二卷,湖南教育出版社,2000 年。

③ 章太炎:《中國文化的根源和近代學問的發達》,見《章太炎學術史論集》,中國社會科學出版社,1997 年。

柳宗元對儒學發展新方向的探索

在唐代政治史、思想史、文化史上,柳宗元無疑是一位非常重要人物。但他的影響不僅僅在唐代。與韓愈等人一樣,柳宗元是漢學與宋學之間的轉關人物。韓愈抵排佛教,提倡道統,受到後世學者的重視。但對於柳宗元在儒學革新運動中的作用,研究者往往多有忽略。其實柳宗元對於儒學發展新方向的探索,如提倡把握"孔氏大趣"以取代傳統的解經方法,撥開兩漢以來籠罩在儒學上的神學迷霧,重申原始儒家的人本精神,提倡重視"生人之意"的"大中之道",提倡援佛濟儒、取其韞玉的新儒釋觀,在儒學發展史上都具有承先啟後的意義,代表了儒學發展的新方向。

一、提倡把握"孔氏大趣"的經典解釋方法

儒學發展到了唐代中後期,面臨着一系列問題。首先是傳統儒學方法面臨着嚴峻的挑戰。一些儒家學者開始擺脫兩漢以來的章句訓詁解經模式,尋找對儒家經典的新的解釋方法,並重新思考儒學中的一些重大理論問題,探索儒學發展的新塗徑。早期古文運動對於文、道關繫的討論,以及啖助、趙匡、陸淳等人的《春秋》學研究,都反映了儒學革新的時代要求。

從思想史角度說,早期古文運動至少爲儒學創新做了兩方面的貢獻:一是提出了"文以明道"的主張,要求文學應當以儒學爲根本內容,爲宣傳儒學服務;二是離開章句訓詁之學,直接闡發儒學的基本精神。而以啖助、趙匡、陸淳爲代表新《春秋》學派,否定《春秋》三傳的權威性,以經駁傳,按自己的理解重新解釋儒家經典,直接從孔子對春秋時代的認識中獲得對現實的啟迪,爲現實服務。

柳宗元自幼博覽群書,不重章句,思想上堅信儒家學說,在理論與行

動的基本方面,以實踐聖人之"道"自任,"惟以中正信義爲志,以興堯舜孔子之道利安元元爲務"①,"其道自堯、舜、禹、湯、高宗(武丁)、文王、武王、周公、孔子皆由之"(《與楊誨之第二書》),實際上這也是一個"道統",與韓愈之説相呼應。他認爲,孔子集先聖之大成,"夫子之道閎肆尊顯,二帝三王其無以侔大也"(《道州文宣王廟碑》)。他聲稱讀書作文"其歸在不出孔子"(《報袁君陳秀才避師名書》),一生努力爲"延孔子之光燭於後來"(《答貢士元公瑾論仕進書》)。但他不贊成墨守章句、死背教條以矜世取譽。他特别強調通經以致用。在永州時,他曾在文章中説:"得位而以《詩》《禮》《春秋》之道施於事,及於物,思不負孔子之筆舌。能如是,然後可以爲儒。儒可以説讀爲哉!"(《送徐從事北游序》)他認爲,得到了官位,就應該把平生所學的"聖人之道"付諸實踐,這樣才不辜負孔子的教誨。單單靠講説誦讀,難以稱之爲儒。他又説:

> 仲尼之説豈易也? 仲尼可學不可爲也。學之至,斯則仲尼矣。未至而欲行仲尼之事,若宋襄公好霸而敗國,卒中矢而死。仲尼豈易言耶? 馬融、鄭玄者,二子獨章句師耳。今世固不少章句師,僕幸非其人。(《答嚴厚輿秀才論爲師道書》)

他鄙視僅得皮毛的學習方法,更看不起章句之徒。他提出要把握"孔氏大趣",即要擺脱聖經賢傳表面文字的束縛,直接理解儒學的基本精神,這些基本精神就是所謂的"聖人之道"。

在與吕温的書信中,他又指出:

> 近世之言道理者衆矣,率由大中而出者咸無焉。其言本儒術,則迂迴茫洋而不知其適;其或切於事,則苛峭刻覈,不能從容,卒泥乎大道。甚者好怪而妄言,推天引神,以爲靈奇,恍惚若化而終不可逐。故道不明於天下,而學者之至少也。(《與吕道州温論〈非國語〉書》)

他批評言儒術者迷失了儒學的精神實質,使"道不明於天下",儒學失去了人心。他要爲恢復儒學的本來面目而吶喊。

---

① [唐]柳宗元:《寄許京兆孟容書》,《柳宗元集》卷三〇,中華書局,1979年。以下引柳文,只注篇名。

　　柳宗元早年形成的積極用世的政治態度和不重章句的學術思想，使他接受了啖助、趙匡、陸淳的《春秋》學。在長安時，他從友人韓泰處得到了《春秋微旨》，又從吕温處得到《春秋集傳纂例》。他任禮部員外郎後，陸淳做太子侍讀，他們居處近鄰，柳宗元拜陸淳爲師。因此，柳宗元受到陸淳學派的基本觀點和方法的深刻影響。柳宗元極爲推崇陸淳的著作，認爲它們真正體現了"孔氏大趣"。他説："《春秋》之道久隱，而近乃出焉。"(《答元饒州論〈春秋〉書》)認爲陸淳的著作真正發揚了《春秋》的大義。他在《唐故給事中皇太子侍讀陸文通先生墓表》中概括説，《春秋》三傳論注疏説者百千人，著作"處則充棟宇，出則汗牛馬，或合而隱，或乖而顯，後之學者窮老盡氣，左視右顧，莫得其本"，而陸淳與啖助、趙匡"能知聖人之道，傳聖人之教，是其德其不侈大矣哉!"他盛贊陸淳等人的治學方法爲普通人學習"聖人之道"提供了簡捷的塗徑，使人能真正把握"聖人之道"的真諦。柳宗元還接受了陸淳學派的懷疑精神，對自己認爲不正確的傳統觀念和説法大膽懷疑，敢於否定，即使是經典之言，也往往以非聖人本意爲由而加以批駁。他對於自《詩》《書》直到孔、孟、董(仲舒)、揚(雄)等人的著作或言論都進行過批判。他還專門寫了一部批判被稱爲"《春秋》外傳"的《國語》的專著《非國語》。後來有人批評柳宗元"是非多謬於聖人""悖理害道"，主要就是因爲他對聖賢的權威多有冒犯，引起一些衛道士的不滿。

　　陸淳學派重"會通"的治學方法，也對柳宗元產生過重要影響。他反對"黨枯竹，護朽骨"，不墨守成説，解釋儒經時除了不主一家外，進而兼取諸子百家。趙匡曾經主張"既通經學，兼有諸子之學，取其所長，捨其偏滯"，"學兼經史，達於政體"①，在學術上兼收並蓄，開闊視野。柳宗元受他們的啓發，認爲"儒墨名法"各家都具有"有益於世"的内容(《覃季子墓志》)。他又説："楊、墨、申、商、刑名、縱横之説……皆有以佐世。"(《送元十八山人南游序》)正是基於這種認識，在柳宗元身上較少酸腐之氣，文化心理上不那麽狹隘，對待異質文化不像韓愈那樣簡單排斥。他從古代各種文化、各家學説中汲取了優秀的營養，對他政治上主張變革，思想上融合儒佛，文學上勇於借鑒、大膽創新，具有積極的作用。

---

① 〔唐〕趙匡：《舉選議・舉人條例》，見《全唐文》卷三五五。

二、重申原始儒學的人本精神

原始儒學緊扣社會、人生的現實問題，以仁義禮樂爲價值體系，干預社會政治生活，努力於社會風俗的改善，重人道、輕天道，所以孔子"罕言性與天道"，"六合之外，聖人存而不論"。孟子把天和人的心性結合在一起，提出"盡心""知性"以"知天"，以此達到天人相通的目的。但孟子所說的"天"還不是有目的、有意志的人格神。荀子更強調"唯聖人爲不求知天"，提出"明於天人之分"，"敬其在己者，而不慕其在天者"的思想。① 因此，先秦儒學始終洋溢着理性的精神。但到了秦漢以後，特別是經過董仲舒的改造，先秦儒學的理性主義精神湮没不彰。"天"被描繪爲一個有意志的人格神，在冥冥之中主宰着人間的禍福與國家的治亂興衰。這種"天人感應"思想雖經王充等人的批判，但一直在漢唐意識形態領域居於統治地位，儒學披上了一層神學的外衣。連韓愈也信守這種天命論，將人的貧富貴賤歸之於天，認爲"賢不肖存乎己，貴與賤、禍與福存乎天"②。在柳宗元時代，"務言天而言人"，推天引神的風氣非常濃厚。柳宗元繼承荀子以來的人學傳統，力圖通過自己的努力，剥落籠罩在儒學頭上的神學外衣，還"聖人之道"以本來面目，恢復儒學的"人學"特徵。

柳宗元在他的著作中，闡明傳統儒學的根本精神，對天人感應、鬼神迷信進行了全面的批判，發揚了荀派儒學的理性精神。

在宇宙論問題上，柳宗元認爲，關於悠遠而渺茫的宇宙起源問題，雖然有過許多荒誕的傳說，但都不足以信。事實上，晝夜交替、萬物生成，都是"元氣"運動的結果，並没有什麽外在力量使其如此。他以《天對》爲題，對屈原《天問》中提出的一些問題作了系統的解答："本始之茫，誕者傳焉。鴻靈幽紛，曷可言焉。曶黑晰眇，往來屯屯。龐昧革化，惟元氣存，而何爲焉？"所以，"天""地"都是元氣的不同表現形式："彼上而玄者，世謂之天；下而黄者，世謂之地；渾然而中處者，世謂之元氣。"（《天對》）

---

① 《荀子·天論》。
② ［唐］韓愈：《與衛中行書》，見《韓昌黎文集》卷三。

解決了宇宙觀的問題，天人關繫、自然與社會的關繫也就迎刃而解了。神學目的論認爲人類社會的命運是由上天掌管，人的自由被剝奪了。柳宗元的宇宙論中已經排除了一切造物主的地位，他説：

> 天地，大果蓏也；元氣，大癰痔也；陰陽，大草木也。其烏能賞功而罰禍乎？功者自功，禍者自禍，欲望其賞罰者，大謬；呼而怨，欲望其哀且仁者，愈大謬矣。（《天説》）

因此，人間的禍福完全由人類自身造成，與上天不相干。所以他説："或者務言天而不言人，是惑於道也。胡不謀之人心，以執吾道？吾道之盡而人化焉，是知蒼蒼者焉能與吾事，而暇知之哉？"（《斷刑論》下）。他認爲，自然界與人類社會各有自身運行的法則，兩者是互不干預的。他説："生植與灾荒，皆天也；法制與悖亂，皆人也。二之而已，其事各行不相預。"（《答劉禹錫天論書》）他反復重申"天人不相與""天人相分"的目的，在於論述"人事"對於社會、人生具有決定性作用，人類須發揮自己的主觀能動性。他説："聖人之道，不窮異以爲神，不引天以爲高，利於人，備於事，如斯而已矣。"（《時令論》上）

本着上述認識，柳宗元對兩漢以來所謂的"受命之符"的神學説教進行了尖鋭的抨擊，明確指出："且古之所以言天者，蓋以愚蚩蚩耳，非爲聰明睿智者設也。"（《斷刑論》下）他認爲"天""神"都是用於"神道設教"，真正的"聰明睿智者"是不應該相信它的。他説："聖人之道，不窮異以爲神，不引天以爲高，故孔子不語怪與神。君子之諫其君也，以道不以誣，務明其君，非務愚其君也。誣以愚其君，則不臣。"（《非國語·料民》）臣子如果向君主鼓吹神、怪，就不配爲臣。他批評董仲舒、司馬相如、揚雄、班彪、班固等人"推古瑞物以配命"的天人感應説"不足以知聖人立極之本，顯至德、揚大功，甚失厥趣"，違背了儒學的傳統精神。他認爲，國家的治亂興衰並不取決於什麽"天命"，而是取決於"人"，符瑞也並不代表着吉祥，只有"仁"才是吉祥的。他説："受命不於天，於其人；休符不於祥，於其仁。"人心的向背決定了王朝的興衰，君人者是否有仁德、行仁政，是衡量國家吉凶的標志。"人道"與"仁道"互相依存，是統一的。傳統儒學認爲"仁者愛人"，柳宗元也認爲"未有喪仁而久者也，未有恃祥而壽者也"。所以爲政者必須關心民生，順乎民情："黜休祥之奏，究貞符之奥,思德之所未大,求仁之所未備,以極於邦治,以敬於人事”(以上《貞符》)。可見他的思想是以傳統儒學的人學精神爲指歸的。

三、重視“生人之意”的“大中之道”

“中”本來是儒家思想中一個極爲重要的哲學、政治概念。在《論語》中,孔子常提到“中”和“中庸”,如“允執其中”(《堯曰》),“中庸之爲德,其至矣乎! 民鮮久矣”(《雍也》)。後來儒家不同學派把“中”的觀念向不同的方向發展。特別是思孟學派,把“中庸”思想發展到極致。孟子主張“中道而立”,子思著《中庸》,述孔子之意説:“君子而時中。”也就是要“執兩用中”,“致中和”。在道德實踐中,“過”與“不及”都是違背中道的。荀子認爲:“先王之道,仁之隆也,比中而行之。曷謂中? 曰:禮、義是也。道者,非天之道,非地之道,人之所以道也,君子之所道也。”又説:“事行失中,謂之奸事,知説失中,謂之奸道。奸事奸道,治世之所棄,而亂世之所以服也。”①他把是否實行“中道”與社會的治亂結合起來,指出所謂“中”,就是合乎禮義。這個“中”也就是“當”,所以他説:“君子行不貴苟難,説不貴苟察,名不貴苟傳,唯其當之爲貴。故懷負石之赴澤,是行之難爲者也,而申徒狄能之。然而君子不貴者,非禮、義之中也。”②到了漢代,董仲舒把“中”看成了萬古不變的神秘“天道”的體現,“中者,天之用也;和者,天之功也。”③後來許多儒學家承襲了這種觀點。

柳宗元在評價陸淳的主要貢獻時説:“明章大中,發露公器。”(《唐故給事中皇太子侍讀陸文通先生墓表》)陸淳學派講“中道”,繼承了荀子的觀點,而柳宗元所主張的“大中之道”,近承陸淳、遠繼荀子,其中心內容也是以儒家的禮義爲指導思想,以達到改造現實、“輔時及物”的政治目的。

在柳宗元的思想中,“大中之道”就是“當”,也就是“經”與“權”的統一。做到了“經”“權”統一的“當”,也就實現了“大中之道”。他在《斷刑

① 《荀子·儒教》。
② 《荀子·不苟》。
③ 《春秋繁露·循天之道》。

論》中指出：

> 果以爲仁必知經，智必知權，是又未盡於經權之道也。何也？
> 經也者，常也；權也者，達經者也。皆仁智之事也。離之，滋惑矣。
> 經非權則泥，權非經則悖。是二者，强名也，曰當，斯盡之矣。當也
> 者，大中之道也。離而爲名者，大中之器用也。知經而不知權，不知
> 經者也；知權而不知經，不知權者也。（《斷刑論》）

這裏，他把"經""權"關繫表述得極爲明白深刻，從而使這一對範疇
具有普遍性的方法論意義。"經"是原則，"權"是實現原則的途徑；"經"
者常也，"權"者變也。死抱教條而不知變革，與離開原則的變革，都是柳
宗元所反對的。正因爲有方法論作指導，柳宗元在政治實踐中主張變
革，在學術思想上提倡懷疑，兼收並蓄。

柳宗元又把"大中之道"稱爲"聖人之道"，把"立大中"與"去大惑"
相對。他認爲以"怪力亂神"來治民是"大惑"，必須予以抛棄，而應代之
以"中道"。柳宗元否定了"天人感應論"，認爲不合聖人之道，並力圖按
儒學的原始精神重建"人學"。他說："聖人之心，必有道而已矣，非於神
也，蓋於人也。"（《褚説》）他認爲，"聖人之道"應該"利於人，備於中"，直
接解決現實社會政治問題。他說：

> 聖人爲數，立中道以示於後，曰仁，曰義，曰禮，曰智，曰信，謂之
> 五常，言以爲常行者也。（《時令論》下）

"中道"的具體內容是五常，是現實生活中實實在在的、與人倫日用
相聯系的規範，而不是什麽"天道"，不存在"天人交感"。五常之中，"仁
義"是根本和核心。因此他說："聖人之所以立天下，曰仁義。仁主恩，義
主斷，恩者親之，斷者宜之，而理道畢矣"（《四維論》）。而道、禮、誠、信
則是"皆由其所之而異名"，是"仁義"原則的不同表現。這些原則具有
永恒性與普遍性，自堯舜直到孔子都是如此。

"中道"具體見諸於行事，則應該"凡其（民）所欲，不竭而獲；凡其
（民）所惡，不祈而息"（《貞符》），應該照顧到百姓的願望，適當滿足他們
的要求，也就是要"以百姓之心爲心"，實行寬鬆的仁政，"克寬克仁，彰信
於民"，以取得百姓的信任。特別是作爲政府的官吏，應該以商代的賢相

伊尹爲榜樣，"心乎生民"（《伊尹五就桀贊》），時刻把百姓的疾苦放在心上，實行"訟者平，賦者均，老弱無懷詐暴憎"的愛民之政。做到"自天子至於庶民，咸守其經分，而無有失道者"，這就是"和之至"，也就是"道達於天下矣"（《守道論》）。

"以生民爲主，以堯舜爲的"本是陸淳思想的重要内容（見《陸文通先生墓表》），柳宗元對此倍加推崇。他對民生的重視，貫穿在《斷刑論》《六逆論》等一系列論著中。在《斷刑論》中，柳宗元批評了刑法的殘酷性：

> 使犯死者自春而窮其辭，欲死不可得，貫三木，加連鎖，而致之獄吏。大暑者數月，癢不得搔，痹不得搖，痛不得摩，飢不得時而食，渴不得時而飲，目不得瞑，支不得舒，怨號之聲聞於里。如是而大和之不傷，天時之不逆，是亦必無而已矣。（《斷刑論》）

他表現出對"死囚"的同情，閃耀着人道精神。在《六逆論》中，他講選賢用能，更着眼於"天下理亂之大本"，也是"思利乎人"的。

柳宗元在《伊尹五就桀贊》中說："聖人出於天下，不夏商其心，心乎生民而已。"也就是說，聖賢進退出處，應視民心所向，看誰得到人民的支持與信任，以此作爲自己輔佐的目標。與此相聯繫，柳宗元提出"勢"這一概念。他在《封建論》中說："彼封建者，更故聖王堯、舜、禹、湯、文、武而莫能去之，蓋非不欲去之也，勢不可也。""故封建非聖人意也，勢也。"所謂"勢"，就是客觀歷史必然性，它是不以"聖人之意"爲轉移的。在客觀歷史必然性中，"生民之意"占據着重要地位。

四、援佛濟儒、取其韞玉的新儒釋觀

魏晉以降，隨着佛、道二教的興盛，思想界形成了三教鼎足的格局。特別是到了唐代，佛教的發展勢頭有凌駕儒學之勢，並帶來了一系列社會、經濟與政治問題。早在佛教傳入中土之初，一些人或從中華本位文化角度出發，或從道、佛爭先後的角度出發，對佛教進行了批判。柳宗元時代，韓愈是排佛派的中堅人物。柳宗元與韓愈雖是好朋友，在文學見解上有許多共同之點，但二人在對待佛教這個問題上，觀點卻頗爲不同。

在《送巽上人赴中丞叔父召序》一文中,柳宗元説:"吾自幼好佛,求其道,積三十年。"他的母親盧氏是一位虔誠的佛教徒。他少年時隨父親到江西洪州,南宗慧能的隔世法嗣、與青原行思並稱爲"禪宗雙璧"的馬祖道一正在那裏傳法,稱"洪州禪",受到江西觀察使李兼(柳宗元夫人楊氏的外祖父)的禮重。柳宗元父親的知交權德輿也游於他的門下。柳宗元的岳父楊憑亦信奉佛教。因此,柳宗元自幼生活在佛教氣氛很濃的環境中。在長安應舉和做官期間,他曾與文暢、靈徹等出入官場的僧侶結交,並很欣賞晉、宋以來謝安石、王羲之、習鑿齒、謝靈運、鮑照等人與和尚支道林、釋道安、慧遠、慧休等的關繫,又稱贊在同時代的那些"服勤聖人之教,尊禮浮屠之事"的亦儒亦佛的人物(《送文暢上人登五台遂游河朔序》)。以後在流貶過程中,柳宗元又與許多和尚交結。佛教思想對他的浸染很深,與他所受的儒家教育結合,形成了他特有的調和儒釋的思想。

柳宗元信佛,着重於佛教義理。他把作爲外殼的宗教迷信與内在實質的教理區别對待。他"自幼好佛"而"有得焉",正是對佛教義理有深切的領會,因此,他不同意韓愈"人其人,火其書"做法,他説:

> 儒者韓退之與余善,嘗病余嗜浮圖,訾余與浮圖游。近隴西李生礎自東都來,退之又寓書罪余,且曰:"見《送元生序》,不斥浮圖。"浮圖誠有不可斥者,往往與《易》《論語》合,誠樂之,其於性情爽然不與孔子異道。退之好儒未能過楊子。楊子書於《莊》《墨》《申》《韓》皆有取焉。浮圖者,反不及《莊》《墨》《申》《韓》之怪僻險賊耶?曰:"以其夷也。"果不通道而斥焉以夷,則將友惡來、盜蹠,而賤季札、由餘乎?非所謂去名求實者矣。吾之所取者與《易》《論語》合,雖聖人復生,不可得而斥也。退之所罪者其迹也,曰:"髡而緇,無夫婦父子,不爲耕農蠶桑而活乎人。"若是,雖吾亦不樂也。退之忿其外而遺其中,是知石而不知韞玉也。吾之所以嗜浮屠之言以此。(《送僧浩初序》)

在這篇文章中,柳宗元比較全面地闡述了他對佛教的態度。針對韓愈的指責,他認爲,佛教義理往往與儒家的基本精神相合,不能因爲它是"夷"法而加以摒斥。在這一點上,柳宗元主張兼收並蓄,勇於吸收外來的優秀文化成果,"取其韞玉",表現出一種開放的文化心理。至於對佛教徒不講世俗之倫理,脫離生產勞動等消極方面,柳宗元與韓愈一樣不贊成。他在《送元暠師序》中批判"世之爲釋者,惑不知其道,則去孝以爲達,遺情以貴虛",是没有真正参透佛教的教理,贊揚釋元暠在對待"孝"的問題上"吾見其不違,且與儒合"。他還批評"今之言禪者,有流蕩舛誤,迭相師用,妄取空語,而脱略方便,顛倒真實,以陷乎己,又陷乎人"(《送琛上人南游序》)。柳宗元對待佛教,是以儒學爲價值標準,取其"有益於世"者,援佛以濟儒。他認爲佛理"與孔子同道"(《送元十八山人南游序》),具體有這樣幾點:

(1)"不愛官,不争能",合乎儒家的生活態度。柳宗元在《送僧浩初序》中説:"且凡爲其道者,不愛官,不争能,樂山水而嗜閑安者爲多,吾病世之逐逐然唯印組爲務以相軋也,則捨是其焉從?"在他看來,佛教大師的恬退閑安,與當時官場中争肆奔競、貪戀禄位的風氣形成鮮明的對比。傳統儒家倡導"安貧樂道",佛學正與之相通。

(2)"合所謂生而静者",即與儒家的性善説相符合。《禮記·樂記》説:"人生而静,天之性也。感物而動,物之欲也。物至知知,然後好惡形焉。好惡無節於内,知誘於外,不能反躬,天理滅矣。"柳宗元認爲儒家的這種"主静"説經過異端的篡亂,異説紛紜,失去了原旨,"孔子無大位,没以餘言持世,更楊、墨、黄、老益雜,其術分裂"(《曹溪第六祖賜謚大鑒禪師碑》)。而直到佛教學説出現,才恢復了儒家"主静"説的本源,"吾浮圖説後出,推離還原,合所謂生而静者。……其道以無爲爲有,以空洞爲實,以廣大不蕩爲歸。其教人,始以性善,終以性善,不假耕鋤,本其静矣"(同前)。在這一點上,柳宗元把儒、佛之道調合在一起,認爲佛學的性善論貫徹始終,正與孟子"性"説相通。

(3)"本於孝敬,積以衆德",合乎儒家倫理。"孝道"是儒家政治倫理思想的重要内容。佛教原本不主孝道,規定不禮國王,不拜父母。但佛教傳入中土以後,經過改造,逐漸適應了傳統儒家政治倫理思想的要求,也提倡"孝道",如《大報恩》十篇,"咸言由孝而極其業"(《送元暠師序》)。他在《送濬上人歸淮南覲省序》中説:"金仙氏(按:金仙爲佛教之異名)之道,蓋本於孝敬,然後積以衆德,歸於空無。其敷演教戒於中國者,離爲異門,曰禪,曰法,曰律,以誘掖迷濁。"柳宗元認爲在提倡孝道這點上,佛教"且與儒合"。

（4）佛教的戒律與儒學的禮義相通。唐德宗時,懷海禪師居於江西百丈山,創禪院制度,爲禪師立下了行爲戒律。其中首先講報恩、尊祖,用儒家的忠、孝觀念補充了佛教戒律的内容。柳宗元把儒學的禮義與佛教的戒律等同起來,認爲二者同樣起着"持世"的作用。他認爲:

> 儒以禮立仁義,無之則壞;佛以律持定慧,去之則喪。是故離禮於仁義者不可與言儒,異律於定慧者不可與言佛。(《南嶽大明寺律和尚碑》)

因此,佛教戒律與儒家禮義在效用上是相通的。

（5）佛理合於中道。"中道"或"大中之道",是柳宗元"聖人之道"政治思想的主要内容。佛教也講中道,佛教的許多思想,尤其是天台宗的中觀思想中,也體現了"中道"原則,因此,柳宗元極力稱道。章士釗曾指出:"大中者,爲子厚說教之關目語,儒釋相通,斯爲奥秘。"①在《嶽州聖定寺無性和尚碑》在柳宗元說:"佛道愈遠,異端竟起,唯天台大師爲得其說。和尚紹承本統,以順中道,凡受教者不失其宗;生物流動,趨向混亂,惟極樂正路爲得其歸。"在《南嶽雲峰和尚碑》中也說:"師之道,尊嚴有耀,恭天子之治,維大中以告,後學是效。""大中"思想本爲儒家所固有,而釋教能冥契此說,故柳宗元大加贊揚。

（6）"真乘法印,與儒典並用。"柳宗元一系列义章中,反復强調佛教"不與孔子異道","往往與《易》《論語》合",佛教義理中包含着與"聖人之道"相通的、有益於世的内容,是不應當簡單加以否定的。

柳宗元按照自己對佛、儒二教的領會,"統合儒釋,宣滌疑滯"(《送文暢上人登五台遂游河朔序》),目的是通過有選擇地容納佛學思想,借助佛學理論來"推離還源,豐佐吾道",豐富儒學的思想方法和思想内容,對宋明儒學産生了重大影響。

五、韓柳興儒,異曲同工

唐代中後期,儒學發展面臨着重大的轉折。一方面,兩漢以來的傳

---

① 章士釗:《柳文指要》上卷七,中華書局,1971 年。

統儒學已發展到盡頭,一些學者在努力尋找新的方法,力圖使儒學走出章句訓詁的死胡同;另一方面,思想界圍繞着三教關繫展開了激烈的論戰。以韓愈、柳宗元爲代表的前沿學者在掀起文學革新運動高潮的同時,打着"文以明道"的旗幟,進行復興儒學的嘗試。韓、柳二人雖然目標一致,却選擇了不同的方向。

(1)在復興儒學方面,韓、柳二人都主張掃除章句訓詁,直契先聖原旨。但韓愈沿着思、孟一系的路子,倡道統,明心性,開啓宋代性理學的先河。柳宗元則致力於對荀派儒學的繼承與發展,從批判兩漢以來"天人感應"説入手去復興儒學,對理學開山祖之一張載影響較大。

(2)韓、柳二人都對三教問題發表過意見,但在如何對待異質文化上,二人觀點截然相反。韓愈嚴厲排斥佛教,以維護儒學的純潔性和獨尊地位;柳宗元却主張"取其韞玉"以佐"吾道"。如果説韓愈的觀點反映了唐代中後期部分儒家士大夫的危機意識,那麼柳宗元的主張則表現了唐代文化開放、包容的宏大氣魄。韓、柳二人的理論建樹,開啓了儒學復興運動的先河。他們都是由漢唐章句訓詁之學向宋明新儒學轉變的關鍵性人物。

(原載《西南民族學院學報》2003 年第 7 期)

啖助學派的新《春秋》學

　　唐代中葉，學術界興起了一個新《春秋》學派。這個學派以啖助、趙匡爲先驅，陸淳集大成，對當時學術界產生過很大的影響。宋人陳振孫說："漢儒以來，言《春秋》者惟宗三傳，三傳之外，能卓然有見於千載之後者，自啖氏始，不可沒也。"①清末學者皮錫瑞也說："《春秋》雜采三傳，自啖助始。"又說："今世所傳合三傳爲一書者，自唐陸淳《春秋纂例》始。""淳本啖助、趙匡之說，雜采三傳，以意去取，合爲一書，變專門爲通學，是《春秋》經學一大變。宋儒治《春秋》學者，皆此一派。"②《四庫全書總目提要》經部總序認爲，清代以前兩千年經學凡六變，其中唐代的"孔穎達、賈公彦、啖助、陸淳"爲上承章句之學、下啓宋明理學的第二變。這些評價表明了啖趙陸學派在經學史上的重要地位。

　　啖助著有《春秋集傳集注》及《春秋統例》，趙匡著有《春秋闡微纂類義統》，均已佚。陸淳的著作今存三種：《春秋集傳纂例》十卷，《春秋集傳辨疑》十卷，《春秋集傳微旨》三卷。這三種書是陸淳在啖、趙二人的研究基礎上完成的，實際上集中了啖、趙、陸三人的《春秋》學思想。他在《春秋集傳辨疑》凡例中說：

> 《集傳》取捨三傳之義，可入條例者於《春秋集傳纂例》諸篇言之備矣。其有隨文解釋，非例可舉者，恐有疑難，故纂啖、趙之說，著《辨疑》。

這就明白地說了《春秋集傳纂例》《疑辨》二書綜合了啖、趙二人的研究成果，而集其大成。二書中多處明標"陸淳曰"，提出自己觀點。至於《春秋集傳微旨》，則先列三傳異同，參以啖、趙之說，而斷其是非。在該書自序中，陸淳說"其有事或反經而志協乎道，迹雖近義而意實蘊奸，或本正

①　［宋］陳振孫：《直齋書録解題》卷二，上海古籍出版社，1987年。
②　［清］皮錫瑞：《經學通論》之四《春秋》，中華書局，1954年。

而末邪,或始非而終是",介乎疑似之間者,並委曲發明,故曰《春秋集傳
微旨》。可知該書大體上爲陸淳自撰,代表了他本人的觀點。但每條必
稱"淳聞於師曰",以示不忘所本。

一、對《春秋》的理解

在《春秋集傳纂例》一書的開頭,陸淳以八篇文字,比較詳盡地闡述
了啖助、趙匡及他本人對《春秋》及三傳的理解。這是他們學術思想的綱
領和治學的出發點。

首先,啖助、趙匡、陸淳等人對《春秋》經是深信不疑的。他們相信
《春秋》是孔子所修,體現了孔子的政治、哲學和歷史觀。但是,孔子修
《春秋》的用意究竟是什麼? 這是每個治《春秋》的學者都無法回避的問
題。過去《左傳》學者認爲孔子修《春秋》是爲了"考其行事而正其典禮,
上以遵周公之遺制,下以明將來之法";《公羊》學者認爲是爲了"將以黜
周王魯,變周之文,從先代之質";《穀梁》學者則認爲是爲了"明黜陟,著
勸戒,成天下之事業,定天下之邪正,使夫善人勸焉,淫人懼焉"。比較而
言,《左傳》着重於制度典禮,從歷史的角度去探求孔子修《春秋》之旨;
《公羊》《穀梁》二家則着重於善惡褒貶,從道德的角度去探求孔子作《春
秋》之旨。啖助卻認爲,三家之説都"未達乎《春秋》之大宗",因此不可
能真正理解夫子作《春秋》的深刻用意。他認爲,《春秋》之作,是爲了
"救世之弊,革禮之薄"。他具體論證説:

> 夏政忠,忠之弊野,殷人承之以敬;敬之弊鬼,周人承之以文;文
> 之弊僿,救僿莫若以忠,復當從夏政。①

夏文化以"忠"爲特色,殷文化以"敬"爲特色,周文化以"文"爲特
色。到了春秋時代,出現了"禮崩樂壞"的局面,表明以周禮爲主要内容
的周文化已失去了其應有的社會功能,因此孔子作《春秋》,"以權輔正,
以誠斷禮",正是以"忠道原情"爲本,不拘浮名,不尚狷介,從宜救亂,因
時黜陟,或貴非禮勿動,或貴貞而不諒,進退抑揚,去華居實,所以説孔子

---

① 〔唐〕陸淳:《春秋集傳纂例》卷一《春秋宗指議第一》。

作《春秋》是爲了"救周之弊,革禮之薄"。

啖助從變革的角度解釋孔子修《春秋》的用意,把孔子看成是一個文化改良主義者,而不是文化保守主義者。因此他不同意所謂孔子修《春秋》是爲了復興"周禮"的説法,主張《春秋》之作在於用夏政以救周失。他提出:

> 《春秋》參用二帝三王之法,以夏爲本,不全守周典,理必然也矣。①

啖助認爲在這一點上,杜預的認識全錯了。而何休所説"變周之文,從先代之質",雖然話是説對了,但語焉不詳,沒有把握關鍵所在,因而只對了一半。

那麼,杜預、何休爲什麼錯了? 啖助認爲他們"用非其所",即不從"性情"上去説,却從"名位"上去説,從外在的虛文去看《春秋》之旨。表面上孔子修《春秋》,於"改革爵列,損益禮樂"三致意焉,但實際上真正目的在於"立忠爲教,原情爲本"。

所謂"立忠爲教",是説孔子作《春秋》,在於樹立"忠道"進行教化;所謂"原情爲本",是説孔子所提倡的"忠道"來源於人類固有的"性情"。"原情"即分析人物的思想動機,將目的與手段分開,强調"權""宜",重視人物或事件的價值意義,至於如何實現其價值目的,則允許有一定的靈活性。啖助等人用這種方法去對《春秋》經文進行重新詮釋,在對《春秋》中的人物和事件進行評價時,比純粹用事實、用效果、用禮法去衡量要靈活得多,主觀隨意性也更大。解釋者可以根據自己的愛好、評判標準及價值觀任意發揮,寄托自己的政治主張,用舊瓶裝新酒。這種"忠道原情"的分析方法,被啖助等人廣泛地用於《春秋》學的研究之中。如僖公二十八年"天王狩於河陽",《左傳》引用孔子的話批評晉文公"以臣召君,不可以訓",陸淳則説:"若原其自嫌之心,嘉其尊王之義,則晉侯請王以狩,忠亦至矣。"他通過發掘歷史人物的心理動機,宣傳"尊王"的"忠道"。所以陸淳總結爲什麼要"爲賢者諱"説:"凡事不合常禮,而心可嘉者,皆以諱爲善。"②

---

① 〔唐〕陸淳:《春秋集傳纂例》卷一《春秋宗指議第一》。
② 〔唐〕陸淳:《春秋集傳微旨》卷中。

趙匡論《春秋》宗旨時也有與啖助相似的觀點。他認爲"《春秋》因史制經,以明王道",其方法大略有二:興常典,著權制。所謂"興常典",相當於啖助的"立忠爲教",如凡是郊廟、喪紀、朝聘、蒐狩、婚娶違禮則譏之,這是"興常典"。至於"非常之事,典禮所不及,則裁之聖心,以定褒貶,所以窮精理也,精理者非權無以及之",這就是所謂"著權制",相當於啖助的"原情爲本"。但趙匡比啖助更强調《春秋》的褒貶大義。他認爲《春秋》之作,目的在於救世,即"尊王室,正陵僭,舉三綱,提五常,彰善癉惡",也就是通過"例""體"而寓褒貶。所以他説:"故褒貶之指在乎例,綴叙之意在乎體。""知其體,觀其大意,然後可以議之耳。"①

二、對《春秋》傳注的批評

啖助等人在提出了自己理解的《春秋》宗旨後,對"三傳"進行了嚴厲的批評。應該注意的是,他們在批評"三傳"時雖然使用了比較尖刻的言詞,如"《左氏》之例非""《公羊》之例非""《穀梁》亦非"(《用兵例第十七》),但對"三傳"並非一概否定,在批評的同時還是有所肯定的。

關於"三傳",他們認爲古人對《春秋》的解説,本來就口口相傳,自漢以後才有章句,著於竹帛,於是"三傳"才得以廣爲流傳。《左傳》博采載籍,叙事尤爲詳備,能使百代之下詳知春秋歷史本末,人們可以通過它的叙事去探求《春秋》經文的意旨。何況"論大義得其本源,解三數條大義亦以原情爲説,欲令後人推此以及餘事",故"比餘二傳,其功最高"。在這裏啖助等人並没有抹殺《左傳》叙事詳贍的優點,甚至認爲它比《公》《穀》二傳對《春秋》的貢獻更大。但是,在他們看來,《左傳》"叙事雖多,釋意殊少,是非交錯,混然難證"②,對《春秋》經義的闡述遠遠不夠,而且記事是非混雜,讓人難以把握。在啖助等人的著作中,批評《左氏》的語句相當多。如"先君遇弒,嗣子廢即位之禮;……《左氏》不達其意,曲爲其説"(《公即位例第十》);"納幣不書,《左氏》不達此例"(《婚姻例第十三》);"《左氏傳》……博采諸記,錯綜而爲之也"(《姓氏名字爵

①　[唐]陸淳:《春秋集傳纂例》卷一《趙氏損益義第五》。
②　[唐]陸淳:《春秋集傳纂例》卷一《三傳得失議第二》。

諡義例第三十一》）；"《左氏傳》事迹倒錯者甚多"（《脱謬略第三十六》）。

關於《公》《榖》二傳，啖助等人認爲，最初也是口口相傳，後人根據先儒口授的大義，將它散配入經文之下。由於傳授之間難免滋生歧義，以訛傳訛，因此與《春秋》經的本旨乖謬頗多，没有體現聖人的真正用心。不過，他們還是承認，儘管二傳有這樣那樣的缺點，但由於其大義是由子夏傳下來的，故從傳經這一方面來看，比《左傳》要嚴密得多。啖助等人對《公羊》《榖梁》二傳的批評采取了一分爲二的態度。一方面他們説"《榖梁》意深，《公羊》辭辨，隨文解釋，往往鈎深"，即對聖人的微言大義有所發明；但另一方面，他們又批評二傳"守文堅滯，泥難不通；比附日月，曲生條例；義有不合，亦復强通；踳駁不倫，或至矛盾"，太拘泥於文句，往往穿鑿附會，强作解人，故奇談怪論，隨處可見，妄加比附，矛盾百出，不合"聖人夷曠之體"。啖助特別批評二傳處處以"一字褒貶"之説釋經。他雖然不反對《春秋》寓褒貶之説，但認爲"褒貶"説對於解釋《春秋》大義並非普遍適用。事實上也有許多"文異而意不異"的經文，無法用"褒貶"去兼賅。因此他批評二傳"繁碎甚於左氏"①。

在解經時，啖助等人大膽地對三傳的經説提出質疑。如《春秋集傳纂例》卷二釋"望"字，陸淳記趙匡之説：

> 三望之名，《公羊》云泰山、河、海也，而《左氏》《榖梁》無其名。説《左氏》者云"分野之星及封内山川"，説《榖梁》者云"泰山、淮、海"。據《禮》篇云，諸侯祭名山大川在其封内者，而不言星辰，又淮、海非魯之封内，《公羊》云山川不在其封内則不祭，而云祀河、海，則三家之義皆可疑也。

啖助等人不僅對《春秋》三傳不盡信，而且對漢魏以來注疏家之説也不盲從，甚至大膽地加以懷疑，經過考證，得出自己的結論。在當時學術界中，《公羊傳》何休注、《左傳》杜預注、《榖梁傳》范甯注被作爲官方法定的《春秋》注本，其地位幾乎與經書本文相等，在社會上廣爲流行。啖助等人以巨大的勇氣，反對舊《春秋》學，在批評三傳的同時，也向何、杜、

---

① ［唐］陸淳：《春秋集傳纂例》卷一《三傳得失議第二》。

范三家注發難。他們認爲三家注没有真正找到通往聖人之道的正確塗
徑,去理解聖人的深意,在注解過程中没有以王道作爲指歸,對經書中的
人物或事件作出合符儒家價值觀的論斷,並發揮聖人的微言大義。他們
提出注疏之學雖然不是直接地用著作的形式去表達作者的思想,但作者
在爲聖人之書作注時應該有自己的主體意識在裏面。因此,注疏之學
"雖因舊史",但要"酌以聖心,撥亂反正,歸諸王道"。遺憾的是,"三家
之説,俱不得其門也"。啖助等人進而指出,"兩漢專門,傳之於今,悖禮
誣聖,反經毁傳,訓人以逆,罪莫大焉"。他們對漢唐以來傳注家批評之
嚴厲,於此可見一斑。

"三傳"没有把握聖人作《春秋》的宗旨,注疏家又没有發揮出"三
傳"的大意,致使《春秋》大義湮没不彰,這是啖助等人總結漢唐以來《春
秋》學而得出的結論:

> 傳已互失經指,注又不盡傳意,《春秋》之義幾乎泯滅。①

因此,他們要捨棄前人的傳注,直接探求聖經大義。他們批評傳注家故
弄玄虛,事實上《春秋》經文並不象有的傳注者理解的那樣"文義隱密",
而是非常簡易明白的。啖助説:

> 《春秋》之文簡易如天地焉,其理著明如日月焉。但先儒各守一
> 傳,不肯相通,互相彈射,仇讎不若,詭辭迂説,附會本學,鱗雜米聚,
> 難見易滯,益令後人不識宗本,因注迷經,因疏迷注,黨於所習,其俗
> 若此。②

傳注者把本來"簡易著明"的一部《春秋》經弄得晦澀難懂。不僅如此,
《春秋》一經而分三傳,每傳自兩漢以來又有許多家注,注中又有疏,强調
"疏不破注",不離師説,家法、師法門户之見很深,各家各派互相攻訐,搞
亂了人們的視聽。

平心而論,啖助等人對兩漢以來經學的批評是有道理的,自兩漢以
來,經學作爲官方扶植的學術,發展到唐代出現了種種弊端。雖然孔穎
達《五經正義》頒行以後,經學表面上歸於一統,但並没有克服繁瑣晦澀

---

① 〔唐〕陸淳:《春秋集傳纂例》卷一《春秋宗指議第一》。
② 〔唐〕陸淳:《春秋集傳纂例》卷一《啖氏集傳注議第三》。

的毛病,而僅僅對文句的解釋有了一個統一的標準,談經者"不復知有《春秋》微旨",特別是學者不再去探求儒家經典中蘊含的深刻義理。啖助等人抨擊前人傳注的目的,就是爲了建立一種新的解經傳統,創造一種新的治經模式。這種模式就是"但以通經爲意",不講家法,不根師説,兼取三傳,合而爲一。啖助説:

> 予所注經傳,若舊注理通,則依而書之;小有不安,則隨文改易;若理不盡者,則演而通之;理不通者,則全削而別注;其未詳者,則據舊説而已。①

所謂"理",實際上是他們這一學派開創的一種主觀的解經方法。借助於他們標舉的"理",以此作爲標準去衡量前人傳注的是非,"考核三傳,去短取長",直接爲《春秋》經文作注。因此,他們主張凡是與《春秋》經文無關的傳注,應予删削。在回答有關"無經之傳,有仁義誠節、知謀功業、政理禮樂、讜言善訓多矣,頓皆除之,不亦惜乎"的責難時,啖助説:

> 此經《春秋》也,此傳《春秋》傳也。非傳《春秋》之言,理自不得録耳。非謂其不善也,且歷代史籍,善言多矣,豈可盡入《春秋》乎!②

這樣,經學更加簡易明白,較少繁雜蕪穢之弊。啖助等人在自己的經學研究實踐中,力求簡明,點到爲止。現存陸氏三書,解經要而不煩,確實讓人耳目一新。這也是啖、趙、陸《春秋》學能夠在中唐風靡一時的重要原因。

三、啖助學派經學與中唐變革思潮

啖、趙、陸新《春秋》學的出現,與中唐的社會政治、文化背景有密切的關繫。

兩漢以來,儒家經學一直以章句訓詁爲主要形式。儒家義理被淹没

---

① [唐]陸淳:《春秋集傳纂例》卷一《啖氏集注義例第四》。
② [唐]陸淳:《春秋集傳纂例》卷一《啖子取捨三傳義例第六》。

在訓詁義疏的海洋中,學者把明章句、通訓詁作爲治學的目標,甚至皓首窮經,花費畢生的精力於一字一句、一名一物,使儒學失去原來那種切近社會、重視經世致用的特徵,積極向上的精神大爲減弱,經學成了一些俗儒致顯宦、求利禄的工具。學者成了書蟲,對社會、對民生缺乏應有的關心。另外,從東漢以來,經學成爲少數門閥世族的傳家之學,世代專守一經或數經,炫耀門第、壟斷文化,使儒學文化喪失了它的大衆性一面。部分學者死守先儒之説,不知變通。因此經學也越來越難以適應新的形勢。到隋末唐初,這種章句之學已開始受到批判。隋末大儒王通著《中説》,以闡明儒家之道爲己任,對儒家文化的内在精神作出自己的理解,提出"通變之謂道""道能利生民",主張通變,重視生民,使儒學能切合現實,解決社會實際問題。到了中唐,儒學逐漸形成一股變革思潮。面對唐王朝建立以後逐漸出現的社會矛盾,部分學者對舊的經學和傳統觀念表示懷疑,提倡富於批判精神的獨斷之學。劉知幾《史通》就是這一思潮的卓越代表。這股思潮是唐代中後期儒學復興運動的前奏。啖助、趙匡、陸淳等人的《春秋》學,正是這一思潮的繼續發展。他們的經學研究具有"通經致用"的時代特點。啖助説:"夫子之志,冀行道以拯生靈也。"①他認爲儒學的創始人孔子一生都以行道濟民爲目標,後世口誦夫子之言的學者更應該效法孔子的救世精神,而不應該把治學與行道判爲兩途。趙匡在《舉選議》一文中批評那些遠離實用的章句之徒説:

　　疏以釋經,蓋筌蹄耳。明經讀書,勤苦已甚,既口問義,又誦疏文,徒竭其精華,習不急之業,而其當代禮法,無不面牆,及臨民決事,取辦胥吏之口而已。②

他看不起那些"口問義、誦疏文"的讀書人,認爲這是白費精神去學習那些既無益於自己又無益於社會的學問。陸淳也有相似的看法。他曾對吕温説:

　　良時未來,吾老子少,異日河圖出,鳳鳥至,天子咸臨泰階,請問理本,其能以生人爲重、社稷次之之義發吾君聰明,躋盛唐於雍熙

---

① ［唐］陸淳:《春秋集傳纂例》卷一《春秋宗旨議第一》。
② ［清］董誥等:《全唐文》卷三五五,中華書局,1983年。

者,子若不死,吾有望焉!①

在陸淳看來,國家政治的根本在於"生人爲重、社稷次之"。因此,陸淳等人在章句訓詁盛行於世的時代,獨具慧眼,重申儒家文化的用世精神。他們的主張代表了對兩漢以來經學的反動以及向儒學原旨復歸的歷史潮流。柳宗元曾概括陸淳著作的中心思想是"以生人爲主,以堯舜爲的"②。他們繼承了孔孟儒學的"仁政"理想,並將其貫穿在《春秋》學研究的始終。在《春秋集傳微旨》卷上解釋莊公四年"紀侯大去其國"一條經文時,陸淳不采用三傳舊説,認爲"天生民而樹之君,所以司牧之",因此非賢非德之人不應該居於統治地位。如果"捐軀以守位,殘民以守國",這是三代以下"家天下"的惡果,而非儒家提倡的理想制度。在這裏,他實際上是利用儒家理想之道對專制制度進行批判。又如在《春秋集傳纂例》卷六《軍旅例第十九》中,陸淳記啖助之語説:

> 觀民以定賦,量賦以制用,於是經之文之,董之以武,使文足以經綸,武足以禦寇。故静而自保,則爲禮樂之邦,動而救亂,則爲仁義之師。……今政弛民困,而增虚名以奉私欲,危亡之道也。

同書同卷《賦税例第二十一》陸淳記趙匡的話説:

> 賦税者國之所以治亂也,故志之。民,國之本也,取之甚則流亡,國必危矣,故君子慎之。

這類解釋,是對儒家原始精神中"民本主義"思想的發揮。

啖助等人解釋《春秋》,不僅比較注意發揮儒學中藴含的"仁政""民本"思想,還對春秋霸業進行否定。在先秦儒家孔子、孟子看來,齊桓、晉文等春秋霸主打着"尊王攘夷"的旗號,圖謀稱霸諸侯,其心可誅,但客觀上也對當時"禮崩樂壞"的局面有所匡正。那麼啖助等人爲什麼要對春秋霸業進行否定呢? 這要從中唐的社會政治形勢中去找原因。

自安史之亂後,唐代形成了藩鎮割據的政治局面,手握重兵的節度使對中央鬧獨立。唐德宗建中年間,以朱滔爲首的河朔四鎮自比春秋諸

---

① 〔清〕董誥等:《全唐文》卷六三一《祭陸給事文》。
② 〔唐〕柳宗元:《柳宗元集》卷九《陸文通先生墓表》。

侯,模仿春秋盟會的形式叛唐稱王。① 啖助等人否定霸業,正是針對困擾唐代政治的藩鎮割據。在《春秋集傳纂例》卷四《盟會例第十六》中,趙匡抨擊諸侯盟會説:

> 若王政舉則諸侯莫敢相害,盟何爲焉! 賢君立則信著而義達,盟可息焉。觀春秋之盟,有以見王政不行,而天下無賢侯也。

他們强調"王綱""賢君"的重要性,而對盟會基本上加以否定。否定了霸業的合理性,也就否定了當前藩鎮割據的合理性。

唐代建立後,隨着時代的發展,社會矛盾積累也越來越多。到了中唐,朝廷中出現了一股要求變革的勢力,"永貞革新"就是這股變革勢力的一次大亮相。變革思想在意識形態中有所反映。啖助等人的《春秋》學主張就充滿了通權達變的思想。他們反對董仲舒的"天不變道亦不變",主張"反經合道""變而得中"②,肯定變革是事物發展的常規,從而得出在政治上應積極變法的結論。在《春秋集傳纂例》卷六《改革例第二十三》中,陸淳記趙匡之語説:

> 法者,以保邦也,中才守之,久之而有弊,況淫君邪臣從而壞之哉! 故革而上者比於治,革而下者比於亂,察其所革,而興亡兆矣!

政治生活中的各種弊端必須通過變革來加以消除,使天下重歸於治。變革與否,是治亂所系的重大問題,從中可以看出興亡的朕兆。如果説柳宗元等人站在政治改革的前沿,那麽啖助等人則站在學術變革的前沿,他們的變革思想爲改革派作了理論上的準備。

四、啖助學派在經學史上的地位

啖助等人的《春秋》學研究,是從漢學向宋學過渡時期的産物。他們在當時被看成"異儒",受到不少學者的推崇。不僅柳宗元曾師事陸淳,大和年間著名學者劉蕡的《春秋》對策中許多觀點也與他們的精神一致。陳商、陸龜蒙等人都相信陸淳的學説。因此,啖助等人《春秋》學的出現,

---

① [宋] 司馬光:《資治通鑑》卷二二七。
② [唐] 陸淳:《春秋集傳微旨》卷中。

帶動了整個經學的蛻變，是《春秋》學史上的一個轉捩點。通過這次蛻變，經學在一定程度上恢復了面向現實的特徵。從文化意義上說，啖助等人的《春秋》學研究，是韓愈、柳宗元等人掀起的儒學復興運動的前奏，並成爲其中的一個組成部分。

從啖助等人開始直到清朝乾嘉年間，《春秋》學顯示出與前後不同的特點。這種特點的形成，是與啖助等人的影響分不開的。他們對《春秋》學的影響主要反映在以下幾個轉變：

第一，從章句訓詁向義理闡發轉變。啖助以前的《春秋》學研究大多拘泥於對字句的闡釋，較少對義理的發揮。事實上，《春秋》作爲儒家五經之一，它的特殊地位決定了對它的研究不能僅僅停留在字義詮釋的層面上，研究者還應該對其中隱含的義理加以必要的發揮。經學是中國古代社會的意識形態，承擔着爲社會政治提供理論依據的功能。而現實社會政治形勢是不斷變化的，因此意識形態中的觀念也要不斷地加以調整，否則它就會成爲僵死的教條，難以在人們的精神領域占有一席之地。經學義理化，有助於建立起一個不斷適應社會政治形勢變化的意識形態體系。因爲從總體上來說，談義理比講訓詁具有更大的靈活性與自由度，使經學更具有活力和實用價值。

第二，從《春秋》三傳分立走向三傳統一，變專門之學爲通學。自漢代以來，《春秋》分爲三傳，左氏偏重於補充史實，公羊氏則着重於對大義的闡發，穀梁氏介於二者之間。三傳互不相容，壁壘森嚴，互相排斥，形同水火。即使一傳之下，也往往有數家之學。如一個《公羊傳》，就有胡毋氏、董氏、嚴氏、顏氏等不同的派別。門户不同，使《春秋》學成爲聚訟之學，讀書人莫知誰是而無所適從。啖助等人把《春秋》學從三傳糾紛中解放出來，不再死守傳注，而是發揮自己的主體意識，依據自己的理解去解釋經義，這就是人們常說的"捨傳求經"。但這並不是說他們完全棄傳注於不顧。在他們的研究中，對於三傳的優點常加以吸收。如史實取左氏最多，義理則不論左氏、公羊、穀梁，合則留，不合則自出胸臆，另作解說，以期融爲一家之學。啖助、趙匡、陸淳這種"會通三傳"的《春秋》學出現以後，三傳分立的時代就基本上結束了。

自啖助、趙匡、陸淳開創新《春秋》學派之後，繼起者大有其人。盧仝著《春秋摘微》，韓愈曾贈詩說："《春秋》三傳束高閣，獨抱遺經究始終。"

可知其捨傳求經更爲徹底。此外,馮伉有《三傳異同》,劉軻有《三傳指要》,韋表微有《春秋三傳總例》,陳岳有《春秋折衷論》。這類書大體上都調和三傳,目的在於"冀是非殆乎息矣"①。由此可見,會通三傳或捨棄三傳,是中唐以來《春秋》經學的總趨勢。

宋代儒者繼承了啖助、趙匡、陸淳的治學傳統,在《春秋》經學研究中往往棄傳就經或重經輕傳,注重以經求經,直尋《春秋》大義。如孫復、孫覺、劉敞、崔子方、葉夢得、吕本中、胡安國、高閌、吕祖謙、張洽、程公説、吕大圭、家鉉翁等,是其中較爲著名的人物。啖助等人的學風受到宋代學者的推崇。邵雍説:"《春秋》三傳而外,陸淳、啖助可以兼治。"②將他們的《春秋》學提到與三傳並稱的地位。程頤從維護儒家學説的權威地位出發,贊揚其絶出諸家,有攘異端、開正途之功。朱子對他們的治學方法十分贊賞,稱"孫明復、趙、啖、陸淳、胡文定皆説得好"③。元朝名儒吳澄高度評價了啖、趙、陸的創新之功:

> 唐啖助、趙匡、陸淳三子,始能信經駁傳,以聖人書法纂而爲例,得其義者十七八,自漢以來,未聞或之先。④

啖、趙、陸《春秋》學方法的影響還波及到其他諸經的研究。北宋初,李之才教邵雍學《易》,就先讓他讀陸淳等人的著作。⑤ 不過,正如皮錫瑞所説:"宋人説《春秋》本啖、趙、陸一派,而不如啖、趙、陸之平允。"⑥的確,自從啖助等人開風氣於先,宋人繼流風於後,説《春秋》者大有其人。孫復作《春秋尊王發微》,大力發揮"尊王大義"。以後效法者衆多,《春秋》成爲宋代第一大經,《春秋》經文被隨意引申,主體意識被過分張揚。南宋胡安國作《春秋傳》,以議論解經,標舉《春秋》的核心爲"尊君父,討亂賊",連朱熹也批評它牽强之處很多,不盡合經旨。但由於該書的政治實用性很强,宋以後一直受到尊崇。元朝確定《四書》《五經》爲取士標準,《春秋》就采用胡傳。胡傳與《左傳》《公羊傳》《穀梁傳》被稱爲"《春

---

① [唐]劉軻:《三傳指要序》,載《全唐文》卷七四一。
② [宋]邵雍:《皇極經世書》卷一三《觀物外篇上》。
③ [宋]朱熹:《朱子五經語類》卷五七《春秋一》。
④ [元]吳澄:《吳文正集》卷一《四經叙録》。
⑤ [元]脱脱:《宋史》卷四三一《李之才傳》。
⑥ [清]皮錫瑞:《經學通論》之四《春秋》。

秋》四傳"。

以主觀臆見解經,難免橫生議論,曲解經義。因此啖、趙、陸的《春秋》學儘管得到勇於創新的學者的喝采,但也受到了一些嚴謹學者的批評。如歐陽修說:

> 啖助在唐,名治《春秋》,摭訕三家,不本所承,自用名學,憑私臆決,尊之曰"孔子意也"。趙、陸從而唱之,遂顯於時。嗚呼!孔子没乃數千年,助所推著果其意乎?其未必也。以未可必而必之,則固;持一己之固而倡兹世,則誣。誣與固,君子所不取,助果謂可乎?徒令後生穿鑿詭辨,詬前人,捨成説,而自爲紛紛,助所階也。①

這番嚴厲的批評,從某些方面擊中了啖助等人《春秋》學的要害。他們雖然克服了過去經學中繁瑣拘泥的弊病,却往往又難免走向另一個極端,造成解經時的主觀隨意性。這種主觀隨意性在他們的著作中就有所反映。因此,我們在肯定啖、趙、陸《春秋》學歷史作用的同時,也應該看到其消極影響。

(原載《中國史研究》1996 年第 3 期,題作《啖助學派通論》)

---

① [宋] 歐陽修、宋祁等:《新唐書》卷二〇〇《儒學下》。

宋初的文化憂患意識

——兼論經學變古的歷史必然性

　　華夏文化造極於趙宋之世,這是多數學者的共識。但華夏文化為什麼會造極於趙宋? 我們可以舉出若干原因,諸如宋代有能夠促進文化繁榮的客觀歷史環境,寬鬆的文化政策,發達的物質條件與技術手段,等等。這些無疑都是刺激中華文明走向巔峰的助長劑。不過,我認為湯因比的文明挑戰與應戰理論不僅適用於解釋文明的興衰,也為我們解釋宋代文化的高度發展提供了一種思路。在湯因比看來,文明遇到了挑戰、刺激,於是產生應戰、反應,進行自我調適,增強抵抗力,度過危機,從而在原來基礎上更加發展、壯大。[1] 我們同樣可以說,宋代文化之所以較此前有很大的發展,一個重要原因就是對各種挑戰的成功回應。

　　從宋代以前中華文化主體——儒學文化面臨的挑戰來說,有來自外部的,也有源於內部的。而宋初學者普遍具有的憂患意識,實際上是一種文化憂患意識。這種文化憂患意識在儒家宗師孔子那裏就有突出表現。不過孔子憂患的是周禮的消亡,是周公之道的衰微。到唐代韓愈在憂患意識的刺激下,以儒家文化的衛道士自居,排斥佛老異端,重申儒家文化的基本精神,從而拉開了儒學復興運動的帷幕。到宋初,文化憂患意識形成一股潮流,終於激發出巨大的創造力,勢不可遏,由文學復古、經學變古開始的儒學轉型全面展開,將宋代文化推向高峰。

一、異質文化的嚴峻挑戰

　　宋初學者的最大憂患,是他們賴以安身立命的儒學文化面臨外來文

---

[1]　(英)湯因比:《歷史研究》第二部《文明的起源》,曹未風等譯,上海人民出版社,1986 年。

化與異端邪説的挑戰。如何維護儒學文化的主體地位,使儒學在應對挑戰中處於有利地位,這是很多儒學家思考的問題。這種憂患意識明顯反映在他們排斥佛道及其他學説、攻擊時文、强調儒家道統等學術活動之中。

宋初三先生之一孫復以憂患之筆寫下了《儒辱》一文:

> 儒者之辱,始於戰國,楊朱、墨翟亂之於前,申不害、韓非雜之於後。漢魏而下,則又辱甚焉,佛老之徒,横乎中國。

他認爲楊、墨、申、韓、佛、老之徒滅絶人倫,背棄禮法,對儒家提倡的聖人之道造成衝擊:"且夫君臣、父子、夫婦,人倫之大端也。彼則去君臣之禮,絶父子之親,滅夫婦之義,以之爲國則亂矣,以之使人則悖矣。"所以他號召:"儒者不以仁義禮樂爲心則已,若以爲心,則得不鳴鼓而攻之乎!"①

石介撰《怪説》上中下三篇,上篇斥佛老,下篇斥楊億。何謂"怪"?石介認爲天、地、人三才各有常道,"反厥常道,則謂之怪矣"。在上篇他列舉七大怪,除日月薄蝕、五星彗孛、山崩川竭等天地之道"反常"而外,還有:"臣抗於君,子敵於父,可怪也";"髠髮左衽,不士不農,不工不商,爲夷者半中國,可怪也";"汗漫不經之教行焉,妖誕幻惑之説滿焉,可怪也";"忘而祖,廢而祀,去而事夷狄之鬼,可怪也";"老觀、佛寺遍滿天下,可怪也"。他對佛老學説的傳播、佛老信徒的衆多、佛老寺觀的遍滿表現出極大的憂慮:

> 噫! 一日蝕,一星縮,則天爲之不明;一山崩,一川竭,則地爲之不寧。釋、老之爲怪也,千有餘年矣,中國蠹壞亦千有餘年矣,不知更千有餘年,釋、老之爲怪也如何? 中國之蠹壞也如何? 堯、舜、禹、湯、文、武、周公、孔子不生,吁!②

在這裏,石介將釋、老的流行與中華文化的命運、儒學文化的前途聯繫起來,對中華文化的未來走向表現出深深的關切。因此,他希望學者能夠奮然而起,去息民患、行聖道。在與士建中秀才書中,石介贊美禹安横

---

① [宋] 孫復:《孫明復小集》卷三《儒辱》,孫氏山淵閣叢刊本。
② [宋] 石介:《徂徠石先生全集》卷五《怪説》,清康熙五十六年(1717)刻本。

流,以定九州;贊美周公一飯三吐哺,一沐三握髮,下白屋之士,制禮作樂,以成太平;贊美孔子删《詩》《書》、定《禮》《樂》、贊《易》象、修《春秋》,以祖述堯舜,憲章文武。認爲這三位聖人"固已勤矣,固已勞矣,然而卒不憚者,息民患也,行聖道也"。石介高度評價孟子、揚雄、王通、韓愈維護儒學文化的功績,"斯四賢者,亦已勤矣,然而卒不憚者,亦以息民患也,行聖道也。蓋古聖賢方其天下未寧,生人未安,聖道未明,以謂職在於己,不敢安其居也"。而當今儒家文化面臨的危機,較之孟、揚、王、韓時代有過之而無不及,因此,更有奮然而起捍衛聖道的緊迫性。石介接着又寫道:"方今正道缺壞,聖經隳離,淫文繁聲,放於天下,佛、老妖怪誕妄之教,楊、墨汗漫不經之言,肆行於天地間,天子不禁。周公、孔子之道,孟軻、揚雄之文,危若綴旒之幾絶。"①如果不加以振興、捍衛,作爲儒者是不能安居的。

對於異端邪説的傳播,石介痛心疾首,除了大聲疾呼學者從理論上進行鞭撻以外,還提出不惜采用極端的方式去消滅。在《四誅》一文中,他極力稱贊《王制》所謂的"四誅",認爲當今"天下皆干乎四誅"。佛、老爲夷狄之人也,而佛、老"以夷狄之教法亂中國之教法,以夷狄之衣服亂中國之衣服,以夷狄之言語亂中國之言語"。不以堯、舜、禹、湯、文、武、周公之道事其君,皆爲左道,而有人以楊朱、墨翟之言,蘇秦、張儀之説,韓非、商鞅之術,聲色狗馬之玩進於其君。其餘還有:"不道先王之法言,而辨詐相勝;不服先王之德行,而奇譎相矜;不爲孔子之經,而淫文浮詞聾瞽天下後生之耳目";"不誦《詩》以諷,而爲倡優鄭衛之戲以亂君耳";"不執藝以諫,而爲雕麗淫巧之氣以蕩君心";"不修大中至正之福,而托陰陽巫鬼卜筮以惑天下之民"②。這些都"罪莫大焉",合乎"四誅"的條件,都是應當加以誅絶的。從這裏我們看見石介思想中文化專制主義的深刻烙印。

除了異端邪説對社會、人心的危害造成儒學文化的危機外,先王制度

①　[宋]石介:《徂徠石先生全集》卷一四《與士建中秀才書》。
②　[宋]石介:《徂徠石先生全集》卷六《四誅》。按《禮記·王制》:"析言破律,亂名改作,執左道以亂政,殺。作淫聲、異服、奇技、奇器以疑衆,殺。行偽而堅,言偽而辯,學非而博,順非而澤,以疑衆,殺。假於鬼神、時日、卜筮以疑衆,殺。此四誅者,不以聽。"

被破壞,也加劇了這種危機。石介撰《原亂》一文,推考周秦以後動亂的根源,説:"周秦而下,亂世紛紛,何爲而則然也? 原其來有由矣,由亂古制也。"他分析説:"君臣之禮,夷王亂之也";"井田之制,秦孝公廢之也";"什一之制,宣公、成公亡之也";"男女之職,秦襄公亂之也";"封建之制,秦始皇壞之也";"后妃之數,秦漢亂之也";"宦官之權,武帝啓之也"。認爲"古聖人爲之制,所以治天下也,垂萬世也,而不可易,易則亂矣。後世不能由之,而又易之以非制,有不亂乎?"所以"不返其始,其亂不止"①。

除柳開、孫復、石介外,宋初的孫何、王禹偁等都在其著作中對佛、老等異質文化進行過激烈批評,表現出强烈的憂患意識,這裏就不多加引述了。

二、經學分裂與破碎大道

在批評異端邪説的同時,宋初儒者還從儒家經學自身之中尋找導致儒學危機的原因。种放撰《辨學》一文,針對當時學風批評説:

> 學者不窮堯、舜、文、武、周、孔之法言,但抉摘百家諸子巧譎縱橫之言,以資辯利而爭霸其説,則何異棄朝廷車服之飾、郊廟鐘磬之用,而專取譎怪邪媚纓緌之佩服乎? 大抵聖人之旨盡在乎經,學者不當捨經而求百家之説。道德淳正,莫過乎周、孔,學者不當叛周、孔以從楊、墨。②

不守聖人之説,自叛其學,使儒學精神日益消失。因此,以儒爲學者應從自身進行反省。總結宋初儒者對傳統經學的憂患,大體有以下幾點:

(一) 經有闕文造成聖道失墜

經有闕文,這是宋初許多學者的共識。柳開説:

> 讀夫子文章,恨《詩》《書》《禮》《樂》下至經遭秦火焚毀,各有亡逸,到今求一要語加於存者,無復可有,況其盡得之乎! 又念漢獲壁

---

① [宋] 石介:《徂徠石先生全集》卷五《原亂》。
② [宋] 佚名:《新刊國朝二百家名賢文粹》卷一六《辨學》,宋刻本。

間科斗書,以編簡斷裂,巫蠱事起,不能比類尋究,深爲痛惜。聖人没,其言無得而更聞。譬猶登丘聞天,遠不見者,其何能盡,亦何能知! 游秦止隴,寧窮京邑之壯觀哉? 至於他美餘珍,半存半失,心目有愛,曾是無思。①

其自傳《補亡先生傳》又説:

> 孔子没,經籍遭秦之焚毁,幾喪以盡。後之收拾煨燼之餘者,得至於今用之也。其能繼孔氏者,軻之下,雖揚雄不敢措一辭,以至亡篇闕,而其名具載,設虚位,使歷代諸君子徒忿痛而見之矣。故有或作而補之者,夫亦不能過其百一,力蓋不足也。

柳開盛贊王通續六經,認爲其"大出於世,實爲聖人矣"。因此他立志補六經之闕,"各取其亡篇以補之,凡傳有義者,即據而作之,無義者,復己出辭義焉"②。

不僅秦始皇焚書造成五經殘缺,儒家經典在流傳過程中也産生很多錯誤,影響了人們對聖道的理解。宋祁説:"自唐室學廢,諸儒搦管者雖題部點畫,不復能別。逮今百年,經僞史駁。"③因此他與葉道卿建言於朝,欲以九經刊石,用篆、隸兩種字體,對於僞駁之處加以檢正,以救流蕩之失,正群經之文。

(二) 傳注衆多造成經學分裂

石介撰《録蠹書魚辭》,藉"蠹書魚"(蛀書蟲)的口吻對經學分裂所造成的危機作了概括總結:

> 昔者孔子修《春秋》,明帝王之道,取三代之政,述而爲經,則謂之書。其文要而簡,其道正而一,所以扶世而佑民,示萬世常行不易之道也。後世人有悖之者,則其書或息。其書息,則聖人之道隳壞也,斯得不謂之蠹乎? 文中子曰:九師興而《易》道微,三傳作而《春秋》散。齊、韓、毛、鄭,詩之末也;大戴、小戴,《禮》之衰也。又:楊

① [宋] 柳開:《河東先生集》卷一二在《五峰集》,四部叢刊本。
② [宋] 柳開:《河東先生集》卷二《補亡先生傳》。
③ [宋] 宋祁:《宋景文集》卷五一《致工篆人書》。

墨之言出而孔子之道塞，佛老之教行而堯舜之道潛。斯則《易》其九師之蠹乎！《春秋》其三傳之蠹乎！《詩》其齊、韓、毛、鄭之蠹乎！《禮》其大、小戴之蠹乎！魏晉以降訖於今，又有聲律對偶之言，彫鏤文理，刓刻典經，浮華相淫，巧僞相衒，劘削聖人之道，離析六經之旨，道日以刻薄而不修，六經之旨日以解散而不合，斯文其蠹也。①

在另一篇文章中，石介表達了相同有觀點。他首先高度評價了從孔子到韓愈的功績，然後寫道：

韓愈死又且數百年，大道之荒蕪甚矣，六經之缺廢久矣。異端乖離放誕，肆行而無所畏；邪説枝葉漫引，浸長而無所收。摯正經之旨，崩析而百分之；離先儒之言，叛散而各守之。《春秋》者，孔氏經而已，今則有左氏、公羊、穀梁三家之傳；《周易》者，伏羲、文王、周公、孔子而已，今則説者有二十餘家焉；《詩》者，仲尼刪之而已，今則有齊、韓、毛、鄭之雜焉；《書》者，出於孔壁而已，今則有古今之異焉；《禮》則周公制之，孔子定之而已，今則有大戴、小戴之記焉。是非相擾，黑白相渝，學者茫然荒忽，如盲者求諸幽室之中，惡睹夫道之所適從也？②

由於經學分裂，注疏破碎大道，解釋互異，莫衷一是，因此往往互相矛盾，難以適從。這在涉及國家禮儀方面的問題就更顯得尷尬。如陳彭年在大中祥符元年上《請不行孫奭封禪議奏》，對《周易》《左傳》《周禮》《禮記》《論語》注疏關於“藉用白矛”的記載進行比較，指出先儒所言各有不同，互有牴牾。

（三）漢唐注疏難盡聖經之旨

從宋初儒者對漢唐注疏的猛烈攻擊可以看出，漢唐注疏不僅破碎大道，而且是非各異，難以窮盡聖經的大義。

孫復對六經傳注“破碎大道”有激烈的批評。他認爲虞夏商周之治在於六經：“捨六經而求虞夏商周之治，猶泳斷湟污瀆之中望屬於海也，

① ［宋］石介：《徂徠石先生全集》卷九《錄蠹書魚辭》。
② ［宋］石介：《徂徠石先生全集》卷一五《上孫少傅書》。

其可至哉?"他説:"噫！孔子既没,七十子之徒繼往,六經之旨鬱而不彰也久矣！加以秦火之後,破碎殘缺,多所亡散。漢魏而下,諸儒紛然四出,争爲注解,俾我六經之旨益亂,而學者莫得其門而入。觀夫聞見不同,是非各異,駢辭贅語,數千百家,不可悉數。……不知國家以王、韓、左氏、公羊、穀梁、杜、何、范、毛、鄭、孔數子之説,咸能盡於聖人之經耶?又不知國家以古今諸儒服道窮經者皆不能出數子之説耶?若以數子之説咸能盡於聖人之經,則數子之説不能盡於聖人之經者多矣;若以古今諸儒服道窮經皆不能出於數子之説,則古今諸儒服道窮經可出於數子之説者亦甚衆矣。"因此他建議廣詔天下鴻儒碩老,對五經重爲注解,"俾我六經廓然瑩然,如揭日月於上,而學者庶乎得其門而入也"①。

這裏,孫復對漢唐注疏進行了全盤否定。

鄭玄、孔穎達是漢唐經學的代表。因此宋初儒者將攻擊的主要矛頭集中在他們身上。余靖説:

> 先儒之所以解經者,蓋欲導前聖之淵源,啓後學之鈐鍵,援古有據,垂世不惑也。祭祀之儀,國之大典。今之《禮經》,以鄭注爲正。而康成釋禘祭之文,前後駁雜。……觀鄭所釋,似有未悟。……唯據緯書以釋經義。……皆罔研經意,肆其臆説耳。……鄭引《孝經》而反違其旨,惜哉！漢承秦滅學之後,遂使儒者進無經據。康成最爲明禮,而於禘郊之義不能盡之,故其釋《祭法》……首尾紛拏,自相矛盾,孰爲辨之哉?②

鄭玄在漢唐經學家中"最爲明《禮》",却對禮中大義不能盡明,其他人就更不用説了。張俞在《答吴職方書》中談到鄭玄、孔穎達解《魯頌》之義"支離牴牾",不明義理,以致違背聖人之旨。張俞説:"且孔、鄭解經,時多謬妄,此之妄作,何其甚哉！傳曰:夫子没而微言絶,七十子喪而大義乖。蓋章句之徒,守文拘學,各信一家之説,曲生異義。古之作者固無取焉,僕亦無取焉。"③其對漢唐章句之學的攻擊可謂切中其病。

---

① 〔宋〕孫復:《孫明復小集》卷二《寄范天章書二》。
② 〔宋〕余靖:《武溪集》卷四《禘郊論》,廣東叢書第一集。
③ 〔宋〕程遇孫等:《成都文類》卷二一《答吴職方書》,影印文淵閣四庫全書本。

三、聲病對偶與浮華相淫

在傳統儒學看來，文學與儒學是不可分的。《論語·先進》記孔門四科有德行、言語、政事、文學。唐代韓愈提倡"文以明道"，在提出儒家"道統"的同時，也提出了與之相應的"文統"，強調文、道合一。宋初古文家繼承了韓愈的文道觀，如柳開提出："吾之道，孔子、孟軻、揚雄、韓愈之道；吾之文，孔子、孟軻、揚雄、韓愈之文也。"①又説："文章之所言，道也。"②他認爲文章應以聖人之道爲指歸，六經皆文，文不可雜以經史百家之言，"君子之文簡而深，淳而精，若欲用其經史百家之言，則雜矣"③。

對於時文承晚唐陋習，辭澀言苦，難以誦讀，柳開提出應崇尚"古文"，即孔、孟、揚、韓之文。因爲古文才真正能做到文、道統一，文以鳴道。在《應責》一文中他自稱"好古文與古文之道"，説："古文者，非在辭澀言苦，使人難讀誦之，在於古其理，高其意，隨言短長，應變作制，同古人之行事，是謂古文也。"所謂"古其理，高其意"，就是要在古文中宣傳儒家聖人之道；"隨言短長，應變作制"，就是不拘聲律，不講對偶。

與柳開同時的王禹偁也提倡古文、古道。他認爲"夫文，傳道而明心也，古聖人不得已而爲之也。……既不得已而爲之，又欲乎句之難道邪？又欲乎義之難曉邪？必不然矣。"他也提出"六經"皆聖人之文的主張，説"今爲文而捨六經，又何法焉？"所以他勉勵學者作文應"遠師六經，近師吏部（韓愈），使句之易道，義之易曉，又輔之以學，助之以氣"④，這樣就會取得更大的成就。

孫何也強調文的作用，認爲："夫治世之具，莫先乎文。文之要，莫先乎理。文必理而方工者，惟議論爲最。"⑤文章要説理，要"炳天蔚地，括群品，貫五常之器"。那些"源經範聖、指仁寫義"的文章就合"道"，"宗權尚伯、構空駕虚"的文章就曰"雜"。認爲文章與治道密切相關："夫文

---

① ［宋］柳開：《河東先生集》卷一《應責》。
② ［宋］柳開：《河東先生集》卷九《與李宗諤秀才書》。
③ ［宋］柳開：《河東先生集》卷五《上王學士第四書》。
④ ［宋］王禹偁：《王黄州小畜集》卷一八《答張扶書》，四部叢刊本。
⑤ ［宋］佚名：《歷代名賢確論》卷九八《評唐賢論議》，影印文淵閣四庫全書本。

之隆淺,繫夫王政之厚薄。周、漢之政粹,其文質而峻;魏晉之政駁,其文放而浮。"①他認爲當今文弊尤甚,原因是"師道喪而詞人衆也。師道喪則簡易之理亡,詞人衆則朋黨之譽起"②。

總之,在宋初古文家看來,繁辭麗句、聲病對偶之文無法彰明聖道,羽翼聖學。因此,他們高舉"衛道"的大旗,對之大加撻伐,表現出强烈的文化憂患意識。

但是,柳開、王禹偁等人提倡的古文主張並没有爲全社會所普遍認同。主流文化仍然以駢文相高。到真宗景德年間楊億、劉筠、錢惟演等館閣文人領袖文壇,以"雕章麗句"爲特點的"西崑體"風靡天下。正因爲文風關繫到治道盛衰、聖道浮沉,所以一些滿懷憂患意識的學者以"衛道"的責任感起而攻之。石介評論當時文壇形勢説:

> 自柳河東(開)、王黄州(禹偁)、孫漢公(何)輩相繼而亡,世無文公師儒,天下不知所準的。……文之本日壞,枝葉競出;道之源益分,波派彌多。天下悠悠,其誰與歸? 輕薄之流,得思自騁,故雕巧纂組之辭遍滿九州而世不禁也,妖怪詭誕之説肆行天地間而人不禦也。③

在《寄明復熙道》詩中,他以憂患之筆寫道:

> 四五十年來,斯文何屯蹇。雅正遂雕缺,浮薄競相扇。在上無宗主,淫哇千萬變。後生益纂組,少年事雕篆。仁義僅消亡,聖經亦離散。其徒日以多,天下過大半。路塞不可闢,甚於楊墨患。辭之使廓如,才比孟子淺。患大恐不救,有時淚如霰。④

穆修也對當時的文壇風氣描述説:

> 近世士子習尚貴近,非章句聲偶之辭,不置耳目,浮軌濫轍,相迹而奔,靡有異途焉。其間獨敢以古文語者,則與語怪者同也。衆又排詬之,罪毁之,不目以爲迂,則指以爲惑,謂之背時遠名,闊於富

---

① 〔宋〕佚名:《新刊國朝二百家名賢文粹》卷八八《上楊諫議書》。
② 〔宋〕佚名:《新刊國朝二百家名賢文粹》卷一一五《答朱嚴書》。
③ 〔宋〕石介:《徂徠石先生全集》卷一六《與裴員外書》。
④ 〔宋〕石介:《徂徠石先生全集》卷三《寄明復熙道》。

貴。前進則莫有譽之者，同儕則莫有附之者。①

同時的范仲淹在爲尹洙（師魯）《河南集》作的序説：

> 洎楊大年（億）以應用之才，獨步當世，學者刻辭鏤意，有希髣
> 髴，未暇及古也。其間甚有專事藻飾，破碎大雅，反謂古道不適於
> 用，廢而弗學久矣。②

在這種歷史形勢下，一些站在時代思潮前列的人物勇敢地搖旗吶喊，向時文發起攻擊。孫復《答張洞書》重申文與道之間不可分離的關繫："夫文者，道之用也；道者，教之本也。故文之作也，必得之於心而成之於言。得之於心者，明諸内也；成之於言者，見諸外者也。明諸内者，故可以適其用；見諸外者，故可以張其教。"他認爲"《詩》《書》《禮》《樂》《大易》《春秋》皆文也，總而謂之文者也，以其經於孔子之手，尊而異之爾，斯聖人之文也。"聖人之文是後世難以企及的，因此後人作文，"但當佐佑聖教，夾輔聖人而已"。文章應當"或則列聖人之微旨，或則名諸子之異端，或則發千古之未寤，或則正一時之視聽，或則陳仁政之大經，或則斥功利之末術，或則揚賢人之聲烈，或則寫下民之憤嘆，或則陳天人之去就，或則述國家之安危，必皆臨事摭實，有感而作，爲論，爲書，疏、歌、詩、贊、頌、箴、解、銘、説之類，雖其目甚多，同歸於道，皆謂之文也"。他強調文統與道統的一致性，認爲自西漢至李唐，"至於始終仁義，不叛不雜者，惟董仲舒、揚雄、王通、韓愈而已"③。

石介對"西崑體"的抨擊更是不遺餘力。他著《怪説》三篇，中篇批判楊億"盲天下之目，聾天下之耳"，使天下之人不見、不聞"周公、孔子、孟軻、楊雄、文中子、韓吏部之道"，"今楊億窮妍極態，綴風月，弄花草，淫巧侈麗，浮華纂組，刓鎪聖人之經，破碎聖人之言，離析聖人之道，使天下人不爲《書》之《典》《謨》《禹貢》《洪範》，《詩》之《雅》《頌》，《春秋》之經，《易》之繇、爻、十翼，而爲楊億之窮妍極態，綴風月，弄花草，淫巧侈麗，浮華纂組。其爲怪大矣！"

---

① ［宋］穆修：《河南穆公集》卷一二《答喬適書》，四部叢刊本。
② ［宋］范仲淹：《范文正公集》卷六，四部叢刊本。
③ ［宋］孫復：《孫明復小集》卷二。

文體卑弱,氣質叢脞,必然"破碎聖人之言","刌鏤聖人之經","離析聖人之意","蠹傷聖人之道",所以要加以無情的討伐。

經過石介等人的努力,專事藻繪的文風得到了遏制。《吕氏家塾記》說:

> 天聖以來,穆伯長(修)、尹師魯(洙)、歐陽永叔(修)始唱爲古文,以變西崑體,學者翕然從之。其有楊、劉體者,人戲之曰:莫太崑否? 石介守道深嫉之,以爲孔門大害,作《怪説》二篇,上篇排佛老,下篇排楊億,於是新進後學不敢爲楊劉體,亦不敢談佛老。①

至此,宋初儒者以强烈的憂患意識提倡古文、反對聲病對偶與浮華淫詞的鬥争基本上取得了勝利,從而爲儒學革新運動打下了堅實的基礎。

四、經學變古與儒學革新

宋初儒者的文化憂患意識是與古文運動、經學變古、儒學革新運動同步發生的。憂患意識引發和促進了經學變古與儒學革新,古文運動又爲經學變古與儒學革新準備了條件。

面對異質文化的嚴峻挑戰,首先要起來維護儒學主體文化的神聖性,特别是發掘儒家文化的内在價值,這是一場保衛"聖人之道"的文化戰争。

宋初儒者特别推崇韓愈的衛道之功。石介《讀原道》一文甚至把韓愈的著作與聖人之經並列。他説:

> 《書》之《洪範》,《周禮》之六官,《春秋》之十二經,《孟子》之七篇,《原道》之千三百八十八言,其言王道盡矣。……推《洪範》《周禮》《春秋》《孟子》之書,則深惟箕子、周公、孔子、孟軻之功,則吏部不爲少矣。余不敢厠吏部於二大聖人之間,若箕子、孟軻,則余不敢後吏部。

其《尊韓》一文又説:"孔子後,道屢塞,闢於孟子,而大明於吏部。"

---

① [宋]朱熹:《五朝名臣言行録》卷一〇引。

“不知更幾千萬年而復有孔子，不知更幾千百數年復有吏部。孔子之《易》《春秋》，自聖人來未有也；吏部《原道》《原仁》《原毀》《行難》《對禹問》《佛骨表》《諍臣論》，自諸子以來未有也。”①可見石介尊韓甚於尊孟。

宋初很多儒者都認爲儒家聖人之道之所以没有完全被異端邪説擊倒，應當歸功於孟軻、揚雄、王通、韓愈等人排斥異端，精心呵護，才不致於湮没不傳。因此，他們以强烈的憂患意識，效法韓愈，承擔起接續“道統”的重任。如宋初古文運動的開山祖柳開説，他要“師孔子而友孟軻，齊揚雄而肩韓愈”②。慶曆以後，宋儒這種接續“道統”的意識更爲强烈，如王安石、二程，南宋朱熹、陸九淵等，都在自己的言行中表露出要作孔孟傳人的文化責任感。

其次，漢唐注疏之學既然没有真正把握聖人之道，没有窮盡經旨，而且没有阻擋住佛、老等異質文化的進攻，證明在它的框架内難以使儒學的基本精神得到闡揚，難以使儒學重現生機。因此，要給古老的儒學注入新的活力，必須進行變革，包括經學觀念、經學方法、經學内容方面的重大變化。

在經學觀念方面，宋人對儒家經典與聖人之道的關繫産生了新的認識，出現了重聖道輕文本的學術趨勢，從宗經向重道方向發展。認爲經有闕文，經典之間有矛盾，故敢於疑古，勇於改經。在通經與致用的關繫上，重視實用，認爲通經是手段，致用才是目的。在對六經的學術價值與倫理價值的理解上，更重視經典的倫理價值。

在經學方法方面，宋代學者建立了一套捨傳求經、義理至上、六經注我的宋學方法。就是要抛開漢唐注疏，直接對經典本文進行闡發，發揚經典中所藴涵的儒學價值觀，而不是對個別文句進行訓詁學解釋。“六經注我，我注六經”體現了宋代儒者的主體精神。宋儒在“捨傳求經”“義理至上”的口號下，往往利用對六經的注解作爲闡發自己政治思想、哲學主張的手段，六經只是宋人手中的一個“瓶”，在瓶中裝的已經不是漢唐儒學的内容了，甚至與先秦原儒的思想主張也有區别。

在經學内容方面，宋儒喜談義理，侈言心性，好爲新説，對“五經”及

---

① ［宋］石介：《徂徠石先生全集》卷七《尊韓》。
② ［宋］柳開：《河東先生集》卷六《上符興州書》。

傳注大膽懷疑,從過去重視"五經"轉而尊崇"四書",將《孟子》一書由子部升入爲經部,將《中庸》《大學》從《禮記》中析出,與《論語》合爲"四書"。他們從"四書"中發掘出儒家的道德形上學,建立起儒家的性理之學,以與佛、道二家的形上學相抗衡。

綜上所述,儒家文化的危機引發了宋初學者的文化憂患意識,而文化憂患意識又引發和促進了經學變古和儒學轉型,從而爲儒學文化注入了新的活力,終於在中國古代社會後半期戰勝了儒、道等異質文化,儒學文化的主體地位更加鞏固。

(原載《四川大學學報》2001 年第 5 期,
題作《論宋初的文化憂患意識——兼論經學變古的歷史必然性》)

北宋貢舉改革與經學變古

　　北宋的貢舉改革,大體上經歷兩個階段進行。第一個階段主要是從制度層面改革考校程式,完善考場規則,杜絕場屋弊端,保證取士權牢牢控制在皇帝手中。這個階段從太祖朝開始,到真宗朝止。但是,總的來說,宋初科舉改革還停留在外部形式上,只是嚴格了考試規則,重在"防奸",而對考試科目及内容,却因循守舊,幾乎没有變化,也没有觸及科舉考試與人才培養的途徑問題。第二階段從仁宗朝開始直到徽宗朝止,重點在於改革考試内容和取士科目,糾正士人"所習非所用,所用非所習"的流弊。南宋時期,除熙寧間增置的新科明法於紹興年間廢止,進士科最終分成以經義、詩賦兩科取士外,其他所有條制、禁令,基本上一仍舊貫。① 宋代貢舉改革完成於北宋中晚期。它主要圍繞考試内容和人才培養方式兩大方向進行。這場改革不僅有助於全面提高官僚隊伍的整體素質,而且確立了儒學對科舉的全面統治,推動了儒學的復興。通過對科舉考試内容和取士科目的改革,重新確立了儒家經典在科舉考試中的核心地位,並引導經學從章句注疏之學向義理之學轉變,從而促進了宋代經學變古。

一、經學在貢舉考試中的邊緣地位

　　宋初科目,沿襲唐、五代舊制,設進士、《九經》《五經》《開元禮》《三史》《三禮》《三傳》、學究、明法等科。其中以經學爲考試範圍的有《九經》《五經》《三禮》《三傳》、學究五科。至於考試内容,也與唐代大同小異:"凡進士,試詩、賦、論各一首,策五道,帖《論語》十帖,對《春秋》或《禮記》墨義十條。凡《九經》,帖書一百二十帖,對墨義六十條。凡《五

---

① 參見何忠禮:《科舉制度與宋代文化》,載《歷史研究》1990 年第 5 期。

經》,帖書八十帖,對墨義五十條。凡《三禮》,對墨義九十條。凡《三傳》,一百一十條。凡《開元禮》,凡《三史》,各對三百條。凡學究,《毛詩》對墨義五十條,《論語》十條,《爾雅》《孝經》共十條,《周易》《尚書》各二十五條。凡明法,對律令四十條,兼經並同《毛詩》之制。各間經引試,通六爲合格,仍抽卷問律,本科則否。"①這就是所謂"以帖經墨義試諸科,以詩賦取進士"。

宋初進士科考試內容主要在於詩、賦、論、策,不以儒家經典爲重。明經雖以儒家經典考試爲主,但重點在於考察士人的記憶能力,談不上對儒家經典的理解。"自唐以來,所謂明經,不過帖書、墨義,觀其記誦而已,故賤其科,而不通者其罰特重。"②王栐《燕翼詒謀錄》説:"國朝因唐制取士,只用詞賦。其解釋諸經者,名曰明經,不得與進士齒。"③帖經與墨義都重在記誦。帖經與現在的填空題類似,重在考察考生的記誦能力。如果帖題一般,考生均能回答,考官就難以評出優劣。於是考官就想方設法提高帖題的難度,形成了帖經考試中出偏題、怪題的傾向,造成社會上普遍學風不良,士人只默記帖括隻言片語,而對本經大義荒疏,甚至茫然無知,因而受到有識之士的普遍反對。墨義是一種簡單的對經義的問答,重在考試考生對經書本文及注疏熟悉程度。但由於回答正確與否的決定權完全操在考官一人之手,難以做到公平、客觀,故流弊叢生。

鄭樵曾經看到過一份呂夷簡的鄉舉試卷,可以考見墨義這種考試方法的基本面貌:

> 愚嘗見東陽麗澤呂氏家塾有刊本呂許公夷簡應本州鄉舉試卷,因知墨義之式,蓋十餘條。有云"作者七人矣",請以七人之名對,則云"七人某某也,謹對"。有云"見行禮於其君者,如孝子之養父母也",請以下文對,則對云"下文曰,見無禮於其君者,如鷹鸇之逐鳥雀也,謹對"。有云"請以注疏對"者,則對云"注疏曰,云云,謹對"。有不能記憶者,則祇云"對未審"。蓋既禁其挾書,則思索不獲者,不容臆説故也。其上則具考官批准,如所對善則批一"通"字,所對誤

---

① ［元］脱脱:《宋史》卷一五五《選舉一》。
② ［元］脱脱:《宋史》卷一五五《選舉一》。
③ ［宋］王栐:《燕翼詒謀錄》卷五,中華書局,1981年。

及未審者,則批一"不"字。大概如兒童挑誦之狀。故自唐以來賤其科。所以不通者殿舉之罰特重。而一舉不第者,不可再應。蓋以其區區記問,猶不能通悉,則無所取材故也。①

從這份試卷可以看出,墨義也完全是考察考生對經典的熟悉程度,而不關涉對經典大義的理解與發揮。宋初朝廷也不鼓勵甚至反對對儒經提出個人見解,相反,對"守訓詁而不鑿"(王應麟語)的學風却有意無意間加以獎勵。雍熙二年(985)正月己巳太宗下詔:"私以經義相教者,斥出科場。"這一科有王從善者,"年始逾冠,自言通誦五經文注,上歷舉本經試之,其誦如流,特賜九經及第,面賜綠袍、銀帶,錢二萬"②。景德初,李迪與賈邊皆"有聲場屋",二年(1005)試舉人,及禮部奏名,而兩人皆不與。考官取其文觀之,迪賦落韻,邊論"當仁不讓於師",以"師"爲"衆",與注疏異。特奏令就御試,"參知政事王旦議:落韻者失於不詳審耳,捨注疏而立異,不可輒許,恐士子從今放蕩,無所準的。'遂取迪而黜邊。當時朝論,大率如此"③。由此可見,當時經學考試是不允許與注疏立異的。總的來説,宋初承襲了唐代科舉之弊,重視文才,儒家經典考試在貢舉制度中居於次要地位;經學考試方法僵化,脫離了儒家倡導的經世致用傳統;考試内容、答題範圍有嚴格的限定,儒生不能自由表達自己的觀點,這不利於儒學的發展,造成經學研究的低落。

其實,這種重詩賦、守注疏的科舉考試内容,從唐代開始,就受到有識之士的激烈批判。唐玄宗開元中,國子祭酒楊瑒上奏批評"主司帖試明經,不求大指,專取難知,問以孤經絶句或年月日",請求"自今並帖平文"④。肅宗時禮部侍郎楊綰批評進士加雜文、明經加帖經:"從此積弊寖而成俗,幼能就學,皆誦當代之文;長而博文,不越諸家之集。遞相黨與,未嘗開卷。三史則皆同掛壁,況復徵以孔門之道,責其君子之儒哉!"⑤宋太宗時梁顥獻疏,批評當時貢舉"所取不出於詩賦策論,簡於心

① [元]馬端臨:《文獻通考》卷三〇《選舉三》,中華書局,1986年。
② [宋]李燾:《續資治通鑑長編》卷二六,中華書局,1986年。
③ [元]馬端臨:《文獻通考》卷三〇《選舉考三》。
④ [宋]司馬光:《資治通鑑》卷二一三《唐紀二十九》。
⑤ [後晉]劉昫:《舊唐書》卷一一九《楊綰傳》。

者援而陞之,咈於心者推而黜之"。① 真宗時王禹偁認爲應以德行爲先,而不當以言語文學取士。② 咸平元年,右司諫孫何上奏認爲:"王化基乎儒學,而治本根於文章",而所謂"儒學",所謂"文章",並非進士、明經等科舉之學,"所謂學,非解詁句讀之學也,必可以財成制度、弼厥治、助厥化者焉。所謂文,非聲病偶對之文也,必可以寅亮經綸,壽吾民、致吾君者焉。"因此無論是儒學還是文章,都應以經世致用作爲鵠的。③

宋仁宗即位之初,貢舉考試的弊端更加突出,而批評者越來越多,改革呼聲高漲。科場失意的李覯上書范仲淹,批評現行科舉取士完全取決於偶然因素,"雖有仁如伯夷,孝如曾參,直如史魚,廉如於陵,一語不中,則生平委地"。何況考官水平有高有低,"執其柄者,時或非才,聲律之中,又有遺焉","薦於鄉,奏於禮部,第於殿庭,偶失偶得,如奕棋耳"④。慶曆元年,富弼爲右正言、知制誥,上奏説:"國朝沿隋唐之制,以進士取人,祇采辭華,不求行實,雖間設制舉,然大率亦以章句爲務。是以擇之彌謹,而失之愈疏。"他建議今後科場考試,"以策論爲先","並詔天下諸州於境内搜訪土著之人自來爲鄉黨所推,或德行純備,或志節方勁,或學識該敏,或智略詳明,或有才可以治民,或知兵可以禦敵,如此之類者,仰逐州官吏同共察訪,委實應得上項條目,即具名聞奏"。⑤ 慶曆初,賈昌朝、歐陽修、蔡襄等都提出了各自的改革方案。蔡襄上疏論改科場條制,認爲進士之詩賦、明經之帖義,於治民經國之術"了不關及",比較現實的改革辦法是"以試策爲去留進士之術,以大義爲去留明經之術"⑥。

綜合諸家的改革主張,可以概括爲以下四點:(1)進士應以策論爲重,突出經世致用的特點;(2)明經應以大義爲重,突出對經典義理的發揮;(3)科舉考試應與薦舉制度相結合,突出德行在取士中的地位,並給"非常之才"以進身之階;(4)重視通過學校培養人才,加强儒家經典教育,克服場屋僥倖之弊。

---

① [明]黃淮、楊士奇編:《歷代名臣奏議》卷一六四,上海古籍出版社,1989年。
② [宋]王禹偁:《王黄州小畜集·外集》卷九,四部叢刊本。
③ [明]黃淮、楊士奇編:《歷代名臣奏議》卷一六四。
④ [宋]李覯:《直講李先生文集》卷二七《上范待制書》,四部叢刊本。
⑤ [明]黃淮、楊士奇編:《歷代名臣奏議》卷一六四。
⑥ [宋]蔡襄:《端明集》卷一九,影印文淵閣四庫全書本。

二、從慶曆新政到熙豐變法
——經義核心地位的確立

順應時代的呼聲,范仲淹主持的慶曆新政,將貢舉改革作爲一項重要内容,也就順理成章了。其實從天聖年間開始,科舉取士已經發生了一些變化,重詩賦、守注疏的舊制已經動搖。范仲淹於天聖五年(1027)上書執政,提出改革時政的一攬子建議,其科舉改革主張成爲他慶曆年間推行"精貢舉"改革措施的基本設想。① 慶曆三年(1043)九月,范仲淹、富弼上《答手詔條陳十事》,陳述改革的十項主張,前四項一曰明黜陟,二曰抑僥倖,三曰精貢舉,四曰擇長官,均與吏治相關。其中的"精貢舉"的改革方案,實際上是此前和同時代有識之士的共同主張。范仲淹主張以經義取士的同時,還主張興辦學校以傳授儒家經典,"今諸道學校如得明師,尚可教人六經,傳治國治人之道","況天下危困,乏人如此,固當以經濟之業,取以經濟之才,庶可救其不逮"②。這些改革主張在提出伊始,得到了宋仁宗的支持,於是慶曆科舉改革便從兩個方面展開:一是建立州縣學校體系,傳授儒家經典,士子必須在學校學習滿三百日,才能應試。對太學和國子學也進行改革。二是改革科舉考試内容。規定進士考試先策,次論,次詩賦;罷帖經、墨義,士了通經術願對大義,試十道;評定標準是,進士以策、論高、詩賦次者爲優等,策、論平、詩賦優者爲次等,諸科經旨通者爲優等;優等者即放官。

以經義、策論取士,目的在於革除科舉積弊,恢復儒學經世致用的傳統,確定儒家經典在考試中的核心地位。慶曆科舉改革衝擊了流行三四百年專尚文辭、墨守注疏以及脱離社會現實、漠視德行的舊規。但"慶曆新政"曇花一現,它雖然隨着新政的失敗而未及全面施行,却改變着科舉發展的方向,深刻地影響了當時的士風和學術取向。到嘉祐年間,策論已重於詩賦,正如蘇軾所言:"昔祖宗朝崇尚詞律,則詩賦之士曲盡其巧,自嘉祐以來,以古文爲貴,則策論盛於世,而詩賦

---

① 參見劉復生:《北宋中期儒學復興運動》第七章,臺灣文津出版社,1991年。
② [宋]范仲淹:《范文正公政府奏議》卷上,四部叢刊本。

幾至於熄。"①同時,范仲淹改革後,北宋掀起了第一次全國範圍的興學高潮。這都成爲王安石科舉改革的前奏。慶曆以後,諸科雖仍試帖經、墨義,但皇祐五年(1053)閏七月戊子,朝廷作出規定:自今諸科舉人,經場問大義十道,"能以本經注疏對而加以文辭潤色發明之者爲上,或不指明義理而但引注疏備者次之。……九經止問大義,不須注疏全備"②。規定發明"大義"比記誦注疏爲優。嘉祐二年(1057)增設明經科,其與諸科不同之處在於明經以試大義爲主。由此可見,經世致用的傳統在慶曆之後得到了一定的發揚,儒家經典的思想在科舉考試中的地位得到一定的加强。

慶曆新政以後,北宋科舉改革的歷史任務並沒有完成。因此關於貢舉改革的爭論還在繼續進行。"以取士之方,必求其實;用人之術,當盡其材。今教不由於學校,士不察於鄉里,則不能覈名實;有司束以聲病,學者專於記誦,則不足盡人材。此獻議者所共以爲言也。"③如果説慶曆以前人們討論貢舉改革主要集中在詩賦、策論的先後、記誦注疏的弊病問題,那麽慶曆以後,學者士大夫又進了一步,不僅在於詩賦、策論、經義的先後,還觸及到更深層次的問題,即詩賦、記誦注疏之學到底能否作爲科舉考試的內容和選拔人材的標準。理學家程頤於皇祐二年上仁宗皇帝書,對明經、進士兩科都大加撻伐,認爲:"明經之屬,唯專念誦,不曉義理,尤無用者也。最貴盛者,唯進士科,以詞賦、聲律爲工。詞賦之中,非有治天下之道也,人學之以取科第,積日累久,至於卿相。帝王之道,教化之本,豈嘗知之?居其位、責其事業,則未嘗學之。譬如胡人操舟、越客爲禦,求其善也,不亦難乎?"④在他看來,明經專尚記誦,於儒家義理懵然不知,當然無用。而進士尚詞賦、聲律,不知帝王之道、教化之本,要責其經世致用,無異南轅北轍。

值得注意的是,慶曆以後學者士大夫更加强調"經術"的地位,反對記誦注疏之學,這與北宋中期的儒學革新運動是一致的。嘉祐三年

① [宋]蘇軾:《東坡全集》卷四五《擬進士對御試策》。
② [宋]李燾:《續資治通鑑長編》卷一七五。
③ [清]徐松輯:《宋會要輯稿》選舉三之二三,慶曆四年三月十三日翰林學士宋祁等言。
④ [宋]程顥、程頤:《二程文集》卷六,載《二程集》,中華書局,1981年。

(1058)，徐積上書趙抃，提出貢舉的改革的三點意見，其中一點是"明經不宜拘注疏"。他認爲"今乃拘以注疏之說，則是朝廷不貴明聖人經義，貴記誦注疏而已"。而注疏之學"多失少得"，繁瑣迂曲，學者花費許多時間，亦可記誦，"但恐學者勞而無功，博而寡要"，此乃非"英儒之學"，實爲"腐儒之學"，因此，"若必拘以注疏，雖其人負孟子之道、韓退之之文，亦恐無能此科矣"。徐積認爲治經應當重視自得，以發揮"聖人之道"爲功，而不應以記誦注疏爲能。他非常推崇唐代啖助等人的治經方法，認爲："唐之啖、趙、陸淳，此三人者，可謂明經矣，於聖人之道可謂有功矣。然而解《春秋》多不取三傳而解己意，而況於注疏之說乎！故後之學《春秋》者必自啖、趙始。此皆前世窮經已然之效也。"他還認爲天下治亂之本，繫於取士之得失，因此，"朝廷固當養育天下英才，使之不爲腐儒之計也"①。司馬光在嘉祐六年（1061）上《論選舉狀》，以爲："取士之道，當以德行爲先，其次經術，其次政事，其次藝能。"②批評科舉專尚文辭之弊。他在英宗治平二年（1065）又上《選人試經義劄子》，認爲詩賦於治道無補，建議改試經義。③ 神宗熙寧元年（1068），右正言孫覺條陳取士之弊及應當改革者五條上奏，認爲："文章之於國家，固已末矣，詩賦又文章之末歟！今乃拘以聲勢之逆順、音韻之上下，配合綴緝，甚於俳優之辭。"他指出："近歲以來，朝廷務以經術材識收攬天下之士，有司往往陰考論策，以定去留，不專決於詩賦，學者亦多治經好古，修身謹行，至於詩賦之業，類不精於往時矣。臣謂人情之所共廢者，聖人不能強使之興。今上下厭棄，人人知其無用，朝廷因而去之，使天下學者學其所可用，仕者用其所嘗學，顧不美歟！願下群臣講求所當考試，以代去詩賦之法。"④

其實孫覺指出了一個重要的事實，就是當時朝廷已經重視經術，進士考試也"不專決於詩賦"。而且，"治經好古"的學者增多，而詩賦聲律之士已"上下厭棄，人人知其無用"。在王安石變法前夕，人們對聲病對偶和注疏記誦之學的弊病已經有了充分的認識，王安石執政後，通過行政的手段廢詩賦，罷帖經、墨義，既是實踐他自己的一貫主張，又是對時

---

① ［宋］徐積：《節孝集》卷三〇《上趙殿院書》，影印文淵閣四庫全書本。
② ［宋］司馬光：《溫國文正司馬公文集》卷一九《論選舉狀》，四部叢刊本。
③ ［宋］司馬光：《溫國文正司馬公文集》卷三五《選人試經義劄子》。
④ ［明］黃淮、楊士奇編：《歷代名臣奏議》卷一六六。

代呼聲的回應。如果説當時士大夫集團對改革所推行的政治、經濟措施存在着不同的看法和主張,在對科舉制度的改革的問題上,大家的意見則是比較一致的。

早在仁宗嘉祐三年(1058)十月,王安石上萬言書,極論當世之務,提出變法主張,要"因天下之力以生天下之財,取天下之財以供天下之費",達到富國强兵的目的。但要變革法度,必須解决人才不足的問題。王安石認爲,科舉選拔的人才,應該深明邦家大計、治人之要、政教之利、安邊之策,以及天地之化、禮器之制、禮樂之宜;而北宋以來的科舉制度使"通先王之意,而可以施於天下國家之用者,顧未必得與於此選",因而使"苟能雕蟲篆刻之學"的"不肖者"進至公卿,居於要職。① 王安石批評詩賦之學:"今以少壯時正當講求天下正理,乃閉門學作詩賦,及其入官,世事皆所不習,此乃科法敗壞人才,致不如古。"至於專於記誦的帖經墨義的諸科更是"無用於世"。同時,科舉制度還面臨着一個亟待解决的現實任務,即統一人們的思想道德。"今人材乏少,且其學術不一,一人一義,十人十義,朝廷欲有所爲,異論紛然,莫肯承聽。此蓋朝廷不能一道德故也。"如何才能統一思想? 王安石認爲"欲一道德則修學校,欲修學校則貢舉法不可不變"②。這就將科舉取士同學校教育二者明確地聯繫起來。王安石推行的貢舉改革的主要目的是培養經世致用的"有用之才"。改革包括以下三個方面的内容:

首先,罷明經、諸科,專立進士一科;廢詩賦、帖經、墨義,而代之以經義,確立了儒家經典在考試内容中的核心地位。王安石於宋神宗熙寧四年(1071)斷然廢除了以强記博誦爲旨的帖經和墨義的考試方法,並"去聲病對偶之文,使學者得專意經義"③,科舉只設進士一科,明經、學究等諸科撤銷併入進士科。正式廢除詩賦、帖經、墨義,而代之以經義。考試經義的具體方法是:應試的士子可在《易》《詩》《書》《周禮》《禮記》中任選一經作爲考試科目,這就叫做"本經"或"大經";並兼考《孟子》《論語》,這就叫做"兼經"。每科考試共四場:第一場試大經大義十道;第二

---

① 〔宋〕王安石:《臨川先生文集》卷三九《上仁宗皇帝言事書》,中華書局,1959年。
② 〔元〕馬端臨:《文獻通考》卷三一《選舉四》。
③ 〔宋〕王安石:《臨川先生文集》卷四二《乞改科條制劄子》。

場試兼經大義十道（後改《論語》《孟子》各三道）；第三場試論一首；第四場試策三道。禮部試增加二道。殿試則專試策，字數限在千字以上，分等賜等。經義考試，要求考生在精通儒家經典大義的基礎上，根據儒家經典來闡發有關修、齊、治、平方面的見解，要求考生寫出的論、策都必須文質相濟，言之成理。進士及第後，須經律令大義和斷案考試，才能注官。①

　　其次，廢除以記誦爲主的注疏之學，制定新的考試標準。王安石在罷詩賦、帖經、墨義的同時，爲了給考生提供闡釋經義的標準，於是就讓"中書撰大義式頒行"。"大義式"實際上是短篇文章，以闡發經書大義、並有文采爲合格，字數在五百字以内。不過，在中書所撰的"大義式"剛頒行的幾年間，"談經者人人殊"的狀況仍然存在，並且在學官試文中仍存在着因"文勝而違經旨"的現象。經義本與策論互爲表裏，而對經義"務通義理，不須盡用注疏"的要求，使士子從注疏中解放出來，但事物的發展總是利弊兼存的，其反向作用就是士子蜂起，各以己意疑經、説旨，以探求和創造一種與時代需要相適應的思想統治武器。士人極力發明經旨，並持已説大加論辯，這很不利於統一的中央集權國家的鞏固，爲此，神宗在熙寧五年（1072）痛切地指出："經術今人人乖異，何以一道德？"王安石特別爲此撰寫了一些經學小論文，作爲士子考試經義、論策的答卷範式，也作爲考官評判試卷優劣的標準。這種經學小論文，被稱爲"經義式"。王安石親手撰寫的"經義式"在《古今圖書集成·文學典》中尚保存有六篇。這種"經義式"出現後，遂逐漸成爲了科舉制中的一種新文體。爲了統一思想，給科舉考試提供客觀的標準，宋神宗在熙寧八年（1075），"頒王安石《詩》《書》《周禮》義於學官，謂之《三經新義》"②。《三經新義》是王安石與其子王雱及同志、門人所撰，以注解、闡釋經旨大義爲特徵。該書頒於學官後，遂成爲經義考試的主要内容和評判標準。凡士子應試，"自一語以上，非新經不得用"③。科舉考試有這樣的標準，匡定經義考試的評判標準至此也得到了完滿解決。④

————————

① ［元］脱脱：《宋史》卷一五五《選舉志一》。
② ［元］馬端臨：《文獻通考》卷三一《選舉四》。
③ ［宋］李幼武：《三朝名臣言行録》卷八《吕公著》，四部叢刊本。
④ 參見馬彦先《科舉考試内容與評判標準的首次匡定——對王安石科舉改革的幾點思考》，載《貴州社會科學》1998 年第 6 期。

　　再次,推行通過學校教育養才、取才爲主的"三舍法"。按照王安石的科舉改革計畫,科舉考試本身也只是過渡性的,最終的目的是由學校教育選拔人才。所以他又創"三舍法",將太學分外舍、内舍和上舍三等,以平時的學業表現和考試成績作爲升級標準,最後參加統一考試,授予官職。但三舍法僅用於太學,未及州郡地方官學。王安石在熙寧、元豐之際着手整頓太學,將太學分爲外舍、内舍和上舍三等,以考試成績和平時的學業品行作爲升舍、應舉和授官的依據。外舍生公試成績合格者升入内舍,内舍生公試成績合格者升入上舍,上舍生公試成績最優者可直接授官。外舍生一年公試,内舍生和上舍生兩年一公試。《三經新義》既是太學生的必讀課本,也是考試的主要内容和依據。把取才、養才一統於學校,把科舉考試内容和學校學習内容一統於經義,這樣不僅爲科舉輸送了人才,也提高了學校的地位,更重要的是,還突出了經義的"正統"地位。

　　王安石通過改革重新制定科舉考試的内容和評判標準,這在科舉史上是一個創舉。正因爲如此,才得以把唐代以來有識之士改革科舉的願望變成了現實。隨着王安石變法的失敗,新的科舉制度也隨着北宋政局的動盪和黨爭不斷而興廢不定。不過,新的科舉制已深入人心,除了三舍法和試律令條例曾被取消過外,以經義爲主的考試内容未受多大影響。如元祐更化時司馬光執政,推翻了王安石新法,但對以德行、經義取士的科舉辦法表示肯定,司馬光認爲魏晉隋唐選舉之弊在於貴文章而賤經術,取記誦而輕義理,重文學而輕德行。"凡取士之道,當以德行爲先,文學爲後。就文學之中,又當以經術爲先,辭采爲後";"神宗皇帝深鑒其失,於是悉罷賦詩及經學諸科,專以經義、論策試進士,此乃革歷代之積弊,復先王之令典,百世不易之法也"。司馬光不反對王安石和神宗實施的科舉改革,並非一時的權宜之計,而是因爲在科舉改革的目標取向上他與王安石並無不同。但他認爲王安石的改革至少有兩條失誤:一是通過行政命令等强制手段,"以一家私學,欲蓋掩先儒,令天下學官講解,及科場程試,同己者取,異己者黜,使聖人坦明之言,轉而陷於奇僻,先王中正之道,流而入於異端"。二是不當廢《春秋》而進《孟子》:"又黜《春秋》而進《孟子》,廢六藝而尊百家,加之但考校文學,不勉勵德行,此其失也。"①

---

① ［宋］司馬光:《温國文正公集》卷五二《起請科場劄子》。

元祐三年(1088)十二月,御史中丞李常、侍御史盛陶、殿中侍御史翟思、監察御史趙挺之、王彭年等上言,從義理、教化諸方面比較經義、聲律利病:"以義理論之,則以經術勸士爲先,聲律爲下;以教化言之,則通經術者爲利博,事聲律者爲害大。通經術則天下之士知道德之奧,講禮義之要,修身治性,乃能履忠厚,崇廉耻,其磨礪成就,十有八九必爲良士,異日擇取,以爲公卿,相與修明政刑,宣揚教化,其爲利顧不博哉!事聲律則涉獵浮靡,講習淺近,所謂德道之奧,禮義之要,弗學可也,而欲望其成忠厚廉耻之風,則末矣。"正因爲經義無論在義理還是教化方面都遠勝聲律,因此他們充分肯定熙寧中的科舉改革"乃欲以經術消詩賦,於道則順,言理則直",唯一不好之處是"以私意教人"。如果開歷史倒車,"以詩賦消經術",則"於道不順,爲理不直";"今以經義設科,是朝廷率人以知禮義,其有不知禮義者,非經術之罪,而士之罪也。今以詩賦設科,是朝廷率人以浮靡,其相率爲浮靡者,非士之罪,而詩賦之罪也。倡率天下學士大夫趨向操術不爲禮義而爲浮靡,可以謂之良法哉!"①經過妥協,元祐四年(1089),進士改立經義、詩賦兩科,罷試律義,詩賦進士與經義進士名額各占一半。凡詩賦進士,於《易》《詩》《書》《禮記》《春秋左傳》内聽習一經,初試本經二道,《論語》《孟子》大義各道,次試賦、詩各一首,次論一首,末試子、史、時務策二道。詩賦進士以詩賦定去留,以策論定名次。所試的經典之中,黜《周禮》而升《春秋》,而《孟子》的兼經地位則仍舊保留。由此看出,即使是詩賦進士,也將經義置於首場,還須參考子、史、時務策以分等,儒家經典的核心地位已不可逆轉。

儘管從慶曆四年(1044)開始的進士科考校内容和形式的改革時有間斷,甚至還有反復,但朝野上下要求改革的呼聲持續不斷,士人爲了獲取功名,即使在回復到以詩賦取士的時期,也不能不究心於經學,研讀經書,通經義成爲進士及第的一個必要條件,其重要性是此前所無法比擬的。

三、貢舉改革對宋代經學變古的影響

從經學發展的歷史演變過程來看,由漢唐的章句注疏之學發展到宋

---

① [宋]李燾:《續資治通鑑長編》卷四二〇。

代對原典作思想闡發的義理之學,是我國經學發展的一大飛躍,皮錫瑞稱之爲"經學變古"。這一變化過程中,北宋中期是一個重要的轉捩點。經學變古作爲儒學革新運動的重要内容,與北宋貢舉改革緊密相關。貢舉改革對宋代經學變古主要從以下幾個方面産生影響。

首先,促進了宋代經學觀念的轉變。儒學由先秦發展到漢唐,已經由帖近現實生活、充滿創造精神的思想逐漸變成一種典册上的學問——經學。唐代科舉制度確立以後,漢唐注疏被作爲考生應試的標準,不允許滲入自己的思想、理解和看法,儒學經世致用的一面被嚴重壓抑。北宋初期以來雖然有所轉變,但是多數經師、儒生沿襲漢唐以來的流弊,沉浸在章句訓詁、雕蟲篆刻的浮華學風中,而忽視經學的經世致用一面。當時的科舉考試,進士考試以詩賦、策論定去留,諸科試帖經、墨義,注重的是華辭麗藻、記誦章句,脱離實際。因此,許多學者、士大夫在各自的改革主張中,都强烈呼籲恢復原始儒學的經世傳統。王安石早年撰寫《淮南雜説》,曾經論及取材:"所謂文吏者,不徒苟尚文辭而已,必也通古今,習禮法,天文人事,政教更張,然後施之職事,則以詳平政體,有大議論,使以古今參之是也。所謂諸生者,不獨取訓習句讀而已,必也習典禮,明制度,臣主威儀,時政沿襲,然後施之職事,則以緣飾治道,有大議論,則經術斷之是也。"他又論科舉之要務云:"策進士者,若曰邦家之大計何先,治人之要務何急,政教之利害何大,安邊之計策何出,使之以時務之所宜言之,不直以章句聲病累其心。策經學者,宜曰禮樂之損益何宜,天地之變化何如,禮器之制度何尚,各傅經義以對,不獨以記問傳寫爲能。"①仁宗嘉祐三年(1058)十月,王安石上仁宗皇帝《萬言書》,評論當時經學研究崇尚章句、脱離現實的風氣説:"學者亦漠然自以禮樂刑政爲有司之事,而非己所當知也。學者之所教,講説章句而已。講説章句,固在古者教人之道也,而近風乃始教之以課試之文章。夫課試之文章,非博聞强學窮日之力則不能;及其能工也,大則不足以用天下國家,小則不足以爲天下國家之用。故雖白首於庠序,窮日之力以帥上之教,及使之從政,則茫然不知其方者,皆是也。"②由於科舉取士是當時國家選拔

①　［宋］王安石:《臨川先生文集》卷六九《取材》。
②　［宋］王安石:《臨川先生文集》卷三九《上仁宗皇帝言事書》。

人才的主要管道,因此在學風方面脫離實際,勢必對國家的政治生活産生影響,王安石對此是有切身體會的。當他於神宗熙寧年間主政時,便深感禮樂制作、財賦管理方面的專門人才嚴重匱乏。因此,國家要以經術造士,就必須引導士人通經致用,將儒家理想運用於中。王安石的這些議論不僅僅是對北宋科舉制度的討論,而是體現了他一貫堅持的通經致用的基本思想。他非常重視經術對於現實政治、經濟的治理作用,認爲儒家經學之所以具有無窮的生命力,就在于它對於國計民生有所助益。他曾經與宋神宗之間有一段著名的對話:"上曰:'朕知卿久矣,非適今日也。人皆不能知卿,以爲但知經術,不可以經世務。'安石對曰:'經術者,所以經世務;果不足以經世務,則經術何賴焉。'"①這充分説明王安石對經學經世致用的重視。通過貢舉改革,"經術"應當"經世務"的觀念深入人心,成爲宋代學者士大夫的共識。這是貢舉改革對宋代經學觀念産生的最大影響。

其次,促進了章句訓詁之學向義理之學轉變。近代經學家皮錫瑞説:"經學自唐以至宋初,已陵夷衰微矣!然篤守古義,無取新奇;各承師傳,不憑胸臆,猶漢、唐注疏之遺也。"②皮氏認爲唐以來直到宋初經學雖然乏善可陳,但仍"篤守古義,無取新奇",有漢唐注疏之遺風。貢舉改革爲儒學向義理化方面發展起了催化作用。從表面上看,漢唐的章句注疏是爲了彰明儒家經典,使學者對聖人之意有確切的理解。但由於注疏之學的過於繁瑣,經典中的微言大義、儒學的真精神反而被淹没在章句訓詁的海洋之中,變得模糊不清、難以捉摸,先王之道隱晦不明。程頤説:"漢之經術安用?只是以章句訓詁爲事。且如解《堯典》二字,至三萬餘言,是不知要也。"③又説:"經所以載道也,誦其言辭,解其訓詁,而不及道,乃無用之糟粕耳。"④貢舉改革促使讀書人不必再拘泥於記誦儒家經典本文、漢唐章句注疏,而是要進一步理解、發揮經典中蘊含的義理。由於考試"不須盡用注疏",讀書人可以憑藉自己對儒家思想的理解,去進行再創造,從而把儒學的發展帶入了一個嶄新的天地,進入後世稱爲"宋

---

① [宋]李燾:《續資治通鑑長編》卷五九。
② [清]皮錫瑞:《經學歷史》,周予同注釋本,中華書局,1959年,第220頁。
③ [宋]程顥、程頤:《二程遺書》卷一八。
④ [宋]程顥、程頤:《二程文集》附録卷上《與方元寀手帖》。

學"的"新儒學"時代。慶曆科舉改革後,"義理之學"成爲儒生學士的響亮口號,所謂"自慶曆後,諸儒發明經旨,非前人所及"(陸游語),儒學的發展獲得了勃勃生機,出現了"學統四起"的新局面。理學的奠基人、被稱爲"北宋五子"的周敦頤、邵雍、張載、程顥、程頤等就是在慶曆年間以及此後不久登上學術殿堂的。歐陽修、王安石、蘇軾、司馬光等人也紛紛著書立説,不約而同地在理氣、性命、道德等問題上備抒己見,對儒家經典進行全新的闡釋,各自創建具有不同哲學思想、理論色彩的宋學學派。這些人不僅是貢舉改革的直接或間接參與者,也是儒學革新運動和經學變古的重要人物。正是在儒學轉型和貢舉改革的互相呼應中,與漢唐經學面貌迥異的宋學應運而生。荆公新學與北宋中後期貢舉改革關繫最爲密切。王安石曾感嘆道:"嗚呼! 學者不知古之所以教,而蔽於傳注之學也久矣。當其時,欲其思之深、問之切而後復焉,則吾將孰待而言邪?"①爲此,他親自撰述《洪範傳》,意在闡明長期泪没不顯的"洪範大義"。以今天的眼光來看,王安石的《洪範傳》與漢唐經師的章句注疏之作,無論是著述體裁,還是闡釋方式、學術見解都有明顯區別。《洪範傳》注重從思想上推闡箕子所陳"洪範九疇"的精義,具有很高的思想價值。② 對此,以尊漢學、反宋學著稱的清代名儒胡渭也不得不承認:"王氏此義,如《説卦》之廣象,雖未必皆聖人之意,而亦未嘗背於理;視彼拘拘而鮮通者,有鵰鶚之別矣。"③王安石《洪範傳》對《尚書・洪範》的詮釋,鮮明體現了北宋"義理之學"的特色以及"通經致用"的時代特點,可以視爲北宋經學義理之學的一個典範。《三經新義》更是貢舉改革的產物,對北宋中後期讀書人有着深刻的影響。三書先後修成之後,便"頒於學官,用以取士"。由於《三經新義》的官學地位,使得它對北宋經學的實際影響遠非一般私家著述所能比擬。到哲宗即位,司馬光被起用,新法一一被廢罷,並明令禁止讀書人學習《字説》,而對於《三經新義》則不但未予禁止,且仍然給予好評。例如最忠實於司馬光的劉摯,在元祐元年(1086)論劾國子司業黄隱排斥《三經新義》的奏疏中説道:

---

① [宋] 王安石:《臨川先生文集》卷七一《書洪範傳後》。
② 參見鄭涵:《北宋洪範學簡論》,載《中州學刊》1981 年第 2、3 期;又收入林慶彰主編《中國經學史論文選集》下卷,文史哲出版社,1992 年,第 55—81 頁。
③ [清] 胡渭:《洪範正論》卷二,影印文淵閣四庫全書本。

故相王安石經訓經旨,視諸家義説得聖人之意爲多,故先帝以其書立之於學,以啓迪多士,與先儒之説並行而兼存,未嘗禁也。隱猥見安石政事多已更改,輒爾妄意迎合傅會,因欲廢安石之學,每見生員試卷引用,輒排斥其説,此學者所以疑惑而怨之深也。夫安石相業雖有間,然至於經術學誼,有天下公論在,豈隱之所能知也! 朝廷既立其書,又禁學者之習,此何理哉?①

鄧廣銘先生認爲:"在北宋一代,對於儒家學説中有關道德性命的義蘊的闡釋和發揮,前乎王安石者實無人能與之相比。由於他曾一度得君當政,他的學術思想在士大夫間所産生的影響,終北宋一代也同樣無人能與之相比。"②此確爲見道之論。南宋王應麟在評論北宋經學思潮轉變時説:"自漢儒至於慶曆間,談經者守訓故而不鑿。《七經小傳》出,而稍尚新奇矣! 至《三經新義》行,視漢儒之學若土梗。"③王應麟認爲北宋經學風尚的轉變,初始於劉敞,大成於王安石。由此可見,以推闡經典義理爲最高目標的宋代經學是在北宋中期,確切地説是在北宋仁宗慶曆年間開始形成,與歐陽修、劉敞等人的倡導是分不開的。以王安石《三經新義》的頒行爲標志,宋代經學完成了注疏之學向義理之學的過渡。④

再次,貢舉改革推動了疑經改經的學術風氣。慶曆之際是經學史上發生重要變化的時期,學者敢於懷疑傳統經説,提出新的解釋,以己意重新解經的活動十分活躍。前人説經學"至慶曆始一大變也",風氣標新立異,"視漢唐之學若土梗",這充分地顯示出讀書人思想解放和尋求新的思想出路的趨勢。宋代疑經思潮包括四個層次的内容:第一個層次是對傳世經典的懷疑,如對《詩》《書》《禮》《易》《春秋》等經典本文的懷疑與考辨。第二個層次是對漢唐傳注的懷疑,如對《毛詩》、鄭箋、《左傳》杜預注、《公羊傳》何休注、《穀梁傳》范甯注以及孔穎達《五經正義》的懷疑與批評。第三個層次是對先儒經説的懷疑,如關於郊禘、祫享等説法。

① [宋]《續資治通鑑長編》卷三九〇,元祐元年七月末。
② 鄧廣銘:《王安石在北宋儒家學派中的地位》,載《鄧廣銘治史叢稿》,北京大學出版社,1997年,第189頁。
③ [宋]王應麟:《困學紀聞》卷八,四部叢刊三編本。
④ 張廣保:《經世致用:荊公新學對經學原典精神的復歸》,載《經學今詮續編》,遼寧教育出版社,2001年,第500頁。

第四個層次是對傳統經學研究方法的懷疑,如對漢唐章句訓詁的注釋方式提出的懷疑與批評。宋初經學雖然表現出守舊與創新的雙重色彩,①但基本上"無取新奇",賈邊因不守注疏而被黜落,就是顯例。② 隨着貢舉改革的推行,到慶曆之際經學學風發生了很大的變化。歐陽修開創了北宋大規模疑古的先河。他所著的《詩本義》《易童子問》等經學著作,勇於疑經,爲學者所熟知。③ 由於歐陽修在當時文化思想界的地位,他的疑古學風影響頗大。除了系統的經學著作外,歐陽修等學者還通過策問等形式,在考試中啓發士人勇於懷疑。策問是科舉考試的重要内容。北宋一些經義策所問關於經學、經典的問題,實際上反映了當時人對於儒經的一些困惑,要求應試者對這些疑問作出符合儒家義理的解釋。如歐陽修《問進士策》關於變革,《禮記》説:"異世殊時,不相沿襲。"而《尚書》却説:"事不師古,匪説攸聞。"一個講變革,一個講師古,"《書》、傳之言其戾如此,而孰從乎?"④司馬光雖對疑經學風頗有微詞,但他的一些策問也涉及很多經學、經典中的問題。《策問五道》之二就講到《尚書》中關於堯用鯀治水的問題:堯既然爲大聖人,他應該知道"鯀之不善",却讓鯀"任事九年",使萬民遭罪。因此讓人懷疑《尚書》的記載有問題。之四又講到《夏書》《周書》《詩經》《春秋》這些經典之中關於"賞延於世"(世卿世禄)有不同的説法,甚至相反的觀點,"《詩》《書》《春秋》皆聖人所以儀範後世也,今其言乃違戾如是,豈聖人之道淵微奧遠,學者不足以至也?"司馬光只能用"聖人之道淵微奧遠"來解釋這些矛盾,但這些在經典之中存在的問題必然使學者有無所適從之感。在《策問十道》之中,司馬光也提出了很多關於經典的疑問。如之四關於《魯頌》與《春秋》中所反映的魯僖公的形象,差異非常大,"世之爲《詩》者,皆稱魯僖公能遵伯禽之法,魯人尊之而爲之《頌》。自孔子删《詩》,而存著不去,非虛美也"。但在《春秋》之中僖公的形象就截然相反:"今以《春秋》迹之,或違禮而動,或作事不時,至於修泮宫,伐淮夷,作新廟,皆無聞焉。殆若與《頌》不相應者,其故何哉?"之七又説,《曲禮》講"禮不下庶人,刑

---

① 章權才:《宋明經學史》,廣東人民出版社,1999 年,第 60 頁。
② [宋] 馬端臨:《文獻通考》卷三〇《選舉考三》。
③ 趙貞信:《歐陽修對經學上的貢獻》,載《文史哲》1958 年第 3 期。
④ [宋] 歐陽修:《歐陽文忠公集》卷四八《問進士策四首》,四部叢刊本。

不上大夫",但《王制》中爲何又有"庶人之禮",《舜典》中爲何又有"大夫之刑"？諸如此類的矛盾甚多,兹不多舉。此外,經典所記與歷史事實有出入。如關於《周禮》,譽之者以爲是"周公致太平之法",貶之者説它是"瀆亂不經之書""六國陰謀之説"。歐陽修指出兩點可疑之處:一是《周禮》設官分職脱離歷史實際,二是後世按《周禮》改制,往往招致敗亡。①這些策問雖未明言經典之僞,但懷疑意向是非常明確的。舉子往往順着推衍闡發,自然而然會得出經書不可信的結論。歐陽修而後,策問"經疑"蔚爲風氣,爲了應試,不能不下功夫找疑點。葉國良認爲:"宋代朝廷之措施,助長疑經之風氣者,蓋以此爲最大。吾人觀宋代疑經改經者大抵爲進士出身,則其中消息,明眼人自能洞悉也。"②

　　由於這些知名學者的示範作用,疑古惑經形成一股潮流。司馬光在宋神宗熙寧二年上《論風俗劄子》,對當時科場的情況描述説:"竊見近歲公卿大夫好爲高奇之論,喜誦老莊之言,流及科場,亦相習尚。新進後生,未知臧否,口傳耳剽,翕然成風。至有讀《易》未識卦爻,已謂《十翼》非孔子之言;讀《禮》未知篇數,已謂《周官》爲戰國之書;讀《詩》未盡《周南》《召南》,已謂毛、鄭爲章句之學;讀《春秋》未盡十二公,已謂《三傳》可束之高閣。循守注疏者謂之腐儒,穿鑿臆説者謂之精義。且性者,子貢之所不及;命者,孔子之所罕言。今之舉人,發言秉筆,先論性命,乃至流蕩忘返,遂入老莊。縱虚無之談,騁荒唐之辭,以此欺惑考官,獵取名第。利禄所在,衆心所趨,如水赴壑,不可禁遏。"③司馬光揭示當時科場存在的四個問題:一是喜誦老莊,二是懷疑經傳,三是不守注疏,四是好言性命。南宋陸游談到慶曆以後學風轉變説:"唐及國初,學者不敢議孔安國、鄭康成,況聖人乎!自慶曆後,諸儒發明經旨,非前人所及。然排《繫辭》,毁《周禮》,疑《孟子》,譏《書》之《胤征》《顧命》,黜《詩》之《序》,不難於議經,況傳注乎!"④可見慶曆之後經學風氣已經發生了顯著變化,這與北宋貢舉改革是密切相關的。

(原載《四川大學學報(哲學社會科學版)》2004 年第 1 期)

---

①　[宋] 歐陽修:《歐陽文忠公集》卷四八《問進士策三首》。

②　葉國良:《宋人疑經改經考》第六章《結論》,臺灣大學文史叢刊之五十五,1980年初版,第 152 頁。

③　[宋] 司馬光:《溫國文正司馬公集》卷四五《論風俗劄子》。

④　[宋] 王應麟:《困學紀聞》卷八引。

儒學、經典與聖人之道

——論北宋學者對儒、經、道關繫的定位

北宋學者出於維護儒學權威、重新闡揚儒學價值的目的,對儒學進行了重新定位,對經、道關繫提出了新的理解。他們的反思建立在"尊儒、宗經、崇道"的基礎上,對漢唐的儒學觀提出批評。他們認爲,經典之中蘊藏了"聖人之道",要把握聖道,自然離不開經典,但僅僅通經,是難以真正理解聖人之道的真諦的。因此,必須超越漢儒的方法,善知經者不求之於意言之間,而應求之於意言之外。這就決定了宋代經學的義理取向。

一、北宋初的尊儒思潮

自從漢武帝獨尊儒術以後,儒學作爲統治思想登上了國家最高意識形態的寶座。但是,魏晉隋唐以來,由於佛道二教的迅速發展,儒學統治人們思想的空間受到擠壓,大大縮小。特別是唐代,道教、佛教的地位甚至一度居於儒教之上,孔子地位竟然不如太上老君、釋迦牟尼!北宋真宗趙恒是一個狂熱的道教徒。連以重儒著稱的宋仁宗趙禎,竟然也寫了一篇《尊道賦》,説:"三教之内,惟道至尊,上不朝於天子,下不謁於公卿。……朕觀三教,惟道最尊。"①作爲一個以儒教立國的王朝的最高統治者,不以儒教爲貴,這種局面是正統儒教信徒不能容忍的。因此,北宋不少學者對儒學的地位進行了重新審視和定位,以重建儒學的權威。②

---

① 〔元〕彭致中:《鶴鳴餘音》。
② 關於此問題,筆者在《論北宋學者對漢唐經學的重新審視》一文中有所論述,文載《宋代文化研究》第 10 輯,巴蜀書社,2001 年。

從漢代以來,很多學者對"儒"進行了定義。①《史記·太史公自序》錄司馬遷之父司馬談《論六家要旨》,比較儒家與諸子,評騭其得失。在司馬談看來,儒家只是諸子中的一家,以六藝爲法,以禮樂爲事,雖對於維持社會政治的和諧穩定有一定的作用,但不是唯一的和最高的"道"。司馬談的觀點反映了漢武帝時代之前儒家學説在國家社會政治生活中的實際地位。

漢武帝時董仲舒提出黜百家、尊儒術的主張,得到漢武帝的首肯,從此儒家思想登上了王朝正統意識形態的寶座。到東漢班固修《漢書·藝文志》時,儒學地位已經遠遠地陵駕於諸子之上。所以班固對儒家下了這樣一個定義:"儒家者流,蓋出於司徒之官,助人君順陰陽明教化者也。游文於六經之中,留意於仁義之際,祖述堯舜,憲章文武,宗師仲尼,以重其言。於道爲最高。"班固《漢書·藝文志》是沿襲西漢末劉歆《七略》的説法。因此,至少在西漢後期,儒家"於道爲最高"已被普遍接受。但是,北宋學者對漢人關於"儒"的定位是不滿意的。他們對司馬遷、班固提出批評,認爲他們對"儒"的定位實際上是貶低了儒學的價值。

我們以孫何爲例來説明這個問題。班固在《司馬遷列傳》中批評司馬遷"先黄老而後六經"。孫何撰《尊儒》一文,雖然同意班固對司馬遷的批評,但是他對於班固的説法,也不滿意,認爲:班固"洎己者《藝文志》,則反因《七略》之書增縱橫、雜、農三家爲九流,儒雖首之,終不免齊書並列,而又序其下曰:'出於司徒之官,助人君順陰陽明教化者也。'何謂遷既失之,固亦未爲得也。"孫何不滿意班固主要有兩點:一是把儒家與諸子並列,二是認爲儒術出於司徒之官。孫何認爲"儒"既爲"人倫之大宗,世教之總名",當然就不應當與諸子並列。

① 近現代也有很多學者對"儒"的起源與職能進行了考察。章太炎《國故論衡》中有《原儒》一篇,影響頗大,後來對儒家歷史起源的爭論,一般皆因此而起。如傅斯年、錢穆、胡適、馮友蘭、郭沫若、侯外廬、金景芳、楊向奎等,皆對"儒"及"儒家"有所解説。徐中舒先生《甲骨文中所見的儒》(發表於《四川大學學報》1975年第4期)一文,立足於字源學考察,對"儒"的産生進行了正本清源的工作。關於諸家説儒,可參見陳來《古代宗教與倫理——儒家思想的根源》一書第八章《師儒》,生活·讀書·新知三聯書店,1996年。

　　孫何認爲諸子百家只是得儒家之一偏,儒與諸子的關繫,不僅僅是先後的關繫,更是整體與部分的關繫。① 因此在孫何看來,班固既爲史臣,秉筆削,就應當"刮去諸子,以扶正道"。即使要"好奇尚異",著録諸子,"亦當獨尊儒術,然後附見八家"。諸子只是儒家的附庸,不能與儒家並列。反映在目録中,就只能著録儒家的著作;即使要著録諸子書,也只能作爲附録。他批評班固"今反齊書並列,以爲等夷,不其大謬歟"!

　　至於司徒之官與儒家的關繫,孫何也對班固提出了反駁。他認爲,司徒之官只是六官之一,不能包六經而括五常。如果承認儒家出於司徒之官,就大大貶低了周公、孔子"建皇極,叙彝倫,垂於無窮,爲百家法"的歷史功績,顯然降低了儒家的地位。

　　孫何對班固的批評,是出於尊儒的目的。在文章的最後,孫何説得非常明白,儒學受到諸子百家的輕侮,作爲一個儒家的忠實信徒,如果承認儒家與諸子並列,承認儒家出於司徒之官,無異於"藉寇兵而資盗糧",將會"貶損大教"。因此,出於對儒家文化獨尊地位的維護,必須對班固的説法進行批駁。②

　　對孔子地位加以提升,是應付佛、老挑戰的手段之一。因此北宋出現了又一次尊孔高潮。在宋儒看來,古代雖有許多聖人,但是孔子無疑是最偉大的聖人,所謂"夫子賢於堯舜",是宋儒提出的新觀念。如柳開説:"昔先師孔子,大聖人也,過於堯、舜、文、武、周公輩。"③孫復説:"所謂夫子之道者,治天下,經國家,大中之道也。其道基於伏羲,漸於神農,著於黄帝、堯、舜,章於禹、湯、文、武、周公。然伏羲而下,創制立度,或略或繁,我聖師夫子,從而益之損之,俾協厥中,筆爲六經,由是治天下,經國家,大中之道,焕然而備。此夫子所爲大也。其出乎伏羲、神農、堯、舜、禹、湯、文、武、周公也遠矣!"④王安石説:"聖之爲稱,德之極;神之爲

①　[宋]孔武仲《宗伯集》卷一六《儒墨使人得失論》云:"故有聖人,而後有諸子。同乎聖人,而異乎諸子者,謂之儒。"其看法與孫何近似。
②　上以引孫何文,見[宋]佚名:《新刊國朝二百家名賢文粹》卷一七《尊儒》,宋慶元三年(1197)書隱齋刻本。
③　[宋]柳開:《河東先生文集》卷六《答臧丙第一書》。
④　[宋]孫復:《孫明復小集》卷二《上孔給事書》。

名,道之至。故凡古之所謂聖人者,於道德無所不盡也。""夫聖者,至乎道德之妙而後世莫之增焉者之稱也;苟有能加焉者,則豈聖也哉?"據此,他認爲"夫伏羲既發之也,而其法未成,堯而後成焉。堯雖能成聖人之法,未若孔子之備也"。孟子説"孔子集大成者",這是説"集諸聖人之事,而大成萬世之法耳。此其所以賢於堯舜也"①。他們强調孔子的偉大貢獻,目的在於重新確立孔子創立的儒學在社會政治生活中的支配地位。

二、對經道關繫的重新定位

宋人對儒、對孔子的地位極力加以提升,不但要把儒學地位放在諸子之前、之上,把孔子放在佛、老之上,更重要的是要把"聖人之道"發掘出來,作爲國家政治生活的基本信仰、安身立命的基本原則,從而消除佛、老異教對人心的危害。宋人尊孔,並不在於把孔子推向神壇,將孔子人格神化,而在於推崇孔子之"道"、孔子之"教",强調"道""教"的重要性,認爲"福其身、福其家者,在吾先師之道之教也"②;"道者,君子行之本也。德以則之,義以宜之,仁以伸之,禮以致之,道所謂正者也"③;"孔子之道與天地久,與日月昭"④;"君臣之道,非孔子之教不嚴;父子之道,非孔子之教不親;夫婦之道,非孔子之教不别"⑤;"道者何? 經天下,治國家,修身誠意之大本也。堯、舜之所以帝,禹、湯、文、武之所以王,周公、孔子、孟軻、揚雄、韓愈氏之所以爲聖賢,本此者也"⑥。自從韓愈撰《原道》等文,着重闡發儒家文化的基本精神,弘揚"教道",從此"孔子之道""聖人之道""大中之道"等語詞屢屢見於儒者的著作之中。北宋儒者主要繼承了韓愈的思想觀點,並加以推演、闡發。如石介撰《辨私》一文説:"儒者好稱説孔子之道。非大言也,非私於其師之道也。孔子之

① 〔宋〕佚名:《新刊國朝二百家名賢文粹》卷二《夫子賢於堯舜論》。
② 〔宋〕柳開:《河東先生文集》卷三《重修孔子廟垣疏》。
③ 〔宋〕柳開:《河東先生文集》卷六《答陳昭華書》。
④ 〔宋〕梅堯臣:《宛陵先生文集》卷三一《新息重修孔子廟記》。
⑤ 〔宋〕孫昱:《重修文宣王廟碑》(景德三年),載《曹南文獻録》卷七四。
⑥ 〔宋〕强至:《祠部集》卷二六《上通判屯田書》。

道,治人之道也。一日無之,天下必亂。"①在石介看來,孔子之道就是
"治人之道",體現在我們的日常生活之中,一日也不可廢。聖人之道根
柢堅實,枝葉茂盛,才屢歷劫難而無恙。他在《宋城縣夫子廟記》一文中
以飽滿的熱情讚頌聖人之道雖經無數次劫難,但由於根柢深,枝葉茂,淵
源浚,流派遠,所以最終會安然無恙,傳之無窮。②

聖人之道是如何傳承下來的?很多宋儒繼承了韓愈所提出的"道統
論",認爲堯、舜、禹、湯、文、武、周、孔、孟、揚、王、韓一脉相承,③不少宋
學家還以道統的傳承者自居,如柳開、王安石、二程等等。理學家們更相
信"聖人傳心"之說。不過,聖人之道著於六經,這是北宋初儒者們的共
識。因此,尊孔的同時,也對儒家經典極力稱頌。如宋初柳開云:"先聖
孔子,……作《詩》《書》《大易》《春秋》《禮記》之書,取三才洎萬物經而
緯之,極其道者,不越於數言。身非天地之廣,壽非天地之永,没而且久,
終古益賴。以是而言,斯與天地並德而稱大也,天地其無間然乎!"④因
此柳開極力抬高儒經的地位,認爲儒經與"百子"的關繫,是"龍"與"鳥
獸"的關繫。⑤

但是,如何才能準確把握六經中所反映的聖人之道呢?北宋初儒者
就已經有了不同的意見。這些意見主要體現在對"聖人之旨"與"六經之
辭"的關繫的認識上。如柳開説:"夫子之於經書,在《易》則贊焉;在
《詩》《書》則删焉;在《禮》《樂》則定焉;在《春秋》則約史而修焉。在經
則參而語焉,非夫子特然而爲也。在《語》則弟子記其言,紀焉,亦非夫子
自作也。聖人不以好廣於辭而爲事也,在乎化天下,傳來世,用道德而
已。若以辭廣而爲事,則百子之紛然,競起異説,皆可先於夫子也。"⑥在
柳開看來,重視的並不在乎經之"辭","辭"(這裏指經典文字)與聖人之
道的關繫並非特別密切。但是,稍後的种放却説:"大抵聖人之旨,盡在

① [宋]石介:《徂徠石先生全集》卷八。
② [宋]石介:《徂徠石先生全集》卷一九。
③ 北宋中期以後對韓愈的批評漸多,程朱派理學家最終將韓氏從道統中剔出。個
中原因頗爲複雜,此處不擬多談。
④ [宋]柳開:《河東先生文集》卷四《潤州重修文宣王廟碑文》。
⑤ [宋]柳開:《河東先生文集》卷六《答陳昭華書》。
⑥ [宋]柳開:《河東先生文集》卷一二《昌黎集後序》。

乎經,學者不當捨經而求百家之説。”①又説:“聖人之旨,總著乎經;經之旨,咸隱乎辭。求聖人之旨,則窮乎經而味其辭,湛乎思而一其信,斯所以索聖人之道者也。”②顯然在种放看來,對經典的深入研究、對辭指的深刻領會,是通向“聖人之道”的必由之路。

宋仁宗時范仲淹《上時相議制舉書》説:“夫善國者,莫先育材;育才之方,莫先勸學;勸學之道,莫尚宗經。宗經則道大,道大則才大,才大則功大。”他認爲“宗經”爲“勸學”“育才”的重要手段,因爲“聖人法度之言存乎《書》,安危之幾存乎《易》,得失之鑒存乎《詩》,是非之辨存乎《春秋》,天下之制存乎《禮》,萬物之情存乎《樂》”。正因爲六經體現了“聖人之意”,所以“賢俊之人入乎六經,則能服法度之言,察安危之幾,陳得失之鑒,析是非之辨,明天下之制,盡萬物之情”③。同時蔡襄認爲:“聖人之道行於世,當時被其澤;載於經,後世承其教。五經之不傳,後人無從而知道之所之也。今之人知乎道之所之者,以五經之存焉耳。”④後人欲識“聖人之道”,必須借助於經典。

對於聖人之道與經典文本之關繫的認識,北宋儒者大體上都強調從經典文本的角度去理解“聖人之道”“聖人之旨”,不放棄對經典文本的注釋、研究。种放撰《辨學》一文,批評一種“捨經而求百家之説”的學風,認爲:“大抵聖人之旨盡在乎經,學者不當捨經而求百家之説。道德淳正,莫過乎周、孔,學者不當叛周、孔以從楊、墨。”⑤他認爲應當在經典之中去探求聖人之旨意,而不是其他。如果儒者不由經典,不守聖人之説,自叛其學,就會使儒學精神日益消失,所以經典是通向聖人之道的必由之路。蘇軾也説:“蓋嘗求之於六經,至於《詩》與《春秋》,而後知聖人之道始終本末各有條理”;“不觀於《詩》,無以見王道之易;不觀於《春秋》,無以知王政之難”⑥。

不過,道在六經,但熟讀了經典文本、文句,並不意味着擁有了“聖人

① [宋] 佚名:《新刊國朝二百家名賢文粹》卷一六《辨學》。
② [宋] 佚名:《新刊國朝二百家名賢文粹》卷一六四《送張生赴舉序》。
③ [宋] 范仲淹:《范文正公集》卷九《上時相議制舉書》。
④ [宋] 蔡襄:《蔡忠惠公集》卷三〇《策問三》。
⑤ [宋] 佚名:《新刊國朝二百家名賢文粹》卷一六《辨學》。
⑥ [宋] 蘇軾:《蘇文忠公先生全集》卷三《孟子論》。

之道”,這是宋人的普遍看法。如王禹偁認爲:“仲尼之教,應機而設,語於一時,流於千載。千載之下,君子學之乃可以爲事業,小人學之亦可以資奸佞,明聖得之謂之稽古,庸主得之因而飾非。”接着他以“既往不咎”一語爲例,説明君子與小人、明君與庸主都用此語,因此他得出結論:“是知聖人能立言,不能使人從其言。施之明君則爲政之飾也,施之庸主則飾非之資也,用之君子則嘉言之本也,用之小人則巧言之助也。”因此,“教之存亡,在人而已”①。關鍵還在於發揮學者的主觀能動性,學者要具有主體意識。程頤認爲“明道”與治聲律、爲禄利是截然不同的:“士之所以貴乎人倫者,以明道也。若止於治聲律、爲禄利而已,則與夫工技之事將何異乎?”“後之儒者莫不以爲文章、治經術爲務。文章則華靡其詞,新奇其意,取悦人耳目而已;經術則解釋辭訓,較先儒短長,立異説以爲己工而已。如是之學,果可至於道乎?”②這樣,就引出了一個如何把握“聖人之道”的問題。

三、難易之争——聖人之道的把握

聖人之道載於經典之中,但是,聖人之道是“簡易明白”還是“難知”呢? 在宋人中存在兩種不同的看法。早在西漢末揚雄撰《法言》,就提出“五經不可使人易知”的觀點,認爲如果聖人之道“易知”,就如“天俄而可測,其覆物也薄矣;地俄而可度,其載物也淺矣”。因此,在“簡易”“難知”這兩種判斷上,要求學者作出自己的抉擇。如蔡襄在《策問》中就要求應試者回答這個問題。③ 蔡襄傾向於認爲,聖人作五經,本不欲“密而不彰”,而是要讓人“易知”。但雖有多人爲五經作傳,却並没有弄明白聖人之道,因此,揚雄之言似乎又有些道理。曾鞏在《策問》中也説:“六經之書,太極以來至於天地人神事物之變,遠近大小微顯之際、異同之旨無不備者,而其要則在於使學者知順性命之理,正心修身,治國家天下,盡天地鬼神之宜,遂萬物之性而已。然其言不

---

① 〔宋〕王禹偁:《小畜集》卷一五《既往不咎論》。
② 〔宋〕程顥、程頤:《河南程氏文集》卷八《爲家君作試漢州學策問三首》。
③ 〔宋〕蔡襄:《蔡忠惠公集》卷三〇《策問》。

一,其意難知。"①曾鞏認爲六經之中包羅萬理,但聖人之言不一,深奧難明。

但是,北宋更多的學者傾向於認爲"六經簡要"。如歐陽修撰《六經簡要説》,認爲"妙論精言,不以多爲貴",但"人非聰明不能達其義"。當然,承認"六經簡要",並不是要否定六經文字。今天要探求"聖人之意",還得依靠經典。所以歐陽修在《繫辭説》批評"書不盡言,言不盡意"説:"書不盡言,言不盡意,然自古聖賢之意,萬古得以推而求之者,豈非言之傳歟? 聖人之意所以存者,得非書乎? 然則書不盡言之煩,而盡其要;言不盡意之委曲,而盡其理。謂書不盡言,言不盡意者,非深明之論也。"②蘇軾在他的幾篇經論中也反復闡述了"六經之道簡易明白"的道理。如在《詩論》中説:"自仲尼之亡,六經之道遂散而不可解。蓋其患在於責其義太深,而求其法之術太切。夫六經之道,惟其近於人情,是以久傳而不廢。而世之迂學乃曲爲之説,雖其義之不至於此者,必强牽合以爲如此,故其論委曲而莫通也。"《春秋論》也説:"而至於聖人,其言丁寧反復,布在方册甚多,而其喜怒好惡之所在,又甚明而易知也。"但爲什麼"天下之人常患求而莫得其之所主"? 在蘇軾看來,"天下之人以爲聖人之文章非復天下之言也,而求之者太過,是以聖人之言更爲深遠而不可曉。"其實我們大可不必把聖人之道看得如此神秘高遠,只要我們明白"六經之道"近於"人情",不必過爲深求,也許對於我們接近聖人之道更有好處。但是,世人往往做不到這一點,而曲爲之説,不得要領。③ 蘇軾從社會心理上分析了"求道過深"的原因,確有見識。與蘇軾同列蜀黨的吕陶,也有類似的觀點。④

程頤以"道"概括經典中的義理。他批評漢儒的繁瑣哲學是不知六經簡易之理。有人問"漢儒至有白首不能通一經者,何也?"程頤回答説:"漢之經術安用? 只是以章句訓詁爲事。且如解《堯典》二字,至三萬餘言,是不知要也。"⑤他認爲"聖人之道坦如大路,學者病不得其門耳,得

① [宋]曾鞏:《曾子固集》卷一三《策問十一道》(之七)。
② [宋]歐陽修:《歐陽文忠公集》卷一三〇《六經簡要説》。
③ [宋]蘇軾:《蘇文忠公先生全集》卷二。
④ [宋]吕陶:《净德集》卷一五《論略》。
⑤ [宋]程顥、程頤:《二程集》,王孝漁點校本,中華書局,1981年,第232頁。

其門，無遠之不可到也”。這一扇門就是儒經："求入其門，不由經乎？"他批評："今之治經者亦衆矣，然而買櫝還珠之蔽，人人皆是。經所以載道也。誦其言辭，解其訓詁，而不及道，乃無用之糟粕耳。"①因此他提出："善學者要不爲文字所梏。故文意雖解錯，而道理可通行者不害也。"②程頤還認爲讀經應理解聖人作經之意，説："凡看文字，非只是要理會語言，要識得聖人氣象。"③"讀書者，當觀聖人所以作經之意，與聖人所以爲聖人，而吾之所以未至者，求聖人之心，而吾之所以未得焉者，晝誦而味之，中夜而思之，平其心，易其氣，闕其疑，其必有見矣。"④也就是説，讀經要善於從訓詁章句的迷霧中解脱出來，把握經典的核心，理解聖人的用心。

在經與道的關繫問題上，"永嘉九先生"之一蔣元中的《經不可使易知論》值得一提。⑤ 關於經典與聖人之道的關繫，蔣元中認爲“道”不以經而存，聖人作經非專爲“道”而設，而是爲“求道”而設的。蔣元中提出“經載道也，道在心也”的觀點，認爲“以經明經”不是真知經，提出“以心明經”的主張。也就是要“觀其言而明於身，反其本而復於心”，也就是説要發揮自己的主觀能動性。他批評漢儒對經典花了如此大的力氣去箋注訓釋，但並沒有真正把握“聖人之旨”，這就給學者造成一種誤解，認爲聖人之經難知，聖人之道難明。⑥ 因此，必須超越漢儒的方法，善知經者不求之於意言之間，而應求之於意言之外。

由以上所舉，我們可以得出這樣一個結論：北宋學者通過對漢代以來儒學觀的反思，努力提升儒學的地位，以重建儒學的權威。他們特別重視“聖人之道”。經典之中蘊藏了“聖人之道”，要把握聖道，自然離不開經典，但僅僅通經，是難以真正理解聖人之道的真諦的。王

---

① ［宋］程顥、程頤：《二程集》，第 671 頁。
② ［宋］程顥、程頤：《二程集》，第 378 頁。
③ ［宋］程顥、程頤：《二程集》，第 284 頁。
④ ［宋］程顥、程頤：《二程集》，第 1207 頁。
⑤ 據《宋元學案》卷三二《周許諸儒學案》，蔣元中服膺洛學，可能是私淑，元豐中太學有“永嘉九先生”之目。這篇《經不可使易知論》可能即爲他爲太學上舍生時所作，“太學諸生盛傳誦之，至刻之石”，可知在當時產生過相當大的影響。後來張九成（横浦）對此論也非常稱道。
⑥ 乾隆《温州府志》卷二八下。

安石《答曾子固書》所謂"讀經而已,則不足以知經"①,是這一認識的最好概括。北宋學者對經道關繫的認識,決定了宋代經學的義理化發展方向。

(原載《四川大學學報(哲學社會科學版)》2002 年第 2 期)

---

① [宋] 王安石:《臨川先生文集》卷七三《答曾子固書》。

宋代經學變古簡論

　　清末學者皮錫瑞在其所著《經學歷史》中將經學史上的宋代時期稱
爲"經學變古時代"。的確,從宋代經學所表現出來的種種特徵來説,都
與此前的漢唐經學、此後的清人學術有重大的區別。宋代經學重義理,
好創獲,重發揮,喜新説,在闡釋與發展儒學内在價值的同時,高揚主體
意識和理性精神,顯露出鮮明的宋學特徵。宋學在學術形態、學風取向
以及治學方法方面都與此前的漢學有很大的區別,學者對此多有論述。①
簡單地説,漢儒治經重章句訓詁之學,而且師弟子代代相傳,注重師法、
家法。唐代前期編修的諸經正義、注疏,承襲漢代以來的繁瑣章句之學,
仍然遵守漢學的傳統。宋儒則大多趨向於義理的探索,而不太重視名物
訓詁。所謂"經學變古",即宋學變漢學之"古"。② 學術界關於這個問題
的研究論述還不多見。本文不惴譾陋,對宋代經學變古的源流、經學變
古的基本内容等問題略呈管見,並略及宋代疑經思潮,就正於方家。

一、經學變古的肇端

　　一般認爲經學變古始於北宋中葉的慶曆年間。如南宋陸游談到慶
曆以後學風轉變説:

---

① 如劉師培有《漢宋學術異同論》(載《劉申叔先生遺書》,民國二十五年寧武南氏
　　排印本),周予同有《漢學與宋學》(載《周予同經學史論著選集》,上海人民出版
　　社,1996 年)。鄧廣銘、漆俠等也有申論,見鄧廣銘《略談宋學》(載《鄧廣銘治史
　　叢稿》,北京大學出版社,1997 年)、漆俠《宋學的發展與演變》(河北人民出版
　　社,2002 年)。
② 漢學、宋學有廣義、狹義的區分。狹義的"漢學""宋學"分別指漢代、宋代的學術
　　(主要是經學),廣義的漢學還包括清人的考據學。廣義的宋學也將宋代以後繼
　　承、闡發宋人學術思想的那些學問也包括在其中。本文是狹義的用法。

> 唐及國初，學者不敢議孔安國、鄭康成，況聖人乎！自慶曆後，
> 諸儒發明經旨，非前人所及。然排《繫辭》，毀《周禮》，疑《孟子》，譏
> 《書》之《胤征》《顧命》，黜《詩》之《序》，不難於議經，況傳注乎！①

陸游認爲唐代和宋初學者對於孔、鄭這樣的漢學代表人物不敢有所非
議。但到慶曆以後，學風大變，不僅攻擊傳注，甚至連周、孔經典也大膽
提出懷疑與批評。陸游的觀點很有影響。近代經學家皮錫瑞也説：

> 經學自唐以至宋初，已陵夷衰微矣！然篤守古義，無取新奇；各
> 承師傳，不憑胸臆，猶漢、唐注疏之遺也。②

皮氏認爲唐以來直到宋初經學雖然乏善可陳，但仍"篤守古義，無取新
奇"，沿襲了漢唐注疏的傳統。似乎經學變古在北宋中葉突然發生。但
事實並非如此簡單。經學變古並非北宋慶曆之際一蹴而就，而經歷了一
個相當長的歷史過程。在中國經學史上，出現過多次變古。清四庫館臣
總結漢代到清初兩千年經學流變説：

> 自漢京以後，垂二千年，儒者沿波，學凡六變：其初專門授受，遞
> 稟師承，非惟詁訓相傳，莫敢同異，即篇章字句，亦恪守所聞，其學篤
> 實謹嚴，及其弊也拘。王弼、王肅稍持異議，流風所扇，或信或疑，越
> 孔、賈、啖、趙以及北宋孫復、劉敞等，各自論説，不相統攝，及其弊也
> 雜。洛、閩繼起，道學大昌，擺落漢、唐，獨研義理，凡經師舊説，俱排
> 斥以爲不足信，其學務别是非，及其弊也悍。學脉旁分，攀緣日衆，
> 驅除異己，務定一尊，自宋末以逮明初，其學見異不遷，及其弊也黨。
> 主持太過，勢有所偏，材辨聰明，激而橫決，自明正德、嘉靖以後，其
> 學各抒心得，及其弊也肆。空談臆斷，考證必疏，於是博雅之儒引古
> 義以抵其隙，國初諸家，其學徵實不誣，及其弊也瑣。③

四庫館臣認爲從兩漢到清初經學學風經歷了六次比較大的變遷，也
可以説有六次"變古"，具有見識。不過，館臣將兩漢、魏晉到宋初、北宋
中葉到晚宋、宋末到明初、明代中後期、清初分爲六個階段，這樣的劃分

---

① ［宋］王應麟：《困學紀聞》卷八引，商務印書館，1959年。
② ［清］皮錫瑞：《經學歷史》，周予同注釋本，中華書局，1959年，第220頁。
③ ［清］永瑢等：《四庫全書總目》卷一《經部總序》。

是否完全合理,似還有討論餘地。特別是將魏晉到宋初作爲一個階段對待,將王弼、王肅、孔穎達、賈公彥與啖助、趙匡、孫復、劉敞等並列,是不太恰當的。王弼援老、莊思想解《易》,掃除象數,闡發義理,但仍没有跳出漢學窠臼;王肅注經,雖然與鄭玄立異,但仍是漢學緒餘。至於孔穎達《五經正義》、賈公彥《周禮》《儀禮》二疏,謹守"疏不破注"的原則,對兩漢以來經學成就作了一個總結,"變古"的成分少,而"遵漢"的成分多。直到中唐啖、趙等人樹起"棄傳求經"的大旗,才真正打破兩漢以來的以傳注爲中心的經學傳統,開創宋學經學方法的先河。孫復、劉敞的《春秋》學研究繼承了啖、趙以來的學風,宋代《春秋》學與中唐以來經學新風尚一脉相承。

中國古代社會發展到唐代中期,在經濟基礎、上層建築、意識形態諸方面都發生了巨大的變化。蒙文通先生提出了以唐代爲中心,將中國史分爲兩大階段(唐前、唐後)、五個時期(以晚周,建安,正始,天寶,大曆,正德、嘉靖爲轉捩點)。他認爲唐前、唐後中國歷史變化最大、最劇,因此中唐可以説是中國歷史上最大的一個轉型時期。因爲此前、此後中國歷史雖然也發生過多次重要的變化,但這些變化都是局部的。而唐宋之際的變化則是廣泛的、深刻的、全面的,影響後期中國古代社會是深遠的。[①]許多史家都有類似的觀點。如陳寅恪先生在《論韓愈》一文中説:"綜括言之,唐代之史可分爲前後兩期,前期結束南北朝相承之舊局面,後期開啓趙宋以降之新局面,關於政治、社會、經濟者如此,關於文化學術者亦莫不如此。"[②]唐長孺先生也從社會經濟的變化、門閥的衰弱和科舉制的興起、軍事制度的變化、學術思想的變化等方面進行了系統的論述。[③]美國漢學家包弼德(Peter K. Bol)主要立足於對古代知識精英"士人"身份地位的轉變的考察,認爲唐宋之際"士人"從門閥士族向文官、再向地方精英轉變,論證了唐宋之際是中國古代思想轉型的關鍵時期。[④] 這類

---

① 蒙文通:《中國歷代農産量的擴大和賦役制度及學術思想的演變》,原載《四川大學學報》(社會科學版)1957 年第 2 期,收入蒙默編:《蒙文通文集》第五卷《古史甄微》,巴蜀書社,1999 年,第 253—380 頁。

② 陳寅恪:《金明館叢稿初編》,上海古籍出版社,1980 年,第 296 頁。

③ 唐長孺:《魏晉隋唐史三論》,武漢大學出版社,1993 年。

④ 包弼德:《斯文:唐宋思想的轉型》,江蘇人民出版社,2001 年。

的論著相當多,兹不一一羅舉。

從中唐以來,由於社會生產力、生産方式的巨大進步,帶來了經濟制度、政治制度、社會生活的變化,反映在文化學術領域,儒、佛、道三教都出現了一些新變化。從儒學、經學方面來講,主要出現了三股新思潮:

一是以劉知幾爲代表,對一些儒家經傳提出疑問。如劉知幾《史通》有《疑古》《惑經》二篇,對《尚書》《論語》的某些内容提出懷疑,對《春秋》經傳的來歷提出疑問。他還對當時流傳的所謂《孝經》鄭玄注提出十二條證據進行懷疑。① 除劉知幾外,唐人對儒家經典及其他傳世典籍的考辨仍大有人在。他們的疑古精神被宋人繼承,形成了疑古思潮。②

二是以啖助、趙匡、陸淳爲代表的新經學運動。他們三人的主要貢獻是開創了"捨傳求經"和"以己意解經"的經學新方法。這種方法主要體現在他們對《春秋》的研究之中。他們對《公羊》《穀梁》《左傳》進行了尖鋭批評,認爲三傳都"不得聖人之旨",歪曲了《春秋》的大義。因此,他們解説《春秋》,抛棄三傳,根據自己的理解直接對《春秋》經進行闡發,從此形成了一股"《春秋》三傳束高閣,獨抱遺經究始終"的學風。這種經學方法對宋學産生了深刻的影響。宋人的經學方法就是對啖、趙等人"捨傳求經"方法的發展。

三是以韓愈、李翱爲代表,試圖重建儒家的道統論與心性之學。韓愈寫了《原道》等文章,提出儒學傳授的道統,竭力維護儒學本位文化的純潔性和主體性地位,排斥以佛教、道教爲代表的所謂"異端之學"。李翱寫了《復性書》,吸取佛、老的思想,發揮儒家的心性理論。韓、李還對《論語》《孟子》《大學》《中庸》極力加以表彰。他們的努力給宋人以很大

---

① 〔宋〕王溥:《唐會要》卷七七《論經義》,上海古籍出版社,1991 年。

② 唐人所辨,涉及經、史、子、集各個方面。如杜佑對《管子》一書的懷疑,柳宗元辨《列子》、辨《文子》、辨《論語》、辨《鬼谷子》、辨《晏子春秋》、辨《亢倉子》、辨《鶡冠子》、非《國語》等等。就經部而言,主要有司馬貞對《子夏易傳》真僞的辨疑、韓愈對《詩序》作者的辯疑、成伯璵則對《詩》大小《序》的辨疑、趙匡對《禮記》《周官》時代的辨疑、啖助趙匡陸淳諸人對《春秋》三傳的辨疑、司空圖對《春秋經》的疑問、司馬貞對《古文孝經》的懷疑、柳宗元對《論語》編者的辨疑、韓愈與門生張籍對《孟子》編者的辨疑。他們對經典的考辨雖然談不上系統全面,但他們提出的問題直接啓發了宋人對經典加以重新審視,很多觀點也被宋儒引用或接受。

的影響。許多學者把韓、李二人看成理學的先驅,是有道理的。理學家談論的許多問題,韓、李二人都已經開了個頭。

這三股新思潮,是對漢唐儒學、經學的矯正與發展。中唐以後,儒家經學已經表現出與漢學不同的面貌,宋代經學變古的肇端,應當上推到中唐,天寶、大曆之際(8世紀中後期)可以作爲舊經學與新經學的一個分水嶺。北宋中期的經學變古,實際上是中唐以來儒學新風的延續與發展。不過,慶曆以前,這種變古只是涓涓細流,到慶曆之際,遂匯成江河,奔流向前,難以阻遏。因此我們可以說,經學變古形於中唐,成於慶曆之際。

二、經學變古的主要方面

宋代經學變古是對漢唐經學的發展及其流弊的矯正,因此應當給予其在經學史上的應有地位。清代乾嘉學者多尚考據,門户之見較深,對宋儒經學批評較多。其實祇要我們平心静氣地對宋儒經學作實事求是的評價,仍然可以發現宋代經學有其可取之處。從大的方面說,宋代經學變古主要包括三項内容,既是一個整體,又互相促進,互相影響。

一是經學觀念的轉變。

宋儒經學觀念的轉變主要體現在兩個方面。首先,在宗經與重道的問題上,重視對經典中蘊含的"聖人之道"的發掘和闡發。在處理經典文本與聖人之道關繋的問題上,一方面強調文本的重要性,另一方面又主張"以心明經",在"典册"之外去尋求"聖人之心"。如程頤既強調"聖人之道傳諸經,學者必以經爲本"①,又認爲:"思索經義,不能於簡策之外脱然有獨見,資之何由深,居之何由安? 非特誤己,亦且誤人也。"②陸九淵主張讀經應先"理會文義",又反對沈迷於章句,主張應求其"血脉"。朱熹認爲聖人所講的"道""理"皆在經典之中,"聖人千言萬語,只是說個當然之理,恐人不曉,又筆之於書。自書契以來,二《典》、三《謨》、伊尹、武王、周公、箕子、孔、孟都只是如此,可謂盡矣"③。因此經典是通向

① 〔宋〕程顥、程頤:《二程文集》卷九《爲太中作試漢州學生策問》,影印文淵閣四庫全書本。
② 〔宋〕楊時:《二程粹言》卷上,影印文淵閣四庫全書本。
③ 〔宋〕黎靖德編:《朱子語類》卷一一,中華書局,1986年。

"聖人之道"的橋梁,學者應當通過經典去"明道""明理"。但是,學者不應當抱着經典不放。朱熹説:"經之於理,亦猶傳之於經。傳所以解經也,既通其經,則傳亦可無。經所以明理也,若曉得理,則經雖無亦可。"①又説:"經之有解,所以通經,經既通,自無事於解,借經以通乎理耳,理得則無俟乎經。"②朱熹此説頗有得魚忘筌、得意忘言之意。經典是載道的工具,經典固然重要,但"道""理"更加重要,學者不可爲解經而解經,而應當以"明道""明理"爲目的。經典與傳注的關繫也是如此。朱熹説:"聖人言語,本自明白,不須解説,只爲學者看不見,所以做出批註,與學者省一半力。若批註上更看不出,却如何看得聖人意出?"③注經並非目的,而是爲了弄清"聖人言語"而不得已要作的事情。傳注的目的在於通經,只要通經的目的達到了,傳注的有無並不重要。總之,他們認爲,讀書、窮經必須始終圍繞"求道"這個中心,不然就是無用的。而很多人不明此點,"不去這上理會道理,皆以涉獵該博爲能",難免流入"俗學"。④

其次,在通經與致用的問題上,宋儒將二者更加緊密地結合在一起。漢代確立了儒家經典的權威,經典成爲朝廷、大臣的話語工具和決斷政治事務的準則,漢儒也多標榜"以經術飾吏事"。但是,漢代經學講"通經致用",這也帶來了一些消極的後果。儒學在漢代定於一尊之後,儒學變成了經學,一方面表明儒學獲得了前所未有的尊榮,另一方面也使儒學日趨僵化,限制了經學經世功能的發揮,常常出現經生無法解決現實問題的情況。特別是儒學內部分裂,儒生以傳誦解説經典爲業,但由於對經典的理解不同,解釋各異,儒生恪守師説,形成不同的師法、家法。這就導致在運用儒家學説指導實踐活動時,往往多種説法互相矛盾,難以適從。如漢武帝時議定巡狩封禪之禮,五十多位儒生聚集在一起議論,却得不出統一的意見。⑤ 漢代經學一方面講通經致用,經術佐治,但另一方面,章句訓詁之學支離繁瑣,黨同伐異,又限制了通經致用功能的發

① ［宋］黎靖德編:《朱子語類》卷一〇三。
② ［宋］黎靖德編:《朱子語類》卷一一。
③ ［宋］黎靖德編:《朱子語類》卷一九。
④ ［宋］黎靖德編:《朱子語類》卷一一。
⑤ ［漢］班固:《漢書·郊祀志》。

揮。經學實用化的又一個嚴重後果是,難免出現"曲學阿世"的現象。王莽"居攝"之時,天下之士競稱德美,制造符命,當時的儒學領袖人物劉歆等人對王莽的篡漢和改制引經據典,推波助瀾,蠱惑天下視聽。一班博士儒生也紛紛上書,稱王莽德比周公。王莽正是在這一幫經學儒生的鼓噪聲中登上皇帝的寶座。可見"通經致用"如果用之不當,會帶來多麼嚴重的後果。

宋儒對漢人的致用觀持批評態度,尤其對"曲學阿世"的行爲加以鄙棄。很多宋儒認爲,通經只是手段,致用才是目的。六經與儒者的政治實踐密切結合,依照六經中的理想模式對現實政治提出批評,並對現實社會進行改造,實際上是按照自己的政治理想去改造社會。李覯、王安石以及薛季宣、陳亮、葉適、陳傅良等浙東學者的經學研究,就具有鮮明的通經致用特徵。尤其是在對"三禮"的研究上,很多宋儒對漢唐注疏提出懷疑,或者捨棄舊注,另作新解,以表達自己的社會政治理想。經世致用,其本質是以社會效用衡量學術的價值。具體而言:第一,認爲學術不應該脫離社會現實。熙寧二年(1069)二月,王安石與神宗有一段著名的對話,充分反映了這一認識。神宗説:"朕知卿久,非適今日也。人皆不能知卿,以爲卿但知經術,不可以經世務。"安石對曰:"經術者所以經世務也。果不足以經世務,則經術何所賴焉?"①王安石認爲孔孟學術的本質就是學術與政治的結合。學術活動的目的在於求得實際運用,而政治原則也應該從"經術"中産生。政治和學術在"道"的原則上合而爲一。第二,認爲學者必須承擔起天下興亡的責任。後世學者普遍認爲宋學空疏,缺乏對現實社會的深切關懷。顧炎武批評宋儒"以明心見性之空言,代修己治人之實學"②。顏元則指出周子所用以教二程,二程所用以教楊、謝、尹諸弟子,朱熹所用以教蔡、黃、陳、徐等人的,都是以主敬致知爲宗旨,以靜坐讀書爲工夫,以講論性命天人爲授受,以釋經注傳、纂集書史爲事業,理學家沉溺於心性道德空談,不務經濟致民的實事,有體而無用。③ 其實這些看法是不全面的。説宋學重視義理,大體上並無差錯。

---

① [宋]楊仲良:《皇宋通鑑長編紀事本末》卷五九。
② [清]黃汝成:《日知録集釋》卷七《夫子之言性與天道》,上海古籍出版社,1985年。
③ [清]顏元:《存學篇》卷一,顏李叢書本。

不過對於宋學,也不可無視其中的經世傾向。宋儒在自己的學術、政治活動中,幾乎無一例外都懷抱經世的理想,並力求加以實現。如程頤主張"通經所以致用";邵雍雖隱居"安樂窩",却也不甘寂寞,著《皇極經世》和《經世衍易圖》,表明身隱心不隱,"其志直欲以道經世"①。周敦頤說:"聖人之道,入乎耳,存乎心,蘊之爲德行,行之爲事業。彼以文辭而已者,陋矣!"②他們對那些不幹實事的傾向都持批評態度。如朱熹說:"士人千人萬人,不知理會甚事,真所謂游手! 只是恁地底人,一旦得高官厚祿,只是爲害朝廷,何望其濟事? 真是可恤!"③陸九淵也對某些習儒業者看不起"簿書期會"的傾向加以斥責,說:"世儒恥及簿書,獨不思伯禹作貢成賦,周公制國用,孔子會計當,《洪範》八政首食貨,孟子言王政,亦先制民產、正經界,果皆可恥乎? 官吏日以貪狠,弊事日以衆多,豈可不責之儒者?"④他認爲經世致用是儒家的傳統,作爲儒者,應當以主人翁的態度去參與政治。

宋代學術思想史上,並非理學(道學)獨行天下。宋學有很多學派,有的偏重於事功,如荆公學派、金華學派、永嘉學派、永康學派;有的偏重於義理,如伊洛學派、考亭學派、象山學派。但重事功者並不排斥義理,重義理者也不排斥事功。宋代事功派與義理派也有過爭論,事功學派認爲宋代的嚴重社會危機與道德性命之學(義理之學)的盛行有關,故對此發動激烈批判。義理之學的重點則是思考宇宙本體以及個人道德修養等問題,對於社會現實問題的思考沒有事功學派那麼緊迫,尤其是它的末流傾向於空疏無用的境地。事功之學與義理之學的爭論,需要從多方面進行分析。一是當時嚴重的社會危機迫使士人階層思考救國之策,而對於同樣的現實問題,他們可能提出不同的對策;二是人們對於經世致用的内容、方式、途徑持有不同的認識。義理之學並非不講經世致用,却主張先"治心",試圖通過對道德人心的改善來解決社會危機;而事功之學也並非不談道德性命,但是他們更喜歡直接面對社會危機來發議論、

---

① [宋]黄宗羲、全祖望:《宋元學案》卷一〇《百源學案下》附録引熊勿齋語。
② [宋]周敦頤:《通書·陋第三十四》,《周子全書》本。
③ [宋]黎靖德編:《朱子語類》卷一〇九《論取士》。
④ [宋]陸九淵:《象山先生全集》卷五《與趙子直》,四部叢刊本。

求對策,而將道德性命的問題視爲相對次要的問題。①

二是經學解釋方法的革命。

在儒學革新運動中,宋代學者建立了一套捨傳求經、偏重義理、六經注我、我注六經的經學解釋方法,或者叫宋學方法。在宋儒的經典注釋中,着重凸顯主體意識,不僅詮釋經典的本意(meaning),更注重對文本"意義"(significance)的發掘。宋代學者通過對漢唐經學的批判與超越,對儒家經典進行重新詮釋,建立了一套以心性論爲核心的"道德性命之學",後人稱之爲"新儒學",這是孔孟儒學在宋代的新的發展。余英時先生説:

> 經典之所以歷久而彌新,正在其對於不同時代的讀者,甚至同一時代的不同讀者,有不同的啓示。但是這並不意味着經典的解釋完全没有客觀性,可以興到亂説。"時代經驗"所啓示的"意義",是指 significance,而不是 meaning。後者是文獻所表達的原意,這是訓詁考證的客觀對象。即使"詩無達詁",也不允許"望文生義"。significance 則近於中國經學傳統中所説的"微言大義",它涵藴着文獻原意和外在事物的關繫。這個"外在事物"可以是一個人、一個時代,也可以是其他作品,總之,它不在文獻原意之内。因此,經典文獻的 meaning"歷久不變",它的 significance 則"與時俱新"。當然,這兩者在經典疏解中常常是分不開的,而且一般地説,解經的程式是先通訓詁考證來確定其内在的 meaning,然後再進而評判其外在的 significance。但是這兩者確屬於不同的層次或領域。②

"meaning"和"significance"是借用西方解釋學上的兩個概念。這兩個概念又與"解釋(explanation)"與"理解(understanding)"密切相關。所謂"meaning",是指經典的"本義"或"本意","significance"則是解釋者的"獨見",是通過"引而伸,觸而長"而獲得的新知。

---

① 關於事功派與義理派的爭論,美籍學者田浩的名著《功利主義儒家——陳亮對朱熹的挑戰》一書(江蘇人民出版社,1997年)作了深入而精彩的分析。

② 余英時:《〈周禮〉考證和〈周禮〉的現代啓示——金春峰〈周官之成書及其反映的文化與時代新考〉序》,載《錢穆與中國文化》,上海遠東出版社,1994年,第158—159頁。

法國當代哲學家、法國哲學解釋學的精神領袖保羅・呂格爾,就解釋(explanation)和理解(understanding)與意義(meaning)之間的關繫,有過一段精到的論述:

在解釋説明中,我們展開意義與命題的層次;而在理解中,我們由綜合從整體上把握或理解了各個部分之意義。

"理解"和"解釋"都是爲了把握作品的"意義",當意義在整體關繫中凸現時,我們就視爲理解的實現;當意義被表達或逐次展開時,自身就是在解釋説明。"解釋"是分析的、局部的,"理解"是綜合的、整體的,"理解產生、伴隨着解釋,因而也包容着解釋。解釋反轉來又以分析展開的方式發展推進着理解"①。

由此可見,"解釋"方法比較接近於漢唐經學的章句訓詁之學,而"理解"的方法近似於宋儒解經的方法。對於經典的研究,漢唐諸儒側重於通過文字訓詁解釋經典的"原意"或"本意",而宋儒則更重視經典中的"義理",重視推説與引申的"意義"。在經學解釋方法上以及解釋的目的上,漢學、宋學各自體現出不同的特點。

三是疑經思潮的興起。

疑經思潮的興起與經學變古是同步的,事實上,疑經思潮是經學變古的重要内容和必然產物。"變"的前提是"疑","疑"的結果是"變"。懷疑精神是宋學的基本特徵之一。宋代疑古思潮涉及經、史、子、集各個領域,而以疑經改經最爲突出。因此我們講宋代疑古思潮,主要是指疑經思潮。

三、經學變古與疑經思潮

宋代疑經思潮既包括宋人對經典的疑問與考辨,也包括對傳注的批

① (法)呂格爾(Ricoeur):《解釋理論》(*Interpretation Theory*, Fort Worth: Texas Christian University Press, 1977),第 72 頁。轉引自殷鼎《理解的命運——解釋學初論》,生活・讀書・新知三聯書店,1988 年。案:殷鼎將"meaning"譯爲"意義",正好與余英時相反。余氏以"meaning"爲"原意",以"significance"爲"意義",似更恰當。

評與駁難,還包括對漢唐解經方法的反思與超越。簡單地説,主要分爲兩個層次。

第一個層次:對漢唐傳注的懷疑與批評。王弼《易注》,全廢象數,以闡明義理爲指歸,與宋儒經學最爲接近,但宋儒也對其頗多詬病。如程頤批評"王弼注《易》,玄不見道,但却以老、莊之意解説而已。"①"玄不見道"一語,也是宋儒抨擊漢學的一個基本觀點。《尚書》孔安國傳,宋儒認爲決不出於西漢,而是魏晉間低手人的僞作。《詩經》漢學以毛傳、鄭箋爲其代表。宋儒歐陽修、蘇轍等人開始對以《毛詩》《鄭箋》爲代表的《詩經》漢學提出質疑,除評議毛、鄭訓釋不當外,主要集中在"時世"與"美刺"兩個方面。南宋學者棄序説詩的傾向日益明顯,對《詩序》所確立的"美刺"説也展開了猛烈的攻擊。鄭樵對《詩序》全面懷疑,認爲所謂"美刺"都是後人附會。朱熹受其影響,既疑《毛詩》之《序》,對"美刺"説也抨擊不遺餘力。鄭玄最爲明《禮》,但對於鄭玄《三禮注》,一些宋儒也批評他説禮多誤,主要表現在引用讖緯之説解經,以漢代制度解説古制,並且鄭玄的一些説法違背義理。《春秋》三傳,漢晉時期有何休《春秋公羊解詁》、杜預《春秋經傳集解》、范甯《春秋穀梁集解》,這三家注也是宋代之前最具權威性的"三傳"注本,受到學者尊崇。中唐以後開始的經學變古,《春秋》研究首當其衝。啖助、趙匡、陸淳等人治《春秋》之學,盡棄三傳及注疏,直接探求經義,於是開創了"《春秋》三傳束高閣,獨抱遺經究終始"的局面。宋儒《春秋》之學承中唐以來之餘風,排斥三傳,出入百家,棄專門之學爲通學,打破"三傳"分野,標榜直探聖人旨意,往往借題發揮,寓作於述,這是《春秋》宋學的主流。宋儒對三傳作者、時代作了重新論定,對三傳解經的方法、原則進行了檢討,尤其對所謂《春秋》凡例、日月名稱爵號"褒貶"之説提出質疑與批判。宋儒"捨傳求經",一方面捨棄漢唐諸儒通過對三傳的詮釋以理解《春秋》經義的解説方式,另一方面捨棄三傳的"褒貶義例",重新探索孔子《春秋》"大義"。

孔穎達《五經正義》,對漢代以來的經學成就作了一個總結。注疏的形式,是先解釋原文,然後再解釋注文,重點集中於某一種注,而忽略了其他注釋。而且嚴守"疏不破注"的原則,對所采之注的錯誤也不加辯

---

① [宋]程顥、程頤:《二程外書》卷五,影印文淵閣四庫全書本。

證。由於《五經正義》"專守一家,舉一廢百",對於漢晉傳注之失沿謬承
訛,不加訂正,故宋儒攻擊漢學的同時,也把矛頭對準孔穎達。如關於
《春秋》大義,石介說:"左氏、公羊氏、穀梁氏或親孔子,或去孔子未遠,亦
不能盡得聖人之意。至漢大儒董仲舒、劉向、晉杜預、唐孔穎達,雖探討
甚勤,終亦不能至《春秋》之蘊。"①關於《周易》重卦之人,王弼以爲伏羲
既畫八卦,即自重爲六十四卦,孔穎達以王弼之說爲據,從而解之,宋儒
金君卿批評此說"殊不達《繫辭》之大義,妄引'蓋取諸《益》'之說,惑之
甚矣"②。程珌則認爲孔穎達解《易》"辨析音義,頗爲當時所宗,然至於
聖賢用心、斯道大統,彼固未之深及也"③。此類批評尚多,兹不贅述。

在對漢唐諸儒經說提出懷疑的同時,宋儒也對傳統經學研究方法加
以檢討。他們對漢唐諸儒"分文析字,考治章句"的傳注訓詁注釋方式提
出的懷疑,認爲這種方法過於繁瑣,會"破碎大道",難以真正掌握"聖人
本意"或經典"本義"。因此宋儒解經崇尚"簡易",主張"即經求道",打
破家法門户,直接通過對經典"本文"的研究,去尋求"聖人之心""聖人
之道"。在經學研究領域,宋儒力求超越漢唐,建立起一種新的解釋
範式。

第二個層次:對傳世經典的懷疑與考辨。宋儒認爲孔子死後道術分
裂,門人弟子各得孔學之一偏,而罕窺聖道之全體大用。歷經戰國、秦、
漢,"經僞史駁",學者不見"全經",儒家典籍遭遇焚燬以及後儒的竄亂,
一方面出現了殘缺,另一方面被增益、附會,因而失真,造成經典内部的
矛盾。他們對儒家聖人周公、孔子尊崇有加,④認爲周孔之道、周孔之經
本來是完美無缺的,由於流傳過程中的曲折以及後人的有意篡亂,才出

---

① [宋] 石介:《徂徠石先生文集》卷一四《與張洞進士書》,陳植鍔點校本,中華書
　　局,1984 年。
② [宋] 金君卿:《金氏文集》卷下《傳易之家》,影印文淵閣四庫全書本。
③ [宋] 程珌:《洺水集》卷六《易議三篇》,影印文淵閣四庫全書本。
④ [宋] 劉敞《王開府(拱辰)行狀》(《公是集》卷五一):"蘇舜欽子美監進奏院,鬻
　　故牘,得緡錢數千,夜召朋友宴集。客或爲《傲歌》,有'醉卧北極遣帝扶,周公孔
　　子驅爲奴'云者。公彈劾之,遂坐黜。"案:此二句爲王益柔作,見《續資治通鑑
　　長編》卷一五三"慶曆四年十一月甲子"注。此類對聖人不敬之辭乃酒後之言,
　　且只是個别現象,不能據此認爲宋代讀書人已經不尊重周、孔。"醉卧北極",
　　《朱子語類》卷一二九引作"欹倒太極"。

現經典中的問題。在此認識前提下，宋儒對儒家經典進行了重新審視，發現傳世經典存在不少的問題。如關於《詩經》，宋儒對所謂大、小序提出懷疑，並"發現"其中有篡雜之篇，有"淫奔"之詩。關於《尚書》，宋儒通過對文體風格的分析，提出所謂《書大序》不是孔安國作，《書小序》也不是孔子所作。並發現所謂孔安國所增多之書皆文從字順，不像伏生之書詰屈聱牙，不可卒讀。他們因此懷疑《古文尚書》出於後人偽造。關於《周禮》，宋儒也對其作者、來歷以及內容的可信度提出疑問，認爲《周禮》設官分職不切實際，《周禮》一些內容不合"聖人之心"，《周禮》有殘缺附益之文。關於《儀禮》，有些宋儒也否認出於聖人之手，許多內容不合"義理"。關於《禮記》，宋儒多認爲出於漢儒之手，並對諸篇的作者、時代作過一些考辨。關於《周易》，宋儒打破了傳統觀點，認爲所謂"十翼"並非聖人之作。一些宋儒還試圖對《古周易》進行復原。關於《春秋》，宋儒主要對享有"經"的地位的《三傳》之學提出批評，認爲"三傳"不僅沒有真正把握《春秋》大旨，反而淆亂經典，誤導後學，故力主"棄傳求經"，直探經義。有些宋儒出於衛道的目的，按照自己對儒家思想內在理路的認識，對一些經典進行了改動。如二程、朱熹都對《大學》作過改本，朱熹又改過《孝經》。晚宋王柏對《尚書》《詩經》篇目也作過較大的改動或刪削。① 他們的這些作法，在後人看來是"淆亂聖經"，輕侮聖人，但宋儒自己認爲，他們所作的工作，都是爲了"衛道"，爲了"恢復"經典的本來面目。

與漢儒、清儒相比，宋儒做學問的宗旨更爲明確。他們是懷着非常明確的目的去懷疑經傳，批評漢儒。他們疑古的深層目標是要抹去覆蓋在儒家經典上的塵埃，恢復被淆亂了的聖經賢傳的原貌，重新找回儒家文化的內在價值。這是一種在復古掩蓋下的創新。因此我們可以說，疑經思潮與宋人對儒學價值的信仰並不矛盾。對經典本文與注疏的懷疑，目的是爲了恢復儒家文化的原旨。疑經思潮並不表明儒家價值觀在宋代受到了質疑和批判。

以上第一個層次可以表述爲"疑傳"，第二個層次可以表述爲"疑

① 參見葉國良《宋人疑經改經考》的有關章節，臺灣大學文史叢刊之五十五，1980年。

經"。陳植鍔將宋學初期的疑古區分爲"疑傳""疑經"兩個階段或兩派，認爲：

> 孫復年代最早，主要活動於天聖、明道、景祐、慶曆年間，是宋學疑傳階段或者說宋學疑傳派的代表人物。歐陽修稍晚，主要活動期在慶曆、嘉祐年間，是宋學疑經階段或者説是宋學疑經派的代表。劉敞年輩最晚，屬於疑經派的後起之秀，宋學之疑經思潮到他，已經發展到登峰造極的地步。①

他的這一描述非常清晰。不過，將"疑傳"與"疑經"截然劃分爲兩個階段或兩派，是否完全恰當，似還值得討論。按照陳氏的論述，北宋疑古有一個從"疑傳"到"疑經"的發展過程。大體上慶曆之前以"疑傳"爲主，慶曆之後以"疑經"爲主。其實在慶曆之前我們也能找到大量疑經、改經的例證。如樂史對《儀禮》提出"五疑"，認爲《儀禮》絶非周公所作。② 此外，王昭素、胡旦等人對《周易》文字作過懷疑、改動。范諤昌著《易證墜簡》，對"十翼"也提出懷疑。胡瑗解《周易》，對《易經》《易傳》作過多處改動。這些人物都生活於陳植鍔所謂的"疑傳"階段，早於歐陽修、劉敞。至於所謂"疑經"派，往往也是"疑傳"的急先鋒。如歐陽修以疑《易傳》著稱，而所著《詩本義》，對漢唐傳注多有批評；劉敞所疑，也主要在於《春秋》三傳及漢唐傳注。由此看來，所謂"疑傳""疑經"兩個階段或者兩派的劃分並不完全符合北宋疑經思潮發展的實際。北宋中期之後，隨着疑古思潮的全面展開，疑傳、疑經的界限更加模糊，難以截然區別了。

從橫的方面，疑古思潮劃分爲兩個層次；從縱的方面，也可以劃分爲四個時期。宋初太祖、太宗、真宗三朝爲第一期，是漢唐經學的餘波與疑古學風的濫觴階段。宋初官方經學沿襲了漢唐經學傳統，以章句訓詁爲特色，主要體現在對《五經正義》的整理校勘及《七經疏義》的校勘與修纂。③ 但是，宋代疑古學風也濫觴於此時。北宋初期一些學者如柳開、王

---

① 陳植鍔：《北宋文化史述論》第二章第三節《從疑傳到疑經》，中國社會科學出版社，1992年，第190頁。

② ［宋］章如愚：《群書考索前集》卷九《經史門》引，影印文淵閣四庫全書本。

③ 參見馮曉庭：《宋初經學發展述論》，萬卷樓圖書公司，2002年。

禹稱、孫復、胡瑗、石介等人也開始了對傳統經學的批評與創立新儒學的
嘗試。從北宋仁宗朝到北宋末爲第二期,是"學統四起"與疑古思潮的全
面開展階段。慶曆之際經學學風發生了巨大的轉變,同時,疑古思潮也
全面開展,湧現出大量的疑古學者,如歐陽修、李覯、司馬光、王安石、張
載、二程、三蘇等。他們對儒家經典提出了很多疑問。南宋前期高、孝、
光、寧四朝爲第三期,是理學的繼續發展與疑古思潮的深化階段。這一
時期經學方法與內容發生了根本轉變,宋學的特徵完全形成,宋學最終
取代漢學,在中國文化史、學術史上形成與漢學、清學鼎足之勢。同時,
疑古思潮也走向深化。此期疑古無論是從深度還是廣度上都不是北宋
所能比擬的。代表人物有鄭樵、葉夢得、朱熹、陸九淵、葉適、呂祖謙等。
南宋理宗以後稱爲晚宋,是第四期,屬於疑古思潮的末流期。朱熹去世
後,晚宋學風分化爲兩種發展方向:實學派與空疏派。前者以王應麟、黃
震等爲代表,比較側重於考據實學,這部分學者主要繼承了朱熹提倡的
"道問學"傳統。後者主要是一些陸學傳人,也包括部分朱學傳人。如陸
門的"槐堂諸儒"及"甬上四先生",傾向於"六經注我"。晚宋學風孕育
了明學與清學。明學承接空疏之弊,清學則繼承徵實學風。疑古是晚宋
經學思潮的重要內容。晚宋學者一部分走向考據之學,主張實事求是;
另一部分學者可以稱爲唯理派,以理衡經,以理疑經,以己意爲理,疑古
勢必走向肆無忌憚,這以王柏等學者爲代表。王柏師從朱熹門人何基,
篤信理學,他勇於問難質疑,而不輕信盲從。著有《書疑》和《詩疑》,對
《尚書》和《詩經》這兩部古代儒家經典大膽辨疑,甚至對朱熹所注《四
書》,也提出自己的看法,表現出強烈的懷疑精神。《書疑》改訂《尚書》
篇名、篇次,刪削《尚書》內容,清四庫館臣斥之"師心杜撰,竄亂聖經"①。
《詩疑》疑經改經更甚,不僅指出《詩經》錯簡多處,且改動篇名,共刪去
所謂"淫詩"三十二篇。四庫館臣批評說:"《書疑》雖頗有竄亂,尚未敢
刪削經文。此書則攻駁毛、鄭不已,並本經而攻駁之;攻駁本經不已,又
並本經而刪削之。"②宋代疑經思潮發展到王柏,以經典爲芻狗,末流之
弊盡顯。

---

① 〔清〕永瑢等:《四庫全書總目》卷一三《書類存目·書疑》提要。
② 〔清〕永瑢等:《四庫全書總目》卷一七《詩類存目·詩疑》提要。

　　綜上所述,所謂宋代"經學變古",即宋學變漢學之"古"。經學變古的肇端,應當追溯到中唐天寶、大曆之際(8 世紀中後期),作爲舊經學(漢學)與新經學(宋學)的一個分水嶺。北宋中期的經學變古,實際上是中唐以來儒學新風的延續與發展。不過,慶曆以前,這種變古只是涓涓細流,到慶曆之際,遂匯成江河,奔流向前。因此可以説經學變古形於中唐,成於慶曆之際。宋代經學變古有其深刻的政治、文化與學術背景,其中與北宋貢舉改革的關繋尤其密切。改革促進了經學觀念的轉變,促進了章句訓詁之學向義理之學的發展,促進了疑經思潮的興起。宋代經學變古主要包括三個方面的内容:經學觀念的轉變、經學解釋方法的革命、疑經思潮的興起。"疑古"是"變古"的重要内容和必然産物。"變"的前提是"疑","疑"的結果是"變"。宋代疑經思潮從橫的方面可以劃分爲兩個層次,從縱的方面可以劃分爲四個發展階段。通過經學變古,宋儒建立起一套與漢唐傳注之學不同的新的經學範式——宋學。

(原載《四川大學學報(哲學社會科學版)》2006 年第 6 期,
題作《宋代經學變古的幾個問題》)

宋儒新經學形態之確立

漢學、宋學是兩種不同的學術範式，論者基本上無甚異議。簡言之，漢學重經，宋學重道。清儒黃百家論曰：

> 孔孟而後，漢儒止有傳經之學，性道微旨之絕久矣。元公（周敦頤）崛起，二程嗣之，又復橫渠諸大儒輩出，聖學大昌。……若論闡發義理之精微，端數元公之破暗也。①

黃百家將宋代"道德性命"之學的開山祖歸之於周敦頤。其實周敦頤在北宋時期影響非常小，二程與他的師承關繫也令人懷疑。② 相反，王安石的成就和影響要大得多，在這方面的著作主要有《淮南雜説》《字説》及《三經新義》。蔡卞所撰《王安石傳》云安石"著《雜説》數萬言，世謂其言與孟軻相上下，於是天下之士始原道德之意，窺性命之端云"③。蔡卞之説雖有溢美之嫌，但在當時，這是大家所公認的事實。王安石主持編纂的《三經新義》，連他的反對者也以爲"經訓經旨，視諸家義説，得聖人之意爲多"④。宋史名家鄧廣銘先生説："在北宋一代，對於儒家學説中有關道德性命的義蘊的闡釋和發揮，前乎王安石者實無人能與之相比。由於他曾一度得君當政，他的學術思想在士大夫間所産生的影響，終北宋一代也同樣無人能與之相比。"又説："王安石援諸子百家學説中的合乎'義理'的部分以入儒，特別是援佛老兩家學説中的合乎'義理'

---

① ［清］黃宗羲、黃百家、全祖望等：《宋元學案》卷一一《濂溪學案上》。
② 鄧廣銘《關於周敦頤的師承和傳授》一文對此有詳細的辨析。原載北京大學中國中古史研究中心編：《紀念陳寅恪先生誕辰百年學術論文集》，北京大學出版社，1989年，第53—60頁；又收入《鄧廣銘治史叢稿》，北京大學出版社，1997年，第193—213頁。
③ ［宋］趙希弁：《郡齋讀書附志》卷二。
④ ［宋］李燾：《續資治通鑑長編》卷三九〇，元祐元年七月末劉摯劾國子司業黃隱語。

的部分以入儒,這就使得儒家學說中的義理大爲豐富和充實,從而也就把儒家的地位提高到佛道兩家之上。因此,從其對儒家學說的貢獻及其對北宋後期的影響來説,王安石應爲北宋儒家學者中高踞首位的人物。"在北宋時代,荆公新學實爲最有影響的學派,經鄧先生的周密論證,王安石在儒學史上的地位更加彰顯。鄧先生又論曰:

> 周敦頤(1017—1073)也是把釋道(特別是道)二家的義理融入儒家的學者,其在義理方面的造詣也較高,但他在北宋的學術界毫無影響,……二程學說之大行,則是宋室南渡以後的事,故周密謂伊洛之學行於世,至乾道、淳熙而盛(《齊東野語》卷一一《道學》),當他們在世之日,直到北宋政權滅亡之時,所謂理學這一學術流派是還不曾形成的。[①]

這一結論也大體不錯。從學術影響來説,無論是周、張還是二程,當時都無法與王安石相比。不過,理學到底在北宋時期是否形成學派,還可以進一步討論。其實,一個學派的形成與否,在當時的影響、地位是一個方面,但更重要的還要看它有没有一個比較系統的理論體系,以及信奉、傳播這一理論體系的人群。從後兩點來説,二程理學學派在北宋時期已經完全形成,應當是歷史事實。至於程氏之學與王氏之學在後世的消長,有政治上的因素,也有學術、思想、文化方面的因素,論者已多,兹不贅述。[②]

王安石講道德性命之學,講學注經也以探求"聖人之心""聖人之意"爲鵠的,不過,由於他的學術著作大多失傳,對後世的影響有限。相比之下,程朱一系在南宋以後獲得了長足的發展。因此,後世談宋學者常常以程朱學派作爲代表。從學術形態上説,宋學與漢學、清學的根本

---

① 鄧廣銘:《王安石在北宋儒家學派中的地位》,載《北京大學學報(哲社版)》1991年第2期;又收入《鄧廣銘治史叢稿》,第177—192頁。

② 參見羅家祥《北宋新學的興衰及其理論價值》、王書華《荆公新學與二程洛學在經學領域的對立與分歧》(二文見《河北學刊》第21卷第2期,2001年3月)、肖永明《北宋新學理學的對立與新舊黨爭》(載《求索》2001年第5期)、李華瑞、水潞《南宋理學家對王安石新學的批判》(《河北大學學報(哲學社會科學版)》2002年第1期)、高紀春《論朱熹對王安石的批判》(載《晉學學刊》1994年第5期)等。

區別在於治學方法與學術取向。漢學講師法家法、章句訓詁;清學尊漢,重視名物訓詁、小學考證;宋學則主張會通,打破家法門户,重視義理闡發,以道德性命之學爲旨歸。因此元、明學術也被看成宋學的延伸。宋學並不是鐵板一塊,包括許多學派。但是,從理論體系的完善、學派的發展演變以及對後世的影響等方面來看,宋學無疑應當以程朱一系作爲主幹。確定了這一點,對於下文討論宋代經學的若干問題是非常重要的。在後面的論述中,我們將以程朱(陸九淵之學也脱胎於程氏)學派爲主,兼顧宋學其他學派的觀點展開論述。

一、從"本文"到"本義"

儒家經典是通向"聖人之道""聖人之心"的橋梁,宋儒大體上是予以肯定的。宋儒治經,以講明"聖人之道"爲鵠的,故重視經典本文。他們對漢唐傳注雖然不完全否定,但更注重發揮個人心得,主張通過對經典"本文"的研究,把握聖人"本意",從而實現對經典"本義"的探求。他們對漢唐時期的傳注之學多有批評,其中重要的一條就是認爲前人的種種説法不符合或違背了聖人的"本意",因而影響了對經典"本義"的理解。

"本文""本意""本義"是宋儒在談論讀書、治經時常常使用的幾個概念。所謂"本文",即經典原文,這是"聖人之道"的主要載體。所謂"本意",是指聖人所要表達的本來意思、意義。因爲意、義二字文義基本相近,在宋人的文獻中,"本意""本義"有時是可以互通的。不過,仔細考察,二者還是有所差異。"本意"側重於聖人創作經典的原始動機或意圖,具有主觀性、間接性的特點;"本義"則主要指經典表面上所呈現給讀者的意思或意義,具有客觀性、直接性的特點。藉用現代詮釋學的概念來説,儒家經典即是詮釋的對象,稱之爲"本文";"本意"就是所謂"作者的意圖";"本義"就是所謂"作品的意圖"。

宋儒非常强調"本文"對於理解聖人之意、經典本義的重要性。在這個問題上,朱熹的論述最爲系統、全面。他在與門人的對話以及與友人論學時,一貫主張應當立足於本文,去理解"聖人之意"。《答吕子約》説:"大凡讀書,須是虛心以求本文之意爲先。若不得本文之意,即見任

意穿鑿。"又説:"若只虚心以玩本文,自無勞心之害。"①而在《朱子語類》中,朱熹對"本文"的重視更俯拾即是:

> 聖人説話,開口見心,必不只説半截,藏着半截。學者觀書,且就本文上看取正意,不須立説,別生枝蔓,唯能認得聖人句中之意乃善。②

> 且就本文理會,牽傍會合,最學者之病。③

經典之中包含了聖人的思想、意圖,學者應當首先從經典本文入手。針對有些初學者"讀書未知統要"的迷茫,朱熹説:

> 統要如何便會知得? 近來學者有一種則捨去册子,却欲於一言半句上便要見道理,又有一種則一向泛濫不知歸著處。此皆非知學者。須要熟看熟思,久久之間,自然見個道理四停八當,而所謂統要者自在其中矣。④

所謂"統要",其實就是要點、核心,也就是"道理"。但學者在讀書、治經過程中往往走向兩個極端:一種是不理會本文,或者對本文理會不全、不透,一知半解,自然無法真正領會聖人之意。另一種則泛觀博覽,往而不返,當然也不能對聖人之意真正有所認識。⑤

把握"聖人之心",必須立足於經典本文,首先應"曉其文義",在此前提下,再去理解經典中的"大義""本義"。朱熹反復强調要尊重經典本文,不能將自己的思想硬加進去:

---

① [宋] 朱熹:《晦庵先生朱文公文集》卷四八《答吕子約》。
② [宋] 黎靖德編:《朱子語類》卷一九。
③ [宋] 黎靖德編:《朱子語類》卷一一八。
④ [宋] 黎靖德編:《朱子語類》卷一一。
⑤ 在朱熹之前,程頤就指出學者治經愛走的兩個極端:"學者不泥文義者又全背却遠去,理會文義者又滯泥不通。"他舉《孟子》中涉及的兩件事爲例。如《孟子・離婁下》所記子濯孺子爲將之事,程頤認爲孟子本意"只取其不背師之意,人須就上面理會事君之道如何也",而不必對"爲將"這件事情過於拘泥。又如《孟子・萬章上》所記萬章問舜"完廩浚井"事,孟子大意是突出舜德,如果學者要理會浚井如何出得來,完廩又怎生下得來,程頤認爲"若此之學,徒費心力"。程頤的"不泥文義"即朱熹所謂"捨去册子","理會文義"即朱熹所謂"不知歸著",朱熹之論是對程氏的發揮和推闡。見《二程遺書》卷一八。

學者不可用己意遷就聖賢之言。

看書不可將自己見硬參入去，須是除了自己所見，看他册子上古人意思如何。

看文字先有意見，恐只是私意。

凡讀書，先須曉得他底言詞了，然後看其説於理當否。當於理則是，背於理則非。今人多是心下先有一個意思了，却將他人説話來説自家底意思，其有不合者則硬穿鑿之使合。①

在《朱子語類》中，朱熹對許多前人或近人的解經著作、經説作了批評，認爲"支離了聖人本意""失聖人本意""聖人本意不如此"。如何通過理會"本文"去認識"聖人之意"？程、朱總結出一套方法。

首先，熟讀本文，細心領會。朱熹説："大凡人讀書，且當虛心一意，將正文熟讀，不可便立見解。看正文了，却着深思熟讀，便如己説。如此方是。"又説："須是將本文熟讀，字字咀嚼教有味，若有理會不得處，深思之，又不得，然後却將注解看，方有意味。如人飢而後食，渴而後飲，方有味。不飢不渴，而强飲食之，終無益也。"對於經典本文先要精熟，深入領會其中的意思，而不要急於去看前人所作的注解。朱熹將經典本文與注解人的關繫比喻成主人與奴僕的關繫。他説：

聖經字若個主人，解者猶若奴僕。今人不識主人，且因奴僕通名，方識得主人，畢竟不如經字也。②

通過奴僕去見主人，畢竟比直接去見主人隔了一層。因此他主張直接去讀經典本文，遇有理會不通之處，才去參考注解。如此讀書，才能有所得。

其次，上下貫通，不可拘泥。經典之中許多説法，由於針對的場合不同，表達的方式也不一樣。如果對上下文意不加以貫通理解，而拘泥於一字一句之異，義理就有可能扞格不通。程頤認爲讀書應當"觀其文勢上下之意"，而不可"以相類泥其義"，否則會"字字相梗"③。朱熹也説：

---

① ［宋］黎靖德編：《朱子語類》卷一一。
② ［宋］黎靖德編：《朱子語類》卷一一。
③ ［宋］程顥、程頤：《二程遺書》卷一八。

　　凡讀書,須看上下文意是如何,不可泥着一字,如揚子"於仁也柔,於義也剛",到《易》中又將剛來配仁,柔來配義。如《論語》"學不厭智也,教不倦仁也",到《中庸》又謂"成己仁也,成物智也",此等須是各隨本文意看,便自不相礙。①

　　這裏朱熹舉了兩個例子:一個是揚雄之説與《易》不同,一個是《論語》與《中庸》之説不同,朱熹認爲不存在對、錯之分,而主要是語境的不同。這就要求讀者對上下文意細心體會、把握。既反對離開文義胡亂發揮,又不應該拘泥於文義。

　　再次,尊重本文,忌生枝節。朱熹主張讀書應當嚴格尊重本文,不必向外去生枝節。他説:

　　　　讀書且就那一段本文意上看,不必又生枝節。看一段須反復看來看去,要十分爛熟,方見意味,方快活。②

　　朱熹反對解書時添加自己的意見,刻意追求新奇,而違背文意。當時有一種治經學風,解經如作文,隨意發揮,朱熹批評説:

　　　　今人解書,且圖要作文,又加辨説,百般生疑,故其文雖可讀,而經意殊遠。③

　　其實這種學風在宋代非常普遍。宋人解經好議論,重視義理的闡發,不孜孜於文字訓詁,故喜新奇,往往借題發揮,注經如作文章。孫復的《春秋尊王發微》、劉敞的《春秋説》以及王安石、蘇軾、蘇轍、二程等人的經解,都是如此。朱熹對他們都有所批評。如程氏《易傳》,朱熹指出:

　　　　程子《易傳》亦成作文,説了又説,故今人觀者更不看本經,只讀傳,亦非所以使人思也。④

　　解經成了作文,未免喧賓奪主,後人只讀傳而不讀本文,不能有獨立見解,這是朱熹所反對的。

---

① ［宋］黎靖德編:《朱子語類》卷一一。
② ［宋］黎靖德編:《朱子語類》卷一○。
③ ［宋］黎靖德編:《朱子語類》卷一一。
④ ［宋］黎靖德編:《朱子語類》卷一一。

朱熹提出的這些方法、原則，並不完全是他的發明或獨見，許多宋儒都認同這樣的原則。① 但是，在具體的解經實踐中，由於對經典"本文"的忽視，往往有意無意之中出現偏差。朱熹總結解經"四病"：

> 今之談經者往往有四者之病：本卑也，而抗之使高；本淺也，而鑿之使深；本近也，而推之使遠；本明也，而必使至於晦。此今日談經之大患也。②

聖人之道簡易明白，不離於人倫日用，"大抵聖賢立言本自平易，而平易之中其旨無窮。今必推之使高，鑿之使深，是未必真能高深，而固已離其本指，喪其平易無窮之味矣"③。如果過於深求，非要穿鑿附會出一些不着邊際的深奧道理，表面上看是尊經宗聖，實際上違背了聖人之意。朱熹主張"觀書當平心以觀之，不可穿鑿看。從分明處，不可尋從隱僻處去"。因爲"聖賢之言，多是與人説話，若是嶢崎，却教當時人如何曉？"朱熹認爲，所謂"解經"之"解"，"只要解釋出來，將聖賢之語解開了，庶易讀"④。解經的目的是爲了易讀，爲讀者掃除閱讀理解上的障礙。從這一點上，朱熹比較欣賞有些漢儒注書"只注難曉處，不全注盡本文，其辭甚簡"的解經方式。⑤

解經必須尊重"本文"，不能割裂文句，更不能胡亂添字，必須完整、準確地理解文義。朱熹説："解書須先還他成句，次還他文義，添無緊要字却不妨，添重字不得。今人所添者惟是重字。"⑥文句的完整性是正確理解文義的前提條件，故應當重視分章斷句，這是第一步。但經典屬於古代文獻，語言簡奧，須以當代語言作注。注釋時還應注意遵守"不添重字"的原則。所謂"重字"，指的是具有確切含義、有可能改變經典原義的

---

① 如與朱熹治學路數差異較大的陸九淵，也强調應當尊重原典本文、本義，主張"解書只是明他大義，不入己見於其間傷其本旨，乃爲善解書。後人多以己意，其言每有意味，而失其真實，以此徒支離蔓衍，而轉爲藻繪也"。(《象山年譜》引)
② [宋] 黎靖德編：《朱子語類》卷一一。
③ [宋] 朱熹：《晦庵先生朱文公文集》卷三五《答劉子澄》。
④ [宋] 黎靖德編：《朱子語類》卷一一。
⑤ [宋] 黎靖德編：《朱子語類》卷一三五。
⑥ [宋] 黎靖德編：《朱子語類》卷一一。

一些文字。注釋應當尊重文本原義,不可隨意添加這樣一些"重字"。朱熹指出的這一點,成爲中國古籍注釋學上一條非常重要的原則。

二、求"聖人之心"

宋儒喜談"聖人"。在他們的著作中,"聖人之道""聖人之意""聖人之心"這一類詞句極爲常見。宋儒往往以學習、研究、實踐孔孟之道相標榜,卑視漢唐,接續道統。張載所謂"爲天地立心,爲生民立命,爲往聖繼絕學,爲萬世開太平"①,正反映了宋儒在復興儒學方面的自信。蘇轍説:

> 學者皆學聖人,學聖人者不如學道。聖人之所是而吾是之,其所非而吾非之,是以貌從聖人也。以貌從聖人,名近而實非,有不察焉,故不如學道之必信。孟子曰:"君子深造之以道,欲其自得之也。自得之則居之安,居之安則資之深,資之深則取之左右逢其原。是以君子欲其自得之也。"②

蘇轍認爲學者隨聖人之是非而是非,表面上似乎是"學聖人",其實並沒有"深造自得"。因此與其"學聖人",不如"學道"。對於蘇轍此論,朱熹看法不同。《朱子語類》記:

> 先生因論蘇子由云:學聖人不如學道,他認道與聖人做兩個物事。不知道便是無軀殼底聖人,聖人便是有軀殼底道。學道便是學聖人,學聖人便是學道,如何將做兩個物事看?③

"聖人"是人格化的"道","道"是義理化的"聖人"。朱熹認爲"聖人"與"道"不應該看成是兩個事物,"學道"與"學聖人"不應該分作兩件事情看。

聖人之道、聖人之心在哪里?宋儒認爲就在經典之中。程頤説:"聖人之道傳諸經,學者必以經爲本。"④又説:

---

① [宋]張載:《張子全書》卷一四《近思録拾遺》。
② [宋]蘇轍:《欒城後集》卷六《孟子解》。
③ [宋]黎靖德編:《朱子語類》卷一三〇。
④ [宋]程顥、程頤:《二程文集》卷九《爲太中作試漢州學生策問》。

今去聖久遠,逾數千祀,然可覆而舉之者何也? 得非一於道乎?
道之大原在於經,經爲道,其發明天地之秘、形容聖人之心一也。①

因此欲求"聖人之道""聖人之心",必須窮經。不過,在程、朱以及
其他許多宋儒看來,熟讀經典、正確理解"本文"還只是解經的第一步,還
應當有所升華。程頤説:

> 經所以載道也,器所以適用也。學經而不知道,治器而不適用,
> 奚益哉?②

> 讀書當觀聖人作經之意,與聖人所以爲聖人,而吾之所以未至
> 者,求聖人之心。③

所謂"聖人之心",也就是"聖人之道"。治經的目的在於"求聖人之
心",在於"知道",對程氏此説,朱熹也極爲贊賞,認爲:"此條程先生説
讀書最爲親切。今人不會讀書是如何? 只緣不曾求聖人之意,才拈得些
小,便把自意硬入放裹面胡説亂説,故教它就聖人意上求看如何。"④

是否"明道",是判斷是否屬於"儒者之學"的標準。程頤將學者劃
分爲三類:

> 古之學者一,今之學者三,異端不與焉:一曰文章之學,二曰訓
> 詁之學,三曰儒者之學。欲趨道,捨儒者之學不可。⑤

> 今之學者歧而爲三:能文者謂之文士,談經者泥爲講師,惟知道
> 者乃儒學也。⑥

"異端"是指的佛、老之學,正統儒生往往視之爲儒學的對立面。"文
章之學"指吟詩作賦、尋章摘句、雕蟲篆刻,即今天所謂的文學。"訓詁之
學"指的是以訓詁章句爲特徵的傳統經學。程頤認爲文章、訓詁之學不
能算"儒者之學",只有以探索聖人之"道"爲目標的學問才稱得上"儒者
之學"。他又説:

---

① [宋] 程顥、程頤:《二程文集》卷五《南廟試九叙惟歌論》。
② [宋] 程顥、程頤:《二程遺書》卷六。
③ [宋] 楊時編:《二程粹言》卷一。
④ [宋] 黎靖德編:《朱子語類》卷一九。
⑤ [宋] 程顥、程頤:《二程遺書》卷一八。
⑥ [宋] 程顥、程頤:《二程遺書》卷六。

今之學者有三弊：一溺於文章，二牽於訓詁，三惑於異端。苟無此三者，則將何歸？必趨於道矣。①

文士、講師不能稱爲儒者，文章、訓詁更稱不上儒學，但學者常常沉溺其中而不能自拔。這就是"見道不明"之過。程頤反對文章、訓詁之學的態度是一貫的。他在熙寧初爲其父太中先生代作的《試漢州學生策問三首》中，其一問曰：

士之所以貴乎人倫者，以明道也。若止於治聲律、爲禄利而已，則與夫工技之事將何異乎？夫所謂道，固若大路然，人皆可勉而至也；如不可學而至，則古聖人何爲教人勤勤如是，豈其欺後世邪？然學之之道當如何？後之儒者莫不以爲文章、治經術爲務。文章則華靡其詞、新奇其意，取悦人耳目而已；經術則解釋詞訓、較先儒短長、立異説以爲己工而已。如是之學果可至於道乎？仲尼之門獨稱顏子爲好學，則曰"不遷怒，不貳過"也，與今之學不其異乎？②

如果學者只限於"治聲律、爲禄利"，與"工技之事"沒有區别，這是針對科舉制度的弊病而言。作文章"華靡其詞、新奇其意"，程頤認爲這是"玩物喪志"。《二程遺書》記：

問："作文害道否？"曰："害也。凡爲文，不專意則不工，若專意則志局於此，又安能與天地同其大也？《書》云：'玩物喪志。'爲文亦玩物也。吕與叔有詩云：'學如元凱方成癖，文似相如始類俳。獨立孔門無一事，只輸顏氏得心齋。'此詩甚好。古之學者惟務養性情，其佗則不學。今爲文者專務章句，悦人耳目。既務悦人，非俳優而何？"曰："古者學爲文否？"曰："人見六經，便以爲聖人亦作文，不知聖人亦攄發胸中所蕴自成文耳，所謂有德者必有言也。"曰："游、夏稱文學，何也？"曰："游、夏亦何嘗秉筆學爲詞章也？且如觀乎天文以察時變，觀乎人文以化成天下，此豈詞章之文也？"③

程頤反對"作文"追求華麗，悦人耳目，認爲這與"俳優"無異。但

① ［宋］程顥、程頤：《二程遺書》卷一八。
② ［宋］程顥、程頤：《二程文集》卷九。
③ ［宋］程顥、程頤：《二程遺書》卷一八。

是,語言文字又是必需的,如六經也是"文",孔門四科,"文學"居一。但程頤認爲此"文"非彼"文"。孔子儒門所謂的"文",是聖人抒發胸中所蘊而自然成文,完全不同於後世所謂雕蟲篆刻的"詞章之文"。至於經學中的記誦注疏之學,二程也視之爲"玩物喪志"①。

王安石對於文章、傳注之學也有批評。熙寧八年(1075)七月《三經新義》成,王安石除左僕射進謝表説:

> 孔氏以羈臣而興未喪之文,孟子以游士而承既没之聖。異端雖作,精義尚存。逮更煨燼之灾,遂失源流之正。章句之文勝質,傳注之博溺心,此淫辭詖行之所由昌,而妙道至言之所爲隱。②

這段文字談到異端(佛老)、章句(文章)、傳注(訓詁)對社會風氣的危害,以及對儒家"妙道至言"的不良影響。由此可見,對於這三個方面的反對,是宋儒的共識。當然他們並不是不要傳注、文章,而是強調治學的目的、大本並不在此,不能沉溺於其中,而忽視了對"聖人之道"的追求。

由於對"道"的體認不同,出現了各種各樣的解經之作。朱熹把這些經學著作分爲三類,説:

> 後世之解經者有三:一儒者之經;一文人之經,東坡、陳少南輩是也;一禪者之經,張子韶輩是也。③

這三類其實可以簡化爲兩類:儒學與雜學。朱熹往往將"雜學"與"異端"相提並論。曾撰《雜學辨》,以批駁當代諸儒之雜於佛、老者,凡蘇軾《易傳》十九條、蘇轍《老子解》十四條、張九成《中庸解》五十二條、吕希哲《大學解》四條,先摘録原文,各爲駁正於下。蘇軾經學方面的著作影響較大的主要有《東坡易傳》與《書傳》。《東坡易傳》實爲蘇氏父子

---

① 《二程外書》卷一二記:謝良佐"昔録《五經》語作一册,伯淳見,謂曰:玩物喪志。"又《二程遺書》卷三記:"以記誦博識爲玩物喪志。"
② [宋]王安石:《臨川先生文集》卷五七《除左僕射謝表》。王安石此處所言的"章句",與前引程頤所謂"章句",都是指"尋章摘句"的"文章之學"。關於"章句"的用法,參見陳植鍔《北宋文化史述論》引言第3頁注,中國社會科學出版社,1992年。
③ [宋]黎靖德編:《朱子語類》卷一一。

兄弟二代三人之作,題曰軾撰,是因爲終成於其手。朱熹對蘇氏之學批評甚多,從總體上説是持否定態度,但對於蘇軾解經的一些成績也有所肯定。《雜學辨》以蘇軾《易傳》爲首,但所駁不過十九條,其中辨文義者四條,又一條謂"蘇説無病,然有未盡其説者",則朱子所不取者僅十四條,不超過全書的百分之一。①《朱子語類》中對《蘇氏易傳》也常有稱贊之語,認爲其書可以與《程氏易傳》互相補充。朱熹雖敬重程頤,認爲《程氏易傳》"説道理決不錯",但是在"文義名物"方面也有未盡之處。相反,"東坡解《易》大體最不好,然他却會作文,識句法,解文釋義必有長處"②。對於蘇軾的另一部經學著作《書傳》,朱熹則多加贊譽。《朱子語類》記:

> 或問:"《書解》誰者最好? 莫是東坡書爲上否?"曰:"然。"又問:"但若失之簡。"曰:"亦有只消如此解者。"
>
> 東坡《書解》却好,他看得文勢好。
>
> 東坡《書解》,文義得處較多,尚有粘滯,是未盡透徹。③

"不明大體"、雜采佛老之言是蘇氏經學的缺點,"解文釋義"則是其長處,這就是"文人之經"的優點和缺點。④

---

① 〔清〕永瑢等:《四庫全書總目》卷二《東坡易傳提要》。粟品孝《朱熹與宋代蜀學》(高等教育出版社,1998年)對此有詳辨。關於《蘇氏易傳》的系統研究,參見金生楊《蘇氏易傳研究》(巴蜀書社,2002年)。

② 〔宋〕黎靖德編:《朱子語類》卷六七。

③ 〔宋〕黎靖德編:《朱子語類》卷七八。

④ 朱熹提到的另一位"文人之經"的代表人物陳少南即陳鵬飛,温州永嘉人。葉適撰墓志銘稱其"自爲布衣,以經術、文辭名當世,教學諸生數百人。其於經不爲章句、新説,至君父人倫、世變風俗之際,必反復詳至,而趨於深厚"(《水心集》卷一三《陳少南墓志銘》)。所著有《書解》三十卷、《詩解》二十卷,已佚。葉適説他不爲章句則是,至於説他不立新説,則爲諛墓之言。根據時人的引述判斷,陳鵬飛也是勇於疑古、敢立新説的人物,其《書解》《詩解》有許多不守傳統的內容。對於《書解》,朱熹多有批評,認爲"陳少南於經旨既疏略,不通點檢處極多,不足據"(《晦庵集》卷三九《答徐元聘》)。《詩解》最大的特點是不解《商頌》《魯頌》,以爲"《商頌》當闕而《魯頌》可廢"(陳振孫《直齋書録解題》卷二)。朱熹譏之曰:"陳少南要廢《魯頌》,忒煞輕率。它作序却引'思無邪'之説,若廢了《魯頌》,却没這一句。"(《朱子語類》卷二三)認爲其《詩解》雖"亦間有好處,然疏,又爲之甚輕易"(《朱子語類》卷一三二)。

　　張九成因在南宋初與秦檜鬥爭而名噪一時,其學術也很有影響,信從者甚多。① 對於張九成的氣節,朱熹非常讚賞,説"張子韶人物甚偉"②。但對於張九成之學,朱熹認爲十分有害,其表現在於主張儒釋同歸,用佛理解説儒家思想。朱熹《雜學辨》説:

> 　　張公始學於龜山之門,而逃儒以歸於釋,既自以爲有得矣,而其釋之師語之曰:"左右既得欛柄入手,開導之際,當改頭換面,隨宜説法,使殊途同歸,則世出世間兩無遺恨矣。然此語亦不可使俗輩知,將謂實有恁麼事也。"用此之故,凡張氏所論著皆陽儒而陰釋,其離合出入之際,務在愚一世之耳目,而使之恬不覺悟,以入乎釋氏之門,雖欲復出,而不可得。本末指意,略如其所受於師者。其二本殊歸,蓋不特莊周出於子夏、李斯原於荀卿而已也。

　　"陽儒陰釋",表面上是儒,骨子裏面却是佛,學者更難以認清其本來面目,因而危害更加巨大。因此之故,朱熹聽説洪适要刊行張九成的經學著作時,憂患之情溢於言表。在《答許順之》書中説:"近聞越州洪适欲刊張子韶經解,爲之憂嘆,不能去懷。若見得孟子正人心、承三聖意思,方知此心不是苟然也。"③又在《答石子重》書中説:"此道寂寥,近來又爲邪説汩亂,使人駭懼。聞洪适在會稽盡取張子韶經解板行,此禍甚酷,不在洪水、夷狄、猛獸之下,令人寒心。"④張氏經學之害超過"洪水、夷狄、猛獸",可見朱熹對此反應之强烈。朱熹認爲無論是蘇軾、陳鵬飛的"文人之經",還是張九成的"禪者之經",都不懂得或者歪曲了"聖人之心",違背了"聖人本意"。

　　宋儒多標榜"探聖賢之心於千載之上,識孔子之意於六經之中",故

---

① 張九成(1092—1159),字子韶,自號無垢居士,又號橫浦居士,錢塘人。始從楊時學,後從大慧宗杲禪師游。紹興二年(1132)廷對第一。歷官禮部侍郎,因與秦檜不合被謫。檜死,起知温州。紹興二十九年(1159)六月卒,年六十八。謫居期間,解釋經義,用力甚勤苦,著有《尚書詳説》五十卷、《四書解》六十五卷、《孝經解》四卷等。著作大多散佚,今存《孟子傳》二十九卷、《中庸説》殘本三卷、《橫浦心傳録》十二卷、《橫浦日新》二卷、《橫浦先生集》二十卷等。《宋史》卷三七四有傳。
② [宋]黎靖德編:《朱子語類》卷一二七。
③ [宋]朱熹:《晦庵先生朱文公文集》卷三九《答許順之》。
④ [宋]朱熹:《晦庵先生朱文公文集》卷四二《答石子重》。

以探求“經典本義”“聖人之心”相號召。二程、朱熹、陸九淵等自不待言，孫復、胡瑗、歐陽修、王安石、二蘇、葉夢得以及永嘉、永康學者都是如此。歐陽修、朱熹更以“本義”作爲他們解《詩》《易》的著作名。他們還歸納、總結出一套求“本義”、求“用心”的方法、路徑。① 通文字訓詁當然是一條重要途徑。宋儒既重視經典，強調尊重經典“本文”，從“本文”去認識“聖人之心”“六經本義”，但是，在宋代主流學者們看來，僅僅如此顯然是不夠的，他們也反對完全受經典約束，跳不出去。程頤主張解“義理”不能“一向靠書册”，否則“不惟自失，兼亦誤人”②。又説：

> 思索經義，不能於簡策之外脱然有獨見，資之何由深，居之何由安？非特誤己，亦且誤人也。③

陸九淵則强調“涵泳工夫”“自家主宰”④，其實也就是注重個人的“獨見”。但這種“獨見”並不是無根據的胡言亂語，而是在對儒家思想的深切理解基礎上的創建、發揮。“本義”來源於“本文”，“獨見”則是在“本義”基礎上的體會、引申。胡寅説：

> 著書既難，釋聖人之言尤非易。要當多求博取，以會至當；驗之於心，體之於事，則考諸前言往行而不謬矣。⑤

所謂“多求博取，以會至當”，是從求“聖人本意”上面説；“驗之於心，體之於事”，則是自己的“獨見”，屬於“推説義”了。宋儒喜談義理，往往將自己的“推説義”當成聖人的“本義”，二程也不例外。對於這種傾向，朱熹多有批評，反復強調“大抵義理須是且虛心隨他本文正意看”⑥，必須尊重經典本文。朱熹又説：

---

① 參見顧永新：《歐陽修學術研究》第九章，人民文學出版社，2003 年。
② ［宋］程顥、程頤：《二程遺書》卷一五。
③ ［宋］楊時編：《二程粹言》卷上。
④ ［宋］陸九淵《象山語録》卷一：“先生云：‘學者讀書，先於易曉處沉涵熟復，切己致思，則他難曉者涣然冰釋矣。若先看難曉處，終不能達。’舉一學者詩云：‘讀書切戒在荒忙，涵泳工夫興味長。未曉莫妨權放過，切身須要急思量。自家主宰常精健，逐外精神徒損傷。寄語同游二三子，莫將言語壞天常。’”
⑤ ［宋］胡寅：《斐然集》卷二八《跋葉君論語解》。
⑥ ［宋］黎靖德編：《朱子語類》卷一一。

　　　大抵聖賢之言多是略發個萌芽,更在後人推究,引而伸,觸而長。然亦須得聖賢本意,不得其意,則從那處推得出來?①

　　朱熹承認聖賢對於義理只是説了個開頭,後人應當加以推説、引申,但是這種推説、引申是從經典本文、聖賢本意出發,應當與聖賢的用心一致。

　　當然,朱熹所期待的是一種比較理想的經學解釋方式。由於受知識水準、人生體驗或時代經驗的影響,解釋者對經典的理解不可能完全與經典本義或聖賢本意相符,因此解釋往往存在着偏差,更不用説解釋者爲了創造新的理論體系,自覺或不自覺地擺脱經典的束縛,或者藉經典來"六經注我"了。宋儒在經學研究方面重視創新,同時也有意識地吸取佛、道二教的思想,對儒家學説加以引申、發揮,因而他們的經學成就體現在理論創新方面要多一些。黃震批評陸九淵之學"一則曰孔子,二則曰孔子,譬之江東孫氏,名雖戴漢,自立宗廟社稷矣"。② 宋儒都宣稱自己才掌握了聖人之道,弄清了聖賢之心,其實很難説他們的闡發没有偏離孔孟的本意。

三、由"四書"以通"五經"

　　爲了防止誤入歧途,流於異端,在窮經之前,應當首先對"義理"有所瞭解。程頤説:

　　　古之學者皆有傳授。如聖人作經,本欲明道。今人若不先明義理,不可治經。蓋不得傳授之意云爾。③

又説:

　　　古之學者先由經以識義理。蓋始學時盡是傳授,後之學者却先須識義理,方始看得經。④

---

① [宋]黎靖德編:《朱子語類》卷六二。
② [宋]黃震:《黃氏日鈔》卷四二《陸象山語録》。
③ [宋]程顥、程頤:《二程遺書》卷二。
④ [宋]程顥、程頤:《二程遺書》卷一五。

古代(尤其是漢代)學者治經講究師傳、家法,故可以通過治經明義理;今人没有家法、師法,必須先懂得義理,才可以看經。這種區別,是因爲古今傳經方式不同造成的。程氏又説:

> 學者必求其師。記問文章不足以爲人師,以所學者外也。故求師不可不慎。所謂師者何也? 曰理也,義也。①

以理、以義爲師,"理""義"從何而來? 這就涉及爲學之序、入德之門的問題。聖人之經旨如何能窮得? 程頤認爲應當"以理義去推索可也"②。窮經應當循序漸進,應當從"四書"入手。"四書"是進入六經堂奥的階梯。

"四書"即《大學》《中庸》《論語》《孟子》。在中唐之前,"四書"還不成爲一個完整的體系。唐修九經時,《論語》不在其列。《孟子》在北宋之前還被看成是一部子書。《大學》《中庸》屬於《禮記》的二篇。在北宋之前,《大學》還没有單獨成書;《中庸》在南北朝時雖有人單獨作注,但影響不大。漢唐經學主要以"五經"爲主,從中唐時期開始,韓愈、李翱、柳宗元、皮日休表彰"四書",開啓後世尊"四書"之先河,出現了"四書"升格的趨勢。③ 北宋慶曆之際掀起儒學復興運動,范仲淹、歐陽修、胡瑗、孫復、石介等重視"四書",此後周、張、二程、王安石、三蘇等大儒輩出,都極力表彰"四書","四書"作爲宋學的核心經典已經初具規模。到南宋時期,"四書"之學出現了歷史性的變化,"四書"最終被結集在一起,形成爲一個整體,許多學者爲之作注,其中尤以朱熹的《四書章句集注》爲代表。至此,"四書"完成了升格運動,"四書"之學正式成立,與"五經"

---

① 〔宋〕程顥、程頤:《二程遺書》卷二五。
② 〔宋〕程顥、程頤:《二程遺書》卷一八。
③ "四書"學的建立過程,學者稱爲"四書升格運動"。周予同先生認爲包括三個方面:一是《論語》經典地位的提高,二是《孟子》從子部升到經部,三是《大學》《中庸》由單篇的"記"升格爲專經(《中國經學史講義》下編第五章,載《周予同經學史論著選集》增訂本,上海人民出版社,1996年)。這三個方面無疑是"四書"升格運動的基本任務。其實還有更重要的一條,即"四書"結集成爲一個整體,這才標誌着"四書"學的真正形成。正如章權才先生所言:"結集決不是簡單的拼湊,而一種具有內在邏輯、體現特定思想體系的結合。結集的結果,就形成了一個具有內在關聯的整體,形成了原來各部分都無法比擬的新的理論力量。"(《宋代退五經尊四書的過程與本質》,載《學術研究》1996年第2期)

並列爲儒家的基本典籍,稱爲"四書五經"。①

雖然"四書"之學在南宋時才正式形成,但北宋諸儒已經非常重視"四書",出現了不少注釋、研究其中部分或全體的著作。不僅如此,很多學者還從"四書"中獲取思想資料,尤其是其中的心性論資源,建立新的"道德性命"之學。程頤說:

> 學者先須讀《論》《孟》,窮得《論》《孟》,自有個要約處。以此觀他經,甚省力。《論》《孟》如丈尺權衡相似,以此去量度事物,自然見得長短輕重。某嘗語學者必先看《論語》《孟子》。今人雖善問,未必如當時人。借使問如當時人,聖人所答不過如此。今人看《論》《孟》之書,亦如見孔、孟何異。②

學者讀書,應先讀《論語》《孟子》,先對孔孟之"道"有初步的認識,以此去讀書、去做人、去判斷事物。有人問程頤"窮經旨當何所先",程頤回答:"於《語》《孟》二書知其要旨所在,則可以觀五經矣。讀《語》《孟》而不知道,所謂雖多亦奚以爲。"③由此可知,程氏把《論》《孟》二書作爲治經學的入門書。這與二書的性質是分不開的。《論語》主要記錄孔子及其弟子的言行,是儒家經典中反映孔子思想最爲直接的一部文獻。《孟子》繼承、發展了孔子思想,對於儒家的天道觀、人性論、仁政論作了更加詳細的闡發。《論》《孟》二書闡述儒家思想最爲明白、系統,文字也比較淺顯,是初學者最好的入門書。五經雖然是儒家的重要經典,但是對於初學者來說,有兩個難點:一是文字古奧,不易理解;二是儒家思想往往不是那麼明白易曉。司馬遷曾說:

> 《易》著天地陰陽、四時五行,故長於變。《禮經》紀人倫,故長於行。《書》紀先王之事,故長於政。《詩》紀山川溪谷、禽獸草木、

---

① 關於"四書"升格運動的研究,除前舉周予同、章權才外,比較系統的成果還有徐洪興《思想的轉型——理學發生過程研究》中篇第二章第二節《孟子升格運動》(上海人民出版社,1996年)、夏長樸《尊孟與非孟——試論宋代孟子學之發展及其意義》(載《經學今詮三編》,遼寧教育出版社,2002年)、王銘《唐宋之際的四書升格運動》(陝西師範大學碩士學位論文,2002年)等。
② [宋]程顥、程頤:《二程遺書》卷一八。
③ [宋]楊時編:《二程粹言》卷上。

牝牡雌雄,故長於風。《樂》樂所以立,故長於和。《春秋》辨是非,故長於治人。是故《禮》以節人,《樂》以發和,《書》以道事,《詩》以達意,《易》以道化,《春秋》以道義。①

五經都是通過記録具體的事物,寓儒家思想於其中,初學者不易把握。因此,宋儒提倡由《論》《孟》以通五經,目的在於爲學者指明一條通向"聖人之道"的方便捷徑。

另外,宋儒多主張讀書與修身相結合,不能將"治經"與"入德"判爲兩途。《大學》一篇中心思想講"内聖外王"之道,主要内容是"三綱領、八條目",對於如何由格物、致知、正心、誠意而修身、齊家、治國、平天下的順序闡述得非常清楚。所以宋儒把《大學》作爲"入德之門"。《二程遺書》記:

> (唐)棣初見先生,問初學如何? 曰:入德之門,無如《大學》,今之學者賴有此一篇書存。其他莫如《論》《孟》。②

程頤認爲作爲初學"入德之門",先讀《大學》一篇最好。他把《大學》放在《論》《孟》之前。二程還從義理順暢的角度,對《大學》文字作了調整,各有改本。

至於《中庸》一篇,二程也極爲重視。據尹焞説:"伊川先生嘗言,《中庸》乃孔門傳授心法。"③二程談到《中庸》之處非常多。如説:"《中庸》之書,其味無窮,極索玩味。"④又説:"《中庸》之言,放之則彌六合,卷之則退藏於密。"⑤"善讀《中庸》者,只得此一卷書,終身用不盡也。"⑥程頤把《中庸》提在很高的位置,認爲"《中庸》之書,學者之至也"⑦。《中庸》所闡發的"中庸之道"是修身、治學的最高境界。朱熹寫道:

> (明道、伊川)先生之學,以《大學》《論語》《中庸》《孟子》爲標

---

① [漢] 司馬遷:《史記·太史公自序》。
② [宋] 程顥、程頤:《二程遺書》卷二二上。
③ [宋] 程顥、程頤:《二程外書》卷一一。
④ [宋] 程顥、程頤:《二程遺書》卷一八。
⑤ [宋] 程顥、程頤:《二程遺書》卷一一。
⑥ [宋] 程顥、程頤:《二程遺書》卷一七。
⑦ [宋] 程顥、程頤:《二程遺書》卷二五。

指,而達於六經,使人讀書窮理,以誠其意、正其心、修其身而自家而國,以及於天下。其道坦而明,其説簡而通,其行端而實,是蓋將有以振百代之沉迷而内之聖賢之域,其視一時之事業、詞章、論議、氣節,所繫孰爲輕重,所施孰爲短長,當有能辨之者。①

朱熹作爲程學嫡傳,對二程之學無疑有深切的理解。"由四書而達於六經",正是二程治經的基本順序,也是程朱學派遵守的治經法則。朱熹對這一法則有更周密、詳細的闡述。他也認爲:

《語》《孟》工夫少,得效多;六經工夫多,得效少。②

他這樣説,倒不是出於尊"四書"、貶"五經"的立場,而是與二程一樣,是從"爲學之序"上來考慮問題的。朱熹也主張治學應當由易入難,"循序而漸進,熟讀而精思",講學應先《語》《孟》,切己修身,勉勵力行,以立"爲學之本","異時漸有餘力,然後以次漸讀諸書,旁通當世之務,蓋亦未晚"③。朱熹主張讀書"且從易曉易解處去讀",如《大學》《中庸》《論語》《孟子》四書"道理粲然","若理會得此四書,何書不可讀,何理不可究,何事不可處?"④"四書"文字通俗,道理明白,讀者易於理解、掌握,通過對"四書"的學習,對儒家的"道理"有一個基本的認識,然後再去讀其他書,會收到"事半功倍"的效果。

"四書"是"入德之門"與治經的階梯,但研讀"四書",也有一個順序。程氏主張先讀《大學》,雖然沒有明確爲"四書"排序,但從其言論中仍可看出,是依《大學》《論語》《孟子》《中庸》這樣排列的。朱熹對此進一步發揮,也主張"先讀《大學》,可見古人爲學首末次第"。在《朱子語類》中,朱熹反復談到"四書"次第問題。他説:

《大學》是爲學綱目。先通《大學》,立定綱領,其他經皆雜説在裏許。通得《大學》了,去看他經,方見得此是格物致知事,此是正心誠意事,此是修身事,此是齊家、治國、平天下事。

---

① [宋]朱熹:《晦庵先生朱文公文集》卷八〇《黄州州學二程先生祠記》。
② [宋]黎靖德編:《朱子語類》卷一九。
③ [宋]朱熹:《晦庵先生朱文公文集》卷四九《答林伯和》。
④ [宋]黎靖德編:《朱子語類》卷一四。

　　某要人先讀《大學》以定其規模,次讀《論語》以立其根本,次讀
《孟子》以觀其發越,次讀《中庸》以求古人之微妙處。《大學》一篇
有等級次第,總作一處易曉,宜先看。《論語》却實,但言語散見,初
看亦難。《孟子》有感激興發人心處。《中庸》亦難讀,看三書後方
宜讀之。

　　《論》《孟》《中庸》待《大學》貫通浹洽,無可得看後方看乃佳。
道學不明,元來不是上面欠却工夫,乃是下面元無根脚。若信得及
脚踏實地如此做去,良心自然不放,踐履自然純熟,非但讀書一
事也。

　　學問須以《大學》爲先,次《論語》,次《孟子》,次《中庸》。《中
庸》工夫密,規模大。①

　　朱熹以上的表述已經相當清楚,用不着多作解釋。《大學》講的"三
綱領""八條目"也就是儒家的"内聖外王"之道,初學者應當首先在思想
中形成這樣一種認識,確定努力的步驟和方向,這是第一步,然後去讀
《論語》《孟子》,通過聖賢言行的學習,加深對儒家思想的瞭解和體會。
最後讀《中庸》,"以求古人之微妙處"。朱熹提倡由"下學"而"上達",循
序漸進。而《中庸》"說下學處少,說上達處多",所以"初學者未當理
會",②應當先讀前三種書。

　　"四書"是通向"五經"的門户,先讀"四書",再去理會"五經",是程
朱學派治經的基本順序。朱熹說:

　　聖人作經以詔後世,將使讀者誦其文,思其義,有以知事理之當
然,見道義之全體而身力行之,以入聖賢之域也。其言雖約,而天下之
故,幽明巨細靡不該焉,欲求道以入德者,捨此爲無所用其心矣。然去
聖既遠,講誦失傳,自其象數名物、訓詁凡例之間,老師宿儒尚有不能
知者,況於新學小生,驟而讀之,是亦安能遽有以得其大指要歸也哉!
故河南程夫子之教人,必先使之用力乎《大學》《論語》《中庸》《孟子》
之書,然後及乎六經,蓋其難易遠近大小之序固如此而不可亂也。③

---

① 〔宋〕黎靖德編:《朱子語類》卷一四。
② 〔宋〕黎靖德編:《朱子語類》卷六二。
③ 〔宋〕朱熹:《晦庵先生朱文公文集》卷八二《書臨漳所刊四子後》。

　　朱熹在這裏充分肯定了六經對於"求道入德"的重要性。但是,由於去聖久遠,講誦失傳,經典所載的許多象數名物、訓詁凡例,連那些"老師宿儒"也弄不太清楚,何況"新學小生"!因此,對於初學者來説,必須先通"四書",再治六經,由易到難,循序漸進,這樣才不至於"躐等"。

　　"五經"與"四書"的關繫,既是難、易問題,也是博、約問題。程朱尊崇"四書",但並不貶低"五經"。程、朱都主張治學應該由易到難,由約到博,再由博返約。當時有一種傾向,認爲只要熟讀"四書"就行,對"五經"不必用心。對此,朱熹批評説:

　　　　學之不博,則約不可守。今於六經未能遍考,而止以《論》《孟》《中庸》《大學》爲務,則已未爲博矣,況又從而忽略之,無乃太約乎?①

　　由此可見,朱熹雖然重視"四書",但並不認爲"六經"就可以棄而不顧了。他説:"《易》《書》《詩》《禮》《樂》《春秋》、孔孟氏之籍,本末相須,人言相發,皆不可以一日而廢焉者也。"②這鮮明體現了朱熹對六經的態度。

　　這裏有一個問題需要説明。朱熹雖然不曾貶低六經,但是,他承認"經書難讀"③。經書爲什麼難讀?首先因爲經典去聖久遠,文字訓詁、制度名物等等變化較大,後人不容易弄明白。其次,經典在流傳過程中散佚、增益的情況也是有的,造成失真,與聖人的原典有些差距。再次,後儒特別是漢唐諸儒的訓注也有不少誤説文字訓詁、名物制度甚至誤會經典本義的現象,"聖人有郢書,後世多燕説"④,給學者準確把握經典大義造成了困難。這種種因素加在一起,形成"經書難讀"的問題。朱熹主張學者應當先讀"四書",並對五經提出不少疑問,也主要是基於上述三方面的理由。朱熹治經,一方面注重辨析經典疑偽,確定哪些文本可信,哪些內容值得懷疑;另一方面,注重掃除後儒牽強附會之説,探求經典

---

① ［宋］朱熹:《晦庵先生朱文公文集》續集卷三《答羅參議》。
② ［宋］朱熹:《晦庵先生朱文公文集》卷七八《徽州婺源縣學藏書閣記》。
③ ［宋］朱熹:《晦庵先生朱文公文集》卷四三《答陳明仲》、卷五六《答趙履常》都有此説。
④ ［宋］黎靖德編:《朱子語類》卷七八。

"本義"。

朱熹在五經研究方面的成書有《易本義》與《詩集傳》。關於《易》，朱熹認爲"《易》本爲卜筮作"，此乃《易》之"本義"；後來"孔子見得有是書必有是理，故因那陰陽消長盈虚説出個進退存亡之道理來"①。孔子在《周易》中所講的道理，其實是從卦爻的陰陽消長盈虚上推説出來的，而不是憑空説理。朱熹又説：

> 《易》之爲書，因卜筮以設教，逐爻開示吉凶，包括無遺，如將天下許多道理包藏在其中，故曰"冒天下之道"。②

> 《易》之爲書，因陰陽之變，以形事物之理，大小精粗，無所不備，尤不可以是内非外、厭動求静之心讀之。③

朱熹將《周易》定位爲卜筮之書，認爲《周易》之中包含了天地間許多事物的道理，絲毫没有貶低其價值。

對於《詩經》，朱熹也用力甚勤，自謂曾讀七八十遍後才"道理流通自得"④。又説：

> 某舊時看《詩》，數十家之説一一都從頭記得。初間那裏敢便判斷那説是、那説不是，看熟久之，方見得這説似是、那説似不是，或頭邊是、尾説不相應，或中間數句是、兩頭不是，或尾頭是、頭邊不是，然也未敢便判斷，疑恐是如此。又看久之，方審得這説是、那説不是。又熟看久之，方敢決定斷説這説是、那説不是，這一部《詩》並諸家解都包在肚裏。⑤

由此可見朱熹對《詩經》所下功夫之深，非常人所及。正因爲他對《詩經》本文及各家解説爛熟於心，才能對"本義"有深切的理解，對各家解説能判斷其是非。朱熹敢於衝破毛、鄭以來以《序》説《詩》的舊傳統，大膽指出《詩經》中存在不少"男女淫奔"之詩，開創後世以文學解《詩》的先河。

---

① ［宋］黎靖德編：《朱子語類》卷六七。
② ［宋］黎靖德編：《朱子語類》卷七五。
③ ［宋］朱熹：《晦庵先生朱文公文集》卷四三《答李伯諫》。
④ ［宋］黎靖德編：《朱子語類》卷八〇。
⑤ ［宋］黎靖德編：《朱子語類》卷八〇。

對於《尚書》，朱熹原打算自撰《書集傳》，但沒有成書，晚年付以門人蔡沈。朱熹告誡學者：

> 大抵《尚書》有不必解者，有須着意解者。不必解者如《仲虺之誥》《太甲》諸篇，只是熟讀，義理自分明，何俟於解？如《洪範》則須着意解。如《典》《謨》諸篇辭稍雅奧，亦須略解。若如《盤庚》諸篇已難解，而《康誥》之屬則已不可解矣。①

《尚書》文辭古奧，素有"詰屈聱牙"之稱。朱熹認爲對於《尚書》文獻，"可通則通，不可通姑置之"②；"讀《尚書》有一個法，半截曉得，半截不曉得。曉得底看，不曉得底且闕之，不可强通。强通則穿鑿"③。他將《尚書》分爲三種情况：一類是文字比較通俗，熟讀以後就可以明白義理，此類不必作解；二類是蘊涵聖人大經大法的一些篇章如《洪範》，應當用心思、下功夫去解，至於《典》《謨》諸篇文辭奧雅，也應當略加解説；三類是有些篇章文字不順、義理不明，此類屬於"難解"或"不可解"之列。朱熹提出治《尚書》的一個重要原則或方法，就是解其可解者，闕其不可解者，不必强作解人。朱熹的《尚書》研究，對後世影響最大的，是指出《古文尚書》可疑，並對《盤庚》《金縢》《酒誥》《梓材》《吕刑》《禹貢》諸篇"今文"也提出懷疑。但有一點應當明確，朱熹並沒有否定《尚書》是聖人經典，只是認爲"《尚書》收拾於殘闕之餘，却必要句句義理相通，必至穿鑿。不若且看他分明處，其他難曉者姑闕之可也"④。《尚書》在後世流傳過程中經歷許多曲折，經典中的問題不是孔子造成的，而是後世形成的，這一點非常重要。宋儒疑古，首先以尊孔宗經爲前提，目的不是要打倒經典，而是要維護六經的純潔，剔除後人的誣諑、附益之辭。朱熹説："《書》中可疑諸篇若一齊不信，恐倒了六經。"⑤此語就是朱熹疑經的底綫，也是宋儒疑經的底綫。錢穆説："此條'恐倒了六經'一語，大堪咀嚼。故朱子疑經，其深情密意，有遠出後人所能想像之外者。"⑥

---

① ［宋］黎靖德編：《朱子語類》卷七八。
② ［宋］黎靖德編：《朱子語類》卷七八。
③ ［宋］黎靖德編：《朱子語類》卷七九。
④ ［宋］黎靖德編：《朱子語類》卷七八。
⑤ ［宋］黎靖德編：《朱子語類》卷七九。
⑥ 錢穆：《朱子新學案》，巴蜀書社，1986 年，第 1778 頁。

正是出於對"六經"神聖性的維護,朱熹對《春秋》以及《三禮》的態度非常審慎。《朱子語類》記:

> 張元德問《春秋》《周禮》疑難。曰:"此等皆無佐證,强説不得,若穿鑿説出來,便是侮聖言,不如且研窮義理。義理明,則皆可遍通矣。"因曰:"看文字且先看明白易曉者,此語是某發出來,諸公可記取。"①

《春秋》大旨,在於"誅亂臣,討賊子,内中國,外夷狄,貴王賤伯"而已,而先儒説《春秋》,認爲事事寓褒貶,字字有深意,其實多爲穿鑿之説,查無實據。而且《春秋》經文簡略,所謂孔子"筆削"之旨很難把握,《三傳》及後儒的解説又多不可信,因此朱熹對於《春秋》寧可不解説,也不妄説。他主張《春秋》"乃學者最後一段事",應先明義理之後,才治《春秋》,"蓋自非理明義精,則止是較得失,考異同,心緒轉雜,與讀史傳、摘故實無以異"②。如果不明義理去治《春秋》,不僅無益,反而有害。

對於《禮》學,朱熹平生也頗用力,但重點在於《儀禮》,對於《周禮》《禮記》二書,則較少措意。朱熹認爲:

> 禮學多不可考,蓋爲其書不全,考來考去,考得更没下梢。故學禮者多迂闊,一緣讀書不廣,兼亦無書可讀。如《周禮》仲春教振旅,如戰之陳,只此一句,其間有多少事,其陳是如何安排,皆無處可考究。其他禮制皆然,大抵存於今者只是個題目在爾。③

禮書散佚不全,古代禮制也大多失傳,後人考禮,多迂闊穿鑿之説。因此研究禮學,有相當大的難度。朱熹的興趣不在於"考禮",而在於"制禮"。朱熹文集中有不少議禮、考禮之文,《朱子語類》也記録了大量論禮的言論。朱熹禮學思想最重要的有兩點:一是禮應當切於人生日用,不可泥古不化;二是研究禮學應當省却繁文,通其大本。對於三《禮》,朱熹説:

> 《周禮》自是一書,惟《禮記》尚有説話,《儀禮》禮之根本,而《禮記》乃其枝葉。《禮記》乃秦漢上下諸儒解釋《儀禮》之書,又有他説附益於

---

① [宋] 黎靖德編:《朱子語類》卷八三。
② [宋] 朱熹:《晦庵先生朱文公文集》卷三九《答魏元履》。
③ [宋] 黎靖德編:《朱子語類》卷八四。

其間。今欲定作一書,先以《儀禮》篇目置於前,而附《禮記》於後。①

三《禮》之中,朱熹最重視《儀禮》,認爲《儀禮》是經,《禮記》是傳。他後來作《儀禮經傳通解》,即以《儀禮》爲本,糅合經傳,間取漢唐諸家禮説,雖然最後並沒有完成全書,於此也可見朱熹禮學的大體面貌。

由上述可以看出,朱熹雖然重視"四書",但對於"五經"也是非常尊重的。他對"五經"提出一些懷疑,目的不是要否定"五經"的權威性,而是出於對儒家文化的維護,指出經典中的"非聖"内容,以及後儒的穿鑿誤説,以恢復聖人之經的本來面目。不可否認,朱熹畢生於"四書"用功最勤,"四書學"是他的"全部學術之中心或其結穴"②,而"五經"方面的著作,成書的只有《易本義》與《詩集傳》二書。朱熹曾經説過:"《語》《孟》工夫少,得效多;六經工夫多,得效少"③。對此如何解釋呢? 我們認爲,首先應當肯定,這只是從"四書"與"五經"的難易程度上説的,而不是從二者的輕重關繫上説的。其次,朱熹一生主要從事教學事業,由於"四書"文字淺近,義理明晰,故被作爲主要的教材,朱熹本人也下了很深的功夫去研究、注解,通過闡發,爲門人、讀者指示一條治學入德的方便捷徑,從而由"四書"以通"五經"。再次,"五經"之中,朱熹對《易》《詩》《禮經》都下了很多功夫,《尚書》也曾準備作注,後托付門人蔡沈。朱熹真正不曾措意的只有《春秋》和《周禮》。對於此二經,朱熹並不是不重視,也沒有貶低之意,只是認爲去聖久遠,講誦失傳,很多問題已不可詳考,故采取了一種審慎的態度,寧可闕疑,也不强作解人。最後,宋儒建構一套天道性命之學,以與佛、道二教抗衡,爭奪思想陣地,"四書"中講孔顔樂處、講格致正誠、修齊治平,講人性善惡,爲建立新儒學理論體系提供了現成而直接的思想資源,故"四書"之學蔚然成風,而"五經"之學退居其次了。

(原載《宋代文化研究》第 15 輯,
題作《範式轉移:宋儒新經學形態之確立》)

---

① [宋] 黎靖德編:《朱子語類》卷八四。
② 錢穆:《朱子學提綱》二十七《朱子之四書學》,生活・讀書・新知三聯書店,2002 年,第 180 頁。
③ [宋] 黎靖德編:《朱子語類》卷一九。

宋儒對《周禮》的考辨

《周禮》一書，西漢河間獻王劉德從民間搜得，獻於朝廷，藏之秘府，世儒莫能見之。漢成帝時，劉向、劉歆父子校理秘書，始又發現此書，著之於《録》《略》。劉歆以爲《周禮》爲“周公致太平之迹”，王莽時《周禮》立學官。不過，此書剛一發現，就遭到與劉歆同時的今文學家的竭力反對，“時衆儒並出，共排以爲非是”（賈公彦《序廢興》）。東漢時期，由於鄭興、鄭衆、賈逵、馬融等大儒的提倡，《周禮》遂大行於世。特別是經學大師鄭玄爲三《禮》作注，置《周禮》於三《禮》之首（先《周禮》，次《儀禮》，後《禮記》），《周禮》的地位大大提高，成爲當時古文經學的一面旗幟。與此同時，否定《周禮》的聲音也没有停止。林孝存以爲武帝知其“末世瀆亂不驗之書”，故作《十論》《七難》以排棄之；何休亦以爲“六國陰謀之書”（賈公彦《序廢興》）。此後中唐時期趙匡著《五經辨惑》，提出《周官》是偽書。① 但總的來説，在宋代以前，除個别人外，絕大多數學者不懷疑它是“周公致太平之迹”。到了宋代，由於疑古學風的盛行，一些學者開始對《周禮》的作者、來歷以及内容是否可信提出疑問。又因爲《周禮》一書與王安石變法關繫極爲密切，圍繞該書的學術爭論滲入了濃厚的政治色彩，使問題變得更加複雜。

一、兩種《周禮》觀

宋學鄙薄漢唐傳注，好爲議論，這個特點也反映在《周禮》之學上。清四庫館臣有一個概括：

---

① 趙匡《五經辨惑》已佚。陸淳《春秋集傳纂例》卷四《盟會例第十六》引趙子曰：“《周官》之偽，予已論之矣。所稱其官三百六十，舉其人數耳，何得三百六十司哉！作偽者既廣立名目，遂有此官耳。”陸淳注云：“趙子著《五經辨惑》，説《周官》是後人附益也。”

《周禮》一書，得鄭注而訓詁明，得賈疏而名物制度考究大備，後有作者，弗能越也。周、張、程、朱諸儒，自度徵實之學必不能出漢唐上，故雖盛稱《周禮》，而皆無箋注之專書。其傳於今者，王安石、王昭禹始推尋於文句之内，王與之始脱略舊文，多集新説，葉時、鄭伯謙始別立標題，借經以抒議。其於經義，更在離合之間。於是考證之學漸變爲論辨之學，而鄭、賈幾幾乎從祧矣。①

館臣雖對宋學有較深的門户之見，但對宋代《周禮》學的評價大體上是可以成立的。宋代推崇《周禮》的人沿襲了傳統的觀點，認爲《周禮》是周公致太平之迹，反映了周公治國的規模，後世可以按照《周禮》中的政治、經濟制度，再現盛世理想。其中最著名的是李覯和王安石。

李覯著《周禮致太平論》五十一篇，叙云：

昔劉子駿、鄭康成皆以《周禮》爲周公致太平之迹，而林碩謂末世之書，何休云六國陰謀。然鄭義獲伸，故《周官》遂行。覯竊觀六典之文，其用心至悉，如天焉有象者在，如地焉有形者載，非古聰明睿智誰能及此！其曰周公致太平者，信矣！鄙儒俗士，各滯所見，林之學不著，何説《公羊》誠不合禮。盜憎主人，夫何足怪！今之不識者，抑又譊譊，將使人君何所取法？②

這段話反映了李覯對《周禮》一書的基本看法。他相信《周禮》可以致太平，故以《周禮》爲依據，論述了内治、國用、軍衛、刑禁、官人、教道六個方面，基本上涵蓋了國家長治久安所必須要妥善處理的問題，經世致用的目的十分明確。《周禮致太平書》已不是傳統意義上的解經之作，李覯本人也不諱言這一點，自稱是“有爲言之”。所謂“有爲言之”，就是要利用《周禮》來解決當時面臨的各種社會、政治、經濟、法律、軍事、教育等問題。北宋王朝高度中央集權、守内虚外、冗兵冗食以及官僚隊伍過於龐大、門蔭過濫所帶來的惡果在李覯時代已經暴露無遺，他的五十篇《周禮致太平論》，就是針對現實問題開出的藥方。

如果説李覯的《周禮致太平論》只是藉《周禮》來闡發自己的政治主

---

① ［清］永瑢等：《四庫全書總目》卷一九《周禮注疏删翼提要》。
② ［宋］李覯：《周禮致太平論》卷首。

張,王安石則利用《周禮》作爲變法的理論依據。他親自撰寫了《周禮新義》,作爲以"經術造士"的法定教材。王安石認爲一部《周禮》,理財之論居其半。因此,他極力從《周禮》中找出變法的依據。認爲"其人足以任官,其官足以行法,莫盛乎成周之時;其法可施於後世,其文有見於載籍,莫具乎《周官》之書"。不過,"自周之衰,以至於今,歷歲千數百矣,太平之遺迹掃蕩幾盡,學者所見無復全經",因此要對成周的典章制度完全"追而復之"①,是辦不到的。不過,王安石並不是一個食古不化的人,他並不強求將西周制度照搬到宋代。他曾經主張要"法先王",但並不是要"一二修先王之政",而是要"法其意"(《上仁宗皇帝書》)。但因儒家經典經歷秦火之後,源流失正;漢儒的章句傳注又煩瑣破碎,陷溺人心,先王精義隱没不顯,淫辭詖行四處泛濫,因此,必須對儒家經典進行重新詮釋。② 至於詮釋的方法,王安石提出"以所觀乎今,考所學乎古"(《周禮義序》)的原則,也就是以今釋古、古爲今用,以自己的思想來解釋《周禮》,同時,通過對《周禮》的詮釋,表達政治主張。

王安石認爲他推行的新政並非自我作古,而是於古有據。如免役法,他認爲"出於《周官》所謂府、史、胥、徒,《王制》所謂庶人在官者也";保甲法,"起於三代丘甲,管仲用之齊,子産用之鄭,商君用之秦,仲長統言之漢,而非今日之立異也";市易法,"起於周之司市,漢之平準"③。因此林之奇評論説:"王氏《三經義》,雖其言以孔孟爲宗,然尋其文,索其旨,大抵爲新法之地者十六七。"④需要指出的是,雖然王安石借《周禮》爲新政造勢,但僅僅是"法其意"而已,並非有意復古。朱熹説:"彼安石之所謂《周禮》,乃姑取其附於己意者,而借其名高以服衆口耳,豈真有意於古者哉?"⑤清四庫館臣也説:"安石之意,本以宋當積弱之後,而欲濟

---

① ［宋］王安石:《王文公文集》卷三六《周禮義序》。
② ［宋］王安石:《王文公文集》卷一八《謝除左僕射表》。
③ ［宋］王安石:《王文公文集》卷一《上五事書》。在對《周禮》的訓釋之中,往往借闡發大義爲新政張本,這樣的例子很多,研究者多有指明。參見姚瀛艇《宋儒關於周禮的爭議》(載《史學月刊》1982年第3期);張廣保《經世致用: 荊公新學對經學原典精神的復歸》(載《經學今詮續編》,遼寧教育出版社,2001年)。
④ ［宋］林之奇:《拙齋文集》卷六《上陳樞密論行三經事》,影印文淵閣四庫全書本。
⑤ ［宋］朱熹:《晦庵先生朱文公文集》卷七〇《讀兩陳諫議遺墨》。

之以富强，又懼富强之説，必爲儒者所排擊，於是附會經義，以鉗儒者之口，實非真信《周禮》爲可行。"①真德秀將王安石與王莽、蘇綽並論，認爲《周禮》一書，王莽是假而用之，蘇綽是輕而用之，王安石則是誤而用之，未免厚誣安石。

宋代的《周禮》學以熙豐變法爲轉折。變法之前，尊崇《周禮》是經學史的主流。變法以後，由於王安石與《周禮》的關繫，討論、研究《周禮》的人日漸增多，圍繞《周禮》的爭論也變得激烈了。無論尊《周禮》還是疑《周禮》，都不能繞過王安石。王昭禹著《周禮詳解》，"宗王氏新説"，影響及於南宋，陳振孫説"近世爲舉子業者多用之"②；林之奇著《周禮講義》，"祖荆公、昭禹所説"③。此外王與之、陳友仁等注《周禮》，也多襲用王安石之説。

另外一些學者尊崇《周禮》，却對王安石《周官新義》及其變法加以批評甚至攻擊。很多人相信《周禮》是周公遺典，是太平經國之書，但有一個不能回避的問題是，自春秋以降，没有哪個帝王將相完全靠《周禮》治國經邦，即使偶爾有人一試，也都以失敗告終。可以説，《周禮》制度根本不曾行於世。原因何在呢？二程認爲，有"周公之心"才能行《周禮》。言外之意，後世没有聖人，《周禮》也就難行，這仍然是針對着王安石的。鄭伯謙相信《周禮》可以經國以致太平，著《太平經國之書》，其《自序》探討了《周禮》制度不能行於世的原因有三，大體上包括"不及用""不能用""不善用"三個方面。時君世主之所以"厭薄儒生、姍笑王制"④，就是因爲《周禮》一書没有真正在實踐中取得成效。鄭樵也斷言《周禮》"非聖人之智不及此"，即出於聖人之手。至於後世用《周禮》，王莽敗於前，荆公敗於後，"此非《周禮》不可行，而不善用《周禮》者之過也"⑤。

朱熹認爲講制度的書，只有《周禮》《儀禮》可全信，"《周禮》一書，廣

① ［清］永瑢等：《四庫全書總目》卷一九《周官新義提要》。
② ［宋］陳振孫：《直齋書録解題》卷二。
③ ［清］朱彝尊：《經義考》卷一二二引王與之語。
④ ［宋］鄭伯謙《太平經國之書·自序》，通志堂經解本。
⑤ ［宋］鄭樵：《六經奧論》卷六《周禮辨》。案：《奧論》作者舊題鄭樵。《四庫提要》認爲並非出於鄭樵之手，乃後人附會而成。但本文所引這段文字又見於黃震《日鈔》，明確稱其爲"夾漈鄭氏"之言，故至少此段可視爲鄭樵之説。

大精微,周家法度在焉,後世皆以《周禮》非聖人書,其間細碎處雖可疑,其大體直是非聖人做不得"。他推測,《周禮》的規模大綱都是周公定的,但不是周公親筆寫成的,其語言或是他人所寫,就像宰相發布政令,並不一定要由宰相自己一一寫出來。他人做成後,周公大概要動手修改,小的地方可能沒來得及改。朱熹的説法多屬推論,想象得越仔細,可能離事實越遠。但他的基本立場還是很明確的,即相信《周禮》是"周公遺典",故對胡寅、胡宏父子以《周禮》出自劉歆之手的觀點不以爲然。在朱熹看來,《周禮》的主體思想體現了聖人治國之道,是應當肯定的,不能因爲一些枝節細碎處有疑問,就否定它是周公遺典,更不應該因爲後人誤用《周禮》而廢棄聖人之成法。

浙東事功學派極重《周禮》。陳亮《經書發題・周禮》開宗明義就説:《周禮》一書,先王之遺制具在,吾夫子蓋嘆其郁郁之文,而知天地之功莫備於此。後有聖人,不能加毫末於此矣。"陳亮相信《周禮》就是周公爲周王朝所定的制度。效法周制,隨時損益,是求得長治久安的良方。①葉適對《周禮》評價也非常高,他説:"以余考之,周之道固莫聚於此書,他經其散者也。周之籍固莫切於此書,他經其緩者也。"但是由於《周官》晚出,"而劉歆遽行之,大壞矣,蘇綽又壞矣,王安石又壞矣",一千四百年,更"三大壞",故《周禮》招致人們的質疑。不過,劉歆、蘇綽、王安石行《周禮》而不獲成功,並不是《周禮》本身的問題,而是使用者的問題。孔子未嘗言《周官》,孟子亦以爲不可得聞,"一旦驟至,如奇方大藥,非黄帝、神農所名,無制使服食之法,而庸夫鄙人妄咀吞之,不眩亂顛錯幾希"②。

陳傅良也非常相信《周禮》,認爲:"大抵《周禮》《古文尚書》,三代之法存焉,讀者未易造次。"③又説:"嘗緣《詩》《書》之義以求文、武、周公、成、康之心,考其行事,尚多見於《周禮》一書。"後人懷疑《周禮》,主要有兩方面的原因:一是"説之者之過",另一是"嘗試之者不得其傳"。《周禮》本爲經世之學,鄭玄之徒將它變成經生之學,糾纏於一些細枝末節,

---

① [宋]陳亮:《龍川集》卷一〇。
② [宋]葉適:《水心集》卷一二《黄文叔周禮序》。
③ [宋]陳傅良:《止齋先生文集》卷三五《與王德修》,四部叢刊本。

忽略甚至掩蓋了有關國家盛衰的宏旨大綱,喪失了《周禮》的真義,也就
損害了它的經世價值。這是"說之者之過"①。此外,陳傅良特別指出:

> 自劉歆以其術售之新室,民不聊生,東都之輿服、西魏之官制,
> 亦頗采《周禮》,然往往抵捂。至本朝熙寧間,荊公王安石又本之爲
> 青苗、助役、保甲之法,士大夫争以爲言。安石謂俗儒不知古誼,竟
> 下其法,争不勝。自是百年,天下始多故矣。

經師不得其真,用之者又不得其傳,使人對《周禮》一書啓疑,"以是二者
至非《周禮》,此與因噎廢食者何異"②。

總之,宋儒有贊美《周禮》者,也有懷疑《周禮》者。贊美者認爲《周
禮》是周公致太平之書,是經國之大法,是救世之良方。至於實施《周禮》
招致敗亡的歷史事實,他們認爲這不是《周禮》本身的問題,而是運用《周
禮》者的問題。懷疑者則不承認《周禮》出自周公之手,並從《周禮》所載
制度以及文獻方面尋找證據,否定《周禮》的價值。

二、《周禮》制度的辨疑

宋儒對《周禮》的辨疑,主要有三個方面:一辨《周禮》制度,二辨《周
禮》的内容,三辨所謂《冬官》的問題。對《周禮》制度的辨疑,則主要提
出兩點:《周禮》制度不切實際;《周禮》制度不合聖人之意。

(一) 不切實際

宋儒對《周禮》的懷疑,最初是從分析《周禮》制度入手的。歐陽修
比較早從這一角度看出問題。在《問進士策》中,歐陽修以史學家的敏
鋭,對《周禮》提出了兩點質疑:其一,從古代分封制看,王畿之地不過千
里,而千里之國,見於《周禮》的官員就有五萬之多,還不算里閭之長、軍
師卒伍,這樣龐大的官僚隊伍,不是千里之國那點貢賦所能供養的。顯
然,這遠遠超出了古代生產力的發展水平和社會的實際承受能力。其
二,秦代以後,制度雖有因有革,但大體上沿襲秦制。秦制能行於後世,

---

① 〔宋〕陳傅良:《止齋先生文集》卷四〇《進周禮説序》。
② 〔宋〕陳傅良:《止齋先生文集》卷四〇《夏休井田譜序》。

《周禮》反而不行於後世，即使偶然有用《周禮》者，也是自取其亂，説明《周禮》並不可用。既不可用，也就失去了它的價值。①

在《南省試進士策問》中，歐陽修又提出另外一個疑問：《周禮》設官理事，過於繁瑣。按照規定，巡狩、朝會、師田、射耕、燕饗等國家政治、軍事、宗教等活動，學校、鄉射、鄉飲酒等宗族聚會活動，一年之間舉行若干次，果真如此，則"官不得安其府，民不得安其居"，哪有閑暇修政事、治生業？總之，從情理推斷，《周禮》的制度規定是不切實際的。

需要説明的是，歐陽修雖指出《周禮》有可疑之處，但並未明確地否定周公是作者。歐陽修而後，由於王安石撰《三經新義》以"一道德"，藉《周禮》以爲其變法張本，受到反對者的批評。一些人爲了推倒王氏學，摧毀新學的根基，遂對《周禮》制度深表懷疑。

蘇軾提出《周禮》之中有"聖人之制"，也有"非聖人之制"。他斷定説："《周禮》之言田賦、夫家、車徒之數，聖王之制也；其言五等之君、封國之大小，非聖人之制也，戰國所增之文也。"②蘇軾考證西周的分封制，證以子産、《王制》及孟子之言，結論是周初公侯封地不過百里，《周禮》那套龐大的體制顯然不合周初的實際情況。鄭玄説周公征伐不服，開拓境土，增諸公封地，於史無據。

蘇轍撰《歷代論》，觀點與其兄相近，開章明義就提出《周禮》經秦漢諸儒的篡亂，不盡爲周公原書。他指出《周禮》有三點不可信：其一，《周禮》所述之王畿，四方相距千里如棋局，近郊、遠郊、甸地、稍地、小都、大都相距皆百里、千里之方，這是絶不可能的，只能是空言。其二，《周禮》所説諸公之地方五百里，諸侯四百里，諸伯三百里，諸子二百里，諸男百里，與《尚書》《孟子》諸書皆不合。其三，《周禮》所説王畿之内公邑爲井田、鄉遂爲溝洫，此二者皆一夫而受田百畝，五口之家一夫爲役，百畝之田而税十一，都與周代實際情況不符。總之，"三者既不可信，則凡《周禮》之詭異遠於人情者皆不可信也"。他得出結論："古之聖人因事立法，以便人者有矣，未有立法以强人者也。立法以强人，此迂儒之所以亂天

---

① ［宋］歐陽修：《歐陽文忠公集》卷四八《問進士策》。
② ［宋］蘇軾：《東坡全集》卷四八《雜策五首·天子六軍之制》。

下也。"①其矛頭指向王安石變法,非常明顯。

除懷疑井田、鄉遂制度不切實際外,蘇轍還提出《周禮》"有所不知者二焉",即"井田之制"與"溝洫之制"有衝突,並對建立在鄉遂制度上的軍制也提出疑問:井田與溝洫,名雖爲二,其實相同,但《周禮》所記却有異。如果是周公所作,不應如此。至於建立在軍農合一基礎上的鄉遂制度,規定在戰時鄉官都要領兵出征,那麽戰時由誰來治民? 這無法作出合理的解釋。②

二蘇通過將《周禮》所記制度與西周的實際情況相參照,證明《周禮》並没有反映當時的情況,從而推斷其中有後世附益之言,不可全信。

此外,從制度方面懷疑《周禮》的還大有人在。胡宏是宋代否定《周禮》比較徹底的人物。他認爲《周官》太宰、小宰、宰夫之職,有六典、六叙、六職、六聯,有八法、八則、八成、八職,有九職、九賦、九式、九貢、九兩之制,皆不可取,原因是"或其事重複,雖無載可也;或其事顛倒,直不可用也;或其事冗瑣,本無足舉也。凡五官中不取者,皆如是也"③。他認爲《周禮》中的許多制度都出自劉歆附會,王畿、鄉遂諸制度冗濫妄誕,不切實際,幾乎無一可取,這是胡宏的結論。④

《周禮》所載制度與其它文獻記載不合,也是宋儒懷疑《周禮》的一個理由。蘇轍已提出《周禮》封國制度與《尚書·周官》《王制》及《孟子》所說不合。胡宏說:"孔子定《書·周官》:六卿,冢宰掌邦治,統百官,均四海者也。今以劉歆所成《周禮》考之,太宰掌建邦之六典。夫太宰統五官之典以爲治者也,豈於五官之外更有治典哉? 則掌建六典,歆之妄也。"⑤將《周禮》制度與其他文獻所記進行對比,發現矛盾,從而推斷《周禮》不可信,這是宋儒考辨《周禮》比較常用的方法。

(二) 不合"聖人之心"

宋儒經學研究,注重推求"聖人之心"、發掘經典"本義"。當然,所

① [宋] 蘇轍:《欒城後集》卷七《歷代論·周公》。
② [宋] 蘇轍:《欒城集》卷二〇《私試進士策問二十八首》。
③ [宋] 胡宏:《五峰集》卷五《皇王大紀論·周禮五官》,影印文淵閣四庫全書本。
④ [宋] 胡宏:《皇王大紀》卷一九,影印文淵閣四庫全書本。
⑤ [宋] 胡宏:《皇王大紀》卷一九。

謂"聖人"是他們理解的"聖人","聖人之心"也是他們所認可的"聖人之心"。經典文本是否合乎"聖人之心",也是宋代學者對經典真偽與時代進行考辨的常用標準。

王開祖是較早從所謂"聖人之心"的角度對《周禮》提出質疑的儒者之一。他提出三點疑問:

> 吾讀《周禮》,終始其間,名有經、禮有方者,周公之志爲不少矣。其諸信然乎哉? 羅羽刺介,此微事也,然猶張官設職,奚聖人班班歟? 奔者不禁,是天下無禮也。復讎而義,是天下無君也。無禮無君,大亂之道,率天下而爲亂者,果周公之心乎?①

他認爲微事設官、奔者不禁、鼓勵復仇這三點,最不符合聖人之意。因而懷疑《周禮》"削於六國,焚於秦,出諸季世,其存者寡矣"。他不否認《周禮》之中有"周公之志",但認爲書有缺訛,並非全是周公之言。王開祖提出的疑點和結論,主要從"情理"和"聖人之心"兩個方面着眼,雖没有多少證據,但這却是宋儒最常用的方法。後來王安石著《復仇解》一文,懷疑《周禮》有非周公之法;②張載雖然承認"《周禮》是的當之書",但"其間必有末世增入者"。他舉所謂"盟詛"爲例,認爲"如盟詛之類,必非周公之意"③。

胡宏是二程門人楊時的弟子。二程對王安石的新法頗有微辭,楊時更把北宋晚期一切弊政都歸罪於王安石,並撰《書義辨疑》《周禮辨疑》《毛詩辨疑》,專攻《三經新義》,試圖從學術上對新學進行清算。受師門宗派的影響,胡宏對王安石痛加詆毁,同時也把矛盾指向了《周禮》。胡宏《皇王大紀》從多方面論證《周禮》一書設官分職不符合聖人之意,不是周公致太平之典。

他認爲天官冢宰是天子的副貳,職掌是以天下自任,統百官,均四海。而《周禮·天官》所載冢宰屬官,没有一個是符合冢宰職責的:

> 太宰之屬六十: 小宰也,司會也,司書也,職內也,職歲也,職幣

---

① ［宋］王開祖:《儒志編》,影印文淵閣四庫全書本。
② ［宋］王安石:《臨川先生文集》卷七〇。
③ ［宋］張載:《張子全書》卷四《周禮》。

也。是六官之所掌,辭繁而事複,類皆期會簿書之末,俗吏掊克之所爲,而非贊冢宰進退百官、均一四海之治者也。

從儒家的傳統觀點來説,重視義利之辨,而《周禮·天官》却有"宰夫"一職,職責是"考群都縣鄙之治,乘其財用之出入,凡失財、用物、辟名者誅之,其足用、長財、善物者賞之"。胡宏認爲此官之設"以足用長財爲事",必定出自劉歆:"若劉歆之説,是使百官有司不守三尺,上下交徵利,雖剥其民以危亡其國之道,非周公致太平之典也。"此外,胡宏對許多官職都有批評。在胡宏看來,《周禮》設官分職極爲混亂,絕非聖人之制,不能稱之爲經,更不能與《易》《詩》《書》《春秋》等經典相配;《周禮》所反映的不是先王之良法,而是漢後末世之弊政。胡宏的結論是:《周禮》是劉歆附會的僞經,而不是周公的經國大典。

除攻擊《周禮》設官分職瑣碎冗濫、所掌之事不合聖人之心外,胡宏對於所謂"聚斂掊克"之官職尤其大加撻伐。他説:

> 王者提綱撫世,已受大不窺小。今劉歆司徒之屬,有廛人者,凡珍異之有滯者斂而入於膳府,其細已甚矣。細已甚而民不傷者,未之有也。夫齊民非有勢禁也,徒以財利相役,猶能制人之命,破人之産,招怨生禍。況大君以雷霆之威,萬鈞之勢,而細可行哉!

又説:

> 百官有司,必承望風指,禦人於國門之外,使民欲與之偕亡而後已也。又有泉府掌買賣商賈之滯貨,斂散百姓之賒貸。夫審於音者聾於官,理勢自然。王者布正大之德以治世,不行煦濡姑息之惠以沽名,乃能張理天綱,整頓萬姓。若夫買賣賒貸之事,正市井商賈爭錐刀之末,而草莽細民私相交際之所爲也,豈大君所宜及哉?其言僢悖如是,乃尊以爲經,與《易》《詩》《書》《春秋》並,是學者之不察也。[①]

胡宏之所以全面否定《周禮》,尤其對《周禮》中與財賦相關的官職、政策反復抨擊不遺餘力,矛頭所指,正在於王安石。

---

① 以上引文見[宋]胡宏《皇王大紀》卷一九。

另外還有不少宋儒也從義利之辨的角度判斷《周禮》中的某些内容與周公用心不合。范浚認爲，《周禮》"六官之屬瑣細悉備，疑其不盡爲古書也"。如司關云："凡貨不出於關者，舉其貨，罰其人。"説經者解此爲，不出於關，謂從私道偷偷出去以逃避税收，對這樣的人要没收貨物，並給以處罰。這決不可能是周公之法。文王治岐，關市譏而不徵。周公相成王，離文王不遠，既使不能不徵，也不可能設爲避税法，乃至没收貨物處罰其人。① 劉炎也有類似之説。② 他們雖然没有全盤否定《周禮》一書，但對其中的部分内容是持懷疑態度的。

三、《周禮》時代考辨

由於《周禮》早已取得了經典的地位，成爲儒家思想體系的重要資源，因此除極少數宋儒全盤否定《周禮》外，絶大多數疑古學者都采取了較爲謹慎的態度，一方面承認《周禮》是先王的經世大典，另一方面又認爲《周禮》有訛缺，有附益，不能將它完全看成"周公之舊章"。排斥《周禮》者如王開祖，認爲《周禮》"削於六國，焚於秦，出於季世"，屢經篡亂，"周公之志"存者已不多了。③ 尊崇《周禮》者如王安石、張載，或疑《周禮》有"非聖人之法"④，或疑《周禮》有"非聖人之意"⑤。不過王安石、張載都没有明言那些"非聖"的内容是如何來的。二程雖不懷疑《周禮》，但承認訛缺"甚多"⑥，又説："《周禮》不全是周公之禮法，亦有後世隨時添入者，亦有漢儒撰入者，如《吕刑》《文侯之命》通謂之《周書》。"⑦不過程氏認爲"周公致治之大法亦在其中，須知道者觀之，可决是非也"⑧。二程對王安石利用《周禮》鼓吹變法不滿，故有此説。

葉夢得分析了《周禮》的制度，認爲《周禮》封國之制、軍制皆不足

① ［宋］范浚：《香溪集》卷五《讀周禮》，影印文淵閣四庫全書本。
② ［宋］劉炎：《邇言》卷一〇《經籍》，影印文淵閣四庫全書本。
③ ［宋］王開祖：《儒志編》。
④ ［宋］王安石：《臨川先生文集》卷七〇《復仇解》。
⑤ ［宋］張載：《張子全書》卷四《周禮》。
⑥ ［宋］程顥、程頤：《二程遺書》卷一八。
⑦ ［宋］程顥、程頤：《二程外書》卷一〇。
⑧ ［宋］程顥、程頤：《二程遺書》卷一八。

據,《周禮》經過後人變亂,"《周禮》豈全經乎!"①而葉適既不同意周公親作《周禮》的説法,也不接受否定《周禮》的意見。他説:

> 《周官》獨藏於成周,孔子未之言。晚始出秦漢之際,故學者疑信不一。好之甚者以爲周公所自爲,此固妄耳。其極盡小大,天與人等,道與事等,教與法等,粗與細等,文與質等,無疏無密,無始無卒,其簡不失,其繁不溢,則雖不必周公所自爲,而非如周公者亦不能爲也。②

《周禮》晚出,學者疑信不一,在葉適看來,此書雖然不是周公所作,但其中記録的經世大法也只有智如周公的人才作得出來。

陳汲則認爲《周禮》之中既有"周公之舊章",又有"後來更續者"。他説:

> 《周禮》一書,周家法令政事所聚,或政典、或九州、或司馬教戰之法,或《考工記》。後之作者,纂其典章法度而成一代之書,有周公之舊章,有後來更續者。信之者以爲周公作,不信者以爲劉歆作,皆非也。③

《周禮》的内容反映的是周代的舊章法度,但該書並非編纂於一人一時,其中既有周公之舊章,又有後人陸續加入的内容,這一觀點比較接近歷史的真實情況,也比較適合《周禮》已取得的經典地位。以這種態度對待《周禮》是可取的。

大體而言,宋儒提出《周禮》有後世篡亂之説,主要有以下幾種觀點。

(一)《周禮》作於東周

蘇軾認爲:《周禮》"其言五等之君、封國之大小,非聖人之制也,戰國所增之文也"④。葉適認爲:"《周官》所建,宏大深遠,大冢宰言之尤

① 〔宋〕葉夢得:《春秋考》卷二。
② 〔宋〕葉適:《習學紀言》卷七。
③ 〔清〕朱彝尊:《經義考》卷一二引。
④ 〔宋〕蘇軾:《東坡全集》卷四八《雜策五首·天子六軍之制》。

詳。此乃東周人追載,猶未爲周公自著書也,而歐陽氏已疑之。"①

在諸多觀點中,林希逸的論述比較細緻、完備。他從多方面論證了《周禮》一書並非出自周公之手,而是戰國時的作品。

首先,他認爲歷經戰國、秦漢之際的大亂,許多古代典籍飽經滄桑,殘缺訛謬,《周禮》命運也應當相同。儒家經典遭遇秦火之厄,除《易》以卜筮得存,其他典籍都已經面目全非了。自劉歆以來,人們對《周禮》一書或疑或信,遂起紛争。他分析世儒治《周禮》主要有三派:"解釋章句,不論意義",此爲第一派;"古制不存,獨見不立,苟焉藉是以訂古今",此爲第二派;"間有疑其一二之戾古,又以爲周公所作,必欲牽而合之",此爲第三派。三派對待《周禮》的態度雖有小異,但都以"信古"爲主,"是以前者主之,後者難之;前者非之,後者是之。參訂不審,迷其指歸,所以徒爲是紛紛也"。

其次,林希逸從多方面分析了《周禮》不可信,論點約有以下七條:(1)《周禮》所載封國制度與《尚書·武成》《孟子》所記不合。(2)《周禮》所述設官分職與《尚書·周官》不合。(3)孟子未見《周禮》,戰國之前没有此書。(4)漢初諸儒不治《周禮》,漢武帝表彰六經,也不立《周禮》博士,證明劉歆之前漢儒無人相信該書爲周公所作。(5)《周禮》由劉歆始,而後世行《周禮》,都遭敗亡,證明《周禮》不可實行。(6)《周禮》應爲戰國時人的作品。(7)此書雖然晚出,但其中也保存了一些古制,可以"觀古今之變"。

對於劉歆表彰《周禮》《左傳》二書,林希逸認爲有得有失。他主張"《左氏》不傳《春秋》",也不是左丘明作。同樣,《周禮》也不是周公之書,"後之學者,苟能去周公、丘明之説,即以《周禮》《左傳》而參古今之變,則其書尚可貴也"②。只要明白《左傳》不傳《春秋》,左氏不是左丘明,《周禮》不是周公所作,也不是西周的制度,還二書以本來面目,它們還是"有可觀""可貴"之處的。林希逸對前人疑《周禮》的種種説法作了總結,並作了更詳細的論證,提出自己的意見。總的來説,他的觀點還是比較平實的,不少已被後人所接受。

---

① 〔宋〕葉適:《習學紀言》卷三九。
② 〔宋〕林希逸:《竹溪鬳齋十一稿續集》卷九《周禮》。

（二）《周禮》爲秦漢儒者附會

范浚認爲《周禮》中有許多興利之言，“此必漢世刻斂之臣如桑弘羊輩欲興權利，故附益是説於《周禮》，托言周公以要説其君耳”①。張栻通過比較《周禮》封國之制與孟子所説“班爵禄之制”不同，認爲“要當以孟子爲正”。他雖然没有明言《周禮》作於何時，但指出：“夫在孟子之時，已云去其籍矣，又更秦絶滅之餘，《周官》之書存者無幾矣。今之所傳，先儒以爲雜出漢儒一時之傅會，是不可不考也。”②他所説的“先儒”，應當是指其師胡宏。

魏了翁一方面承認《周禮》爲秦漢儒者附會，另一方面又認爲其間多有“聖賢遺法”。他説：“《周禮》《左氏》並爲秦漢間所附會之書，《周禮》亦有聖賢遺法，然附會極多。”又説：“《周禮》與《左氏》兩部，字字謹嚴，首尾如一，更無疏漏處，疑秦漢初人所作，因聖賢遺言遂成之。”③又説：“《周禮》一部，可疑處甚多，然制度紀綱，縝密處亦多。看《周禮》須是只用三代法度看，義理方精。鄭注多引後世之法釋經，尤不是。”④魏了翁雖然主張《周禮》是後人附會之書，但他比較重視《周禮》，不否定其價值，著有《周禮折衷》四卷。

（三）《周禮》經劉歆篡亂

宋儒首先提出《周禮》經劉歆篡亂的觀點。羅璧説：“《周禮》劉歆列上之時，包周、孟子張、林碩、何休已不信爲周公書。近代司馬温公、胡致堂、胡五峰、蘇穎濱、晁説之、洪容齋直謂作於劉歆。”⑤對羅璧的話，應當加以分析。

關於司馬光之説，邵博《聞見後録》卷三引司馬光《日記》：

> 上主青苗法，曰：“此《周禮》泉府之職，周公之法也。”光對曰：“陛下容臣不識忌諱，臣乃敢昧死言之。昔劉歆用此法以佐王莽，農

① ［宋］范浚：《香溪集》卷五《讀周禮》。
② ［宋］張栻：《南軒孟子説》卷五“北宫錡問曰”章。
③ ［宋］魏了翁：《鶴山先生大全集》卷一〇九《師友雅言》上，四部叢刊本。
④ ［宋］魏了翁：《鶴山先生大全集》卷一一〇《師友雅言》下。
⑤ ［宋］羅璧：《識遺》卷五《秦後六經》。

商失業,涕泣於市道,卒亡天下,安足爲聖朝法也!”①

可能羅璧據此以爲司馬光主張《周禮》出自劉歆。其實,這是羅璧的誤解。在司馬光的著述中,多處引用《周禮》之説。他還撰《河間獻王傳》説:“《周禮》者,周公之大典。”②可見司馬光並没有懷疑《周禮》,只是認爲《周禮》不可行於後世而已。至於蘇轍疑《周禮》,也只是説“秦漢諸儒以意損益之者衆矣,非周公之完書”③,並未指名爲劉歆所作。

晁説之是司馬光的私淑弟子,他不滿於王安石“黜《春秋》而尊尚僞《周禮》,棄《孝經》而以《孟子》配《論語》”④,著《儒言》《辯誣》,力攻王安石之學,其中涉及《周禮》。晁説之疑《周禮》的態度頗爲積極,在著作中屢稱“僞雜之《周禮》”“僞《周禮》”。綜合其論點,主要有:(1)《周禮》並非什麽“周公太平之書”,如果用《周禮》制度於實踐,是錯誤的。其書“大要斂財多貨,黷祀煩民,冗碎可施於文,而不可措於事者也”⑤。(2)《周禮》出於漢末,其中多六國制度,爲漢儒論次而成,“是書大抵煩禮瀆儀,靡政僭刑,苛令曲禁,重賦專利,忌諱祈禳,誕迂不切事”,正合王莽的胃口。(3)《周禮》與《尚書·周官》必有一妄。(4)結論是《周禮》爲“殘僞之物”⑥,不可行於後世。這正是藉否定《周禮》來否定王安石新法。邵博《聞見後録》卷三云:“晁伯以更生爲新室之書也,曰《詩》《書》但稱四岳,新室稱五岳,《周禮》亦稱五岳,類此不一。”⑦可以説,在北宋末,晁説之是最疑《周禮》的學者。他已經點出了劉歆與《周禮》之間的關繫,但只是説“漢儒論次”“劉歆初獻”,並未明指爲劉歆之作。

首先明確指出《周禮》經劉歆附會、變亂的是胡宏。胡宏認爲,《周禮》是劉歆傅會而成,誤謬至極,是書顛倒人倫、顛倒鬼神,不可以爲經,

---

① [宋]邵博:《聞見後録》卷三引。
② [宋]司馬光:《溫國文正司馬公文集》卷七三。
③ [宋]蘇轍:《欒城後集》卷七《歷代論一·周公》。
④ [宋]晁説之:《景迂生集》卷一五《答勾龍壽南先輩書》。
⑤ [宋]晁説之:《景迂生集》卷一《元符三年應詔封事》。
⑥ [宋]晁説之:《景迂生集》卷一四《辨誣》。
⑦ [宋]邵博:《聞見後録》卷三引。案:晁説之字以道,一字伯以。此句“伯以”下當脱一“以”字。又“更生”爲劉向初名,向未助新室,助新室者爲向子劉歆,此爲邵氏誤記。

不可以與《易》《詩》《書》等經典相提並論。他從許多方面對《周禮》進行了辨駁，已見前述。胡宏認爲，《周禮》的官制冗濫，職掌不清，如小宰、宰夫之職，或其事重複，或其事顛倒，或其事冗瑣，皆荒誕不經。總之，胡宏將《周禮》與劉歆、王安石乃至鄭玄都綁在一起，痛加詆毀，把北宋亡國歸罪於王安石誤信《周禮》而推行其道，認爲"其言俱悖如是，乃尊以爲經，與《易》《詩》《書》《春秋》並，是學者之不察也"，他甚至否認《周禮》爲經，其懷疑《周禮》的立場可謂登峰造極。

不過，胡宏雖然認爲《周禮》經劉歆篡亂，却不主張劉歆是該書的始作俑者。胡宏相信《周禮》出於孝武之時，後經劉歆序列爲經，"勦入私説，希合賊莽"。因此《周禮》之中充斥着大量的僞説。胡宏在著述中多次稱"劉歆《周禮》"，就是指的這些"僞説"。學術界普遍認爲胡宏主劉歆僞造《周禮》，這種説法是不準確的。當然，胡宏主張劉歆篡亂《周禮》，目的非常明確，就是要證明《周禮》不可作爲變法的依據。他説：

> 王安石乃確信亂臣賊子僞妄之書，而廢大聖垂死筆削之經，棄恭儉而崇汰侈，捨仁義而營貨財，不數十年，金人内侵，首足易位，塗炭天下，未知終始，原禍亂之本，乃在於是。噫嘻悲夫！有天下者尚鑑之哉！①

晁説之、胡宏等人否定《周禮》，目的就是要從理論上、從思想根源上否定王安石變法。

明確提出《周禮》是劉歆所作的是洪邁。他説："《周禮》一書，世謂周公所作，而非也。昔賢以爲戰國陰謀之書。考其實，蓋出於劉歆之手。"他的證據主要是，從《周禮》的傳授源流上考察，《周官》立爲經，置博士，始於劉歆；依照《周官》改制，始於王莽；《周禮》傳授，也始於劉歆。

由於《周禮》是劉歆之僞書，而非周公之舊典，故不能行之於後世。洪邁否定《周禮》，將攻擊矛頭同樣對準王安石，他説：

> 歷代以來，唯宇文周依六典以建官，至於治民發政，亦未嘗循故轍。王安石欲變亂祖宗法度，乃尊崇其言，至與《詩》《書》均匹，以作《三經新義》，其序略曰："其人足以任官，其官足以行法，莫盛乎成

---

① ［宋］胡宏：《皇王大紀》卷一九。

周之時。其法可施於後世，其文有見於載籍，莫具乎《周官》之書。自周之衰，以至於今，太平之遺迹掃蕩幾盡，學者所見，無復全經。於是時也，乃欲訓而發之，臣知其難也。以訓而發之之難，則又以知夫立政造事追而復之之爲難。"則安石所學所行，實於此乎出，遂謂一部之書，理財居其半，又謂泉府凡國之財用取具焉，歲終則會其出入，而納其餘。則非特摧兼併、救貧陋，因以足國事之財用。夫然，故雖有不庭不虞，民不加賦，而國無乏事。其後呂嘉問法之，而置市易。由中及外，害遍生靈。嗚呼！二王托《周官》之名以爲政，其歸於禍民一也。①

南宋以來，儒者多把北宋亡國覆家歸罪於王安石變法，將王安石與王莽並稱，洪邁此論，爲其代表。

洪邁還提出一條證據，證明劉歆僞造了《周禮》：

六經用字，固亦間有奇古者，然惟《周禮》一書獨多。予謂前賢以爲此書出於劉歆，歆嘗從揚子雲學作奇字，故用以入經。②

《周禮》中有很多古文奇字，比其他經典爲多；而劉歆曾從揚雄學奇字，洪氏從而推論《周禮》出於劉歆之手。羅璧也認爲《周禮》是劉歆僞造之書，劉歆佐王莽篡漢，與王莽苛碎之政相表裏，持論與洪邁相近。③

晚宋持《周禮》由劉歆僞造最堅者是包恢。恢著《六官疑辨》，今佚，其具體内容已不知。據劉克莊説："宏齋包公著《六官疑辨》，蓋先儒疑是書者非一人，至宏齋始確然以爲國師之書。"④元儒吳澄也説："毀《周禮》，非聖經，在前固有其人，而皆不若吾鄉宏齋包恢之甚。毫分縷晰，逐節詆排，如法吏定罪，卒難解釋，觀者必爲所惑。如近年科舉不用《周禮》者，亦由包説惑之也。"⑤由二人的稱述可以推知，包氏對《周禮》六官逐節分析，一定羅列了很多證據，以至於元朝科舉亦受其影響。

---

① ［宋］洪邁：《容齋續筆》卷一六《周禮非周公書》。
② ［宋］洪邁：《容齋三筆》卷一五《周禮奇字》。
③ ［宋］羅璧：《識遺》卷五《秦後六經》。
④ ［宋］劉克莊：《後村先生大全集》卷一〇九《跋包侍郎六官疑辨》。
⑤ ［元］吳澄：《吳文正集》卷三《答海南海北道廉訪副使田君澤問》。

四、"《冬官》不亡"説

　　清人趙翼説:"《周禮》缺《冬官》一篇,劉歆以《考工記》補之,漢唐以來無異説。"①其實趙翼的話並不準確。關於《考工記》成於何時,以及誰將《考工記》補入《周禮》,漢唐以來有多種説法,並非"無異説"。陸德明説:"河間獻王開獻書之路,時有李氏上《周官》五篇,失《冬官》一篇,乃購千金不得,取《考工記》以補之。"②《隋書·經籍志》同。據此,則購經、補記,乃河間獻王事。而賈公彦引馬融序則説:"劉向子歆,校理秘書,著於《錄》《略》,然亡其《冬官》一篇,以《考工記》足之。"③據此,則似《考工記》爲劉歆所補。西晉楊泉説:"魯恭王壞孔子舊宅,得《周書》,闕《冬官》。漢武購千金而莫有得者,遂以《考工記》備其數。"④《禮記正義·禮器》又引一説:"文帝得《周官》,不見《冬官》,使博士作《考工記》補之。"則又主張文帝時博士作《考工記》。《周禮·太宰》賈疏又説司空之屬"六國時亡,其時以《考工記》代之。"詳其文義,又似戰國時已補。然此説晚出,不知何據。

　　以上諸説,矛盾互出,涉及《考工記》補入的時代問題,主要有六國説、河間獻王説、魯共王説、漢文帝説、漢武帝説、劉歆説這樣幾種。至於《考工記》的作者年代,或以爲漢人作,或以爲先秦古書。王應麟曰:

　　　　《考工記》或以爲先秦書,而《禮記正義》云孝文時求得《周官》,不見《冬官》一篇,乃使博士作《考工記》補之。馬融云孝武開獻書之路,《周官》出於山巖屋壁。《漢書》謂河間獻王得之,非孝文時也。《序錄》云李氏上五篇,失《事官》一篇,取《考工記》補之。《六藝論》云壁中得六篇,誤矣。齊文惠太子鎮雍州,有盜發楚王冢,獲

---

① ［清］趙翼:《陔餘叢考》卷三《周禮冬官補亡之誤》,商務印書館,1957年。
② ［唐］陸德明:《經典釋文·叙錄》,黃焯斷句本,中華書局,1983年。
③ ［唐］賈公彦:《周禮正義·叙周禮廢興》,中華書局影印阮刻《十三經注疏》本。
④ ［宋］李昉等:《太平御覽》卷六一九《學部十三》引《物理論》,中華書局影印本。案:此説魯共王得《周官》,實誤。《漢書·藝文志》云:"武帝末,魯共王壞孔子宅,欲以廣其宮,而得《古文尚書》及《禮記》《論語》《孝經》凡數十篇,皆古字也。"所得之書並無《周官》。

竹簡書,青絲編簡,廣數分,長二尺。有得十餘簡以示王僧虔,僧虔曰是科斗書《考工記》,《周官》所闕文也。漢時科斗書已廢,則記非博士所作也。①

王應麟所舉證據頗有說服力。清四庫館臣認爲《考工記》既非周公舊典,也非後人僞造,應是秦以前之書。清儒江永說:

> 《考工記》東周後齊人所作也。其言秦無廬,鄭之刀,厲王封其子友始有鄭,東遷後以西周故地與秦,始有秦,故知爲東周時書。其言橘逾淮而北爲枳,鸜鵒不逾濟,貉逾汶則死,皆齊魯間水,而終古戚速楺荼之類,鄭注皆以爲齊人語,故知齊人所作也。蓋齊魯間精物理、善工事而工文辭者爲之。②

從語言特徵、制度名物上看,應是東周齊魯人的著作。這個結論經現代學者的深入研究,基本上可以立得住脚。

《周禮》原缺《冬官》,後人以《考工記》補之,宋代以前幾無異辭。到南宋時,出現所謂"冬官不亡"說,影響所及,元、明皆有人信從,《周官》之學遂出現了"補亡"一派。趙翼說:

> 宋淳熙間,臨川俞庭椿始創論,以爲冬官之屬初未嘗缺,其官皆雜出於五官之中,乃作《復古司空》一篇,朱子亟稱之。永嘉王次點益引申其說,作《周官補遺》,亦爲真西山所賞。元人吳草廬(澄)、丘吉甫(葵)又因之,各有撰述。然其間亦各有不同者。今王氏《周官補遺》已不傳,草廬所編則據《尚書》司空掌邦土,謂冬官不應雜在地官司徒掌邦教之内,遂取掌邦土之官列於司空之後,其他亦未嘗分割。惟俞氏、丘氏則益加割裂。③

所謂《冬官》未嘗缺,是宋代《周禮》學的一個重要觀點。一般認爲這一觀點起源於俞庭椿,如趙翼、王鳴盛皆持此論。④ 其實,在俞庭椿之前,胡宏、程大昌已提出"《冬官》未嘗闕"的觀點。胡宏《皇王大紀・極

---

① [宋] 王應麟:《困學紀聞》卷四《周禮》,影印文淵閣四庫全書本。
② [清] 江永:《周禮疑義舉要》卷六,叢書集成初編本。
③ [清] 趙翼:《陔餘叢考》卷三《周禮冬官補亡之誤》。
④ [清] 王鳴盛:《蛾術編》卷六《冬官補亡》,商務印書館,1958 年。

論周禮》説：

> 《周官》司徒掌邦教,敷五典者也。司空掌邦土,居四民者也。
> 世傳《周禮》闕《冬官》,愚考其書而質其事,則《冬官》未嘗闕也,乃
> 劉歆顛迷,妄以《冬官》事屬之《地官》,其大綱已失亂,如是又可信
> 以爲經,與《易》《詩》《書》《春秋》配乎?

胡宏是堅決反《周禮》的學者,他認爲《冬官》一篇並沒有缺失,而是
劉歆將《冬官》之事篡入了地官,證據就是《周禮》地官中很多職掌屬於
冬官。

胡宏之後,程大昌又通過統計《周禮》設官之數,得出《冬官》雜入五
官之中的結論。王應麟《困學紀聞》引其説曰:

> 程泰之云五官各有羨數,天官六十三,地官七十八,春官七十,
> 夏官六十九,秋官六十六。蓋斷簡失次,取羨數凡百工之事歸之冬
> 官,其數乃周。①

程氏的論述不得而知,大體上他的觀點應該是:《周官》三百六十,
平均每官約六十,而天、地、春、夏、秋五官都超過六十之數,五官總數已
將近三百六十,因此可以推論出《周禮》是完整的,《冬官》之屬雜入五官
之中了。

後來俞庭椿作《周禮復古編》,基本上沿襲了胡宏、程大昌等人的説
法,祇不過論證更詳細。他認爲所謂“冬官亡佚説”至少有兩點不合情
理:其一,《周禮》六官之中,五官具存,冬官却亡佚無餘,不合情理;其
二,周官三百六十,六官應當整齊,今本《周禮》冬官全無,而其他五官又
多出不少,這也不合情理。因此,他認爲冬官其實並沒有失傳。

既然《周官》無缺,爲什麼冬官又雜入其他五官之中? 俞庭椿認爲六
經遭遇秦火之厄,幸而漢儒口傳追記保存下來一部分,但已非原書舊貌,
如《詩》失其六,《書》逸亡過半,《周禮》也被竄亂,“今六官大抵皆紊亂統
紀,非先秦之舊”。由於流傳過程中的問題,《周禮》“傳訛”之處甚多。
他舉例説,冢宰之職、司空之事都與司徒之職混雜,司空掌教,却又兼財
賦。這些都是“名與事違,官與職戾”的例證。《周禮》雖是完書,但官守

---

① ［宋］王應麟:《困學紀聞》卷四引述。

職掌混淆不清,其原因就是《冬官》並没缺失,而被雜入了五官之中。後人對此不察,以訛傳訛,以爲《冬官》真的缺失了。俞庭椿又説:

> 《司空》之篇爲逸書,漢人以《考工記》附益之,相傳之久,習以爲然,雖有鉅儒碩學,不復致思研慮。後世遂以考工之事爲六官之一,司空所掌,日漸訛誤,並與其官廢。蓋嘗紬繹是書,伏而讀之,《司空》之篇實未嘗盡亡也。

俞氏之所以這樣認爲,其根據就是《周禮》天、地、春、夏、秋五官下的設官分職,與《尚書·周官》《禮記·王制》不盡相合,如果稍加調整,不僅可以補《冬官》之缺,還可以糾正五官的訛誤。① 在這一思想的支配下,他對"五官之屬"加以調整、移動、歸併,重新編訂《周禮》,認爲這才是《周禮》古貌。俞氏提出了一個大膽的重編方案:

天官之屬:原有六十三官,俞氏將獸人、獻人、鱉人、獸醫、司裘、染人、追師、屨人、掌皮、典絲、典枲共十一官調整入冬官。

地官之屬七十八,俞氏將鼓人、舞師二官調入春官,封人、載師、閭師、縣師、均人、遂人、遂師、遂大夫、土均、草人、稻人、土訓、山虞、林衡、川衡、澤虞、丱人、角人、羽人、掌葛、掌染草、囿人、場人共二十三職調入冬官。

春官之屬七十,俞氏將天府、世婦、内宗、外宗、大史、小史、内史、外史、御史共九職調入天官。典瑞、典同、巾車、司常、冢人、墓大夫六職調入冬官。

夏官之屬六十九,俞氏將弁師、司弓矢、槀人、職方氏、土方氏、形方氏、山師、川師、邍師九職調入冬官。

秋官之屬六十六,俞氏將大行人、小行人、司儀、行夫、掌客、掌訝、掌交、環人八職調入春官。

經過調整,天官之屬得六十一,地官之屬得五十三,春官之屬得六十五,夏官之屬得六十,秋官之屬得五十八,冬官之屬得四十九。此外,俞氏還認爲冬官大司空、小司空之職也没有亡,而雜於他官,於是又取大司徒、小司徒、大司馬之職中的一部分歸入。

---

① [宋] 俞庭椿:《周禮復古編·序》,影印文淵閣四庫全書本。

俞庭椿雖不是第一個提出《冬官》不亡的人，但他第一個提出了恢復《冬官》的方案，影響很大。清四庫館臣說：

> 復古之説，始於庭椿，厥後邱葵、吳澄皆襲其謬，說《周禮》者遂有"冬官不亡"之一派，分門別户，輾轉蔓延，其弊至明末而未已。①

俞庭椿後數十年，有樂清人王與之（字次點）著《周禮訂義》八十卷，"所採舊説凡五十一家，然唐以前僅杜子春、鄭興、鄭衆、鄭玄、崔靈恩、賈公彦六家，其餘四十五家則皆宋人，凡文集、語録，無不搜採。蓋以當代諸儒爲主，古義特附存而已"②。此書非常受時人重視，當時名儒真德秀、趙汝騰都曾爲之作序，極力稱讚。

王與之解經以義理爲本，典制爲末，體現了宋學的特點。特別是他注《考工記》，據《古文尚書·周官》司空一職，得出了《冬官》不亡的結論。王與之提出了兩點理由：其一，從職能來看，《古文尚書·周官》所講的司空的職責是"掌邦土，居四民，時地利"。這些職掌在《周禮》中都有。其二，從設官分職人數來看，六官屬員應各爲六十，但現存五官屬員都超過此數，多者七十有九，少者亦六十有三。原因就是在秦火之餘，簡編脱落，司空之屬錯雜於五官之中。故司空（冬官）不曾亡。③ 他實際上繼承了胡宏、程大昌、俞庭椿等人的觀點。據宋末元初人丘葵《周禮補亡序》稱嘉熙間東嘉王次點作《周官補遺》，由是《周禮》之六官始得爲全書。則王與之也曾補《冬官》。但《周官補遺》今不存，其詳細情況不得而知。

繼俞庭椿、王與之之後，丘葵又進一步論證了《冬官》不亡說。他提出三點前人所没有注意到的問題。首先，丘葵認爲，《周官》之職屬雖有三百六十，却不一定實有這麽多官員。每官掌管一種事務，如果没有這一事務，就不一定設這一官，待有此事時可以臨時用他官兼任，先王不會以奉禄養無用之官，等到有事時再用。就是説，三百六十職官數不是固定不變的。其次，《周官》三百六十職官是一個概數，不必都是六十。現在五官皆超過六十，而《冬官》却全無。這應該是司空之屬雜入五官之中

---

① ［清］永瑢等：《四庫全書總目》卷一九《周禮復古編提要》。
② ［清］永瑢等：《四庫全書總目》卷一九《周禮訂義提要》。
③ ［宋］王與之：《周禮訂義》卷七〇《冬官考工記上》，影印文淵閣四庫全書本。

了。不然,同遭秦火,怎麼會《冬官》全無,而五官還多出來了呢? 其三,五官系統中的官員,有些職掌混亂不清,如司空掌邦土,但司徒系統中也有任土地之職。又如職方氏、山師、川師等歸之司馬,大小行人歸入春官,皆爲不類。① 總之,《冬官》不亡,錯雜於五官中,有必要對《周禮》重新删補、修訂。於是丘葵綜合俞氏、王氏兩家之説而加以損益,重新編定六官之屬,計《天官》之屬六十,《地官》之屬五十七,《春官》之屬六十,《夏官》之屬六十,《秋官》之屬五十七,《冬官》補亡五十四。

除以上諸人外,宋代相信冬官不亡的學者還有葉時、真德秀、趙汝騰、趙彥衛、車若水、金叔明、黃震等。可以説這一觀點在晚宋已經非常流行,影響所及,元、明有不少學者也持此説,並提出各自的復原方案。

宋儒首先提出的“《冬官》不亡”説,對於元、明時期的《周禮》研究產生了極大的影響。元儒胡一桂著《周禮補正》一百卷,“研究姬公經國制度,參訂互考六官錯簡”②。吳澄作《周禮考注》十五卷,本之《尚書·周官》以考《周禮》六官,也認爲《冬官》散入其他五官之中。③ 明儒方孝儒作《周禮考次目録》一卷,“考次《周禮》,較王與之、俞壽翁諸人所訂正,更爲有理”④。何喬新作《周禮集注》七卷,亦主《周禮》多錯簡,《冬官》未嘗亡,認爲俞、王、丘、吳四家考訂“其得於此者或失於彼,乃重加考訂,每篇首依鄭本列其目,存舊以參考也;次則取四家所論定其屬,正訛以從古也。黜《考工記》别爲卷,不敢淆聖經也”⑤。此後陳深又作《周禮訓雋》二十卷,“割裂五官,沿俞庭椿之説,於經義無所發明”⑥。可見沿襲宋儒之説者大有人在。

“《冬官》不亡”説是宋代經典辨疑思潮的背景下的產物,它打破了漢唐以來有關《周禮》的陳説,看似新奇,但是,由於提出新説的學者有很多先入之見,他們提出的論據並不堅實,觀點也站不住脚。

首先,他們用後世“官專其職”去衡量《周禮》制度,難免走入誤區。

---

① [宋] 丘葵:《周禮補亡序》,《經義考》卷一二五引。
② [清] 朱彝尊:《經義考》卷一二五《胡氏古周禮補正》。
③ [元] 吳澄:《周禮考注》自序。
④ [清] 朱彝尊:《經義考》卷一二六《方氏周禮考次目録》引陸元輔語。
⑤ [清] 朱彝尊:《經義考》卷一二六《何氏周禮集注》引何喬新自序。
⑥ [清] 永瑢等:《四庫全書總目》卷二三《禮類存目一·周禮訓雋提要》。

根據後人的研究,《周禮》並不是什麼"周公致太平"之典,而是戰國時人設計的一套理想制度。雖然其中也反映了一些周代的官制,但它並不曾在現實政治運作中真正實行過。陳深批評説:"夫《周官》曷嘗有類?其精神脉絡環流於三百六十之屬,而無所不通,非如後世某官而任某職,某事而專責一官也,安用類爲?自俞氏之求類也,而五官大亂,以古本校之,非復周公之舊矣。其後王次點氏、丘葵氏、吴澄氏,最後何喬新氏相繼而增損之,以補俞氏之未備。此五家者,人各持其所見,於是有臨川之書、有永嘉之書、清源之書、崇仁之書、椒丘之書,此如無主之田,而五人爲之耦也,其不墾而傷也者希矣。"①雖然他本人也未免師心自用,妄改經典,但他認爲《周官》職掌並非如後世官職那樣專一,不能以此爲據,作爲判斷《冬官》雜入其他五官中的理由,確爲有見。

其次,他們以《古文尚書》中的《周官》以及《禮記·王制》去衡量《周禮》,難以得出正確的結論。《周禮》與《尚書·周官》《禮記·王制》的説法有同有異,它們之間的關繫還有待研究。但是,《尚書·周官》屬於晚出古文,其内容可靠性尚待驗證,顯然不能作爲可信的資料來印證《周禮》。至於《禮記·王制》的時代也有異説,以此來衡量《周禮》的内容,同樣犯了用後出文獻駁先出文獻的錯誤。

再次,《周禮》"六官"是否就是三百六十個官職,是否平均六十人,其實也難以確定。宋儒按照他們的理解,將《周禮》設官打亂重編,但没有誰能真正做到整齊劃一,因此,他們的判斷大多出於臆測,復古《周禮》的努力落得"竄亂聖經"之譏,實屬必然。

總之,《周禮》"冬官"在漢初就已經失傳,《考工記》是漢人補入《周禮》之中的,對於這一事實,漢唐文獻記載基本一致,在没有更加可靠的證據的情況下,没有必要横生枝節,另立新説。

（原載《儒家文化研究》,生活·讀書·新知三聯書店,2010 年）

---

① ［清］朱彝尊:《經義考》卷一二四《俞氏周官復古編》引。

宋儒對《易傳》的考辨及其價值

　　傳世文獻中最早提到《易傳》作者的是司馬遷。《史記·孔子世家》說："孔子晚而喜《易》,序《彖》《繫》《象》《説卦》《文言》。"①此後班固《漢書·藝文志》説:"孔氏爲之《彖》《象》《繫辭》《文言》《序卦》之屬十篇。"唐代之前,學者都認爲《彖》《象》等"十翼"爲孔子所作,"先儒更無異論"②。到宋代,學者開始對"十翼"的作者與時代提出不同的看法,其中最主要的一點,就是認爲《易傳》有些内容不是孔子所作。他們的觀點,對後世易學研究影響極爲深遠。

一、北宋學人辨"十翼"概説

　　宋代考辨《易傳》,以歐陽修的影響最大。歐陽修平生極重《周易》,認爲"六經皆載聖人之道,而《易》著聖人之用"③。所謂"聖人之用",也

---

①　司馬遷的這段叙述,對於研究易學史至爲重要,但從古到今,爭議也頗多。司馬貞《史記正義》解"序"爲《序卦》,如此,則"序"字也應加書名號。但這樣解則缺動詞,文理欠通。而金德建將序、繫、説三字都看成動詞,應標點爲"序《彖》、繫《象》、説卦《文言》"。他認爲司馬遷這段話的原意不過是説《彖傳》《象傳》和《文言》是孔子的著作,至於《説卦》《序卦》《雜卦》三篇,則晚出於西漢宣帝之世,司馬遷所未見(《司馬遷所見書考》十一,上海人民出版社,1963年,第95頁)。還有的學者認爲此"序"字與同篇孔子"序《書傳》"之"序"相同,乃"序跋"之"序",也就是説,孔子在整理和研讀《周易》時,曾爲《彖》《象》等五種作序文,《彖》《象》《繫辭》《説卦》《文言》等五種在孔子之前就存在了(郭沂《孔子學易考論》,載《孔子研究》1997年第2期)。

②　[唐]孔穎達:《周易正義·序》。案:梁武帝蕭衍説過《周易·文言》是周文王作(《經典釋文叙録》),則先儒也不盡以爲《易傳》全是孔子所作,只不過提出"異論"的是極個別人,基本上没有産生過什麼影響而已。考梁武帝之意,大概是見"文言"二字,即以爲"文王之言"。但《文言》多處稱"子曰",顯然出自後儒。

③　[宋]歐陽修:《居士集》卷四二《送王陶序》。案:歐陽修著作中有許多論及《周易》。除《易童子問》外,尚有《易或問三首》、《易或問》、《傳易圖序》、《明用》、《送王剛序》(一作《剛説》)、《繫辭説》、《張令注周易序》等。

就是説《周易》之中"有君子小人進退、動静、剛柔之象,而治亂、盛衰、得失、吉凶之理具焉"①。歐陽修易學以義理爲宗,也不廢象數。但總體上説治《易》應通過"窮物取象"達到"盡萬物之理""以明人事之始終"。他既反對"執於象數",也不贊成"流於變化",認爲:

> 《易》之爲書,無所不備,故爲其説者亦無所不之。蓋滯者執於象數以爲用,通者流於變化而無窮;語精微者務極於幽深,喜誇誕者不勝其廣大。苟非其正,則失而皆入於賊。②

對於前人的《易》著,歐陽修非常欣賞王弼《周易注》,認爲:"若其推天地之理,以明人事之始終,而不失其正,則王氏超然遠出於前人。"在歐陽修本人的易學論著中,往往闡發義理,切近人事,對於吉凶禍福之道、政教人倫之理尤爲洞悉。

歐陽修一方面推崇《周易》,承認"其書則六經也,其文則聖人之言也,其事則天地、萬物、君臣、父子、夫婦,人倫之大端也"③。但另一方面由於"傳者失其真,莫可考正",因此《周易》"不得爲完書",其中有不少後儒附益的内容。④ 歐陽修對《周易》的考辨,最大膽之處莫過於指出"十翼"之中《繫辭》《文言》《説卦》而下都不是"聖人之作",而且"衆説淆亂",也不是"一人之言"⑤。以歐陽修在當時的名位,他的這一觀點,對學術界具有極爲强烈的震撼力。因此學者語及宋儒對《易傳》的辨疑,多以歐公爲首,甚至説歐陽修提出的問題在當時"那還是一個尚未有人想到和不敢想的問題"⑥。其實在歐陽修之前,已經有學者對"十翼"的作者與時代提出異議,其中尤以范諤昌的觀點常被後人稱引。朱震引《正義補闕》曰:

> 夫子因文王象而有《象》。王昭素、胡旦亦云。范諤昌著《易證

---

① ［宋］歐陽修:《居士集》卷一八《易或問三首》。
② ［宋］歐陽修:《居士外集》卷一四《張令注周易序》。
③ ［宋］歐陽修:《居士集》卷一八《易或問三首》。
④ ［宋］歐陽修:《居士外集》卷一五《傳易圖序》。
⑤ ［宋］歐陽修:《易童子問》卷三,《歐陽文忠全集》本。
⑥ 徐洪興:《思想的轉折——理學發生過程研究》,上海人民出版社,1996 年,第282 頁。

墜簡》曰：諸卦《彖》、《象》、《爻辭》、《小象》、乾坤《文言》並周公作，自《文言》以下孔子述也。①

所謂"文王彖"，即卦辭。孔子在文王卦辭的基礎上作《彖傳》，這是傳統的觀點，宋初易學家王昭素、胡旦也持此論。② 但范諤昌却提出了新的看法。關於范諤昌的師傳源流，朱震《漢上易傳表》稱：

> 陳摶以《先天圖》傳种放，放傳穆修，修傳李之才，之才傳邵雍。放以河圖、洛書傳李溉，溉傳許堅，堅傳范諤昌，諤昌傳劉牧。修以《太極圖》傳周敦頤，敦頤傳程頤、程顥。

若此説可信，則其學亦出於陳摶。范諤昌著有《易證墜簡》。陳振孫《直齋書録解題》卷一説：

> 《易證墜簡》二卷，毗陵從事建溪范諤昌撰。天禧中人。序言任職毗陵，因事退閒，蓋嘗失官也。又言得於溢浦李處約，李得於盧山許堅。其上卷如郭京《舉正》，下卷辨《繫辭》非孔子命名，止可謂之《贊繫》；今爻辭乃可謂之《繫辭》。又復位其次序。又有《補注》一篇，辨周、孔述作，與諸儒異。

---

① ［宋］朱震：《漢上易傳叢説》，影印文淵閣四庫全書本。案：據《崇文總目》卷一著録："《周易正義補闕》七卷，不著撰人名氏。其説自謂裨穎達之闕。"

② 王昭素，開封酸棗（今河南開封）人，生於唐昭宗初年。篤志向學，不求仕進，德行高潔，見稱鄉里。太祖開寶年間年七十七受詔赴闕講《易經》，深得嘉許，拜國子博士致仕。卒於家，年八十九。昭素學問淵博，通九經、老莊，尤精於《易》《詩》，"以爲王、韓注《易》及孔、馬疏義或未盡是，乃著《易論》三十三篇"（《宋史·儒林傳》），宋人徐徽删其精要爲《易論要義》十卷。但二書都已失傳，朱震《漢上易傳》、鄭剛中《周易窺餘》、程大昌《易原》、郭雍《傳家易説》、項安世《周易玩辭》等書頗有徵引。胡旦字周父，渤海人。博學能文，太平興國三年進士第一，歷官秘書監、知制誥。著有《演聖通論》四十九卷，"論六經傳注得失，《易》十六卷、《書》七卷、《詩》十卷、《禮記》十六卷，而《春秋論》別行，天聖中嘗獻於朝，博辨精詳，學者宗焉"（《郡齋讀書後志》卷一）。案：諸志著録《演聖通論》卷數有差異。《崇文總目》卷一作三十六卷，包括《易》百篇、《書》五十六篇、《詩》七十八篇、《論語》十八篇，凡二百五十二篇。《直齋書録解題》卷三作六十卷，包括《易》十七、《書》七、《詩》十、《禮記》十六、《春秋》十，其第一卷爲目録）。胡一桂《周易啓蒙翼傳》下篇引元人陳友文《易傳精義》稱："十翼，先儒皆謂夫子作，獨范諤昌、王昭素乃謂《彖》、《象》，爻辭、小《象》、《文言》並周公作。"似王昭素與范諤昌的觀點一致。但這段文字似不如朱震所引可靠。

《易證墜簡》早已失傳，但據此可知大體情況。郭京是唐朝人，自言得王弼、韓康伯手寫真本《周易》，校正今世流行本及國學鄉貢學人等本訛謬凡一百零三條，著有《周易舉正》三卷。[1] 如此看來，范諤昌《易證墜簡》上卷主要校訂《周易》文字，下卷考辨《易傳》。

范氏對"十翼"的觀點，一些文獻中有零星的引述，其中朱震《漢上易傳叢説》所引比較系統，綜合起來，主要有以下幾條：（1）諸卦《象》、《象》、《爻辭》、《小象》、乾坤《文言》並周公作，自《文言》以下孔子述。（2）《象》釋"元亨利貞"，《文言》又從而釋之，疑其重複，謂非孔子之言，且引穆姜之言證之。（3）今本《繫辭》是孔子所作，但其中有"聖人設卦觀象，繫辭焉而明吉凶"之語，孔子不應自贊如此。因此"繫辭"之名本不指今本《繫辭》，而應指周公所作的爻辭，今本《繫辭》只可稱爲"贊繫"。（4）乾卦《文言》後面答問以下爲孔子贊《易》之辭，非周公《文言》。

據范諤昌的觀點，《周易》爻辭、"十翼"中的《象傳》《象傳》及《文言》前半部分文字都是周公所作，[2]《文言》下半問答部分以及《繫辭》《説卦》《序卦》《雜卦》的作者屬於孔子，但《繫辭》應稱爲"贊繫"。

范諤昌雖然並沒有超越《周易》經傳"世歷三古，人更三聖"的傳統觀點，且以周公爲部分《易傳》的作者，並無證據。但他指出"十翼"不完全是孔子的作品，這一點在宋代易學史上具有重要的意義。後世儒者大多圍繞這些疑點繼續討論，其中最有影響的是歐陽修。

二、歐陽修對《易傳》的考辨

要弄清歐陽修對《周易》經傳的辨疑在多大程度上受到前人的影響，

---

① ［唐］郭京：《周易舉正・原序》，影印文淵閣四庫全書本。
② ［宋］鄭剛中《周易窺餘・自序》云："《繫辭》曰：'知者觀象辭，則思過半。'又曰：'聖人設卦觀象，繫辭焉而明吉凶。'遂又疑夫子不應自贊如此。《繫辭》必文王所爲也。曾不知卦下之辭乃文王所繫，其所繫辭亦可謂之'象'。夫子於上下繫特贊序之，與夫子所爲《象》《繫》自不相礙。范諤昌誤疑乾《象》與《文言》重複，而謂文王爲《象》者，亦此類也。"這段文字涉及"繫辭""象辭"的問題。若將"繫辭"之"繫"解爲動詞，則文王所繫之詞並不一定稱爲"繫辭"，鄭氏之辨甚是。至於《繫辭傳》所提到的"象辭"，實爲卦辭，也就是文王所"繫"之辭。范諤昌所疑之"乾《象》與《文言》重複"，爲"象傳"而非"象辭"。鄭剛中云范諤昌"謂文王爲《象》"，此"象"理解爲"象辭"則可，若理解爲"象傳"，則范氏似無此意。

是比較困難的。他在《易童子問》中稱："遽然遠出諸儒之後,而學無師授之傳,其勇於敢爲而決於不疑者,以聖人之經尚在,可以質也。"似乎他對《周易》的看法出於自得,有的學者據此認爲歐陽修未見范諤昌之書,①其實未必。范諤昌傳學於劉牧(1011—1064),劉牧又師范仲淹、孫復,並與石介、富弼交游,師友皆爲當時名士,王安石爲他作墓志銘。② 這些人亦與歐陽修關繫頗深,歐公識其人、知其學,並進而知其師説,應當合於情理。③ 歐陽修對《周易》的辨疑,動搖了所謂"世歷三古,人更三世"的舊觀念,在當時學術界無疑具有振聾發聵的作用。歐陽修在《易童子問》中自設問答説:

> 童子問曰:《繫辭》非聖人之作乎? 曰:何獨《繫辭》焉,《文言》《説卦》而下皆非聖人之作,而衆説淆亂,亦非一人之言也。昔之學《易》者雜取以資其講説,而説非一家,是以或同或異,或是或非,其擇而不精,至使害經而惑世也。

"十翼"之中,除開《彖傳》《象傳》而外,其他《文言》《繫辭》《説卦》《序卦》《雜卦》都不是聖人所作,也不是某一人之言。歐陽修還認爲"《易》之闕文多矣","十翼"之中有很多"繁衍叢脞""衆辭淆亂"的内容。他之所以敢於得出如此大膽的結論,在於方法論上有度越前人之處。

綜觀歐陽修的辨疑方法,用得比較多的是"以經證經",通過尋找内證,發現矛盾。他提出"衆辭淆亂質諸聖"④,敢於懷疑而作出判斷,在於"以聖人之經尚在,可以質也"⑤。此外衡量各種説法是否可信,歐陽修還有兩條原則:一是"聖人之中道",二是"天下之至理"。所謂"聖

---

① 葉國良:《宋人疑經改經考》附注四,臺灣大學文史叢刊之五十五,1980 年,第161 頁。
② [宋]王安石:《臨川先生文集》卷九七《荆湖北路轉運判官尚書屯田郎中劉君墓志銘並序》。
③ 劉牧著有《易數鈎隱圖》三卷,《四庫提要》曰:"南宋時劉敏士嘗刻於浙右漕司,前有歐陽修序,元儒吳澄曰修不信《河圖》,而有此序,殆後人所僞爲,而牧之後人誤信之者。俞琰亦曰序文淺俚,非修作。其言有見。"
④ [宋]歐陽修:《易童子問》卷一。
⑤ [宋]歐陽修:《易童子問》卷三。

人之中道"，按歐陽修的說法，就是"常人之情"；而"天下之至理"也就是判斷事物的客觀標準。如果與聖人經典互相矛盾，"語以聖人之中道而過，推之天下之至理而不通"，則可以斷定不出於聖人之手。歐陽修對"十翼"的辨疑主要有以下幾點結論：

第一，《文言》《繫辭》之中多處標明"子曰"，顯然是後世講師所作。歐陽修說："昔孔子門人追記其言作《論語》，書其首必以'子曰'者，所以別夫子與弟子之言。又其言非一事，其事非一時，文聯屬而言難次第，故每更一事，必以'子曰'以起之。"如果《文言》是夫子自作，不應自稱"子曰"；如果《文言》作於一時，文有次第，又何必稱"子曰"？因此可知今《周易》所載非孔子《文言》全篇，稱"子曰"之處是漢代《易》師擇取其文以解卦體。至於先言"何謂"而後言"子曰"者，是講師自為答問之言，如《公羊》《穀梁》傳《春秋》，先言"何""曷"而後道其師之所傳以為《傳》。今《上繫》凡有"子曰"之處也都是講師之說。[1]

第二，傳世《繫辭》是講師之傳，應稱《易大傳》。"繫辭"之"繫"是"有所繫之謂"，孔子專指"爻辭"為"繫辭"。而今乃以孔子贊《易》之文為上下《繫辭》，是錯誤的。卦爻之辭，有的以為文王作，有的以為周公作。孔子言"聖人設卦繫辭焉"，既指文王、周公之作為"繫辭"，不必又自名其所作為"繫辭"。何況《繫辭》其文是概說《易》之大體，雜論《易》之諸卦，"其辭非有所繫，不得謂之'繫辭'也"[2]。故《繫辭》之名不古，"漢初謂之《易大傳》也，至後漢已為《繫辭》矣"。他的這一發現在易學史上有重要意義。

歐陽修也不否認《繫辭》的價值，認為《繫辭》作為《易大傳》，遠較《書》《禮》之傳為優，但如果稱之為"聖人之作"，則屬於"僭偽之書"。使學者知《大傳》為諸儒之作，敢於"取其是而捨其非"，則《繫辭》出於"三代之末，去聖未遠"，有很多"老師名家之世學，長者先生之餘論"雜於其間，未必無益於學。但如果"使以為聖人之作，不敢有所擇而盡信之，則

---

① ［宋］歐陽修：《居士外集》卷一五《傳易圖序》。案：歐陽修此說實為近理，據此基本上可以斷定《文言》《繫辭》不是孔子親撰，而出自後學者之手，故引用孔子之說而稱"子曰"。但將其成書下推到漢代，則又嫌過晚。
② 歐陽修：《居士外集》卷一五《傳易圖序》。

害經惑世者多矣,此不可以不辨也”①。

第三,《文言》中有關於元、亨、利、貞“四德”的論述,早已見於《左傳》所引,爲《隨》之“四德”。據《左傳》記載,魯穆姜之筮,遇《艮》之《隨》,於是引“元亨利貞”之說,在襄公九年(前564)。其說與《文言》所論《乾》之“四德”全同。後十有五年(前550)孔子才出生,又過了數十年才贊《易》。由此可知“四德非《乾》之德,《文言》不爲孔子之言矣”。那麼有無可能是《左傳》竊取孔子《文言》,而上附穆姜之說呢?歐陽修認爲這是不可能的,“彼左氏者胡爲而傳《春秋》?豈不欲其書之信於世也?乃以孔子晚而所著之書爲孔子未生之前之說,此雖甚愚者之不爲也。”合理的推斷是,左氏傳《春秋》之時,世人還没有把《文言》當成孔子的作品,“然則謂《文言》爲孔子作者,出於近世乎?”②

第四,“十翼”有很多“繁衍叢脞”之言,在《文言》《繫辭》《說卦》之中都有這類情況,非聖人之言。如《乾》之初九曰“潛龍勿用”,聖人於其《象》曰:“陽在下也。”如此則“其文已顯,而其義已足”。但作《文言》的人既說“龍德而隱者也”,又說“陽在下也”“陽氣潛藏”“潛之爲言,隱而未見”。這就顯得重複累贅,完全不象出自一人之手。《繫辭》也有類似情況。如《繫辭》曰:“聖人設卦觀象,繫辭焉而明吉凶。”又曰:“辨吉凶者存乎辭。”又曰:“聖人有以見天下之動而觀其會通,以行其典禮,繫辭焉以斷其吉凶,是故謂之爻。”又曰:“《易》有四象,所以示也;繫辭焉,所以告也;定之以吉凶,所以斷也。”又曰:“設卦以盡情僞,繫辭焉以盡其言。”其說雖多,要其旨歸,可一言以蔽之,即“繫辭明吉凶”。由此可以推斷“其說出於諸家,而昔之人雜取以釋經,故擇之不精,則不足怪也。謂其說出於一人,則是繁衍叢脞之言也,其遂以爲聖人之作,則又大繆矣。”

① [宋]歐陽修:《易童子問》卷三。案:歐陽修提出的這一疑點,確實是易學史上的一個公案。因爲《史記》《漢書》引用今本《繫辭》之文,都不稱《繫辭》,而稱《易大傳》,或稱《易》,文字、內容上有些差異。有學者據此認爲直至司馬遷時,今本《繫辭》之名還没有確定,也没有固定編成今本的形態。但也有人認爲《繫辭》與《易大傳》分屬兩篇,只是二者語句上有重複之處。

② [宋]歐陽修:《易童子問》卷三。案:歐陽修此說實難以成立。《左傳》所引,只能證明孔子之前已經有了“四德”之說,而不能證明“四德”說來自《文言》。且《左傳》與《文言》也不存在誰抄誰的問題。穆姜之說,引用了古筮例;“十翼”中的《文言》,也吸收了古筮例,二者並不矛盾。

歐陽修認爲:"孔子之文章,《易》《春秋》是已。其言愈簡,其義愈深,吾不知聖人之作繁衍叢脞之如此也。"①

第五,"十翼"之中有"害經惑世""自相乖戾"的内容。如《文言》説:"元者善之長也,亨者嘉之會也,利者義之和也,貞者事之幹也。"是謂《乾》之"四德"。又説:"乾元者,始而亨者也;利貞者,性情也。"則又非"四德"。二説互相乖戾,顯然不出於一人。《繫辭》説:"河出圖,洛出書,聖人則之。"所謂"圖"即八卦之文,神馬負之,自河而出,以授於伏羲者也。這是説八卦非人之所爲,是天之所降。但《繫辭》又説:"包羲氏之王天下也,仰則觀象於天,俯則觀法於地,觀鳥獸之文與地之宜,近取諸身,遠取諸物,於是始作八卦。"如此,則八卦又是人之所爲,與"河圖"不相干。這二説已經不能相容了,而《説卦》又提出第三説:"昔者聖人之作《易》也,幽贊於神明而生蓍,參天兩地而倚數,觀變於陰陽而立卦。"如此,則卦又出於蓍。那麼究竟"八卦"何從而出呢? 如果三説同出於一人,顯然自相矛盾。歐陽修從人之常情角度分析説:

> 人情常患自是其偏見,而立言之士莫不自信,其欲以垂乎後世,惟恐異説之攻之也,其肯自爲二三之説以相抵牾而疑世,使人不信其書乎? 故曰非人情也。

因此判斷《文言》《繫辭》中的内容不是"一人之説",更不是"聖人之作"。至於《説卦》《雜卦》,是"筮人之占書也,此又不待辨而可以知者"②。

雖然歐陽修指出"十翼"中除《彖》《象》之外都不出自孔子之手,但他並没有完全否認那些所謂"講師之説"的價值,並且也承認"講師之説"引用、摘取了孔子的易學觀點。他的結論是大膽的、駭俗的,但他的態度却是非常理性的,論證也是客觀的,因而比較平實近理,啓人深思。他的某些觀點雖然不一定正確,但對於推動《周易》文獻的深入研究,還

① [宋]歐陽修:《易童子問》卷三。案:因《文言》《繫辭》《説卦》有"繁衍叢脞"、互相乖戾之説,判斷其非一人作,確屬有見。但這也可以理解爲孔子門人或後學者的不同記録,不能據此否認它不是孔子的思想。《論語》中同樣有類似情況。

② [宋]歐陽修:《易童子問》卷三。案:一般而言,人的思想、行爲應當前後一致。以"前後異説"作爲辨僞的一條原則,有時是有效的,但思想、行爲也有前後不一致的時候,故此條原則應當慎用。

是有意義的。

歐陽修對“十翼”的辨疑,如一股颶風,對後世易學研究産生了强烈的衝擊。對於歐公之説,“新進後生”多信從之,一些保守的學者則多持保留意見。① 歐陽修晚年追述這段經歷説:

> 予謂《繫辭》非聖人之作,初若可駭。余爲此論迫今二十五年矣,稍稍以余言爲然也。②

這説明歐陽修的觀點越來越被學者接受。他的叙述是真實的。歐陽修之後,王開祖、司馬光、金君卿、李清臣、劉安世等人都對“十翼”中的某一篇或幾篇提出懷疑。他們的觀點或承襲歐陽修之説,或對歐説有所修正。如關於《繫辭》,王開祖説後世所傳《繫辭》“其源出於孔子,而後相傳於易師,其來也遠,其傳也久,其間失墜而增加者不能無也,故有聖人之言焉,有非聖人之言焉”③。司馬光説“《繫辭》雜記前聖及孔子解《易》之語”④。金君卿也説《繫辭》《説卦》《序卦》《雜卦》是後世“傳《易》之家”祖述仲尼之言而作的章句。⑤ 李清臣懷疑“十翼”不得皆爲“夫子之言”,並對《序卦》作了考辨,發現:“《易》卦之序,二二相從。今《序卦》之名蓋不協矣,有義之苟合者,有義之不合而强通者,是豈聖人之言耶?”⑥ 劉安世認爲“作《易》者不止三聖”。他引《左傳》穆姜之言,以證《文言》非孔子作。又認爲今之所謂《繫辭》在漢時謂之《大傳》;“爻辭”才是古之“繫辭”,“大凡一卦之中所載之爻皆其辭也,以繫辭於一卦之下,故曰

---

① 如歐陽修的好友韓琦即不贊成歐説。施德操《北窗炙輠録》卷上記:“歐公語《易》,以爲《文言》《大繫》皆非孔子所作,乃當時易師爲之耳。魏公心知其非,然未嘗與辯,但對歐公終身不言《易》。”

② [宋] 歐陽修:《文忠集》卷一三〇《試筆·繫辭説》。

③ [宋] 王開祖:《儒志編》。

④ [宋] 司馬光:《温公易説》卷五。

⑤ [宋] 李衡:《周易義海撮要》卷一二引,影印文淵閣四庫全書本。

⑥ [清] 朱彝尊:《經義考》卷四引。現代學者對於《序卦》作者的研究,大體上都主張非孔子親作。如錢穆、李鏡池、郭沫若、高亨、馮友蘭、張岱年、劉大鈞諸學者雖在《序卦》成書時間上有不同意見,但在非孔子作這一點上,看法則比較一致。特別是馬王堆帛書《易經》的出土,證明了在西漢時尚有不同於今本六十四卦次序的《易經》流行,這進一步明確了《序卦》不可能出於孔子之手。不同的卦序排列表明有不同的《周易》傳本以及不同的易學傳承流派。

'繫辭'"①。他們的觀點,大體上不出歐陽修所討論的範圍,而在論述的系統性、嚴密性方面,遠不及歐公。

三、南宋學人對《易傳》的辨疑

總的來説,北宋學者雖然認爲"十翼"不完全出自孔子之手,其中可能有非聖人之言雜於其中,但對"十翼"並沒有全盤否定。到了南宋,由於疑古學風的發展,疑經的學者數量超過北宋,觀點也更加大膽,出現了如趙汝談這樣全面否定"十翼"的學者。② 在對"十翼"的辨疑上,一方面他們認同北宋學者之説,如高似孫、方實孫疑《文言》,引《左傳》所記穆姜之言爲據;③章如愚、張文伯及《六經奧論》等疑《序卦》,沿襲葉清臣的觀點。④ 另一方面,他們對"十翼"辨疑的範圍有所擴大,甚至對《彖》《象》等北宋學者認爲屬於"聖人之書"的篇目,也提出了質疑。⑤

歸納南宋懷疑"十翼"者的看法,他們對《易傳》部分篇目作者的觀點有以下三説:一是孔子門人,二是後世經師,三是漢儒僞竄。

根據葉國良的考察,南宋對《彖》《象》提出懷疑的學者有鄭厚、鄭樵、王柏、金履祥等。鄭厚著有《存古易》,"削去《彖》《象》《文言》《大傳》,以爲皆後之學《易》者所作"⑥。其書早已不傳,據此推測,鄭厚《存

---

① 〔宋〕劉安世:《元城語録》卷下。
② 趙汝談,字履常,淳熙十一年進士,官宗正少卿,權吏部侍郎,升侍讀,兼直學士院、國史修撰。著有《南塘易説》三卷,陳振孫《直齋書録解題》卷一著録,云:"專辨'十翼'非夫子作。其説亦多自得之見。"其書失傳,詳細內容無考。汝談是南宋前期一位勇於疑古的學者。《宋史》卷四一三本傳説"其論《易》以爲爲占者作,《書》堯、舜二《典》宜合爲一,禹功只施於河洛,《洪範》非箕子之作,《詩》不以《小序》爲信,《禮記》雜出諸生之手,《周禮》宜傅會女主之書",可知他對《易》《書》《詩》《禮》都有辨疑。
③ 見高似孫《緯略》卷五、方實孫《淙山讀周易記·後序》。
④ 見章如愚《群書考索別集》卷二、張文伯《九經疑難》卷二、鄭樵《六經奧論》卷一。
⑤ 葉國良檢得南宋疑"十翼"者二十家:鄭厚、鄭樵、李石、朱翌、程迥、楊簡、葉適、吳仁傑、趙汝談、高似孫、李心傳、馮椅、章如愚、徐總幹、方實孫、趙汝楳、王柏、金履祥、張文伯、《六經奧論》(《宋人疑經改經考》,第13頁)。雖不能説完全沒有遺漏,然大體已具。
⑥ 〔清〕朱彝尊:《經義考》卷二五引《閩書》。

古易》既以《彖》《象》《文言》《繫辭》等皆孔子以後學《易》者所作,那麼他更無理由承認其他幾篇《易傳》出自孔子之手,他或許將"十翼"全部刪除不存。鄭樵也主張"《易》有《彖》《象》,皆出仲尼之後,往往戰國時人作,《彖》自一家,《象》自一家耳,故左氏書無《彖》《象》之文"①。二鄭氏都認爲《彖》《象》出於孔子之後,從而否定了孔子作《彖》《象》的傳統説法。到晚宋,王柏、金履祥師徒二人也疑《象》與《小象》是孔子門人述其師之意以成書,其間既有"未盡之意",也有"填足之詞",不能完全反映孔子的觀點。②

關於《序卦》,《朱子語類》卷七七記朱熹與門人問答曰:

> 問:"《序卦》或以爲非聖人之書,信乎?"曰:"此沙隨程氏之説也。"

所謂"沙隨程氏"即程迥。程迥著有《周易古占法》《周易章句外編》。其《周易章句外編》説:

> 先儒曰:"《序卦》非《易》之藴。"朱待制新仲嘗謂迥曰:"《序卦》非聖人書。唐僧一行《易纂》引孟喜《序卦》曰:'陰陽養萬物,必訟而成之;君臣養萬民,亦訟而成之。'"然則今《序卦》亦出於經師,可知也。③

據此可知,程迥之説來源於朱塈(新仲)。《序卦》"非《易》之藴"之説,見於韓康伯注,原來並無否定《序卦》之意,而是説孔子"因卦之次,托以明義"④。朱塈見孟喜有《序卦》,於是推斷"十翼"中的《序卦》也屬後世經師之作。

對於《繫辭》《文言》以下諸篇,南宋學者疑者更多。陸九淵的門人楊簡對《繫辭》疑信參半。他稱《繫辭》爲"大傳",認爲"非聖人作",並認爲《繫辭》中"仰觀""俯察""近取諸身,遠取諸物"作八卦一章是"不知道者推測聖人"之説。他只相信《繫辭》中"惟'子曰'下乃聖人之言,餘則

① 〔宋〕周孚:《蠹齋鉛刀編》卷三一《非詩辨妄》引。
② 〔宋〕金履祥:《論語集注考證》卷一。
③ 〔宋〕程迥:《周易章句外編》。
④ 〔唐〕孔穎達:《周易注疏》卷一三。

非"①。吕祖謙門人徐總幹也説《下繫》"《易》之爲書也"三章"皆漢儒《易緯》之文,訛爲夫子之作,而誑後世"。並且其中有"若夫""噫"這類用語,顯然不是"夫子之筆"。因爲:"夫子贊《易》之文典雅醇正,辭旨貫通,豈三章之可擬哉!"②他從言辭用語上判斷《繫辭》有部分内容不出於孔子。

葉適認爲"十翼"之中,孔子獨著的只有《彖》《象》,"其餘《文言》、上下《繫》《説卦》諸篇,所著之人或在孔子前,或在孔子後,或與孔子同時,習《易》者會爲一書,後世不深考,以爲皆孔子作也"③。葉適的這一看法非常有見地。"十翼"的成書很複雜,其中既包含了孔子之前的古易説,如《文言》"四德"之説;又有孔子的易説,如引用"子曰"之處;還有孔門後學的易學觀點雜於其中。這一點現存已經是許多學者的共識。葉適又説:

> 按班固用劉歆《七略》,記《易》所起,伏羲、文王作卦、重爻,與《周官》不合,蓋出於相傳浮説,不可信。言孔氏爲之《彖》《象》《繫辭》《文言》《序卦》之屬,亦無明據。《論語》但言"加我數年,五十以學《易》"而已。易學之成,與其講論問答,乃無所見,所謂《彖》《象》《繫辭》作於孔氏者,亦未敢從也。然《論語》既爲群弟子分别君子、小人無所不盡,而《易》之象爲君子設者五十有四焉,其詞意勁屬,截然著明,正與《論語》相出入,然後信《彖》《象》《繫辭》爲孔氏作無疑。至所謂上下《繫》、《文言》、《序卦》,文義重複,淺深失中,與《彖》《象》《繫辭》異,而亦附之孔氏者,妄也。自顏、曾而下訖於子思、孟子,所名義理,萬端千緒,然皆不若《易》象之示人簡而切,確而易行。學者誠有志於道,以是爲經,而他書特緯之爲可也。④

葉適此説包含兩層意思:第一層是説没有證據證明"《彖》《象》《繫辭》

---

① [宋]楊萬里:《楊氏易傳》卷二〇。
② [宋]徐總幹:《易傳燈》卷四《初上中爻》。案:徐總幹之名無考,其子徐子東序稱他曾師從吕祖謙、唐仲友,寶慶年間作《周易大義》,繼作《衍義》,續作《傳燈》。
③ [宋]葉適:《習學紀言》卷五。
④ [宋]葉適:《習學紀言》卷三。

《文言》《序卦》之屬"爲孔子所作,因爲《論語》中幾乎没有提到孔子與《周易》的關繫。他指出的這一疑點,也是後人懷疑孔子與《周易》無關的重要理由。第二層意思是説,《論語》中的一些思想與《周易》相通,又可以證明《彖》《象》《繫辭》(案:葉氏所言"繫辭"實指爻辭而言)確實是孔子所作。至於上下《繫》《文言》《序卦》"文義重複,淺深失中",絶不是孔子的作品。對於這些疑僞諸篇,葉適最貶《序卦》,認爲:"上下《繫》、《説卦》浮稱泛指,去道雖遠,猶時有所明。惟《序卦》最淺鄙,於《易》有害。"①

與葉適觀點相近,吳仁傑也提出:"《彖》《象》《繫辭》,夫子所自著也;《文言》以下,弟子記夫子之言也。"②需要指出的是,吳仁傑所説的"象",指的是《大象》,"繫辭"指的是《小象》。因此,吳仁傑實際上也認爲"十翼"中《文言》、上下《繫辭》等篇都不出自孔子之手,但承認是門人所記的"夫子之言"。

馮椅對孔子"贊《易》"之説深信不疑。但他認爲"孔子之贊《易》,止於彖、爻,蓋其成書也"。孔安國稱"先君孔子贊《易》道以黜八索",就是指此而言。從文體上説,孔子"述周文王之《易》而贊述其義,聲韻相叶,實贊體也"。因此《彖》應稱爲《彖贊》,《象》應稱爲《象贊》。此外《雜卦》的聲韻與《彖》《象》二"贊"相似,馮椅判斷《序卦》《雜卦》二篇可能是"孔子之遺書"。至於《文言》《説卦》二篇,其中多稱"子曰",且有古語、有占法,顯然是孔子死後"門人追述其平日講説、問答之辭與夫所傳於古而記之有補於《易》者,爲之傳"③。

李心傳也認爲《文言》《繫辭》諸篇"往往後人取夫子之説而彙次之"。先儒以《文言傳》首章八句與《左傳》所載穆姜之言不異,於是懷疑非孔子之言。故梁武帝以此篇爲文王所作,范諤昌、歐陽修對《文言傳》也有懷疑。吕祖謙、朱熹都認爲孔子取之古語。但李心傳有不同的意見,説:

---

① [宋]葉適:《習學紀言》卷四。
② [宋]吳仁傑:《古周易》。
③ [宋]馮椅:《厚齋易學》自序二。案:馮椅同吳仁傑之説,認爲後世所謂上、下《繫辭》實際上是《説卦》的上、中篇,後世所謂《説卦》是下篇。故他們所指的《説卦》實際上包含《繫辭》在内。

　　愚案《春秋傳》乃戰國時人所作,記獲麟後五十年事,疑其取諸此傳,如王肅采《中庸》爲《家語》之比。若謂下文加"子曰"字以明此章之爲古語,則《繫辭》《説卦》諸傳豈皆古語乎? 況《繫辭》傳文全體與此同,故愚疑此二傳往往後人取夫子之説而匯次之,故文勢節目頗與《中庸》相似。①

他認爲孔子之前並無《文言傳》,《左傳》作者不是與孔子同時的左丘明,而是戰國時人。《文言》《繫辭》二傳是後人編次孔子的《易》説而成,《左傳》所載穆姜之言,實際上是《左傳》作者取《文言傳》附會而成的。因此二傳的思想是孔子的,但著作權是後人的。

　　趙汝楳主張"十翼"中《文言》《繫辭》等傳不是孔子親筆,出自門人之手,記録了"夫子之意",但《序卦》《説卦》《雜卦》諸篇,則有可能是漢儒附會而成的。他説:

　　"十翼"之目,諸儒人異其説。況乾、坤《文言》雜以釋爻之辭,費直傳不載《序》《雜》二篇,《説卦》至漢宣時始得之,安知非如張霸之《泰誓》,自當闕疑。(原注:今上、下《繫》乃孔門弟子記録聖人論《易》之語,如"大衍之數"一章顛倒不倫,又他有冠以"子曰"者,有不冠者,有援爻辭於前者,有證於後者,皆門人各隨所聞記録而成,如《論語》,不可以爲聖人所作。)②

《文言》《繫辭》二傳成書與《論語》近似,是由門人記録而成,不能算孔子作。而《序卦》《説卦》《雜卦》諸篇來歷不明,很可能如張霸《泰誓》一樣出於依托。關於《説卦》,趙汝楳又説:

　　至若《説卦》之象與諸卦之象不同,《乾》卦不言馬而《説卦》爲馬,《震》卦不言龍而《説卦》爲龍。《大畜》稱牛、豕,《説卦》乾、艮不爲牛、豕,《大過》稱茅、楊,《説卦》巽、兑不爲茅、楊。至爲布、爲大塗、爲心痛、爲蚌等,皆諸卦所無。若以《左傳》筮《易》之象參之,疑《説卦》後章爲占家玩占之象,後人或取以附夫子《説卦》之末,猶諸緯皆稱夫子之筆是也。況此文失於漢初,至孝宣時河内女子發老屋

———————

① ［宋］李心傳:《丙子學易編》。
② ［宋］趙汝楳:《周易輯聞》卷一。

得之，又荀、鄭、馬、虞諸家之象多寡不同，以故不能不起後世之疑。①
他從《說卦》論象與諸卦不同，判斷《說卦》後面部分是"占家玩占之象"
而附在孔子《說卦》之末，是又承認《說卦》的部分内容來源於孔子。

晚宋王柏、金履祥師徒只承認"十翼"之中《大象》一傳是孔子親筆，
其餘諸篇雖然多少包含了"夫子之意"，但屬於門人記錄，既有門人"發明
之辭"，也有門人"足成之體"。金履祥説：

> 《彖》《繫》《象》《說卦》《文言》，魏伯陽、顔師古所謂"十翼"者，
> 此則夫子之意，而門人述以成書，謂皆夫子所筆，則亦非也。《象傳》
> 例有發明，中間豈無未盡之意？《象傳》句多重複，中間寧無填足之
> 詞？蓋門人得夫子之説而欲足成其書，不得不爾。何以知之？以
> 《繫辭傳》知之也。"十翼"莫粹於《繫辭傳》，或不以"子曰"起文，或
> 以"子曰"起文，或引"子曰"以答問，或中引"子曰"以爲證，或末引
> "子曰"以爲斷。王文憲(引者案：即王柏)謂與子思作《中庸》同體，
> 蓋《繫辭傳》門人以夫子之意發明，非夫子之親筆也。果夫子之親
> 筆，則章首之"子曰"何以或有或無，或問或答，篇中之"子曰"何以
> 或引或斷耶？然則《繫辭傳》之成文且非夫子之全筆，則《象傳》之
> 具體，《小象》之比辭，安得爲夫子之全筆耶？獨《大象》乃夫子之
> 筆，辭簡義精，體用明切，三聖所作之外，此自爲夫子之一經。而門
> 人得夫子之言，獨《文言》無所附會。夫子《文言》最爲明白，《乾
> 卦·文言》各以"子曰"答問，深密明暢；其後申述卦爻之義，不以
> "子曰"起文者，意便不及。如所謂"故或之"，"或之"者，疑之也；

① [宋] 趙汝楳：《易雅·象釋第六》。案：趙汝楳的這一發現，對現代學者亦有啓
發。程石泉説："考諸《春秋左傳》所載二十餘筮例，筮史解説卦爻辭義及所下占
斷，每每求諸《易》象，其所據者往往不見於今之《説卦傳》。今之《説卦傳》列舉
各象繫於《乾》《坤》等八純卦之下，因時代之變遷及實際之需要，必代有增加，且
有重複凌亂之弊。如'兑爲羊''兑爲口''艮爲狗''艮爲手''巽爲長女''離爲
中女''兑爲少女'皆於一書中重複出現，是爲其不成於一人之手，不成於一時代
之明證。至於總《説卦傳》中一百四十餘象，大都不見於今之卦爻辭中，且《周
易》所取之象，又往往不見於《説卦傳》，誠足以使人致疑今之《説卦傳》可能非
《周易》之《説卦傳》，或爲《連山易》或爲《歸藏易》，或爲某一流傳民間之《易》之
《説卦傳》。"(程石泉：《孔子與易經——馬王堆帛書易之經傳中新發現》，載《孔
子研究》2002 年第 5 期)

"故無咎"迥與前章不同,其於六十四卦之中,發明爻義者,亦《文言》之體。間舉數爻,辭義俱明。門人不敢足成三百八十四首,故於《乾》《坤》二卦《文言》之外,餘卦文言雜諸《繫辭傳》,是爲得之。後之學者於《繫辭》十翼,但欲見夫子著述之多,而不敢别其爲門人發明之辭與其足成之體,今姑論其梗概如此,又當别爲讀經者言之。①

這段文字反映了王柏、金履祥師徒對"十翼"的基本意見。他們認爲《大象》之外,只有《文言》"無所附會",保持了孔子原來的思想。而《繫辭傳》的義理最純粹,但其中或引"子曰",或未引"子曰",又有問、有答,顯然是門人稱引孔子之説,加以推演,必然增加了一些門人的見解在裏面,並連綴成文,補足文意。其他諸篇也可作如是觀。

四、餘　論

宋儒對於"十翼"作者、時代所提出的疑點,實際上是要解决孔子與《周易》的關繫問題。這些疑點大多成爲後世學者懷疑《易傳》晚出的理由。② 他們提出的許多問題,直到現在也不能説完全得到了解决。在今天看來,宋儒的考辨還比較幼稚,很多論據及結論並不一定能成立。但宋儒勤於思考,敢於質疑舊説,有一種問題意識,因此對於《易傳》作者與時代的見解要比漢唐諸儒高明。

後世一些學者對宋儒的考辨不以爲然,認爲宋儒否定了孔子與《周

---

① ［宋］金履祥:《論語集注考證》卷一前。

② 自從宋儒對《易傳》作者、時代提出若干疑問,此後從元、明、清直至近現代,都有學者承宋人疑古的餘波,對《易傳》的作者和時代都提出了不同的看法。崔述作《洙泗考信録》,認爲《易傳》不出孔子,而出於七十子以後的儒者。近人又提出《易傳》或出於戰國中期(張岱年:《論易大傳的著作年代與哲學思想》,載《中國哲學》第 1 輯,生活·讀書·新知三聯書店,1981 年),或出於戰國末期(郭沫若:《周易的制作時代》,原載《青銅時代》,後收入《郭沫若全集·歷史編》第 1 册),或出於秦漢之際(馮友蘭:《易傳的哲學思想》,載《哲學研究》1960 年 7 期),或出於西漢昭、宣以後(李鏡池:《易傳探源》,載《周易探源》,中華書局,1978 年,第 304 頁)。總之,認爲《易傳》各篇不出於一人一時。這些説法,既有科學的考據,也不乏武斷的結論。隨着考古資料的發現以及研究的深入,前人的很多看法都需要重新檢討。

易》的關繫。其實這是一種誤解。從我們以上的引證看,幾乎所有宋儒都承認孔子與《周易》有過關繫,《易傳》中許多内容正反映了孔子的思想。只不過他們對於漢唐舊説並不全盤接受,認爲需要加以鑒別和辨析。

關於孔子與《易傳》的關繫,《論語·述而》篇云:"子曰:'加我數年,五十以學《易》,可以無大過矣。"《史記·孔子世家》也説:"孔子晚而喜《易》,序《彖》《繫》《象》《説卦》《文言》。讀《易》,韋編三絶,曰:'假我數年若是,我於《易》則彬彬矣。'"儘管人們對這些記載有不同的理解,但可知孔子晚年對《周易》十分愛好,並與《易傳》有過相當密切的關繫。馬王堆帛書《周易》的傳文部分有一篇題爲《要》,記載孔子同子貢的問答,也説到"夫子老而好《易》,居則在席,行則在囊"。特別值得注意的是,孔子之"後世之士疑丘者,或以《易》乎?"這句話口吻和《孟子》所載孔子所説"知我者其惟《春秋》乎?"很類似的。孔子説"知我""罪我"是因爲他對《春秋》作了筆削,所以他與《易》的關繫也一定不限於是個讀者,而是一定意義上的作者。[1]

但是孔子作《易傳》,並不是説"十翼"都是孔子親手作的,也不能認爲孔子時代就已經形成了今天流傳的《易傳》。研究表明,"《易傳》七種十篇的下限都不出戰國。其中《大象傳》等可能要早些,《序卦》等可能稍晚些"[2]。就連宋儒較少懷疑的《彖》《象》二傳,都可能晚至戰國才寫定成篇。因此只能説《易傳》的思想淵源於孔子,但戰國時期的孔子後學對《易傳》各篇也作了許多創造、發揮工作。宋儒的可貴之處在於指出了"十翼"之中有相當多的篇目並不是孔子親手所作,而出於門人的記録或後世經師的追述。這一觀點的提出,對於推動《周易》研究走向深入具有重要意義,它與近現代學者的研究成果也是吻合的。

(原載《宋代文化研究》第 20 輯)

---

[1]　李學勤:《周易經傳溯源》第四章第六節,長春出版社,1992 年。
[2]　廖名春:《周易經傳與易學史新論》第十五章《易傳概論》,齊魯書社,2001 年。

《春秋》宋學解經特點

  《春秋》宋學，一般認爲由孫復開創。孫復著《春秋尊王發微》，歐陽修謂其"不惑傳注，不爲曲説以亂經。其言簡易，明於諸侯大夫功罪，以考時之盛衰，而推見王道之治亂，得於經之本義爲多"①。吕中也説："《春秋》之學，前乎此舉凡例而已。自孫泰山治《春秋》，明於諸侯大夫功罪，以考時之盛衰，推見王道之治亂，而天下始知有《春秋》之義。"②《春秋》宋學的解經特點，最明顯的就是"捨傳求經"與"會通三傳"，下面略作述説，並附帶對宋儒"三傳優劣"説作簡要闡述。

一、捨 傳 求 經

  宋儒對《春秋》三傳批評很多，無論在思想認識上還是在學術實踐中都主張"捨傳求經"。清四庫館臣説：

   蓋不信三傳之説，創於啖助、趙匡，其後析爲三派：孫復《尊王發微》以下棄傳而不駁傳者也，劉敞《春秋權衡》以下駁三傳之義例者也，葉夢得《春秋讞》以下駁三傳之典故者也。③

這只是就大體而言，實際上三派的區分並不是非常嚴格。孫復棄傳，實際上隱含駁傳之意。劉敞《春秋權衡》主要駁三傳義例，但其《春秋説》也駁三傳典故。葉夢得《春秋讞》對三傳典故攻駁頗多，但其《春秋考》《春秋傳》也多攻三傳義例。因此館臣之論未可據爲準的。宋儒"捨傳求經"，主要包含兩層意思：

  其一，捨棄漢唐諸儒通過對三傳的詮釋以理解《春秋》經義的解説方

---

① ［宋］歐陽修：《歐陽文忠公文集》卷二七《孫明復先生墓志銘》。
② ［清］朱彝尊：《經義考》卷一七九引。
③ ［清］永瑢等：《四庫全書總目》卷二八《春秋三傳辨疑》提要。

式。漢唐《春秋》學，主要是三傳之學。三傳家法壁壘森嚴，相互攻訐。宋儒認爲三傳分裂，破碎大道，使聖人《春秋》之旨，湮没於家法對立之中。如孫覺批評"作傳者既不解孔子所以作《春秋》之意，杜預、何休之徒又妄爲之說"；"三傳之出既已訛謬，諸儒之說不可據依，但當取其是而捨其非爾"①。杜諤認爲三傳之學"尋門黨義，好尚殊向，各售其師說，紛紜異論，接迹而出，然則是非互有所私爾"，"注釋之流，皆專守其傳"②。歐陽修指出經、傳不合甚至互相抵牾之處甚多，"若公羊高、穀梁赤、左氏三子者，博學而多聞矣，其傳不能無失者也。孔子之於經，三子之於傳，有所不同，則學者寧捨經而從傳，不信孔子而信三子。甚哉其惑也！"他還分析了學者"捨經從傳"的原因，在於厭"簡直"而喜"新奇"的心理。因爲"經簡而直，傳新而奇。簡直無悅耳之言，而新奇多可喜之論。是以學者樂聞而易惑也"。歐陽修本人對經傳的取捨是"經之所書，予所信也；經所不言，予不知也"。他認爲三傳並没有體現"聖人之深意"，相反，"妄意聖人而惑學者"，是三傳造成的不良影響。③ 歐陽修主張"據經廢傳"，認爲："經不待傳而通者十七八，因傳而惑者十五六。"④聖人之意，往往被傳說蒙蔽而不得見。而且三傳"援他說，攻異端，是其所是而非其所非"，造成"一經之指，三傳殊說，是彼非此，學者疑焉"⑤。因此他主張"據經廢傳"。不過，歐陽修也不完全否定傳的價值，所謂"廢傳"是廢棄其中不合理的部分。他認爲傳有得有失，應當區别對待："夫傳之於經勤矣，其述經之事，時有賴其詳焉。至其失傳，則不勝其戾也。其述經之意亦時有得焉，及其失也，欲大聖人而反小之，欲尊經而反卑之。"⑥《春秋》經太簡略，賴傳以補充事實，而且傳對經意也有所闡發。但是，傳所述事實，有些並不可靠；對經意的闡發也有很多不合聖人之意。

由於對三傳之弊有比較充分的認識，宋儒的《春秋》著作，基本上不再遵守三傳家法，而直接解經。此點甚明，不必多談。

---

① 〔宋〕孫覺：《春秋經解》自序，皇清經解本。
② 〔宋〕杜諤：《春秋會義》卷首自序、重序，影印文淵閣四庫全書本。
③ 〔宋〕歐陽修：《歐陽文忠公文集》卷一八《春秋論上》。
④ 〔宋〕歐陽修：《歐陽文忠公文集》卷一八《春秋或問》二。
⑤ 〔宋〕歐陽修：《歐陽文忠公文集》卷六〇《石鷁論》。
⑥ 〔宋〕歐陽修：《歐陽文忠公文集》卷一八《春秋或問》之二。

其二,捨棄三傳的"褒貶義例",重新探索孔子《春秋》"大義"。三傳之學雖然在解經方式、側重點上有不同,對《春秋》"大義"的認識上也有差異,但是,以"褒貶凡例"解經,並以此作爲孔子修《春秋》的基本宗旨,則是一致的。對此,很多宋儒不予認同。首先是孫復,他不同意《春秋》有"褒貶"義例,而主張"有貶無褒"。王得臣説:

> 泰山孫明復治《春秋》,著《尊王發微》,大得聖人之微旨,學者多宗之。以爲凡經所書,皆變古亂常則書之,故曰"《春秋》無褒",蓋與穀梁子所謂"常事不書"之義同。①

《春秋尊王發微》一書,於君臣內外之際論辨凜凜,無少寬假,宋儒自歐陽修而下多盛稱之。② 不過,由於孫復之論過於苛刻,後儒多有修正。如邵雍就認爲《春秋》有褒有貶:"五霸者功之首,罪之魁也。《春秋》者孔子之刑書也,功過不相掩。聖人先褒其功,後貶其罪,故罪人有功者亦必錄之,不可不恕也。"對"《春秋》有貶而無褒"之説,邵雍反駁説:"《春秋》禮法廢,君臣亂,其間有能爲小善者,安得不進之也?況五霸實有功於天下。且五霸固不及於王,不猶愈於左衽乎? 安得不與之也?"不過,邵雍的"褒貶"説不同於三傳的"褒貶"説。他認爲:"《春秋》爲君弱臣强而作,故謂之名分之書。"《春秋》"皆因事而褒貶",並非孔子"特立私意",如因牛傷則知魯之僭郊,因初獻六羽則知舊僭八佾,因新作雉門則知舊無雉門,"皆非聖人有意於其間",所以説《春秋》是"盡性之書也","夫聖人之經,渾然無迹,如天道焉。故《春秋》錄實事,而善惡形於其中矣"③。《春秋》只是通過事實而寓褒貶,所謂"褒貶義例"都是不能成立的。

---

① [宋] 王得臣:《麈史》卷二。王得臣以爲"《春秋》無褒"之説與《穀梁》"常事不書"之義同,並不恰當。穀梁子並不主張"有貶無褒"。

② 當然也有些宋儒對孫復之説有異議。如蘇轍《春秋集傳》即不取其説。王晳《春秋皇綱論》卷一《孔子修春秋篇》説:《春秋》"若專爲誅亂臣賊子,使知懼,則尊賢旌善之旨闕矣"。《四庫提要》認爲王氏此説"足破孫泰山等有貶無褒之説"。此外讚其説者尚多。如常秩説:"孫復之於《春秋》,動輒有罪,蓋商鞅之法耳,棄灰於道者有刑,步過六尺者有誅,其不即人心者遠矣。"胡安國也以常秩之言爲然。家鉉翁批評孫復解《春秋》用意刻深,辨理未詳,立論失中,其流弊將如秦漢之用法。常秩之言見胡安國《春秋傳》卷二八引,家鉉翁之言見其《春秋集傳詳説》卷二八。

③ [宋] 邵雍:《皇極經世書》卷一三《觀物外篇》上。

程頤也不同意以"褒貶義例"説論《春秋》宗旨，認爲孔子作《春秋》，"爲百王不易之大法"，後世以史視《春秋》，謂褒善貶惡而已，至於經世之大法，則茫然不知。"《春秋》大義數十，其義雖大，炳如日星，乃易見也。惟其微辭隱義，時措從宜者，爲難知也。或抑或縱，或與或奪，或進或退，或微或顯，而得乎義理之安、文質之中、寬猛之宜、是非之公，乃制事之權衡，揆道之模範也。"如果於一事一義之上揣測聖人的用心，這非上智不能。所以學《春秋》"必優游涵泳、默識心通，然後能造其微也"①。後世理學家多祖述程氏之説。如胡安國説："《春秋》見諸行事，非空言比也。""百王之法度，萬世之準繩，皆在此書。故君子以謂五經之有《春秋》，猶法律之有斷例也。學是經者，信窮理之要矣；不學是經而處大事、決大疑，能不惑者鮮矣。"②孔子通過"褒善貶惡"來立"百世之法度"，但並没有所謂"褒貶凡例"。

洪興祖著《春秋本旨》二十卷，强調《春秋》宗旨在於"經世之大法"，而不在"義例"，認爲"《春秋》本無例，學者因行事之迹以爲例。猶天本無度，曆者即周天之數以爲度。"又説："屬辭比事，《春秋》教也。學者獨求於義，則其失迂而鑿；獨求於例，則其失拘而淺。"陳振孫稱贊其説"若此類，多先儒所未發，其解經義精而通矣"③。薛季宣認爲孔子因魯之史以爲《春秋》，通過"善揚其善，惡書其惡，直筆以書其事"來體現"仲尼之志"，而"不爲褒貶抑揚而亂是非之正"。因此"褒貶非仲尼之意"。三家托褒貶以爲傳，這是"不知《春秋》者也"④。

朱熹也是"褒貶義例"説的激烈反對者。他批評："近世説《春秋》者太巧，皆失聖人之意。又立爲凡例，加某字其例爲如何，去某字其例爲如何，盡是胡説。"⑤認爲孔子修《春秋》，通過直書其事，則善惡自然顯示出來，不必有意於設定凡例。而後人説《春秋》求之過深，這就迷失聖人修《春秋》的宗旨了。朱熹之論，爲黄仲炎、吕大圭、蔡沆等學者所承。

孟子説《春秋》作而亂臣賊子懼"，爲什麽呢？劉克莊解釋説："事

① ［宋］程頤：《春秋傳序》，見《古文集成》卷六，影印文淵閣四庫全書本。
② ［宋］胡安國：《春秋傳》自序，四部叢刊續編本。
③ ［宋］陳振孫：《直齋書録解題》卷二。
④ ［宋］薛季宣：《浪語集》卷三〇《經解春秋旨要序》，永嘉叢書本。
⑤ ［宋］黎靖德編：《朱子語類》卷五五。

未形而誅心誅意,所以懼也。"孔子身爲匹夫,如果説他"假二百四十二年
南面之權",則與"亂賊"何以異?爲什麽説《春秋》是"天子之事"?劉克
莊認爲:"所謂天子之事者,夫子以敬王爲心,故《春秋》所紀,皆尊君抑
臣、尊王抑霸、尊内抑外。書,書此也;諱,諱此也。故曰:知我、罪我,其
惟《春秋》。"《春秋》並無有意褒貶之事,孔子作《春秋》,通過直書其事,
以"救周禮之壞":

> 田制壞而《春秋》以税畝、田役書,軍賦壞而《春秋》以丘甲、三
> 軍書,三時之役不均而《春秋》以城築書,九伐之法不正而《春秋》以
> 侵伐書,講武之田不時而《春秋》以大搜大閲書,救荒之政不備而《春
> 秋》以來朝來聘書,司徒之封疆廢而《春秋》以歸田易田書,太史之告
> 朔不頒而《春秋》書不視朔,司烜之火禁不修而《春秋》書宣榭火,保
> 章失其官而《春秋》書日食、書星孛,職方失其官而《春秋》書彭城、
> 書虎牢,圜丘之典不興而《春秋》以卜郊書、以猶三望書,廟祧之序不
> 明而《春秋》以立宫書、以躋祀書,婚姻之禮失而《春秋》以夫人孫
> 齊、季姬歸鄫書,貢獻之禮失而《春秋》以家父求車、毛伯求金書,典
> 命之職不修而《春秋》書曰"天王使來錫命",天府之藏不謹而《春
> 秋》書曰"盜竊寶玉大弓"。[1]

總之,春秋二百四十二年是一個"禮壞樂崩"的時代,許多新制度遭到破
壞,孔子所書,"皆權衡於一字之微,而救禮經三百之壞也"。這"一字之
微"都是直書其事。

後世以"凡例""褒貶"之説解經,在處理"凡例"與《春秋》的關繫問
題上往往顧此失彼,難以彌合無間。甚至在"凡例"與經文不合時,牽就
凡例,對經文加以曲解。黄震指出春秋之時,王綱解紐,篡奪相尋,孔子
不得其位以行其權,於是約史記而修《春秋》,隨事直書,亂臣賊子無所逃
其罪,而一王之法以明,所謂撥亂世而反之正,此其爲志,此其爲天子之
事。故《春秋》宗旨,無出於夫子之所自道及孟子之所論。然而自"褒
貶""凡例"之説出現後,讀《春秋》者往往穿鑿聖經,以求合其所謂"凡
例",又變移"凡例"以遷就其所謂"褒貶"。這不是"以義理求聖經",反

---

① 〔清〕朱彝尊:《經義考》卷一六八引劉克莊語。

而成了"以聖經釋凡例"。黄震説：

> 後世法吏深刻,始於敕律之外立所謂例,士君子尚羞用之,果誰爲《春秋》先立例,而聖人必以是書之,而後世以是求之耶？以例求《春秋》,動皆逆詐億不信之心。①

孔子作《春秋》,並没有先設定有褒貶凡例,因此不能要求經完全合於凡例,否則孔子就與後世法吏所爲相差無幾。如果硬説《春秋》陰寓褒貶,讓人測度,這又與"優戲之所謂隱者"没有區别了。因此所謂"褒貶義例"説是不可取的。如果説孔子修《春秋》,操褒貶之大權,表面上尊崇孔子,實際上陷孔子於僭越之地,這與孔子倡導的"正名分"之説背道而馳。

蔡沈雖然不認爲孔子掌握"賞罰"之柄,但認爲孔子《春秋》却反映了"是非之正"。因爲是非出於人心之公,無論有位無位,都可以作出判斷,所以孔子可以通過魯史以明是非。至於賞罰之柄,應當由天王操持,無其位則不敢專,故孔子不得假魯史以寓賞罰。因爲"是非"屬於"道","賞罰"屬於"位"。孔子有道而無位,故可以明是非,而不可以寓賞罰。不僅孔子作爲一介匹夫,不得擅天王之賞罰,而且魯作爲諸侯之國,也不得擅天王之賞罰。《春秋》是魯史,如果擅自賞罰,"則是夫子不敢自僭,而乃使魯僭之,聖人尤不如是也。"他批評後世學者爲了抬高孔子,往往尊之太過,却不明白"義理之當然",造成"欲尊聖人而實背之"的結果。對於《春秋》,蔡沈提出：

> 後之觀《春秋》者,必知夫子未嘗以禮樂賞罰之權自任,而後可以破諸儒之説。諸儒之説既破,而後吾夫子所以修《春秋》之旨與夫孟子所謂天子之事者,皆可得而知之矣。②

讀《春秋》,必須先破除漢唐諸儒的誤説,才能真正把握孔子修書的宗旨,明白《春秋》一經的真諦。

宋儒對三傳之學深致不滿,尤其不滿於所謂"褒貶義例",故於《春秋》宗旨,另著新説。孫復説《春秋》是"尊王"之書,邵雍説《春秋》是"名

---

① ［宋］黄震：《黄氏日鈔》卷七。
② ［宋］蔡沈：《春秋五論》之一,見蔡有鵾編《蔡氏九儒書》,同治七年（1868）蔡氏三餘書屋刻本。

分"之書、"盡性"之書,程、朱都認爲《春秋》體現了孔子"經世大法"。胡安國說此書之作,"遏人欲於横流,存天理於既滅,爲後世慮至深遠也"①。蔡沉也說,《春秋》是"扶天理而遏人欲之書"②。因此,宋儒大多直接對《春秋》經進行解說,以發揮所謂《春秋》"經世大法"。

宋儒對《春秋》"經世大法"的闡釋,以"尊王、賤霸、攘夷"說爲第一要義。這本來是孔孟以來儒家學說之中本有之義,但在宋代特定的歷史背景之下,宋儒將其特別提出來,賦予新的内涵,强調"尊君父,討亂賊、闢邪説、正人心、用夏變夷","經世之志"極爲明顯。③唐代中葉設置節度使,到玄宗開元中,節度使管轄範圍跨州連郡,土地、人民、甲兵、財賦都爲其掌握,漸漸形成"尾大不掉"之勢,中央政權實際控制的範圍日益縮小。清人趙翼論之曰:

> 至開元中,朔方、隴右、河東、河西諸鎮皆置節度使,每以數州爲一鎮,節度使即統此數州,州刺史盡爲其所屬,故節度使多有兼按察使、安撫使、支度使者,既有其土地,又有其人民,又有其甲兵,又有其財賦。於是方鎮之勢日强,安禄山以節度使起兵,幾覆天下。及安史既平,武夫戰將以功起行陣爲侯王者,皆除節度使,大者連州十數,小者猶兼三四,所屬文武官悉自置署,未嘗請命於朝,力大勢盛,遂成尾大不掉之勢。或父死子握其兵而不肯代,或取捨由於士卒,往往自擇將吏,號爲留後,以邀命於朝,天子力不能制,則含羞忍恥,因而撫之,姑息愈甚,方鎮愈驕。其始爲朝廷患者只河朔三鎮,其後淄、青、淮、蔡無不據地倔强,甚至同、華逼近京邑,而周智光以之反,澤、潞亦連畿甸,而盧從史、劉積等以之叛。迨至末年,天下盡分裂於方鎮,而朱全忠遂以梁兵移唐祚矣。推原禍始,皆由於節度使掌兵民之權故也。④

趙翼之論非常精到。唐末五代以來,驕兵悍卒不遵朝廷之命,中央集權大大削弱。五代時期,天下分崩,易代頻繁,"自唐季以來,數十年間,八

---

① 〔宋〕胡安國:《春秋傳·自序》。
② 〔宋〕蔡沉:《春秋五論》之一。
③ 〔宋〕胡安國:《春秋傳·自序》。
④ 〔清〕趙翼:《廿二史劄記》卷二〇《唐節度使之禍》。

姓十二君,僭竊相踵,兵革不息,生民塗炭"①。因此宋太祖建國以後,聽從趙普的建議,逐步收功臣兵權,以文臣知州事,將軍、政、財等大權集中在中央,從而消除了分裂割據之患。與宋代的國策相適應,宋儒《春秋》學也着重發揮"尊王賤霸"思想,藉《春秋》大義强調加强中央集權,抑制大權在握的權奸和武臣。孫復著《春秋尊王發微》,發揮"尊王"大義特詳。不過,宋代雖然消除了藩鎮割據之患,另一個危機則貫穿趙宋始終,這就是北方民族政權的威脅。燕雲地區丟失於五代時期,宋初太祖、太宗雖有志收復,但没有如願。此後遼、金、蒙古先後據有東北及華北,西北則有西夏政權。宋朝實際控制的區域,較之漢唐盛世,不可同日而語。不僅如此,宋與這些政權的戰爭大都敗多勝少,往往被迫簽訂屈辱的"和議"。尤其是女真人,還一舉滅掉北宋,擄走徽、欽二帝,勢力擴展到長江以北。對儒家學者來説,這是亘古罕見的屈辱。因此宋代儒者在對《春秋》的解説中往往發揮"攘夷"大義,强調"内諸夏而外夷狄"。如胡安國《春秋傳》説:"聖人謹華夷之辯,所以明族類,别内外也。雒邑,天地之中,而醜戎居之,亂華甚矣!"②他在書中除嚴申"尊王"大義外,着重闡發"攘夷""復仇"之論。③ 宋代《春秋》學關注現實、經世致用的特色非常鮮明。

① [明] 陳邦瞻:《宋史紀事本末》卷二《收兵權》。
② [宋] 胡安國:《春秋傳》卷一四。
③ 胡安國《春秋傳》中多處申"兵權不可以假人"之説。明末清初大儒王夫之説:"嘗讀胡氏《春秋傳》而有憾焉。是書也,著攘夷尊周之大義,入告高宗,出傳天下,以正人心,而雪靖康之恥,起建炎之衰,誠當時之龜鑑矣。顧抑思之,夷之攘,非一身兩臂之可攘。師之武,臣之呼,上所知,上所任者也。而胡氏之説經也,於公子翬之伐鄭,公子慶父之伐於餘丘,兩發兵權不可假人之説。不幸而翬與慶父終於弑逆,其説伸焉。……惟胡氏之言如此,故與秦檜賢奸迥異,而以志合相獎。非知人之明不至也,其所執以爲道者非也。然此非胡氏專家之説也,宋之君臣上下奉此爲藏身之固也久矣。石守信、高懷德之解兵也,曹翰之不使取幽州也,王德用、狄青之屢蒙按劾也,皆蓄菹醢之心,而不惜長城之壞。天子含爲隱慮,文臣守爲朝章。胡氏沿染餘風,沁入心腎,得一秦檜,而喜其有同情焉。嗚呼! 夫豈知疑在岳、韓,而信在滔天之秦檜。其子弟欲爲之蓋愆,徒觸怒以竄死,而終莫能挽哉!"(《宋論》卷一〇)王夫之認爲胡安國出於"尊王"的目的,强調"兵權不可以假人"之説,客觀上迎合了秦檜收兵權、誅岳飛的陰謀。王夫之還認爲這並非胡安國一人之説,也是當時君臣上下共同遵奉國策。王氏之論頗爲見道。其實不惟胡安國,宋代《春秋》諸家大多發揮尊君抑臣之義,胡安國之説,只不過繼承了《春秋》學的這一傳統,並結合宋代的"隱慮""朝章"而更加推闡。

二、會通三傳

漢唐《春秋》經學的特點是三傳分立,各自名家。中唐以來,學者往往兼采三傳,從分立走向會通。清四庫館臣說:

> 說經家之有門户,《春秋》三傳始,然迄能並立於世。其間諸儒之論,中唐以前則《左氏》勝,啖助、趙匡以逮北宋則《公羊》《穀梁》勝。孫復、劉敞之流名爲棄傳從經,所棄者特《左氏》事迹,《公羊》《穀梁》月日例耳。其推闡譏貶少可多否,實陰本《公羊》《穀梁》法,猶誅鄧析用竹刑也。①

館臣的意見是中肯的。需要補充的是,雖然宋儒對《春秋》三傳的攻駁頗爲嚴厲,他們的解經著作也絶大多數都"捨傳求經",直接對《春秋》本文加以闡發。不過,宋儒"捨傳求經",並不是說完全拋棄三傳。宋儒《春秋》之學多"會通三傳",既明確指出三傳之失,又對其合理之處加以吸收。

宋儒治學不受家法門户的約束,故對三傳的得失能夠有比較清楚的認識。這裏略舉數例。真宗時王晳認爲:

> 《左氏》善覽舊史,兼該衆說,得《春秋》之事迹。然於經外自成一書,故有貪惑異說,采掇過當。至於聖人微旨,頗亦疏略。而大抵有本末,蓋出一人之所撰述也。
>
> 《左氏》於獲麟以後續經至孔丘卒,僞也。又好以一時言貌之恭傲與卜筮巫夢之事推定禍福,靡有不驗,此其蔽也。
>
> 《公》《穀》之學,本於議論,擇取諸儒之說,繫於經文,故雖不能詳其事迹,而於聖人微旨多所究尋。然失於曲辭贅義,鄙淺叢雜,蓋出於衆儒之所講說也。

王晳指出三傳既各有所長,又有所不足,以"玉之有瑕"比喻三傳,認爲正確的態度應當"但棄瑕而用玉,不可並棄其玉也"。這是比較審慎的作法。他著《春秋皇綱論》五卷,《四庫提要》評論說:"是書皆發明夫子筆

① [清]永瑢等:《四庫全書總目》卷二六《春秋類序》。

削之旨,而考辨三傳及啖助、趙匡之得失,其言多明白平易,無穿鑿附會之習。在宋人《春秋》解中,可謂不失大義。"

另一位《春秋》名家孫覺早年從胡瑗游,其《春秋》學大旨以"抑霸尊王"爲主,也主張會通三傳。其《春秋經解》自序稱:

> 《左氏》多説事迹,《公》《穀》以存梗概。今以三家之説較其當否,而《穀梁》最爲精深。其説是非褒貶,則雜取三傳及歷代諸儒,唐啖、趙、陸氏之説,長者從之,其所未聞,即以所聞安定先生之説解之云。

劉敞是慶曆經學的代表性人物,尤其以《春秋》學見稱。他對三傳之學攻駁頗多,認爲《左氏》拘於赴告,《公羊》牽於讖緯,《穀梁》窘於日月。他説:

> 《春秋》一也,而傳之者三家,是以其善惡相反,其褒貶相戾,則是何也? 非以其無準失輕重耶? 且昔董仲舒、江公、劉歆之徒蓋常相與争此三家矣。上道堯舜,下據《周禮》,是非之議不可勝陳,至於今未決,則是何也? 非以其低昂不平耶? 故利臆説者害公議,便私學者妨大道,此儒者之大禁也。①

他認爲《春秋》三傳互相矛盾,造成是非不明。著《春秋權衡》《春秋傳》《春秋意林》《春秋説例》等五書,"始爲《權衡》,以平三家之得失,然後集衆説,斷以己意而爲之《傳》。《傳》所不盡者見之《意林》。其傳用《公》《穀》文體,《説例》凡四十九條"②。《四庫提要》稱:"劉氏《春秋》之學,此其根柢矣。"但其《春秋傳》"不盡從傳,亦不盡廢傳"③。

《春秋》一經,"其文則史","其義則丘竊取之"④,歷代學者都認爲可以分爲"事"與"義"兩個方面。南宋初葉夢得説:"《春秋》者史也,所以作《春秋》者經也。故可與通天下曰事,不可與通天下曰義。"三傳各有偏重,"《左氏》傳事不傳義,是以詳於史而事未必實,以不知經故也。《公

---

① [宋] 劉敞:《公是集》卷三四《春秋權衡序》。
② [宋] 陳振孫:《直齋書録解題》卷三。
③ [清] 永瑢等:《四庫全書總目》卷二六《春秋傳》提要。
④ 《孟子·離婁下》。

羊》《穀梁》傳義不傳事,是以詳於經而義未必當,以不知史故也。"《左傳》雖以事實爲主,但所載事實未必都是可靠的。《公》《穀》二傳以大義爲主,但所説的大義未必恰當。葉夢得著有《春秋三傳讞》,攻駁三傳,但所著《春秋傳》二十篇"乃酌三家,求史與經試嘗爲之言,以俟後之君子而擇其中",於三傳皆有所取捨。①

雖然宋儒大多主張直接探求《春秋》本義,其實都不能真正抛開三傳來解經。他們往往采用《左傳》的紀事,參考《公》《穀》二傳及漢唐諸儒之説。除前舉諸人之外,其他例子尚多。如蘇轍反對"盡棄三家",著《春秋集解》,以《左氏》爲主,參以《公》《穀》、啖、趙諸人之説。② 朱長文認爲"左氏盡得諸國之史,故長於叙事;《公》《穀》各守師傅之説,故長於解經,要之互有得失。"所著《春秋通志》"兼取三傳而折衷其是,旁考啖、趙、陸淳諸家之義,而推演明復之言,頗繫之以自得之説"③。胡安國《春秋傳》也"事按《左氏》,義取《公》《穀》之精者,采孟子、莊周、董仲舒、王通、邵堯夫、程明道、張横渠、程正叔之説以潤色之"④。其子胡寧也説:"學者於三傳忽焉而不習,則無以知《經》;習焉而不察,擇焉而不精,則《春秋》之宏意大旨簡易明白者,汨於僻説,愈晦而不顯矣。"⑤主張對於三傳應取其合理之處。呂祖謙撰《春秋集解》,"博考三傳以來至宋儒諸説,摭其合於經者撮要編之"⑥。陳傅良著《春秋後傳》,主張"通二傳於《左氏》,以其所書,證其所不書,庶幾善求筆削之旨"。⑦ 張洽《春秋集注》,"凡二百四十二年之行事,與漢唐以來諸儒之議論,莫不考核研究,會其同異,而參其中否"⑧。程公説著《春秋分紀》,"推《春秋》旨義,即《左氏傳》分而記焉,事雖因於《左氏》,而義皆本諸聖經,又旁采《公》《穀》及諸子之説精且要者附正其下"⑨。家鉉翁對於陰取三傳又詆毁三

① 〔宋〕葉夢得:《春秋傳·自序》。
② 〔宋〕蘇轍:《春秋集解》引。
③ 〔宋〕朱長文:《樂圃餘稿》卷七《春秋通志序》,影印文淵閣四庫全書本。
④ 〔宋〕晁公武:《郡齋讀書志》卷一下。
⑤ 《春秋大全序論》引。
⑥ 〔清〕朱彝尊:《經義考》卷一八七引張萱語。
⑦ 〔元〕趙汸:《春秋左氏傳補注序》。
⑧ 〔清〕朱彝尊:《經義考》卷一八九引張洽進書狀。
⑨ 〔宋〕程公説:《春秋分紀》自序。

傳、以傳爲可廢的學術傾向深表不滿，認爲經與傳是並行不悖的，"聖人作經，初不期後儒爲之作傳，然經必有傳，所從來遠矣"。經與傳不可分，"《春秋》傳肇自聖門高弟，迄於漢興，其事則左氏紀之，其宏綱奧旨則《公》《穀》傳焉。不觀《左傳》，無以知當時之事；不讀《公》《穀》，無以知聖人垂法之意"。他批評"三傳爲可束高閣"的觀點是"誇言也，非篤論也"。所著《春秋集傳詳説》，"取三傳之能得聖人意者，列之篇端，傳有不能盡，兼采諸儒之説，諸儒所未及者，然後述其鄙見，不敢因人之所長又從而毁之也"①，"三傳之是者取焉，否則參稽衆説而求其是"②。

題名鄭樵的《六經奧論》也認爲："三家之傳各有所長，亦各有所短。取其長而捨其短，學者之事也。"三傳之失在於"背經以作傳"，學者不可不知。至於三傳的貢獻，不僅關乎學術，也關乎政治，"大抵有《公》《穀》然後知筆削之嚴，有《左氏》然後知本末之詳，學者不可不兼也。使聖人之經傳之至今，三子之力也。"從學術方面説，三傳各有側重，可以互相補充。而且《春秋》能夠傳之於後世，三傳之功不能抹殺。漢代儒者以《春秋》決大事、斷大獄，對政治產生了積極的影響。所以説："學者於聖人之經，苟能合三傳而觀之，亦足矣，未可以是而議其失也。"③這些都是非常平實的看法。

總之，宋代《春秋》名家大都"會通三傳"。當然，宋儒對三傳的取捨，是服從於他們所認識的《春秋》"大義"的，合則取之，不合則去之。宋儒往往將《春秋》作爲"窮理"之書。程頤説："學《春秋》亦善一句是一事，是非便見於此。此亦窮理之要。"其他諸經多談義理，而《春秋》"因其行事，是非較著，故窮理爲要"④。程頤強調孔子作《春秋》"得乎義理之安、文質之中、寬猛之宜、是非之公"，爲"制事之權衡，揆道之模範"⑤。所謂有"義理之安"，衡量標準無非就是他所標榜的"天理"。陸九淵也説："聖人作《春秋》，初非有意於二百四十二年行事"，"《春秋》大概是存

---

① ［宋］家鉉翁：《春秋集傳詳説·綱領》。
② ［宋］家鉉翁：《春秋集傳詳説》自序。
③ ［宋］鄭樵：《六經奧論》卷《三傳》。
④ ［宋］程顥、程頤：《二程遺書》卷二五《入關語録》。原注：或云明道先生語。
⑤ ［宋］李廉：《春秋會通》卷首引程頤《春秋傳序》。

此理"①。葉夢得則主張治《春秋》之法應當是這樣的：

> 可以事見者求以事，事不可見而可以例見者求以例，事與例，義
> 在其中矣。有事與例俱不可見，而義獨可推者，求以義，義者理之所
> 在也。有事與例與義俱不可見，而意可通者，求以意，意者人情之所
> 同也。

通過"事、例、義、意"來解《春秋》，是葉夢得所采用的基本方法，實
際上也代表了宋儒説《春秋》的基本手段。治《春秋》應當先弄清史事，
史事不明，再結合"例"來考察。通過對"事"與"例"的探求，去領會《春
秋》之"義"。但也有"事"與"例"都不清楚的情況，這就需要求之以"義"
了。這裏的"義"指"理"，也就是以"仁""禮"爲核心的儒家倫理。不過，
有些情況事實不清、凡例不明、義理不通，就只有求之於"意"，從"人情"
上面去推説了。從"事"到"意"，由淺入深，由易到難。事實確切不移，
而"人情"千變萬化，故葉夢得認爲"莫易乎事，莫難乎意"②。

宋儒重視義理的發揮，多采用求"義"、求"意"的闡釋方法，孫復、劉
敞以下學者大多如此，而最典型的是胡安國《春秋傳》。元儒虞集評
論説：

> 胡文定公之學，實本於程氏。然其生也，當宋人南渡之時，奸佞
> 用事，大義不立；苟存偏安，智勇扼腕；内修之未備，外攘之無策，君
> 臣父子之間，君子思有以正其本焉。胡氏作傳之意，大抵本法於此。
> 蓋其學問之有源，是以義理貫串，而辭旨無不通，類例無不合。想其
> 發憤忘食，知天下之事必可以有爲，聖人之道必可以有立；上以感發
> 人君天職之所當行，下以啓天下人心之所久蔽。區區之志，庶幾夫
> 子處定、哀之間者乎！東南之人，賴有此書，雖不能盡如其志，誦其
> 言而凛然猶百十年。至其國亡，志士仁人之可書，未必不出於
> 此也。③

胡《傳》作於南渡偏安之時，故其解《春秋》多感時之論，所説義理，

---

① ［宋］陸九淵：《象山語録》卷三。
② ［宋］葉夢得：《春秋考》卷一。
③ ［元］虞集：《道園學古録》卷三一《春秋胡氏傳纂疏序》，四部叢刊本。

經世傾向非常突出。其書得到一些學者的贊揚,也招致了很多批評。明儒劉永之説:"胡康侯之學術正矣,其論議辨而嚴矣,其失則承乎前儒而甚之者也。"尤侗説:"胡《傳》專以復讎爲義,割經義以從己説,此宋之《春秋》,非魯之《春秋》也。"俞汝言説:"胡氏之《傳》,借經以抒己志,非仲尼之本旨。"清儒毛奇齡説:"胡氏《傳》解經之中,畔經尤甚。胡氏《傳》出而孔子之道熄矣。"①胡《傳》創作的目的不在於解釋經義,闡發《春秋》原旨,更不在於章句通、訓詁精,而在於通過對經典的解説,發揮"尊王""攘夷""復仇"等思想,有着强烈的現實針對性。他的闡釋有的是《春秋》中的本旨,有的則是他對《春秋》大義的引申、發揮,很難説是孔子的思想主張,故招致後人的批評。

三、三 傳 優 劣

兩漢時期,《左傳》《公羊》《穀梁》各自名家,界限分明,門户森嚴。三傳學者謹遵師法,多互相攻訐。孔穎達總結説:

> 成帝時,劉歆校秘書,見府中古文《春秋左氏傳》,歆大好之。時丞相史尹咸以能治《左氏》,與歆共校傳,歆略從咸及丞相翟方進受,質問大義。初,《左氏傳》多古字古言,學者傳訓詁而已。及歆治《左氏》,引傳文以釋經,轉相發明,由是章句義理備焉。歆以爲左丘明好惡與聖人同,親見夫子,而公羊、穀梁在七十二弟子後,傳聞之與親見,其詳略不同。歆數以問向,向不能非也。及歆親近,欲建立《左氏春秋》及《毛詩》《逸禮》《古文尚書》,皆列於學官。哀帝令歆與五經博士講論其義,諸儒博士或不肯置對,歆因移書於太常博士責讓之。和帝元興十一年,鄭興父子及歆創通大義,奏上《左氏》,始得立學,遂行於世。至章帝時,賈逵上《春秋》大義四十條以抵《公羊》《穀梁》,帝賜布五百匹。又與《左氏》作《長義》。至鄭康成箴《左氏》膏肓、發《公羊》墨守、起《穀梁》廢疾,自此以後,二傳遂微,《左氏》學顯矣。②

① [清]朱彝尊:《經義考》卷一八五《胡氏春秋傳》引。
② [唐]孔穎達:《春秋左傳正義》卷首《春秋左傳序》正義。

　　經過漢代古文家的努力,《左傳》終於在三傳之中脱穎而出,超過其他兩傳。此後,三傳之争時斷時續。杜預作《春秋經傳集解》,嚴守《左氏》家法,排斥《公》《穀》之學。范甯雖然主張三傳宜取長補短,認爲:"《左氏》艷而富,其失也巫;《穀梁》清而婉,其失也短;《公羊》辯而裁,其失也俗。若能富而不巫,清而不短,裁而不俗,則深於其道者也。"①但仍以《穀梁》爲高。唐代之前,學者多主張一家而攻擊其他二傳。唐代中葉開始,攻駁三傳之風漸盛,學者多言三傳得失。如啖助認爲《左傳》"博采諸家,叙事尤備,能令百代之下頗見本末,因以求意,經文可知",認爲引用資料豐富,是其長處,在補充史實方面"比餘傳其功最高"。但是,《左傳》的缺點是"叙事雖多,釋意殊少,是非交錯,混然難證"。又批評《公》《穀》二傳"但以守文堅滯,泥難不通,比附日月,曲生條例,義有不合,亦復强通,蹐駁不倫,或至矛盾,不近聖人夷曠之體也"②。啖助對於三傳,褒少貶多。他説:

　　　　惜乎微言久絶,通儒不作,遺文所存,三傳而已。傳已互失經指,注又不盡傳意,《春秋》之義,幾乎泯滅。③

　　趙匡申述啖助之説,對三傳的攻駁更加嚴厲。對於啖、趙的觀點,宋儒多加贊賞,程顥認爲有"攘異端,開正途"之功。④ 受其影響,宋儒也好論三傳優劣。據王應麟《玉海》記載,仁宗景祐二年(1035)正月御延義閣命賈昌朝講《春秋》,慶曆四年(1044)三月問輔臣三傳異同之説,賈昌朝曰:"《左氏》多記事,《公》《穀》專解經,皆以尊王室、明賞罰,然考之有得失。"又,慶曆中大理丞李堯俞辨三傳諸家得失,及采陳岳《折衷》,總其類例五百餘目,而成一百九十五論表進,稱《春秋集議略論》三十卷。此後孫復、王晳、劉敞、崔子方、晁説之、胡安國、葉夢得、朱熹、吕祖謙、蔡沅等都評論三傳得失。王應麟總結説:

　　　　三傳皆有得於經,而有失焉。《左氏》善於禮,《公羊》善於讖,《穀梁》善於經,鄭康成之言也。《左氏》艷而富,其失也巫,《穀梁》

---

① ［晉］范甯:《春秋穀梁傳序》。
② ［唐］陸淳:《春秋集傳纂例》卷一《三傳得失議第二》引。
③ ［唐］陸淳:《春秋集傳纂例》卷一《啖氏集傳注義第三》引。
④ ［宋］程顥、程頤:《二程文集》卷五《明道文集五・南廟試策五道》之二。

清而婉，其失也短，《公羊》辯而裁，其失也俗，范武子之言也。《左氏》之義有三長，二傳之義有五短，劉知幾之言也。《左氏》拘於赴告，《公羊》牽於讖緯，《穀梁》窘於日月，劉原父之言也。《左氏》失之淺，《公羊》失之險，《穀梁》失之迂，崔伯直之言也。《左氏》之失專而縱，《公羊》之失雜而拘，《穀梁》不縱不拘，而失之隨，晁以道之言也。事莫備於《左氏》，例莫明於《公羊》，義莫精於《穀梁》，或失之誣，或失之亂，或失之鑿，胡文定之言也。《左氏》傳事不傳義，是以詳於史而事未必實，《公羊》《穀梁》傳義不傳事，是以詳於經而義未必當，葉少蘊之言也。《左氏》史學，事詳而理差，《公》《穀》經學，理精而事誤，朱文公之言也。學者取其長，捨其短，庶乎得聖人之心矣。啖、趙以後，憑私臆決，甚而閣束三傳，是猶入室而不由戶也。呂成公謂《左氏》有三病：周、鄭交質，不明君臣之義，一也；以人事傅會災祥，二也；記管、晏之事則善，說聖人之事則陋，三也。王介甫疑左氏爲六國時人者十一事。（介甫《左氏解》一卷，其序謂爲《春秋》學餘二十年，《館閣書目》以爲依托。）①

評判三傳得失，這成爲宋代經典辨疑思潮的一項重要内容。宋儒對《左傳》雖多批評，甚至頗多懷疑之論，但三傳之中，最重視的還是《左傳》。

蘇轍著《春秋集解》，以《左傳》爲主幹，雜取三傳及諸家之説。認爲：“凡《春秋》之事當從史。《左氏》史也，《公羊》《穀梁》皆意之也。蓋孔子之作《春秋》，事亦略矣，非以爲史也，有待乎史而後足也。以意傳《春秋》而不信史，失孔子之意矣。”②其“尚左”的傾向非常明顯。其兄蘇軾也認爲：“求聖人之意，若《左氏》可以有取焉。”③同時程頤也認爲《左傳》優於《公》《穀》。他曾與門人問答云：

問：“《左傳》可信否？”曰：“不可全信，信其可信者耳。某年貳拾時看《春秋》，黄聱隅問某如何看，答之曰：‘有兩句法，云：以傳考經之事迹，以經别傳之真僞。’”又問：“《公》《穀》如何？”曰：“又次於

① ［宋］王應麟：《困學紀聞》卷六。
② ［宋］蘇轍：《春秋集解》卷一。
③ ［宋］蘇軾：《東坡全集》卷四一《論鄭伯克段於鄢》。

《左氏》。"①

"以傳考經之事迹,以經別傳之真僞"反映了宋儒《春秋》學研究的基本方法。孔子《春秋》記事極爲簡略,如果棄傳,《春秋經》與"天書"無異。所以必須借助傳來瞭解史事。三傳之中,《左傳》記事最詳,對於瞭解《春秋》史事最有助益。在程頤眼中,《左傳》優於《公》《穀》。但是《左傳》記事也有不少問題,如果傳與經產生了矛盾,就信經不信傳。這是程頤處理經傳關繫的一條基本原則。

晁説之通過三傳比較來判斷優劣。他認爲"《左氏》於經而合者,复出二傳及百氏之上,惜夫觀者未之悉觀也"。因爲從解經方面來説,公羊家所謂"五始、三科九旨、七等、六輔、二類、七缺"之説過於"舛雜",其中爲害最大的莫過於"王魯、黜周、新周、故宋"諸説。又雜引圖緯讖記,甘心於巫鬼機祥而不自寤,既曰"據百二十國寶書",又説"三世異辭",怪誕矛盾,不一而足。至於《穀梁傳》,雖然"司典刑而不縱,崇信義而不拘,有意乎蹈道而知變通",但"不免失之隨"。只有《左傳》合於經的地方較多,這是由《左傳》解經與叙事特點決定的,"其於經言約而意含,其序事則文侈而辭麗。"由於《左傳》解經比較含蓄,辭藻又比較華麗"是使好文彩者知有傳而不知有經",而經術之士則"甘心於《公》《穀》之下,不復省澄源於洪流也"②。這是《左氏》的缺點。

鄭樵尊《左氏》、排二傳的傾向更加明顯。他説:

> 《左氏》起於六國,《公》《穀》起於漢。有《左氏》而後有《公》《穀》,《公》《穀》據《左氏》事而專爲浮説者也。使無《左氏》,則《公》《穀》無作矣。《左氏》雖麗藻少實,然文有經緯,而博通古今,可謂大儒矣。《公》《穀》之徒於章句言語之下穿鑿其義,此青衿學子之事也,然辭俚而意迁,多齊東之言,而《公羊》俚俗尤甚。奈何漢儒交口譏排《左氏》,不與立博士,而復以《公羊》尊於《穀梁》,何其倒置如此邪?③

---

① 〔宋〕程顥、程頤:《二程遺書》卷二〇。
② 〔宋〕晁説之:《景迀生集》卷一二《三傳説》。
③ 〔宋〕鄭樵:《通志》卷一七二《儒林傳一》。

　　"《左傳》起於六國,《公》《穀》起於漢",未必屬實。但鄭樵認爲《左氏》"文有經緯""博通古今",尊之爲"大儒",排斥《公》《穀》"辭俚而意迁",愛憎極爲明顯。鄭樵是一位重視實證、學問淵博的史學家,他對三傳的抑揚,其實是站在史學家的立場上去看問題的。

　　朱熹對《左傳》作者及時代提出過懷疑,對於《左傳》的内容也有很多批評。他説:"《左氏》之病,是以成敗論是非,而不本於義理之正。嘗謂左氏是個猾頭熟事趨炎附勢之人。"但他將《左傳》與《公》《穀》比較後,得出結論:"左氏所傳《春秋》事,恐八九分是。《公》《穀》專解經,事則多出揣度。""《春秋》制度大綱,《左傳》較可據,《公》《穀》較難憑。""《左氏傳》是個博記人做,只是以世俗見識斷當它事,皆功利之説;《公》《穀》雖陋,亦有是處,但皆得於傳聞,多訛謬。"門人問三傳優劣,朱熹回答:"左氏曾見國史,考事頗精,只是不知大義,專去小處理會,往往不曾講學。《公》《穀》考事甚疏,然義理却精。二人乃是經生,傳得許多説話,往往都不曾見國史。"有人問《左傳》如何,朱熹曰:"《左傳》一部載許多事,未知是與不是,但道理亦是如此,今且把來參考。"又問《公》《穀》如何,朱熹曰:"據他説亦是有那道理,但恐聖人當初無此等意。"從他的比較中,不難看出更看重《左傳》。因爲《左傳》重在事實,《公》《穀》重在義理。事實是不會改變的,但義理則因人而異,每個人都有不同的理解。

　　宋代儒學的創新,是要超越漢唐,建立一套新的儒家義理之學,故對《公》《穀》所講的義理往往加以揚棄。朱熹主張"《春秋》之書,且據《左氏》","看《春秋》且須看得一部《左傳》首尾意思通貫,方能略見聖人筆削與當時事之大意"①。也就是説治《春秋》應當從弄清事實入手,達到"知人論世",把握孔子的"微言大義"的目的。

　　此外,尊左的學者還有很多。如吕祖謙稱贊:"《左氏》一書,接三代之末流,五經之餘派,學者苟盡心於此,則有不盡之用矣。"②葉適的觀點也與朱熹相近。他指斥《公》《穀》二傳是"末世口説流傳之學",空張虛義,爲《春秋》之蠹,"《左氏》未出之前,學者惟《公》《穀》之聽,《春秋》蓋蕪塞矣。孟子雖曰天子之事,司馬遷聞之董生雖曰禮義之大宗,然本末

---

① ［宋］黎靖德編:《朱子語類》卷八三。
② ［宋］吕祖謙:《左氏傳説》卷首。

未究,而設義以行,吾懼褒貶之濫及也。既有《左氏》,始有本末,而簡書
具存,實事不没,雖學者或未之從,而大義有歸矣。"《公羊》注重"大義",
而略於事實。如果事實不明,空説"大義",就可能濫用褒貶,是非没有標
準。《左傳》雖然晚出,但記録事實本末詳盡,學者可以根據事實去探索
大義。因此《左傳》的價值遠在《公》《穀》二傳之上,"故讀《春秋》者不可
以無《左氏》,二百四十二年明若畫一無訛缺者,捨而他求,焦心苦思,多
見其好異也"①。魏了翁也説:"《左傳》所載固未能全粹,而格言精義,賴
此得存者居六七,如劉子受中一節,曉然爲聖賢相傳之要。"②

　　總之,宋代主流學者對《春秋》三傳的評量,是以《左傳》居首,《公》
《穀》次之。但是,也有少數學者比較尊信《穀梁》。如孫覺以爲"《左氏》
多説事迹,而《公羊》亦存梗概,陸淳以謂斷義即皆不如《穀梁》之精。今
以三家之説校其當否,而《穀梁》最爲精深",故所著《春秋經解》"以《穀
梁》爲本",雜取三傳及歷代諸儒之説。③ 晁公武也説:"三傳之學,《穀
梁》所得爲多。"④宋儒取《穀梁》,看重的是《穀梁》解經方面比較簡明,較
之《公羊傳》穿鑿附會、奇談怪論要少一些。

　　　　(原載《經學與中國哲學》,華東師範大學出版社,2009 年,
　　　　題作《捨傳求經與會通三傳——〈春秋〉宋學解經特點略説》)

---

① 〔宋〕葉適:《習學紀言》卷九。
② 〔宋〕魏了翁:《鶴山先生大全文集》卷三六《答曾教授宏迪》。
③ 〔宋〕孫覺:《春秋經解》自序。
④ 〔宋〕晁公武:《郡齋讀書志》卷一下。

宋代《孝經》學述論

    《孝經》爲教孝之書,有所謂"君子之事親孝,故忠可移於君"之説。故自漢代以來,頗受歷代統治者的重視。漢代制度,"使天下人誦《孝經》,舉孝廉"①。在儒家經典之中,《孝經》以其通俗易傳,其在社會上的普及程度與《論語》一樣,是最高的。② 儘管"孝"的觀念早已融入中華民族文化心理的深處,但是,關於《孝經》的文獻研究與爭論並没有停止。到了宋代,隨着經學變古運動的展開,對於《孝經》的考辨與注解也出現了一些新的動向。宋代《孝經》學出現的三個趨勢值得注意:一是《古文孝經》學的復興,二是對《孝經》的來歷提出了懷疑,三是以義理爲取向《孝經》解釋學。

一、宋代以前的《孝經》之争

    儒家經典遭遇秦焚,《孝經》也不例外。漢初除"挾書"之禁,山岩屋壁之藏於是紛紛出世。據《隋書·經籍志》説:"《孝經》遭秦焚書,爲河間人顔芝所藏。漢初,芝子貞出之,凡十八章。"漢文帝時立傳記博士,就是這個本子。可是至漢昭帝時,又出現了一個魯國三老所獻的《古文孝經》本子,據説此《古文孝經》爲孔壁中書,"與《古文尚書》同出"③。班

---

① 荀爽語,見《後漢書·荀淑傳》。
② 王國維説:"《論語》《孝經》、小學、六藝,皆漢時學校誦習之書。以後世之制明之:小學諸書者,漢小學之科目也;《論語》《孝經》者,漢中學之科目也。……漢人就學,首學書法……進則授《爾雅》《孝經》《論語》。……漢時但有受《論語》《孝經》、小學而不受一經者,無受一經而不先受《論語》《孝經》者。……《漢官儀》所載博士舉狀,於五經外必兼《孝經》《論語》。故漢人傳《論語》《孝經》者,皆他經大師,無以此二書專門名家者。……漢時《論語》《孝經》之傳,實廣於五經也。"(《觀堂集林》卷四《漢魏博士考》)
③ 〔唐〕魏徵等:《隋書·經籍志》。

192

固説:"《孝經》,漢興,長孫氏、博士江翁、少府君后蒼、諫大夫翼奉、安昌侯張禹傳之,各自名家,經文皆同。惟孔氏壁中書古文爲異。'父母生之,續莫大焉','故親生之膝下',諸家説不安處,古文字讀皆異。"①東漢光武帝建武年間,議郎衛宏曾對古文本作過校訂,但"皆口傳,官無其説"②。

古文本與今文本互有異同,不僅字數不同,而且分章也不盡一致。漢成帝時劉向典校中秘,曾對今文本和古文本作過比較,"以顏本比古文,除其繁惑,以十八章爲定,鄭衆、馬融並爲之注"③。據劉向説:"古文字也,《庶人》章分爲二也,《曾子問》章爲三,又多一章,凡二十二章。"桓譚説:"《古孝經》千八百七十二字,今異者四百餘字。"④

在漢代,《孝經》有孔注和鄭注兩個注本。但是,這兩種注本的來歷都引起後人的懷疑。

孔安國傳古文,在《史記》《漢書》中都有記載。《史記·儒林傳》説:"孔氏有古文《尚書》,孔安國以今文讀之,因以起其家。"《漢書·藝文志》著録"《尚書》,孔氏有古文","《孝經》,古孔氏",但没有關於孔安國作傳注的記載。《隋志》始著録孔安國《古文孝經傳》一卷,注云:"梁代安國及鄭氏二家並立國學,而安國之本亡於梁亂。陳及周、齊惟傳鄭氏,至隋秘書監王劭於京師訪得孔傳,送至河間劉炫,炫因序其得喪,述其義疏,講於人間,漸聞朝廷,遂著令與鄭氏並立。而秘府先無其書,儒者喧喧,皆云炫自作之,非孔舊本。"據劉知幾説,當時因無兼本,難可依憑,劉炫"輒以所見,率意刊正",並撰《古文孝經稽疑》一篇。⑤ 唐代所見的所謂孔傳《孝經》,即經劉炫校定之本。

至於孔安國傳《古文孝經》之説,見於《孔子家語·後序》。但後人對於《孔子家語》頗有懷疑,認爲出自王肅僞造。宋末王柏首創此説,清人范家相、孫志祖附和之。丁晏"集先儒説辨古文孔傳之僞"(《孝經徵文》後),搜集十餘家之説。並根據清代日本傳歸的《古文孝經傳》,羅列

---

① ［漢］班固:《漢書·藝文志》。
② ［漢］許冲:《上説文解字表》,載《説文解字》卷首。
③ ［唐］魏徵等:《隋書·經籍志》。
④ 以上二條見《經義考》卷二二二引。
⑤ ［宋］王溥:《唐會要》卷七七《論經義》。

五驗,指爲王肅依托。①

關於鄭注《孝經》,首先提出懷疑者爲南齊名儒陸澄,陸德明《經典釋文》也疑之。到唐玄宗開元七年,因《孝經》《尚書》有古文本,孔、鄭注旨趣頗多蹐駁,詔群臣質定。於是左庶子劉知幾舉十二證,力辨鄭注《孝經》非鄭玄所注,認爲"言語鄙陋,義理乖疏,固不可以示彼後來,傳諸不朽",而"《古文孝經孔傳》本出孔氏壁中,語其詳正,無俟商榷",建議行孔廢鄭。而國子祭酒司馬貞觀點與劉知幾針鋒相對,認爲鄭注即鄭玄注,縱非鄭玄所注,但"義旨敷暢";而孔注實際上早已失傳,"近儒欲崇古學,妄作此傳,假稱孔氏,輒穿鑿更改,又僞作《閨門》一章,劉炫詭隨,妄稱其善"。他還指出近人割裂篇章,以應二十二篇之數,"抑亦傳習淺僞"。因此建議《孝經》鄭注與孔傳並行。② 但不久唐玄宗《孝經注》行世,鄭注與孔傳俱不再受重視。五代兵火之餘,鄭注、孔傳都已不存了。據陳振孫《直齋書錄解題》説,到後周顯德年間,新羅獻《別序孝經》(《崇文總目》説宋真宗咸平中由日本僧傳回),鄭注才又傳回中原,而世少有傳本。直到南宋孝宗乾道年間,熊克、袁樞得之,刻於京口學官。而孔傳則不可復見了。到宋末元初,鄭注又失傳了。直到清代,鄭注輯本、孔傳才又從日本傳回,但早已非原物了。

其實今文、古文,文字上並無太大的不同。關於《孝經》今古文之爭,南宋學者黃震有一段話説得比較客觀:

> 按《孝經》一爾,古文、今文特所傳微有不同。如首章,今文曰"仲尼居,曾子侍",古文則曰"仲尼閒居,曾子侍坐";今文云"子曰:先王有至德要道",古文則云"子曰:參! 先王有至德要道";今文云"夫孝,德之本也,教之所由生也",古文則云"夫孝,德之本,教之所由生"。文之或增或減,不過如此,於大義固無不同。至於分章之多寡,今文"三才"章"其政不嚴而治"與"先王見教之可以化民"通爲一章,古文則分爲二章。今文"聖治"章第九"其所因者本也"與"父子之道天性"通爲一章,古文則分爲二章。"不愛其親而愛他人者"古文又分爲一章。章句之分合率不過如此,亦無不同。古文又云

---

① [清] 丁晏:《日本古文孝經孔傳辨僞》,見《孝經徵文》,皇清經解續編本。
② [宋] 王溥:《唐會要》卷七七《論經義》。

"閨門之內,具禮矣乎!嚴父嚴兄,妻子臣妾,猶百姓徒役也"。此二十二字,今文全無之,而古文自爲一章,與前之分章者三,共增爲二十二,所異者又不過如此,非今文與古文各爲一書也。①

至於後世所傳之今文、古文,其實也早已經多次改定,非復漢初之貌了。明人孫本説:

> 顏芝今文,以恬筆斯隸漆書於帛,非有斷章錯簡,乃孔、曾全經也。文、景置博士,且令衛士通習矣。逮昭帝時,魯三老復獻古文,而成帝命劉向典校經籍,除其繁惑。夫既經向校定,則世所傳者乃劉向之今文,而非顏芝今文矣。司馬貞削《閨門》章而更其次叙,則石臺所刻,又非劉向今文矣。世所傳今文《直解》,即石臺本也。是後名專門者數十百家,分裂尤甚,又去石臺今文遠矣。世安得有真今文也!②

二、《古文孝經》學的興起

唐玄宗開元七年(719)分別以劉知幾、司馬貞爲代表的尊孔、尊鄭之爭結束以後,古文、今文之爭也告一段落。天寶二年,唐玄宗以今文爲主,"取王肅、劉劭、虞翻、韋昭、劉炫、陸澄六家之説,參仿孔、鄭舊義"(《崇文總目》),御注《孝經》,借助政治勢力立於國學,勒於石碑(是謂《石臺孝經》),頒諸中外。從此玄宗注獨行,鄭注、孔傳逐漸淪亡。而"自唐明皇時議者排毀古文,以《閨門》一章爲鄙俗,而古文遂廢"。到宋時,《古文孝經》孔傳不存,"而隸古文與章數存焉"③。

宋初《孝經》亦尊玄宗注。宋真宗至道二年(996),判國子監李至請命李沆、杜鎬等纂《孝經正義》,從之。咸平三年(1000)三月命祭酒邢昺代領其事,當時大儒杜鎬、孫奭等預其事。《孝經》注疏,"世傳元行冲疏外,餘家尚多,皆猥俗褊陋,不足行遠"(《崇文總目》),這次纂修即以唐

---

① [宋]黃震:《黃氏日鈔》卷一《讀孝經》,文淵閣四庫全書本。
② [明]孫本:《孝經釋疑》,載[明]吕維祺:《孝經大全》酉集,明崇禎刻本。
③ [清]朱彝尊:《經義考》卷二二五引《中興藝文志》。

玄宗注爲本,以元行冲疏爲據。①

北宋慶曆以後,儒學革新思潮呈波瀾壯闊之勢,愈演愈烈。反映在經學研究上,求新求變之風盛行。學者們不滿意漢唐經學,認爲漢唐注疏衆多,造成經學分裂,破碎大道。而且講究家法、師法,解經多有牽强附會之言,以僞説亂經,歪曲聖人之旨。唐代頒布《五經正義》,經學統一,又產生了新的弊端。蘇轍説漢代經學黨同伐異,不顧是非;唐代經學"始會於一",弊端是"窮理不深,講道不切",忽視了對儒學內在價值的探求。② 他們不僅對漢唐傳注提出批評,而且對傳世的儒家經典進行了重新審視,認爲經典非聖道之全,經典有抵牾之處,經典有附益之文,需要去僞存真,加以辨析。因此,疑傳、疑經成爲風氣。他們的旗幟是衛道,恢復聖人經典的本來面目。在疑漢唐之"古"的口號下,復先秦之"古"。故一些學者孜孜以求,研究古禮,討論古樂,考釋古器物,考證古史。復古之風反映在經學研究上,最明顯的是捨傳求經,恢復"古《周易》",表彰《古文孝經》。

北宋首先表彰《古文孝經》的,當推司馬光。他在所撰《古文孝經指解序》中詳細闡述了對《古文孝經》的看法,反映了他黜今尊古的思想。他相信《古文孝經》二十二篇確爲孔氏壁中之書,爲《孝經》定本,比今文十八篇爲真。(1)他考察了自漢到唐《孝經》今、古文及孔、鄭二家注的興廢,漢唐時期總的來説是今文盛,古文衰,原因在於諸儒"黨同疾異,信僞疑真"。(2)他推測了孔壁中書始藏的大致時期應在孔子以後不久。他説:"先儒皆以孔氏避秦禁而藏書,臣竊疑其不然。何則? 秦世科斗之書廢絕已久,又始皇三十四年始下焚書之令,距漢興才七年耳。孔氏孫豈容悉無知者,必待恭王然後乃出? 蓋始藏之時,去聖未遠,其書最真,與夫他國之人轉相傳授,歷世疏遠者誠不侔矣。"(3)古文《尚書》與《孝經》同出孔壁,不能只信《尚書》而疑《孝經》,《古文孝經》"真偽之明,皓若日月,而歷世爭論,不能自伸。雖其中異同不多,然要爲得正,此學者所當重惜也。"(4)今傳的《古文孝經》"其文則非,其語則是"。前世《孝

---

① 邢疏雖然謹守"疏不破注"之傳統,以玄宗注十八章爲本,但其遵《古文孝經》及孔傳的傾向是很明顯的,見《孝經注疏·玄宗御注序疏》,十三經注疏本。
② [宋]蘇轍:《欒城集》卷二〇《河南府進士策問三首》,四部叢刊本。

經》共五十多家,少者也不下十餘家,但司馬光時代秘閣所藏就只有鄭氏、明皇及古文三家而已,古文則有經無傳。秘閣《論語》《孝經》都是用先秦古文字書寫,"此蓋後世好事者用孔氏傳本,更以古文寫之"①。因爲早在孔安國時代,已很少有人能通先秦古文字了,所以所謂孔壁書自發現之後,都經過"隸定"的過程,即用漢代通行的隸書重新寫定,才得以流傳開來。因此後世所傳的以古文字書寫的古文經都是"好事者"回改而成。

至於司馬光撰《古文孝經指解》,除了弘揚孝道、輔助教化外,另一個目的是貢獻學術,轉變學風。《進古文孝經指解表》說:"竊睹秘閣所藏《古文孝經》,先秦舊書,傳注遺逸,孤學埋微,不絕如綫。是敢不自揆量,妄以所聞,爲之《指解》。"《進古文孝經指解劄子》說:"所謂學者,非誦章句、習筆劄,在於正心修身、齊家治國、明明德於天下也。"他的目的是表彰古文,挽救絕學,發揮義理,而不在於章句訓詁。

稍後於司馬光,范祖禹也非常推崇《古文孝經》。他認爲"聖人之行莫先於孝,書莫先於《孝經》",故撰《古文孝經説》一卷,於元祐中侍經筵時獻於哲宗。其進呈序説:"《古文孝經》二十二章,與《尚書》《論語》同出於孔氏壁中。歷世諸儒疑眩莫能明,故不列於學官。今文十八章,自唐明皇爲之注,遂行於世。二者雖大同而小異,然得其真者古文也。"②其進書劄子也説:"臣竊考二書雖不同者無幾,然古文實得其正。"③他認爲古文比今文更爲可信,故爲之訓説。

經司馬光和范祖禹二人的表彰,《古文孝經》在宋世才又引起學者們的重視。真德秀説:"自唐玄宗御注《孝經》出,世不復知有古文。先正司馬公作爲《指解》,太史范公復爲之説,於是學者始得見此經舊文。"④因此,司馬光、范祖禹之注,在《孝經》學史上有重要意義。

此後,研究《古文孝經》者不乏其人。南宋洪興祖撰《古文孝經序贊》,季氏(失名)有《古文孝經指解詳説》,楊簡撰《古文孝經解》。據《中

① [宋]司馬光:《古文孝經指解序》,見《古文孝經指解》卷首。
② [宋]范祖禹:《范太史集》卷三六《古文孝經説序》,影印文淵閣四庫全書本。
③ [宋]范祖禹:《范太史集》卷一四《進古文孝經説劄子》。
④ [宋]真德秀:《西山文集》卷三五《跋鄭居士手寫古文孝經》,影印文淵閣四庫全書本。

興藝文志》，楊氏"解中如'德性無生，從何有死'之語，蓋近於禪矣"。而影響最大的，當推朱熹《孝經刊誤》。

朱熹對《古文孝經》的態度與司馬光等人有所不同。朱熹對《古文孝經》並不全信盲從。他認爲《古文孝經》也有可疑之處，有些地方不如今文。《朱子語類》記："《古文孝經》亦有可疑處。"他舉例說，自"天子"章到"孝無終始，而患不及者，未之有也"，便應與下面曾子之說通爲一段，各章除了後人所添前面"子曰"及後面引《詩》，便有首尾，一段文義都活；"自此以後，却似不曉事人寫出來，多是《左傳》中語。如'以順則逆，民無則焉；不在於善，而皆在於凶德'，是季文子之辭。却云'雖得之，君子所不貴'，不知論孝却得個甚底，全無交涉！如'言斯可道，行斯可樂'一段，是北宮文子論令尹之威儀，在《左傳》中自有首尾，載入《孝經》，都不接續，全無意思，只是雜史傳中胡亂寫出來，全無義理。疑是戰國時人鬪湊出者。"又說："《古文孝經》却有不似今文順者。如'父母生之，續莫大焉'，又著一個'子曰'字，方說'不愛其親而愛他人者，謂之悖德'。兼上更有個'子曰'，亦覺無意思。此本是一段，以'子曰'分爲二，恐不是。"①因此，朱熹提出《孝經》應分經傳的觀點，並對《孝經》進行了改編、刪削，著《孝經刊誤》，經"皆以古文爲正，惟傳之六章或從今文"②。

朱熹雖對《古文孝經》進行了改編，但他並沒有爲之作注。因此朱子後學以《孝經刊誤》爲本，注家紛出，餘波所及，迄於明清。

三、宋人對《孝經》來歷的考辨

在宋代以前，《孝經》學上雖有今文、古文以及鄭注、孔傳之爭，但對《孝經》的來歷，並無不同的觀點，即認爲《孝經》是孔子傳孝道於曾子的。司馬遷說："曾參，南武城人。字子輿，小孔子四十六歲。孔子以爲能通孝道，故授之業，作《孝經》。"③班固說："《孝經》者，孔子爲曾子陳孝道也。"④至於緯書，更編造一些神話，如《孝經鈎命訣》假托孔子的話說：

---

① ［宋］黎靖德編：《朱子語類》卷八二。
② ［宋］趙希弁：《郡齋讀書志·附志》，孫猛校證本，上海古籍出版社，1990年。
③ ［漢］司馬遷：《史記·仲尼弟子列傳》。
④ ［漢］班固：《漢書·藝文志》。

"吾志在《春秋》,行在《孝經》。"《孝經援神契》説:"孔子制作《孝經》,使七十二子向北辰折磬。"後來鄭玄受此影響,在《六藝論》説:"孔子以六藝題目不同,指意殊别,恐道離散,後世莫知根源,故作《孝經》以總會之。"

以上觀點一直到宋初還十分流行。宋真宗時邢昺、孫奭等人奉旨修《孝經正義》,孫奭所撰序基本上堅持漢儒及緯書的看法,不過略有修正,説:"夫《孝經》者,孔子之所述作也。……先儒或云夫子爲曾參所説,此未盡其指歸也。蓋曾子在七十弟子中孝行最著,孔子乃假立曾子爲請益問答之人,以廣明孝道,既説之後,乃屬與曾子。"①將《孝經》的作者屬之孔子。

北宋中葉,随着儒學革新運動的開展,歐陽修等人倡導的以衛道爲目的對儒家經典與傳注的廓清運動發展爲一股懷疑思潮。南宋陸游談到慶曆以後學風轉變説:"唐及國初,學者不敢議孔安國、鄭康成,況聖人乎! 自慶曆後,諸儒發明經旨,非前人所及。然排《繫辭》,毁《周禮》,疑《孟子》,譏《書》之《胤征》《顧命》,黜《詩》之《序》,不難於議經,況傳注乎!"②

學術界興起的這股懷疑思潮也波及到對《孝經》的研究上。一些學者對《孝經》的作者及成書時代提出了新的看法。如司馬光本人對傳統觀點提出不同的意見。他在所撰《古文孝經指解自序》中説:"聖人言則爲經,動則爲法。故孔子與曾參論孝,而門人書之,謂之《孝經》。"③這裏,他明確提出了《孝經》並非孔子自撰,也不是曾參的手筆,而是出自門人之手。他的觀點得到不少學者的認同。如南宋胡寅認爲:"《孝經》非曾子所自爲也。曾子問孝於仲尼,退而與門弟子言之,門弟子類而成書。"④唐仲友作《孝經解》一卷,其自序也認爲:"孔子爲曾參言孝道,門人録之爲書,謂之《孝經》。"此外汪應辰(玉山)也認爲"此書多出後人附會"⑤。但他們並没有對自己的説法加以論證。

① 〔宋〕孫奭:《孝經正義・序》,十三經注疏本。
② 〔宋〕王應麟:《困學紀聞》卷八引,四部叢刊三編本。
③ 〔宋〕司馬光:《古文孝經指解》卷首,影印文淵閣四庫全書本。
④ 〔清〕朱彝尊:《經義考》卷二二二引。
⑤ 〔宋〕朱熹:《孝經刊誤・後序》,影印文淵閣四庫全書本。

另外一些學者力圖從文獻中找出證據來推測《孝經》的作者與時代。如晁公武從《孝經》人物稱謂上推斷其作者爲曾參弟子,説:"今首章云:'仲尼居,曾子侍。'則非孔子自著明矣。詳其文意,當是曾子弟子所書。"①《孝經》稱孔子字,而尊曾參爲"曾子"。子者,男子之美稱也。從《論語》中可以看出,只有弟子稱師爲"子",老師絶不會稱其學生爲"子",而是直接呼名或字。尊曾參爲"子"者可能是曾參的學生。這就排除了孔子自作《孝經》的可能性。

與朱熹大約同時的陳騤將《孝經》與先秦文獻《左傳》《國語》進行了比較,説:

> 《孝經》"三才"章似摭子産言禮之辭;"聖治"章似删北宫文子論儀之語;"事君"章曰"進思盡忠,退思補過",此乃士貞子諫晉景公之辭;"聖治"章曰"以順則逆,民無則焉,不在於善,而皆在於凶德",此乃季文子對魯宣公之辭。聖人雖遠稽格言,不應雷同若此。②

他認爲《孝經》與這些文獻在文字上存在淵源關繫。但究竟是《孝經》抄《左傳》,還是《左傳》抄《孝經》,陳並没有明言。

項安世撰《孝經説》,對《孝經》從文獻學、文體學角度進行了考證。他把《孝經》文體與《禮記》《孔子家語》進行比較,指出:

> 《孝經》文體,其發端、結趨、創問、置答皆與《小戴禮·禮運》《燕居》《閒居》《哀公問》《儒行》等篇相類。《孔子家語》乃專用此格成書。雖其中多聖賢格言,然其出也必在孔門七十子之後。③

由於《孝經》文體與《禮記》《家語》近似,故成書時間也應相近,作者必爲孔門七十子之後鄒魯諸儒。所以項氏説:"鄒魯諸儒記誦師説,言孝言禮,各以其類薈萃成篇,恐人之不尊也,故每篇皆假設夫子與人問答以貫穿之,必使衆説群義同出於一口之中,一人之問,其有辭義太遠者,則别爲問端,必使上承前説,下起後義,如文士作文之法而後已。"由於《孝經》是鄒魯之儒假設孔子與門人問答之語,故在作文之法上頗下過功夫。

---

① [宋]王應麟:《困學紀聞》卷八引。
② [清]朱彝尊:《經義考》卷二二二引。
③ [宋]項安世:《項氏家説》附録卷一《孝經説》。

項氏從《孝經》文法極爲講究,推斷其並非孔子之言,《孝經》文體應屬於戰國時的文體,與《素問》《六韜》屬同一格,"戰國諸生所著之書,其體皆然"①。項安世的觀點建立在對《孝經》文法的考察上,他認爲《孝經》成書在七十子之後,爲戰國時作品,這是有一定説服力的。

對《孝經》文獻進行比較全面的考訂,當推朱熹。朱子對《孝經》的懷疑,是受胡寅、汪應辰的影響,而加以發展。據他作的《孝經刊誤跋》説:

> 熹舊見衡山胡侍郎《論語説》疑《孝經》引《詩》非經本文,初甚駭焉。徐而察之,始悟胡公之言爲信,而《孝經》之可疑者不但此也。因以書質之沙隨程可久丈。程答書曰:"項見玉山汪端明亦以爲此書多出後人附會。"於是乃知前輩讀書精察,其論固已及此。又竊自幸有所因述,而得免於鑿空妄言之罪也。因欲掇取他書之言,可發此書之旨者,別爲外傳,顧未敢耳。②

程可久即程迵。朱熹《與程沙隨可久》一書今存,其云"近亦條具數處"《孝經》疑點。③ 從《孝經刊誤》《朱子語類》及其文集看,朱子對《孝經》來歷的考辨主要有以下幾點:(1)《孝經》有非聖人之言。《朱子語類》卷八二:"《孝經》,疑非聖人之言。且如'先王有至德要道',此是説得好處。然下面都不曾説得切要處著,但説得孝之效如此。"他把《孝經》與《論語》比較,認爲《孝經》一些説法不如《論語》"親切有味"。其他如關於"嚴父配天"之説,朱熹都大加鞭撻,認爲非聖人之言。(2)《孝經》有後人綴輯之文。朱熹認爲《孝經》只前面部分是曾子聞於孔子之語,而後面却是後人綴輯而成。《語類》卷八二:"因説《孝經》是後人綴緝。"又:"問:'《孝經》一書,文字不多,先生何故不爲理會過?'曰:'此亦難説。據此書,只是前面一段是當時曾子聞於孔子者,後面皆是後人綴緝而成。'"《孝經》亦是湊合之書,不可盡信。"如對"天地之行人爲貴""人之行莫大於孝"等語句,朱子加以稱贊。但朱子認爲《孝經》中雜有《左傳》《國語》中言語。有門人問是否可以説是《左氏》引《孝經》中言語,朱

---

① 〔宋〕項安世:《項氏家説》附録卷一《孝經説》。
② 〔宋〕朱熹:《孝經刊誤·跋》。
③ 〔宋〕朱熹:《晦庵别集》卷二,影印文淵閣四庫全書本。

熹回答説,其言在《左氏傳》《國語》中,即上下句文理相接,但放在《孝經》中就不成文理。從文理的連續性看,應是《孝經》引《左傳》《國語》之語,而不是相反。(3)《孝經》可能成書於戰國時期。他舉《古文孝經》爲例,認爲"自'天子'章到'孝無終始,而患不及者,未之有也',便是合下與曾子説底通爲一段。只逐章除了後人所添前面'子曰'及後面引《詩》,便有首尾,一段文義都活。自此後似不曉事人寫出來,多是《左傳》中語"。如"以順則逆,民無則焉;不在於善,而皆在於凶德",是季文子之辭;"言斯可道,行斯可樂"一段,是北宫文子論令尹之威儀,"在《左傳》中自有首尾,載入《孝經》,都不接續,全無意思,只是雜史傳中胡亂寫出來,全無義理。疑是戰國時人鬮凑出者"。胡寅疑《孝經》是樂正子春所作,朱熹認爲"樂正子春自細膩,不如此説"①。不過,朱熹並沒有明指誰爲《孝經》的纂輯者。他認爲《孝經》相傳已久,"蓋出於漢初《左氏》未盛行之時,不知何世何人爲之也"②。(4)《孝經》有經傳之分。朱熹撰《孝經刊誤》,以篇首六七章爲本經,其後乃傳文。認爲篇首六七章才是"夫子、曾子問答之言,而曾氏門人所記也",他懷疑《孝經》原就只有前面部分,"其下則或者雜引傳記以釋經文,乃《孝經》之傳也"。因此他對《孝經》進行了改編,以《古文孝經》爲主,對所謂"經"的部分"删去'子曰'者二,引《書》者一,引《詩》者四,凡六十一字,以復經文之舊";對於"傳"的部分,則删去"先王見教"以下凡六十七字,"以順則逆"以下凡九十字。③

由於朱熹的歷史地位,其對《孝經》的看法對後世《孝經》學産生了重大的影響。陳振孫《直齋書録解題》説:"抱遺經於千載之後,而能卓然悟疑辨惑,非豪傑獨立之士,何以及此!後學所不敢仿效,而亦不敢擬議也。"朱彝尊説:"自漢以來,説經家鮮有移易經文片言者;移之,自二程子《大學》始也。自漢以來,注疏家莫能删削經文隻字者;有之,自朱子《孝經刊誤》始也。"④朱熹之後,朱學獨盛,黄榦撰《孝經本旨》,"繼熹之志,輯六經、《論》《孟》之言孝者爲一書,釐爲二十四篇";馮椅撰《古孝經輯注》,"祖朱氏,刊經文所引《詩》《書》之妄,而傳則盡删其所托曾、孔答問

① [宋]黎靖德編:《朱子語類》卷八二。
② [宋]朱熹:《孝經刊誤》。
③ [宋]朱熹:《孝經刊誤》。
④ [清]朱彝尊:《經義考》卷二二六。

與其增益之辭"①;龔栗撰《孝經集義》,"本朱子之意,采衆説之長而折衷之"(真德秀序);董鼎撰《孝經大義》,以朱子《刊誤》爲本,"又從而注釋之"(徐貫後序);元儒吳澄贊同《孝經》應分經傳、且有後人附益的觀點,但不信《古文孝經》,因作《孝經章句》一卷,以今文爲據,分經一章,傳十二章,其中合"五刑"一章,去"閨門"一章,删去古文二百四十六字。②

四、義理取向的《孝經》解釋學

經過魏晉南北朝的大動亂和隋唐的統一與分裂,儒學雖然仍居於官方統治地位,但已處於"不絶如綫"的境地。宋代學者從儒學發展史上去尋找儒學文化危機的原因,發現漢唐經學存在許多問題。他們認爲正是由於漢唐經學走入了歧途,才使儒學面臨今天的困境。王安石提出"經術者所以經世務也。果不足以經世務,則經術何所賴焉"的觀點。③ 程頤以"道"概括經典中的義理。他批評漢儒的繁瑣哲學是不知六經簡易之理,説:"漢之經術安用? 只是以章句訓詁爲事。且如解《堯典》二字,至三萬餘言,是不知要也。"④他認爲:"今之治經者亦衆矣,然而買櫝還珠之蔽,人人皆是。經所以載道也;誦其言辭,解其訓詁,而不及道,乃無用之糟粕耳。"⑤總之,宋代學者總結漢唐以來經學的種種誤區,指出治經應以切於實用爲目的,應以講明聖道、求得義理爲旨歸。爲此,他們對漢唐經學進行了重新審視,在經學解釋學上力求有所創新。表現在《孝經》學上,他們認爲《孝經》關繫世道人心,因此注《孝經》力求經世致用。在方法上,擯棄章句訓詁,重視義理闡發,發揮主體意識。

宋人研究《孝經》,很多都是懷着經世致用目的的。司馬光將《古文孝經指解》進於仁宗,希望"聖人之言得少關省覽","愛敬盡於事親,而德教加於百姓,刑於四海"(《進書表》)。後來他又將該書進於哲宗皇帝,他認爲自古五帝三王"未有不由學以成聖德者",哲宗年在幼沖,所

① [清]朱彝尊:《經義考》卷二二六引《中興藝文志》。
② [元]吳澄:《孝經定本·自序》,影印文淵閣四庫全書本。
③ [宋]楊仲良編:《續資治通鑑長編紀事本末》卷五九,宛委別藏本。
④ [宋]程顥、程頤:《二程集》,王孝魚點校本,中華書局,1981年,第232頁。
⑤ [宋]程顥、程頤:《二程集》,第671頁。

謂:"玉不琢,不成器;人不學,不知道。倘復資學問以成之,則堯、舜、禹、湯、文、武何遠之有!"(《進書劄子》)可見司馬光以《孝經》"經世用"的目的是非常明確的。范祖禹撰《古文孝經說》,上於朝廷,也希望"庶幾有萬一之補焉"(《進呈序》)。

宋人注《孝經》,不重訓詁,而着重闡發義理,注重對孝道思想的發揮。可舉司馬光《指解》、范祖禹《古文孝經說》爲例。如《孝經》結尾云:"生事愛敬,死事哀戚,生民之本盡矣,死生之義備矣,孝子之事終矣。"玄宗注只疏通文義,無甚闡發。司馬光解曰:"夫人之所以能勝物者,以其衆也;所以衆者,聖人以禮養之也。夫幼者非壯則不長,老者非少則不養,死者非生則不藏。人之情,莫不愛其親,愛之篤者莫若父子,故聖人因天之性,順人之情,而利導之,教父以慈,教子以孝,使幼者得長,老者得養,死者得藏,是以民不夭折棄捐而咸遂其生,日以繁息而莫能傷。不然,民無爪牙羽毛以自衛,其殄滅也,必爲物先矣。故孝者生民之本也。"他從人的生存需要、社會生活需要以及人性等角度去論證"孝"爲"生民之本",顯然脫離了章句訓詁的窠臼。范祖禹解云:"……夫有生者必有死,有始者必有終。生事之以禮,死葬之以禮,祭之以禮,則可謂孝矣。事死如事生,事亡如事存者,孝之至也。"他發揮孝道觀,主要從喪葬禮俗的起源角度去闡述孝道的意義,采用的也是義理闡釋的注經方法。

宋人有一種學風,不僅好疑經,而且好改經。而疑經、改經的依據,就是看其文字是否合符"義理"。《四庫提要》說:"漢儒說經以師傳,師所不言則一字不敢更;宋儒說經以理斷,理有可據,則六經亦可改。然守師傳者其弊不過失之拘,憑理斷者其弊或至於橫決而不可制。王柏諸人點竄《尚書》,删削二《南》,悍然欲出孔子上,其所由來漸矣!"[①]四庫館臣尊漢學、貶宋學,難免門户之見,但對漢學、宋學特點的認識,無疑是正確的。治學嚴謹的史學家司馬光,其《古文孝經指解》就曾改經。《古文孝經》有一段文字原來是這樣的:"先王見教之可以化民也,是故先之以博愛,而民莫遺其親;陳之以德義,而民興行;先之靜讓,而民不爭;導之禮樂,而民和睦;示之以好惡,而民知禁。"司馬光《指解》認爲"先王見教之可以化民"句中"教當作孝,聲之誤也"。對此,清儒毛奇齡批評這是"啓

---

① 〔清〕永瑢等:《四庫全書總目》卷三二《孝經問提要》。

後人改經之漸,總是宋人習氣,無足道者"①。

朱熹認爲,讀《孝經》應當注意其中之"道理",而對於其來歷、作者不必過分去追問、去糾纏。《語類》卷八二記:

> 因説《孝經》是後人綴緝。問:"此與《尚書》同出孔壁?"曰:"自古如此説。且要理會道理是與不是。有問重卦並《彖》《象》者,某答以且理會重卦之理,不必問此是誰作,彼是誰作。"

在朱熹看來,"道理"才是衡量是非的標準,作者是誰、來歷如何都不重要。按此原則,他對《孝經》内容作了重新審視。《語類》又記:

> 問:"《孝經》一書,文字不多,先生何故不爲理會過?"曰:"此亦難説。據此書,只是前面一段是當時曾子聞於孔子者,後面皆是後人綴緝而成。"問:"如'天地之性人爲貴','人之行莫大於孝',恐非聖人不能言此。"曰:"此兩句固好。如下面説'孝莫大於嚴父,嚴父莫大於配天',則豈不害理! 倘如此,則須是如武王、周公方能盡孝道,尋常人都無分盡孝道也,豈不啓人僭亂之心! ……"

他以"理"爲準繩,考察《孝經》之中有聖人之言,也有不合聖人之言,從而得出結論:《孝經》中有後人綴緝之文字。特別是關於"嚴父配天"之説,朱熹多次加以抨擊,認爲"必若此而後可以爲孝,豈不啓人僭亂之心"②。

由於朱熹比司馬光更强調"義理",故在《孝經刊誤》中比司馬光走得更遠。他不僅把《孝經》分爲經與傳兩截,還對所謂經、傳的文字進行了删削。他認爲自"仲尼閒居"以下到"故天子已下至於庶人,孝無終始,而患不及者,未之有也"這幾段文字"首尾相應,次第相承,脉絡通貫,同是一時之言,無可疑者",但後人妄分爲六七章,又增"子曰"及引《詩》《書》之文,以雜乎其間,"使其文意分斷間隔,而讀者不復得見聖言全體大義,爲害不細"。故對所謂"經"的部分删去六十一字,以恢復"聖言"的本來面目。其實朱熹的改編、删削並没有多少文獻學上的依據,他根據的就是其自己心中的"理"。對所謂"傳"的部分也是如此。對前引司

---

① [清]毛奇齡:《孝經問》,影印文淵閣四庫全書本。
② [宋]黎靖德編:《朱子語類》卷八二。

馬光改"教"爲"孝",朱熹表示贊同,認爲若用"教"字,與上文不相屬,司馬光改經以後,"乃得粗通"。但是,這樣一來却又與下文所謂"德義""敬讓""禮樂""好惡"不相應了。因此對於"曾子曰甚哉孝之大也"以下到"《詩》云赫赫師尹民具爾瞻"一段,他認爲"其前段,文雖非是,而理猶可通,存之無害。至於後段,則文既可疑,而謂聖人見孝可以化民而後以身先之,於理又已悖矣。況先之以博愛,亦非立愛惟親之序,若之何而能使民不遺其親也? 其所引《詩》,亦不親切"。其文既不合"理","博愛"之説又不合儒家"立愛惟親"之旨,則爲非聖之言,故朱熹干脆删去"先王見教"以下六十九字。對於其他幾處,朱熹也采用了相同的辦法處理。

宋代的《孝經》學表現出來的趨勢是與宋代儒學轉型、經學革新運動一致的。宋人對《古文孝經》的重視,對《孝經》來歷的考辨,以及以義理爲取向的《孝經》解釋學,開創了學術新風。元、明《孝經》學固爲宋學之延續,即使以實證、考據爲特色的清學,實際上也深受宋代學術的沾溉。清人研究的許多問題,其實宋人就早已提出,只是在深度與廣度上比宋人更進了一步。

(原載《中華孝道文化》,巴蜀書社,2001 年)

宋代的《儀禮》學

一、《儀禮》述要

《儀禮》之名,古無定稱。孔穎達説古代典籍中涉及《儀禮》的有"七處五名":"其《儀禮》之別亦有七處而有五名:一則《孝經説》《春秋》(按:當脱"説"字)及《中庸》並云'威儀三千',二則《禮器》云'曲禮三千',三則《禮説》云'動儀三千',四則謂爲《儀禮》,五則《漢書·藝文志》謂《儀禮》爲《古禮》。凡此七處五名稱謂,並承'三百'之下,故知即《儀禮》也。"①所謂"威儀""曲禮""動儀",都是指《儀禮》而言。《儀禮》古只稱"禮",劉歆《七略》稱爲"禮古經",鄭玄稱爲"今禮"。此外又稱"士禮""禮記"(因《儀禮》中有經、有記)。至於《儀禮》之名始於何時,已不能確考。宋儒張淳説:"漢初未有《儀禮》之名,疑後學者見十七篇中有儀、有禮,遂合而名之。"②清末皮錫瑞説:"漢所謂《禮》,即今十七篇之《儀禮》。專主經言,則曰《禮經》,合記而言,則曰《禮記》。許慎、盧植所稱《禮記》,皆即《儀禮》與篇中之記,非今四十九篇之《禮記》也。其後《禮記》之名,爲四十九篇之記所奪,乃以十七篇之《禮經》,別稱《儀禮》。又以《周官經》爲《周禮》,合稱'三禮'。"③黃以周認爲《儀禮》之名晚至東晉時才確定下來:"鄭氏師、弟子並無《儀禮》之名也。《禮》注大題《儀禮》,當是東晉人所加。東晉人盛稱《儀禮》。"④至於《儀禮》成書的時代,據沈文倬先生考證,大致在魯哀公末年魯悼公初年至魯共公十年前後,即公元前五世紀中期至前四世紀中期這一百多年中,由孔門弟子、後學

---

① [唐]孔穎達:《禮記正義原目》,十三經注疏本。
② [清]朱彝尊:《經義考》卷一三〇引,影印文淵閣四庫全書本。
③ [清]皮錫瑞:《經學通論·三禮》,中華書局,1954年。
④ [清]黃以周:《禮書通故》,光緒十九年(1893)黃氏刻本。

陸續撰作的。① 沈文考證嚴謹,其説大致可信。

宋代以前,學者基本上認爲《儀禮》與《周禮》一樣,同爲周公所制。如梁崔靈恩説:"《儀禮》者,周公所制。吉禮惟得臣禮三篇,凶禮得四篇,上自天子,下自庶人,其禮同等。餘三篇皆臣禮,賓禮惟存三篇,軍禮亡失,嘉禮得七篇。"②唐賈公彦説:"《周禮》《儀禮》發源是一,理有始終,分爲二部,並是周公攝政太平之書。《周禮》爲末,《儀禮》爲本。"③孔穎達還考證了周公作《儀禮》的時間:"周武王没後,成王幼弱,周公代之攝政,六年致太平,述文武之德而制禮也。故《洛誥》云'考朕昭子刑乃單文祖德'。又《禮記·明堂位》云'周公攝政,六年制禮作樂,頒度量於天下',但所制之禮則《周官》《儀禮》也。"又述《周禮》《儀禮》之關繋説:"鄭作序云:'禮者體也,履也,統之於心曰體,踐而行之曰履。'鄭知然者,《禮器》云:'禮者體也。'《祭義》云:'禮者,履此者也。'《禮記》既有此釋,故鄭依而用之。禮雖合訓體、履,則《周官》爲體,《儀禮》爲履。故鄭序又云:'然則三百、三千,雖混同爲禮,至於並立俱陳,則曰此經禮也,此曲禮也。或云此經文也,此威儀也。'是《周禮》《儀禮》有體、履之别也。所以《周禮》爲體者,《周禮》是立治之本,統之心體,以齊正於物,故爲體。賀瑒云:'其體有二:一是物體,言萬物貴賤、高下、小大、文質各有其體;二曰禮體,言聖人制法,體此萬物,使高下、貴賤各得其宜也。'其《儀禮》但明體之所行,踐履之事物,雖萬體皆同一履,履無兩義也。"④

漢代《儀禮》有古文、今文之别。《漢書·藝文志》云:"漢興,魯高堂生傳《士禮》十七篇。"又:"《禮古經》五十六卷,《經》七十篇。"案:據劉歆説,"七十"當作"十七"。賈公彦《儀禮·士冠禮疏》曰:"遭於暴秦,燔滅典籍。漢興,求録遺文之後,有古文。《漢書》云魯人高堂生爲漢博士,傳《儀禮》十七篇,是今文也。至武帝之末,魯恭王壞孔子宅,得亡《儀禮》五十六篇,其字皆以篆書,是爲古文也。古文十七篇與高堂生所傳者同,而字多不同;其餘三十九篇絶無師説,秘在於館。"關於《禮》古經的發

① 沈文倬:《略論禮典之實行和儀禮書本的撰作》,載《宗周禮樂文明考論》,浙江大學出版社,1999年。
② 〔宋〕王應麟:《玉海》卷三九引《三禮義宗》,影印文淵閣四庫全書本。
③ 〔唐〕賈公彦:《儀禮注疏》卷首《儀禮疏序》,十三經注疏本。
④ 〔唐〕孔穎達:《禮記正義·原目》,十三經注疏本。

現,文獻記載凡有五説,周予同總結説,一以爲與《古文尚書》同時發現於孔壁,劉歆《讓太常博士書》主之;二以爲發現於魯淹中及孔壁,《漢書·藝文志》主之;三以爲發現於孔壁,爲河間獻王所得,鄭玄《六藝論》主之;四以爲發現於魯淹中,由河間獻王獻於朝廷,《隋書·經籍志》主之;五以爲三十九篇外又在河内老屋得一篇,王充《論衡》主之。①

古文五十六篇中,有十七篇與高堂生所傳《士禮》相同,其他三十九篇稱爲"逸禮",無師説章句,在西漢時已爲絶學。鄭玄注《儀禮》十七篇,混合今古文,注中列舉古文某字作某字,或今文某字作某字,賴此尚可窺古文之一斑。

《儀禮》一書,文古義奧,素來傳習者少,注釋者亦代不數人。漢代"傳《禮》者十三家,惟高堂生及五傳弟子戴德、戴聖名世"②。傳習順序是高堂生、蕭奮、孟卿、后蒼("后蒼"又寫作"后倉")及戴德、戴聖。據《漢書·藝文志》説,魯高堂生傳《士禮》十七篇,至宣帝時,后倉最明,戴德、戴聖、慶普都是后蒼的弟子。西漢時大、小戴二家立爲博士,東漢永平年間又立慶氏博士。漢代所傳《儀禮》十七篇,凡有三本:一爲戴德本,一爲戴聖本,一爲劉向《别録》本。三本篇目基本相同,只是各篇排列順序稍異(詳見邵懿辰《禮經通論》、周予同《群經概論》)。至鄭玄,始依劉向《别録》本爲《儀禮》作注,並參用古、今文。鄭玄以後,又有王肅注《儀禮》,但至唐初失傳。爲鄭注作義疏的北朝有沈重,隋有無名氏二家。唐賈公彦以齊黄慶、隋李孟悊疏義爲本,撰《儀禮疏》行於世。

禮學是經學中的難點。由於三《禮》所載禮儀制度紛繁複雜,且多爲古制,後世不行用,經生儒士理解不同,易起紛争,古有"議禮如争訟"之説。此外,禮書在流傳過程中由於種種原因,出現訛異。《六經奥論》作者總結説:"三《禮》之學,其所以訛異者,其端有四:有出於前人之所行而後人更之者,有出於聖門而傳之各異者,有後世諸儒損益前代自爲一朝之典者,有專門之學各自名家而以臆見爲先代之訓者。此四者不可不知也。"③三《禮》之中,《儀禮》又爲難中之尤者。

---

① 周予同:《群經概論》本論四之三,見《周予同經學史論著選集》,上海人民出版社,1996年。
② 鄭玄語,引自《經義考》卷一三〇。
③ (舊題)[宋] 鄭樵:《六經奥論》卷五《三禮同異辨》,影印文淵閣四庫全書本。

二、宋儒的《儀禮》著述

宋儒治經,重在義理。《儀禮》一經,所載多爲先秦名物度數,故非一時好尚所在。加以北宋熙寧年間,遭王安石廢黜,治此經者不多。北宋元祐年間,太常博士陳祥道著《注解儀禮》三十二卷,《宋史·藝文志》著錄,已佚。范祖禹進劄子說其書用力甚勤,"祥道深於禮學,凡二十年乃成此書,先王法度如指諸掌","精詳該洽,非諸儒所及"①。陳祥道曾撰《禮圖》一百五十卷上於朝廷,可知爲當時禮學專家。惜此書失傳,難考其祥。王安石門人陸佃也曾著《儀禮義》,已佚。

由於《儀禮》難讀,加之流傳刊刻過程中錯誤很多,因此南宋初張淳對《儀禮》一書作了校定,撰有《校定古禮》十七卷,《釋文》一卷,《識誤》三卷,俱佚。關於此校本,陳振孫說:"永嘉張淳忠甫所校,乾道中太守章貢曾逮仲躬刻之。首有《目錄》一卷,載大小戴、劉向篇第異同,以古監本、巾箱本、杭細本、嚴本校定,識其誤,而爲之序。"②可知他搜集了不少異本進行校勘,並撰有校勘記,用力頗勤。朱熹評論說:《儀禮》人所罕讀,難得善本,而鄭注、賈疏之外,先儒舊說多不復見。陸氏《釋文》亦甚疏略。近世永嘉張淳忠甫校定印本,又爲一書以識其誤,號爲精密。然亦不能無舛謬。"③又曰:"張忠甫所校《儀禮》甚子細,然却於目錄中冠禮玄端處便錯了。但此本較他本爲最勝。"④朱熹對張氏校本雖有所批評,但總的來說還是加以肯定的。

張淳之後,李如圭又撰《集釋古禮》十七卷、《釋宮》一卷,《綱目》一卷。如圭字寶之,盧陵人,紹興癸丑進士,曾爲福建撫幹,並與朱熹校定禮書,明於禮學。《中興藝文志》說:"《儀禮》既廢,學者不復誦習,或不知有是書。乾道間有張淳始訂其訛,爲《儀禮識誤》。淳熙中李如圭爲

---

① [宋]范祖禹:《范太史集》卷二四《薦陳祥道儀禮解劄子》,影印文淵閣四庫全書本。
② [宋]陳振孫:《直齋書錄解題》卷二,上海古籍出版社,1987年。
③ [宋]朱熹:《晦庵先生朱文公文集》卷七〇《記永嘉儀禮誤字》。
④ [宋]黎靖德編:《朱子語類》卷八五,中華書局,1986年。

《集釋》,出入經傳,又爲綱目,以別章句之指,爲《釋宫》,以論宫室之制。"①陳振孫説:"《釋宫》者,經所載堂室門庭,今人所不曉者,一一釋之。"②魏了翁評論説:"李氏《儀禮集釋》,功夫緻密,附以古音,至不易得。第一惟鄭、賈之言是信,不復致疑。鄭、賈之説豈容輕議,然亦有不可盡從者。"③張萱曰:"宋淳熙間,李寶之如圭取鄭氏注而釋之,首一卷爲《儀禮綱目》,以分别章句之指,次《集釋》十七卷,皆發明前人未備,末一卷爲《釋宫》,考論宫室之制,凡一十九卷。"④此外又有《宋史·藝文志》著録周燔《儀禮詳解》十七卷,朱彝尊《經義考》注云"未見"。

宋代《儀禮》之學,最有影響的著作是朱熹的《儀禮經傳通解》二十三卷,今存。朱熹非常重視禮學,曾上《乞修三禮劄子》,説:

> 臣聞之六經之道同歸,而禮樂之用爲急。遭秦滅學,禮樂先壞,漢晉以來,諸儒補緝,竟無全書,其頗存者,三《禮》而已。《周官》一書,固爲禮之綱領,至其儀法度數,則《儀禮》乃其本經,而《禮記·郊特牲》《冠義》等篇乃其義説耳。前此猶有三《禮》、通禮學究諸科,禮雖不行,而士猶得以誦習而知其説。熙寧以來,王安石變亂舊制,廢罷《儀禮》,而獨存《禮記》之科,棄經任傳,遺本宗末,其失已甚,而博士諸生又不過誦其虚文,以供應舉,至於其間亦有因儀法度數之實而立文者,則咸幽冥而莫知其源,一有大議,率用耳學,臆斷而已。若乃樂之爲教,則又絶無師授,律尺短長,聲音清濁,學士大夫莫有知其説者,而不知其爲闕也。⑤

他認爲禮樂之學,是實學而非虚文,朝廷大制作、大議論,需要通曉禮學之人。他不滿王安石科舉改革廢《儀禮》而留《禮記》,説:"王介甫廢了《儀禮》取《禮記》,某以此知其無識。"⑥朱熹認爲《儀禮》是經,《禮記》是解《儀禮》的"傳"。如《儀禮》有《冠禮》,《禮記》便有《冠義》;《儀

---

① ［清］朱彝尊:《經義考》卷一三二引。
② ［清］黄以周:《禮書通故》卷二,光緒十九年黄氏刻本。
③ ［宋］魏了翁:《鶴山集》卷三六《答真侍郎》,影印文淵閣四庫全書本。
④ ［清］朱彝尊:《經義考》卷一三二引。
⑤ ［宋］朱熹:《晦庵先生朱文公文集》卷一四。
⑥ ［宋］黎靖德編:《朱子語類》卷八三,中華書局,1986 年。

禮》有《昏禮》，《禮記》便有《昏義》；以至燕、射之類，莫不皆然。只是《儀禮》有《士相見禮》，《禮記》却無《士相見義》，劉敞（原父）補成一篇，朱熹也不滿意。①《宋史·禮志》説朱熹"嘗欲取《儀禮》《周官》、二戴《記》爲本，編次朝廷公卿、大夫、士民之禮，盡取漢晉而下及唐諸儒之説，考訂辨正，以爲當代之典，未及成書而没"。今本《儀禮經傳通解》僅附注疏，並無盡取漢、晉而下及唐諸儒之説而加以考訂辨正之事。其原因是三《禮》之學規模宏大，非一朝一夕可成。所撰《儀禮經傳通解》，原名《儀禮經傳集傳》《儀禮經傳集注》。以《儀禮》十七篇爲主幹，附以大、小戴《記》及注疏、諸經史所載，成書二十三卷，包括家禮五卷、鄉禮三卷、學禮十一卷、邦國禮四卷。其子朱在跋云，此書是未竟之作，爲朱熹"晚歲之所親定，是爲絶筆之書"。又説："惟書數一篇缺而未補，而大射禮、聘禮、公食大夫禮、諸侯相朝禮八篇則猶未脱稿也。其曰集傳、集注者，此書之舊名也，凡十四卷，爲王朝禮，而卜筮篇亦缺。"此外，喪、祭二禮，朱熹曾以規摹次第屬之門人黃榦，使其類次。王應麟説："文公以《儀禮》爲經，取《禮記》及諸經史書所載附本經之下，具列注疏諸儒之説，爲《經傳通解》二十三卷，《集傳集注》十四卷，喪、祭二禮屬之門人黃榦類次。"②案：《集傳集注》十四卷是未脱稿的《王朝禮》，故用舊名。黃榦爲朱熹的高弟，承朱子之志，類次喪、祭二禮。但黃榦也只撰成《喪禮》十五卷，而《祭禮》未就，又屬之門人楊復（信齋）。楊復據二先生稿本，參以舊聞，定《祭禮》爲十四卷，喪、祭二禮共二十九卷，名爲《續儀禮經傳通解》。

楊復又撰《儀禮圖》十七卷、《儀禮旁通圖》一卷。復自序曰："莫難明於《易》，可以象而求；莫難讀於《儀禮》，可以圖而見。圖亦象也。復曩從先師朱文公讀《儀禮》，求其辭而不可得，則擬爲圖以象之，圖成而義顯，凡位之先後秩序，物之輕重權衡，禮之恭遜文明，仁之忠厚懇至，義之時措從宜，智之文理密察，精粗本末，昭然可見。"楊復將《儀禮》十七篇悉爲之圖，制度名物粲然畢備，以圖考書，如指諸掌，對於學者非常方便，故西山真德秀稱其書爲"千古不刊之典"。桂蕚也説："《儀禮》經朱子考證已定，楊復《圖》尤爲明便。其文雖屬難讀，然因《圖》以指經，因經以求

① ［宋］黎靖德編：《朱子語類》卷八五。
② ［宋］王應麟：《小學紺珠》卷四，影印文淵閣四庫全書本。

義,斯了然矣。"①

晚宋尚有黄士毅《類注儀禮》、葉味道《儀禮解》、劉熵《儀禮雲莊經解》、魏了翁《儀禮要義》、馬廷鸞《儀禮本經疏會編》、方回《儀禮考》、高斯得《儀禮合鈔》、陳普《儀禮説》,以及無名氏《儀禮類例》等。以上只有陳普之書尚存於其文集之中,餘皆散佚。馬廷鸞自序其書曰:"余家藏敗帙中有景德年官本《儀禮疏》四帙,正經注語皆標起止,而疏又列其下。兒子請予附益之,因手自點校,取朱氏《禮書》與其門人黄氏、楊氏諸家續補之編,章分條析,釐爲九卷。"②可知其書是在《儀禮疏》基礎上增補朱熹、黄榦、楊復諸家之説而成。陳普《儀禮説》只有《士冠禮》《鄉射禮》《燕禮》《聘禮》四篇,載《石堂集》中。

三、宋儒對《儀禮》的辯疑

《儀禮》一書,在宋代之前尚無人提出懷疑。唐孔穎達《五經正義》没有《周禮》《儀禮》注疏,《六經奧論》説:"唐貞觀中孔穎達奉詔撰《五經正義》,與馬嘉運等參議,於《禮記》《毛詩》取鄭,於《尚書》取孔傳,於《易》取王弼,於《左氏》取杜預。自《正義》作,而諸家之學始廢。獨疑《周禮》《儀禮》非周公書,不爲義疏。其後永徽中賈公彦始作《儀禮》《周禮》義疏。本朝真宗又詔邢昺挍定《周禮》《儀禮》《公羊》《穀梁》正義,於是九經之義疏始備。"③《奧論》認爲孔穎達不作《周禮》《儀禮》義疏,是懷疑二經非周公書。這個説法是不準確的。孔穎達並不懷疑《周官》《儀禮》爲周公所作。孔氏在《禮記正義序》中説:"又《禮記·明堂位》曰:'周公攝政,六年制禮作樂,頒度量於天下。'但所制之禮,則《周官》《儀禮》也。"足證孔氏相信周公制禮之説。韓愈曾説:"余嘗苦《儀禮》難讀,又且(且一作其)行於今者蓋寡,沿襲不同,復之無由,考於今誠無所用云(云一作之)。然文王、周公之法制粗在於是。孔子曰'吾從周',謂其文章之盛也。古書之存者希矣,百氏雜家(家一作説)尚有可取,況聖人之

---

① [清] 朱彝尊:《經義考》卷一三二引,影印文淵閣四庫全書本。
② [宋] 馬廷鸞:《碧梧玩芳集》卷一二《儀禮本經注疏會編後序》,影印文淵閣四庫全書本。
③ (舊題)[宋] 鄭樵:《六經奧論》卷一《總文·六經注疏辨》。

制度耶？於是掇其大要，奇辭奥旨著於篇，學者可觀焉。惜乎吾不及其時，進退揖讓於其間，嗚呼盛哉！"①《儀禮》雖是古代之制，適用於後世的很少，但它是聖人制訂的制度，因此必須加以珍視。韓愈的觀點反映了宋代以前儒生文士的普遍看法。

宋代多數學者也基本上肯定《儀禮》出自聖人之手。勇於疑古者如歐陽修，也不懷疑《儀禮》，②堅持"《儀禮》者，聖人六經之文"的看法。③但是，也有少數學者提出不同的看法。

最早對《儀禮》提出懷疑的是樂史。他認爲《儀禮》"有可疑者五"：

漢儒傳授《曲臺雜記》，後馬融、鄭衆始傳《周官》，而《儀禮》未嘗以教授，一疑也；《周禮》缺《冬官》，求之千金不可得，使有《儀禮》全書，諸儒寧不獻之朝乎？班固七略（案：應爲九種）、劉歆九種（案：應爲七略）並不著《儀禮》，魏、晉、梁、陳之間，是書始行，二疑也；《聘禮》篇所記賓行饔餼之物、禾米芻薪之數、籩豆簠簋之實、鉶壺鼎甕之列，考之《周官》掌客之説不同，三疑也；其中一篇《喪服》，蓋講師設問難以相解釋之辭，非周公之書，四疑也；《周官》所載，自王以下至公侯伯子男皆有其禮，而《儀禮》所謂公食大夫禮及燕禮，皆公與卿大夫之事，不及於王。其他篇所言，曰主人，曰賓而已，似侯國之書，使周公當太平之時，豈不設天子之禮？五疑也。④

樂氏提出的這"五疑"，從《儀禮》一書的傳授情況、著録情況、與其它文獻所載禮制比較、文體風格、制度完缺等角度加以考察，其方法接近於科學。但是其中第一、二疑是疑所不當疑；第三、四、五疑雖然結論基本正確，但所提的論據並不周延。漢儒《儀禮》傳授之迹基本上是清楚的，並非"未嘗以教授"。劉歆《七略》、班固《漢書》都著録了《禮古經》，即《儀禮》。至於《聘禮》篇所記禮數與《周官》掌官之説不同，也不足作爲懷疑的論據，因爲二書並不出於一人之手，也非同時，記載互異也屬正

① ［唐］韓愈：《昌黎集》卷一一《讀儀禮》，影印文淵閣四庫全書本。
② 案，王應麟《困學紀聞》卷五説："歐陽公自云：‘平生何嘗讀《儀禮》。’"此不過是其謙詞，歐陽修《濮議》多引《儀禮》爲説，則其並非不讀《儀禮》。
③ ［宋］歐陽修：《歐陽文忠公集》卷一二三《剳子一首》，四部叢刊本。
④ ［宋］章如愚：《群書考索》卷九《儀禮》引，影印文淵閣四庫全書本。

常。正如《六經奧論》作者所説："三代之書，所成非一人，所作非一時，作《周禮》者未嘗與《儀禮》謀，作《儀禮》者未嘗與《周禮》《禮記》謀，又烏能使之無乖異也？"①至於以没有天子之禮而疑非周公之書，也没有多少説服力。唯第四條以《喪服》爲講師問難之辭，非周公之書，論據較爲堅實。

宋儒治學，勤於思考，敢於獻疑，對前人之説往往"以理義去推索"，不盲從，故能提出問題。程頤門人唐棣問："如《儀禮》中禮制可考而信否？"程頤回答："信其可信。"程氏之意，認爲《儀禮》中的内容不可全信，學者只信其可信之處，對於某些有疑問之處可存而不論。如關於昏禮，《儀禮》規定問名、納吉、納幣都要問卜，程頤説："問名、納吉、納幣皆須卜，豈有問名了而又卜？苟卜不吉，事可已邪？若此等處難信也。"②程氏從情理上推論這樣的内容不可信。

其後，徐積也提出《儀禮》決非全都出自聖人之手。他説："禮文殘闕，甚可閔傷。《儀禮》粗爲完書，然決非盡出乎聖人。何以知之？且禮者，出乎人情也，而《儀禮》有云：'父在，母不可以爲三年之服。'又曰：'嫂叔無服，所以避嫌也。'又曰：'師無服。'此豈人情哉？可以決知非聖人所爲也。蓋多出於漢儒喜行其私意，或欲用其師説，或利其購金，而妄言耳。"③他雖然没有完全否定《儀禮》一書，但認爲流傳過程中一定有不少殘缺，後世所見《儀禮》有許多漢儒妄加成份在裏面。何以知之？聖人緣情制禮，而《儀禮》中很多規定却不合人情。以此推斷，《儀禮》也經過漢儒篡亂。他用後世之禮衡量古代之制，完全出於推理，没有什麼旁證，但他認爲《儀禮》不全出自聖人之手，則有見識。

一般認爲，後世流傳的《儀禮》就是西漢高堂生所傳《士禮》，陸德明、賈公彦以下都無異説。但南宋初張淳却提出懷疑。張淳校定古禮，並撰《釋文》一卷，《識誤》三卷。張淳認爲："其制度必出於聖人，若曰周公作之，則非淳之所知也。"據此，張淳也不認爲《儀禮》是周公所作。他又説：

① （舊題）［宋］鄭樵：《六經奧論》卷九《三禮同異辨》，影印文淵閣四庫全書本。
② ［宋］程顥、程頤：《二程遺書》卷二二上，影印文淵閣四庫全書本。
③ ［宋］徐積：《節孝集》卷三一《語録》，影印文淵閣四庫全書本。

　　魯人高堂生傳《士禮》十七篇，其篇數與今《儀禮》同，陸德明、賈公彦皆以爲今《儀禮》。考之西漢《藝文志》，高堂生之《禮》，后倉最明。倉以傳大、小戴。古經者出魯淹中，多天子、諸侯、卿大夫制，愈於倉等推士禮以致天子。夫如是，則高堂生所傳特士禮爾。今《儀禮》中所謂"士禮"有冠、昏、相見、喪、既夕、虞、特牲饋食七篇，他皆天子、諸侯、卿大夫禮，必非高堂生所傳者，不知賈、陸二子何據而云爾？①

他認爲，既然高堂生所傳爲《士禮》，爲何今本《儀禮》大半却是天子、諸侯、大夫之禮？由此推論：今本《儀禮》並非高堂生所傳之書，只是篇數偶然相同而已。詳張氏之意，他比較傾向於認爲後世所傳《儀禮》與古經有關。對於張氏此說，朱熹有所駁論。朱熹曰："張忠甫疑今《儀禮》非高堂生之書，但篇數偶同爾。此則不深考於劉歆説，所訂之誤又不察。其所謂士禮者，特略舉篇首以明之。其曰推而致於天子者，蓋專指冠、昏、喪、祭而言，若燕、射、朝、聘，則士豈有是禮而可推耶？"②朱熹的駁論是對的。

　　章如愚除贊同樂史提出的"五疑"外，又補充説："今考其書，猶有可疑者。且吉、凶、賓、嘉皆有其禮，而軍禮獨闕焉。自天子至士皆有冠禮，而大夫獨無焉。鄉飲酒之禮有黨正以正齒位，而今獨不載焉。賓禮之別有八，燕禮之等有四，冠、昏之篇皆冠以士大射之禮獨名曰儀，朝遇之禮不録，而獨存覲禮。其他禮食不載，而獨有公食大夫禮，以至言本末之異同（原注：孔子言《周禮》爲本，《儀禮》爲末。賈公彦言《周禮》爲末，《儀禮》爲本），論章疏之詳略（齊黃慶之舉大略小，經注疏略，隋李孟哲舉小略大，經注稍簡），是皆考究精微者焉。"③他的論據是，《儀禮》所記禮制殘缺甚多，若爲周公所作，不應如此。其實古籍在流傳過程中難免闕逸，不能以此爲據，證明古書不可信。

　　舊題鄭樵所著《六經奥論》卷五有《儀禮辨》一篇，專論《儀禮》。其間正反之説並録，對此前的《儀禮》觀作了總結概括，不易明其主旨。此

―――――――――

① ［宋］張淳：《儀禮識誤》自序，影印文淵閣四庫全書本。
② ［清］盛世佐：《儀禮集編》卷首上，影印文淵閣四庫全書本。
③ ［宋］章如愚：《群書考索》卷九《儀禮》，影印文淵閣四庫全書本。

篇大體包含以下五層意思：（1）《儀禮》爲周公之書，來歷頗古：“古人造士，以《禮》《樂》與《詩》《書》並言之者，《儀禮》是也。古人六經，以《禮》《樂》《詩》《書》《春秋》與《易》並言者，《儀禮》是也。《儀禮》一書，當成王太平之日，周公損益三代之制，作爲冠、婚、喪、祭之儀，朝、聘、射、饗之禮，行於朝廷、鄉黨之間，名曰《儀禮》，而樂寓焉。正如後世《禮樂》《輿服志》之類。”（2）漢時有高堂生所傳《士禮》與《禮古經》：“漢興，傳《儀禮》者出於高堂生《士禮》十七篇，而魯徐生善爲容，文帝時以容爲禮大夫。後禮之古經出於魯淹中，河間獻王得之，凡五十六篇，並威儀之事。其十七篇與高堂生所傳《士禮》同，而字尤多略。今二十九篇（案：當作“三十九篇”）乃《逸禮》。”（3）漢儒模仿《禮經》而作《儀禮》：“案班固九流、劉歆七略並不注《儀禮》，往往漢儒見高堂生所傳十七篇，遂模效《禮經》而作之，而范曄作《後漢書》，云《禮古經》與《周官經》前世傳其書，未有名家者。中興以後，鄭衆、馬融等爲《周官》作傳，並不及《儀禮》（原注：鄭衆、馬融以傳《周官》，而《儀禮》一書未嘗教授。至康成傳《周官》《儀禮》，始爲之注也），則《儀禮》一書蓋晚出無疑者。故《聘禮》一篇所記賓介饔餼之物、禾米薪芻之數、籩豆簠簋之實、銅壺時鬻之列，考於《周官》掌客之禮，皆不相合。《儒服》一篇（原注：子夏先傳之，諸儒各爲之訓詁），凡發傳曰以釋其義者凡十有三，又有問者曰何以、何也之辭，蓋出於講師設爲問難以相解釋。此皆後儒之所增益明矣。”（4）春秋以來，有儀容而無禮典：“《儀禮》之書，作於周公，春秋以來，禮典之書不存，禮經之意已失。三家僭魯，六卿擅晉，禮之大者已不存矣。士大夫略於禮而詳於儀，故殽烝之宴，武子不能識；彝器之薦，籍談不能對。郊勞贈賄，魯昭公非不知禮，而女叔齊以爲儀也，非禮也。揖遜周旋之間，趙簡子非不知禮，而子太叔以爲儀也，非禮也。而古人禮意未有能名者。傳至後世，漢舊儀有二，即爲此容貌威儀事，徐氏、張氏不知經，但能盤闢爲禮容，天下郡國有容吏，皆詣學學之，則天下所學《儀禮》者，僅容貌威儀之末爾。”（5）贊同韓愈的《儀禮》觀：“今《儀禮》十七篇，鄭康成、王肅等爲之注。唐貞觀中孔穎達撰《五經正義》，疑《周禮》《儀禮》非周公書。其後賈公彥始爲《儀禮疏》，因齊黃慶、隋孟哲章句，刪取其要，爲疏五十卷。韓文公嘗苦《儀禮》難讀，又作《讀儀禮》曰：‘文王、周公之法制，粗在於是，惜乎吾不及其時進退揖遜於其間，嗚呼盛哉！’安得讀《儀禮》如韓文公者，與之論《儀禮》哉!"以上幾層意思,矛盾錯出,一方面相信傳統説法,認爲《儀禮》出自周公,另一方面又繼承樂史等人之説,認爲《儀禮》爲後儒所增益。可見持論不堅。對於《奥論》之説,黄侃《禮學略説》駁之曰:

> 案:鄭氏(指鄭樵)不知《儀禮》之名出於後之題署(疑始於鄭君);古但名《禮》,或曰《禮經》,並《記》言之,則曰《禮記》。漢世十七篇,以《士冠》《士昏》《士相見》等冠首,故全書録其稱,曰《士禮》;鄭君稱之曰《曲禮》(見《禮記目録》);此皆名目偶異。鄭則眩惑不辨,遽疑古經爲晚出,良可詫也。若《聘禮》,與掌客不盡相合,此由掌客一經,文多訛舛,且有誤中之誤,其體例難道處,疏家雖強爲之説,終當在存疑之科,豈可據此駁文以譏《禮經》耶?又《喪服傳》,相傳以爲子夏所爲,以釋正經,其引傳曰者,乃子夏轉引舊傳以證己義,事出增益,何待煩言,並疑正經,將無瞀惑?①

黄氏所駁非常有力。事實上《儀禮》之名晚出,《士禮》即《儀禮》,漢時還有多種叫法。漢世文獻没有提到《儀禮》,並不表明漢時没有《儀禮》流傳。

以上諸家對《儀禮》一書的辯疑,有些結論大體可信,但宋儒所使用的疑古方法、論據却值得推敲。推理只能説是文獻考證的一個方面,還需要有可靠的材料作爲證據。在這一點上,宋人大遜於清人。

宋人勇於懷疑,提出假設,但往往只以所謂"不合情理""不合聖人之意"爲辭,可能得出錯誤的判斷。而且宋儒對文獻融會貫通的功夫也不夠,往往從自己作出的不可靠的判斷出發,去審視古代文獻,自然難以做到精審。不過,宋人對《儀禮》的懷疑,有兩點結論具有重要意義:一是《儀禮》非周公所作,二是《儀禮》可能有後人附益。這兩點經過清人的充分考據,大體上爲學者所普遍接受了。

宋儒對《儀禮》的懷疑,對後世影響很大。清代以及近現代一些學者承宋學緒餘,也提出對不少新奇的看法。如毛奇齡認爲《儀禮》成書於"衰周之季,《吕覽》之前"②,姚際恒認爲是"春秋以後儒者所作"③,崔述

① 劉夢溪主編:《中國現代學術經典——黄侃劉師培卷》,河北教育出版社,1996年。
② [清] 毛奇齡:《經問》卷二,影印文淵閣四庫全書本。
③ [清] 姚際恒:《儀禮通論》卷首《論旨》第十六條,續修四庫全書本。

認爲《儀禮》作於春秋之後,非周公之制,也未必爲孔子之書。① 顧棟高不僅不信《儀禮》爲周公本文,甚至相信"其爲漢儒掇拾綴輯者無疑"②。近代一些疑古學者也認爲《儀禮》晚出。如錢玄同同意姚氏之論,認爲《儀禮》"的確作於晚周","五經之中,當以《儀禮》爲最晚出"③。洪業也認爲:"荀子所述之禮儀,亦頗與今之《儀禮》有歧異。則高堂生之傳本,編纂於荀子之後。"④

平心而論,疑古派提出《儀禮》本文非周公所作,是其卓見。但完全否認《儀禮》與周公、孔子之間的聯繫,也不可取。"周公制禮"這件事,古代學者都是肯定的,現代學者也基本上無異議。⑤《儀禮》所反映的是周制,其中保留着部分周公所制之禮,也是順理成章的。而孔子對《儀禮》有編寫整理之功,是有文獻記載可稽的。司馬遷説孔子"修起禮樂",所謂"禮",一般認爲指《儀禮》。此外《禮記·雜記下》提到:"恤由之喪,哀公使孺悲之孔子學士喪禮,《士喪禮》於是乎書。"可見孔子傳禮應屬事實。不過,《儀禮》的成書應當經過一個相當長期的歷史過程,不可能是某一個人的作品,它是由孔子的弟子、後學陸續撰作的。

(原載《四川大學學報(哲學社會科學版)》2004年第4期,
題作《宋儒對儀禮的注解與辨疑》,與李國玲合撰)

① 〔清〕崔述:《豐鎬考信録》卷五《禮經作於春秋以降》,見《崔東壁遺書》,上海古籍出版社,1983年。
② 〔清〕顧棟高:《春秋大事表》卷四七《左氏引經不及周官儀禮論》,皇清經解續編本。
③ 錢玄同:《重論經今古文學問題》,見《新學僞經考·附録》,古籍出版社,1956年。
④ 洪業:《儀禮引得序》,見《儀禮引得》卷首,上海古籍出版社,1986年。
⑤ 如現代禮學研究大家顧頡剛、金景芳、楊向奎、沈文倬等都認爲"周公制禮"確有其事。見顧頡剛《周公制禮的傳説和周官一書的出現》(載《文史》第六輯)、金景芳《周公對鞏固姬周政權所起的作用》(載《古史論集》,齊魯書社,1981年)、楊向奎《宗周社會與禮樂文明》(人民出版社,1995年)、沈文倬《略論禮典的實行和〈儀禮〉書本的撰作(上)》(載《文史》第十五輯;又載《宗周禮樂文明考論》,浙江大學出版社,1999年)。

宋代疑經思潮的得與失

一、經學史上的若干公案

宋代疑經思潮的興起,既是經學變古的一種表現形式,又是儒家經典流變史上的一個必然環節。

戰國、秦漢之際是儒學發展史的一大轉折,也是儒家文獻流傳史的一個參考座標。後世對於先秦原典的諸種質疑,多由對秦漢之際傳授源流不明而起。

儒家經典形成以後,後世流傳過程中又出現了很多曲折,包括焚毀、篡亂、附益以及訛誤、闕文、散佚等等情況。發生於公元前 213 年的秦始皇焚書,是中國文化史上的一個重大事件,秦漢以後有關偽史、偽説、偽書之討論,多由此而起。但同時我們也應當看到,儘管如此,秦朝的儒學卻並未絶迹。正如研究者所指出,秦代的儒學有着官學和私學的分別,前者以博士儒生爲其代表,後者則是在民間傳授《易》《詩》《書》《禮》的職業儒者。所以,到西漢初年,隨着禁令的鬆弛和最後廢除,山岩屋壁之藏又紛紛重見天日,許多儒家經典又被發現。過去任職於秦朝的博士和民間儒生又紛紛開門授徒,傳授經典。從戰國到秦漢,儒學典籍的傳授,其前後傳承關繫大體上是連貫而清楚的。①

除儒家經典師弟相傳外,許多先秦典籍在漢代也陸續被發現。這些文獻是用先秦古文寫成的,所以稱爲古文經。秦火之後比較重要的發現有:(1)河間獻王劉德獲得民間所藏古文經,包括《周官》《禮》《禮記》《尚書》等。(2)魯共王劉餘"壞孔子宅,欲以廣其宮,而得古文《尚書》及《禮記》《論語》《孝經》凡數十篇,皆古字也"②。(3)河內女子發老屋

---

① 王啓發:《秦代的儒生與儒學》,載《中國哲學》第 18 輯,岳麓書社,1998 年。
② 〔漢〕班固:《漢書·藝文志》。

得《易》《禮》《尚書》等文獻。另外,西漢後期有影響較大的兩件事:一是漢成帝時張霸獻百兩篇《尚書》,二是劉向、歆父子校書引發的今古文之爭的問題。至東漢,還有所謂杜林"漆書"問題。

魏晉南北時期,也有幾椿與經學史關繫甚大的公案。一是王肅與《聖證論》《孔子家語》的問題,二是梅賾所獻《古文尚書》及孔安國《傳》的問題。宋元以來辨《古文尚書》之僞,不少學者都懷疑王肅爲造僞者。

劉炫是周隋之際北方大儒。他與劉焯並稱"二劉",經學會通南北,對唐代《五經正義》影響甚大。對於劉炫經學,學者有褒有貶。劉炫對經學文獻的影響,除將姚方興本古文《舜典》及注編入今本《古文尚書》外,還有他與《古文孝經》的關繫。

當然,經學史上的公案遠不止這些。從儒家經典的發展演變史看,有一個不斷發現、增加、附益的過程,這就需要加以甄別、辨僞。宋代疑經思潮的興起,可以説是儒家經典流傳演變史上的一個必然環節。

二、疑經思潮與經學變古

疑經是經學變古的重要方面。宋代經學變古和疑古思潮既是經學在新的歷史條件下的必然發展,也是儒學爲迎接佛道挑戰、克服自身危機的必然選擇。而北宋貢舉改革重新確立了經學在科舉考試中的核心地位,由重記誦章句到重義理發揮、重文章詩賦到重經義闡發的導向,無疑對經學變古與疑經思潮起了促進作用。

宋代疑古思潮涉及範圍廣泛,滲透到經、史、子、集各個領域,而以疑經改經影響最大。因此我們講宋代疑古思潮,主要是指疑經思潮。

疑經思潮包括三項的內容:一是經學觀念的轉變,二是經學解釋方法的革命,三是疑經改經學風的興起。這三個層面也是宋代經學變古的主要方面。這些變化早在中唐以來的經學研究中已經顯示了出來。不過,慶曆以前,這種變古還只是局部的、零星的;到北宋慶曆之際,才真正形成潮流。因此我們可以説,疑經思潮與經學變古形於中唐,成於慶曆之際。

疑經思潮又包括三個層次:第一個層次是對傳世經典的懷疑。如對《詩》《書》《禮》《易》《春秋》《孝經》等經典本文的懷疑與考辨。第二個層次是對漢唐傳注的懷疑。如對毛傳、鄭箋、杜預注、何休注、范甯注、孔安國傳、孔穎達正義的懷疑與批評。第三個層次是對後儒經説的懷疑。如關於郊禘、祫享等説法。此外，宋儒還對傳統經學研究方法提出質疑，對漢唐章句訓詁的詮釋方式提出批評。

宋儒疑經典、攻傳注，提出了兩個問題：第一，聖人之道是否全在經典之中？第二，經典講的是否都是聖人之道？這就涉及經典究竟有多大的可信度、經典與聖人之道的關繫問題。宋代疑古思潮的興起，爲客觀認識經典提供了可能性。他們通過對經典的重新審視，發現經典並不完全包括"聖道之全"，經典中還有不少闕文。除了秦始皇焚書造成的五經殘缺外，儒家經典在流傳過程中也産生了很多錯誤，影響了人們對聖人之道的理解。經典有殘缺、謬誤，還有增加、附益的成份，並不完全出自聖人之手，這就要求對聖經賢傳進行"刊正補輯"的工作。

宋儒對漢唐經學進行了反思。他們認爲，自從孔子死後儒學就已經發生了深刻的危機，主要表現在：異説相攻，典籍喪亡，儒學分裂，儒學遭到了來自内部和外部的嚴峻挑戰。儒學分裂的嚴重後果是"聖人之道"被肢解、湮没，主要表現則是傳注衆多，各家之説莫衷一是，解釋互異甚至矛盾，令人難以適從，妨礙了對經典的"大義"的理解。在不少宋儒看來，漢唐注疏更大的問題是對經典的一些解釋違背了儒家的義理。

不過，必須强調，宋儒雖然指出儒家經典有這樣或者那樣的問題，但他們的出發點不是要動摇對經典的信仰。相反，他們指出這些問題，是爲了維護經典的神聖性，清除混雜在經典中的非聖之語，恢復經典的純潔性。因此，很多人對"凌侮六經，詬病前聖"的作法並不以爲然。他們對漢唐經學反思的目的是"衛道"。面對佛、道二教的嚴峻挑戰，首先要起來維護儒家主體文化的神聖性，特別是發掘儒家文化的内在價值。他們對儒家經典的新觀察不是爲了損害儒經的權威，而是爲了强化經典與"聖人之道"對社會生活的支配作用，重建對經典、對儒學的信仰。他們雖然對漢唐傳注之學有過激烈的批評，但並不否認傳注對於理解儒家經典的重要性。

他們認爲，既然漢唐注疏之學没有真正把握聖人之道，没有窮盡經旨,也没有阻擋住佛、老異端的進攻,證明在它的框架内難以使儒學的基本精神得到闡揚,難以使儒學重現生機。因此,要給古老的儒學注入新的活力,必須進行變革,包括經學觀念、經學方法、經學内容方面的重大變化。在經學觀念上,宋人對儒家經典與聖人之道的關繫產生了新的認識,從宗經向重道方向發展。認爲經典有闕文,經典之間有矛盾,故敢於疑古。在通經與致用的關繫上,重視實用,認爲通經是手段,致用才是目的。在經學方法上,宋儒另闢蹊徑,力圖超越漢唐,崇尚"簡易",掃除漢唐傳注之學,棄傳求經,"即經求道",通過研究、玩味經典"本文",直接探求"聖人本意"、經典"本義",發掘經典中所藴涵的儒學價值,而不注重對個別文句進行訓詁學解釋。"六經注我,我注六經"體現了宋儒主體意識的强化。在"捨傳求經""義理至上"的口號下,宋儒往往利用對六經的注解作爲闡發自己政治主張、哲學思想的手段,六經只是宋人手中的一個"瓶",在瓶中裝的已經不是漢唐儒學的内容了,甚至與先秦原儒的思想主張也有區别。在經學内容上,宋儒喜談義理,侈言心性,好爲新説,對"五經"及傳注大膽懷疑,從過去重視"五經"轉而尊崇"四書",發掘出儒家的道德形上學,建立起新儒家的性理之學,以與佛、道二家的形上學相抗衡。

三、宋儒疑經的積極成果

宋代疑經思潮對後世學術發展的影響,主要有以下幾個方面:

首先,宋儒敢於突破傳統成見,不迷信權威,他們的疑古勇氣及懷疑精神,啓發後人對儒家經典加以重新審視。宋代之前,雖有學者對古代文獻、史事提出懷疑,但都是個别的、零星的。至宋代慶曆以後,疑古學風如滾滾洪流,不可阻擋,歷經元、明,如吳澄、宋濂、梅鷟、胡應麟、郝敬等人,將宋儒疑古學風發揚光大。到清代,遂有閻若璩、姚際恒、方苞、崔述、劉逢禄、龔自珍、魏源、廖平、康有爲等疑古大師。他們的疑古思想,是與宋儒一脉相承的。梅鷟作《尚書考異》、胡應麟作《四部正訛》、閻若璩作《尚書古文疏證》、姚際恒作《古今僞書考》、方苞作《周官析疑》、崔述作《考信録》、劉逢禄作《左氏春秋考證》、廖平作《今古學考》《闢劉篇》、康有爲作《新學僞經考》,都直接或間接地接受了宋儒的影響,吸收了宋儒的疑古辨僞觀點，而加以發揮、論證。①

其次，宋儒的疑古方法，開後世考據學的先河。中國傳統考據學，到宋代開始進入發展時期，到清代趨於成熟。清代考據學受宋學的影響，早有學者指出。如章學誠就認爲宋、元、明、清的學風是一脉相承的。清學與宋學，看似取向不同，其實是相通的。他以朱熹爲例，指出：

> 今人有薄朱氏之學者，即朱氏之數傳而後起者也。朱子求一貫於多學而識，寓約禮於博文，其事繁而密，其功實而難。……然沿其學者，一傳而爲勉齋（黃榦）、九峰（蔡沈），再傳而爲西山（真德秀）、鶴山（魏了翁）、東發（黃震）、厚齋（王應麟），三傳而爲仁山（金履祥）、白雲（許謙），四傳而爲潜溪（宋濂）、義烏（王禕），五傳而爲甯人（顧炎武）、百詩（閻若璩），則皆服古通經，學求其是，而非專己守殘之流也。②

> 通經服古，由博反約，即朱子之教。……至國初而顧亭林、黃梨洲、閻百詩皆俎豆相承，甚於漢之經師譜系。戴氏（震）亦從此數公入手，而痛斥朱學，此飲水而忘其源也。③

從疑古辨僞來説，宋儒也比較重視考辨的方法。歐陽修提出判斷真僞的兩條標準：一是"聖人之中道"，二是"天下之至理"。所謂"聖人之中道"，按歐陽修的説法，就是"常人之情"；而"天下之至理"也就是判斷事物的客觀標準。如果與聖人經典互相矛盾，"語以聖人之中道而過，推之天下之至理而不通"，就可以斷定不出於聖人之手。④ 朱熹則主張考辨古書真僞應當遵循兩條原則：一是以其義理之當否而知之，二是以其左驗之異同而質之。他認爲這是兩條普遍的原則，捨此兩途，則屬"臆度懸斷"⑤。所謂"義理之當否"，是從文獻的思想脉絡上説；所謂"左驗之異同"，是從考證的材料上説。一般而言，一個人、一個學派往往有其一

---

① 參見楊緒敏：《中國辨僞學史》，天津人民出版社，1999 年；林慶彰：《清初的群經辨僞學》，文津出版社，1990 年；路新生：《中國近三百年疑古思潮研究》，上海人民出版社，2001 年。
② ［清］章學誠：《又與朱少白書》，見《章氏遺書·補遺》，文物出版社，1985 年。
③ ［清］章學誠：《文史通義·朱陸篇》，章氏遺書本。
④ ［宋］歐陽修：《易童子問》卷三。
⑤ ［宋］朱熹：《晦庵先生朱文公文集》卷三八《答袁機仲》。

貫的思想主張,如果相差太遠,就值得懷疑。而一種文獻,與其他文獻有千絲萬縷的聯繫,可以從中找到許多旁證,來確定其時代、作者與真偽。朱熹運用的這些方法,清儒經常使用。[①] 葉國良教授總結出宋儒疑經改經慣用的 20 條方法,大多都是梁啓超《古書真偽及其年代》一書所認可的方法,也是清代考據家所慣用的要義。[②] 不過,也必須要指出,宋儒在運用證據方面還比較幼稚,方法比較單一,一般僅僅運用一兩條證據就得出結論,因此顯得佐證不足。清儒在考據方面特別重視方法的運用,尤其善於多種證據並用,因而結論比較堅實。

再次,宋儒對有關經典提出的疑問,獲得了後人的共鳴。在宋儒研究的基礎上,後代學者繼續發掘證據,試圖對這些問題加以解決。如關於《周易》,宋儒否定了所謂"文王重卦"之說,得到後世考古資料的證明。對《易傳》的作者,宋儒提出了很多疑點,他們所羅列的證據大多成爲後人懷疑《易傳》晚出的理由。宋儒對《周易》古本、錯簡的考訂,對於推動《周易》文獻研究也不無意義。關於梅賾本《古文尚書》,宋儒提出對孔安國傳、孔安國序以及《小序》的懷疑,並對二十五篇古文提出疑問。但宋儒還沒有解決這些問題,歷經元、明,如吳澄、梅鷟等人繼續深入研究,古文之偽愈來愈明,但還未能條分縷析一一指明偽書的來歷。清儒閻若璩著《尚書古文疏證》,所列論證 128 條,繁徵博引,反復釐剔,原原本本,有條有據,《古文尚書》之疑案,終於有一個基本的結論。關於《詩經》,宋儒主要作了四個方面的工作:對所謂"孔子刪詩"說的考辨、對《毛詩序》的質疑、對《詩經》文本的考辨與移改、對《毛傳》《鄭箋》的批評。其中對《毛詩序》的質疑及對建立在此基礎上的漢唐《詩經》解釋學的批評與否定,對後世《詩經》學的發展影響尤其深遠。關於《周禮》,宋儒否定周公是其作者,提出《周禮》制度不切實際、《周禮》有殘缺附益之文,並對《周禮》成書時代作出了各種推測,爲後世考辨《周禮》提供了有益的啓示。關於《儀禮》,宋儒得出兩點結論具有重要意義:一是《儀禮》非周公之書,二是《儀禮》可能有後人附益的内容。經過清人的充分考

---

① 白壽彝:《朱熹辨偽書語·序》,見《古籍考辨叢刊》第 1 輯,中華書局,1955 年。
② 葉國良:《宋人疑經改經考》第六章《結論》,第 155—159 頁,臺灣大學文史叢刊之五十五,1980 年。

證,這兩條大體是不錯的。關於《禮記》,宋儒考辨的中心議題,大體有三:一是對二戴《禮記》的成書及其相互關繫的討論,二是對《禮記》諸篇作者、時代的考辨,三是對《中庸》《大學》二篇的考辨與改編。關於二戴《禮記》,許多宋儒沿襲了"大戴刪小戴"的傳統説法,但也有學者發現了不少問題,如韓元吉指出《大戴》篇目不合八十五之數,《小戴》與《大戴》尚有重複,《大戴》中與經子同者尚多,《大戴》書題九江太守不知何據。這些都是研究二戴《禮記》所要面對的問題,啓發後人重新思考大、小戴《記》之間的關繫。對於《禮記》諸篇作者、時代的考訂,宋儒也提出了一些看法。如關於《王制》《月令》等篇的考辨,他們發掘出不少新的論據。即使在今天,我們研究這些文獻,也難以回避宋儒提出的問題。至於對《中庸》《大學》二篇的考辨與改定,已經超出了純粹的文獻考辨層面,體現了宋儒對義理的追求。關於《春秋》經傳,宋儒對三傳作者、時代作了不少考辨,對三傳解經之弊分別進行了批評,並標榜"棄傳從經",主張"會通三傳"。雖然他們的結論不一定正確,但對後世產生過重大影響。關於《孝經》,宋儒首先對《孝經》的來歷提出疑問,啓發後世學者對其作更加深入的研究。

宋儒的疑古辨僞,對20世紀以"古史辨"派爲核心的疑古思潮也産生過重要影響。顧頡剛先生自述其學術淵源,鄭樵、朱熹、姚際恒、崔述、康有爲都是促使他的疑古思想形成的重要人物。他曾經寫道:"我之學術思想悉由宋、清兩代學人來,不過將其零碎文章組成一系統而已。"①顧氏對鄭樵尤其推崇備至。② 從1921年開始,他就着手搜集鄭樵的佚著《詩辨妄》,並將周孚的《非詩辨妄》作爲附録,又從《通志》中選出論《詩》條目,作爲附録二;從《六經奧論》中輯出《詩説》作爲附録三;輯録歷代對於鄭樵《詩》説的評論,作爲附録四。③ 在輯録《詩辨妄》的過程中,他又利用所得資料,寫成《鄭樵著述考》《鄭樵傳》。④ 顧氏不僅對鄭樵之學極爲推崇,且受到鄭樵疑古思想的啓發,形成了自己的古史觀,在對《詩經》《尚書》《周禮》等經典的考辨中,也吸取了鄭樵和其他一些宋儒觀

---

① 顧頡剛:《顧頡剛讀書筆記》卷七,聯經出版事業公司,1990年,第5507頁。
② 顧頡剛:《古史辨》第一册《自序》,上海古籍出版社,1982年,第47—48頁。
③ 顧頡剛輯:《詩辨妄》,北平樸社,1933年。
④ 分別發表於1923年1、4月出版的《國立北京大學國學季刊》第1卷第1、2期。

點。他説:"鄭樵的書啓發我做學問要融會貫通";"他膽子大,敢於批判前人……他説《詩》《書》可信,然而不必字字可信。……鄭樵啓發了我對《詩經》的懷疑,我一方面研究鄭樵的思想,一方面研究《詩經》"①。此外,朱熹對《詩經》《古文尚書》等經典的看法在 20 世紀也得到許多學者的回應。如傅斯年撰《宋朱熹的詩經集傳和詩序辨》一文,稱贊朱熹《詩經集傳》和《詩序辨》"有判斷,有見識,能分析"②,他本人也接受了朱熹的《詩經》觀,並加以充實和發展。由此可見,宋儒對經典的辨疑深得"古史辨"派的贊賞,成爲其重要的學術淵源之一。其他許多 20 世紀學者在經典考辨與研究方面深受宋儒的影響,更是指不勝屈。

四、宋儒疑經的消極影響

宋代疑經思潮既取得了一些積極的成果,又帶來了不少消極影響,造成了對經典認識的混亂,這是勿需諱言的。宋儒對經典的辨疑,主要有以下三個方面的局限性:

(一)思想認識上存在問題

前面我們已經指出,宋儒承認傳世經典有缺文、錯訛或竄亂,有些所謂的"經典"並不是聖人親手作的,而是後人僞托。他們的這些認識比漢唐諸儒高明,對於推動儒學文獻研究具有重大意義。但是,由於他們的尊儒崇道意識非常强烈,思想認識方面存在問題,因而他們的疑古辨僞還遠没有擺脱經學的陰影。宋儒敢於疑經、改經,但他們的出發點是宗經、尊聖。他們認爲,周公、孔子等聖人的思想是完美無缺的,儒家經典的原始面貌也應當是完善的,不會有缺文、錯訛。孔子的思想主張是一以貫之的,儒家經典的内容也應該是互相呼應、彼此在思想傾向、言辭用語上不會有不合、矛盾甚至衝突之處。孔門後學者的思想觀點也應當與孔子完全相同,没有差别。在這些預設的前提下,宋儒去對儒家經典進

---

① 顧頡剛:《我是怎樣編寫古史辨的》,見《古史辨》第一册,第 12 頁。
② 傅斯年:《宋朱熹的詩經集傳和詩序辨》,見《新潮》第 1 卷第 4 號,上海書店出版社,1986 年,第 1 册,第 691—699 頁。

行重新審視,發現了許多"問題",從而得出經典經過後人竄亂、删改,有些經典不是聖人作品的結論。他們得出的結論雖然有一定的價值,但是思想前提是站不住脚的。

(二)考辨方法上存在問題

宋儒如歐陽修、朱熹等比較注意疑古辨僞方法的總結和運用,取得了一些成績。但是,他們在方法論上也犯了不少錯誤,這是必須要指出的。

第一,宋儒重視義理,疑古辨僞也往往從"義理之當否""天下之至理"這些角度去判斷文獻的真僞。他們往往宣稱自己發現了"聖人之旨""聖人之心""聖人本意"。義理分析方法有時能夠取得一些正確的結論。但如果不借助於其他方面的證據,僅憑此點,則是比較危險的。因爲對於義理,言人人殊,此亦一是非,彼亦一是非,究竟何者爲真義理,殊難確認。如王柏與其他宋儒判斷《尚書》錯簡的依據主要有二:一是文字的順暢,二是義理的連貫。他們認爲《尚書》雖然"詰屈聱牙",但每篇還是可以尋出一個基本的主題,而且在義理上應當與其他儒家經典具有一致性,否則就可能有闕誤、錯亂、附益之文。宋儒運用這兩點去發現《尚書》中的問題,取得了一些成果。但是,由於歷史的局限性,宋儒往往無法放棄聖人情結,他們相信聖人之書必定完善無缺,義理通達,文字順暢;如果不合此要求,則必有錯亂、闕誤。他們常常據此判斷錯簡,移易經文,以期恢復"聖經之全"。從二程到朱熹、王柏,都敢於移改經文,理由就是他們認定的"義理"。皮錫瑞説:"宋儒解經,善於體會語氣,有勝於前人處。而其失在變易事實以就其説。"①又説:"宋儒乃以義理懸斷數千年以前之事實。"②這些批評切中宋儒之病。

第二,論證方法上,宋儒也有許多不嚴密之處。比較突出的問題是大量使用丐辭(Petitio Principii)、默證(Arguement from Silence)。關於這兩種論證方法,胡適和張蔭麟批評馮友蘭、顧頡剛時已有論述。其實宋儒疑古也多用此道。所謂"丐辭"又稱"預期理由""竊取論據",指邏

---

① [清]皮錫瑞:《經學通論》,中華書局,1954年,第87頁。
② [清]皮錫瑞:《經學歷史·經學變古時代》,周予同注釋本,中華書局,1959年。

輯學上依據不真實的大前提推論出結論。胡適說:"在論理學上,往往有人把尚待證明的結論預先包含在前提中,只要你承認了那前提,你自然不能不承認那結論了;這種論證叫做丐辭。"①所謂"默證",張蔭麟說:"凡欲證明某時代無某歷史觀念,貴能指出其時代中有與此歷史觀念相反之證據。若因某書或今存某時代之書無某史事之稱述,遂斷定某時代無此概念,此種方法謂之默證。"②宋儒疑古的論證多依賴丐辭和默證。以《詩經》爲例,在宋代之前,一般認爲,《詩經》雖遭秦火,但因爲人們"諷誦在口",故《詩經》未亡,漢以後所傳,基本上保持了孔子刪《詩》後的面貌,仍爲完書。歐陽修、鄭樵、朱熹等雖然指出其中有"淫奔之詩",但並沒有說這些詩篇不是孔子選入的。到了晚宋,由於理學在思想界占據了統治地位,"存天理,滅人欲"的觀念被強化,一些學者對《詩經》中存在"淫詩"這一現象不能容忍。他們接受朱熹的觀點,認爲《詩經》中確實存在大量淫詩。不過,他們比朱熹走得更遠,轉而對《詩經》的完缺提出懷疑,認爲《詩經》既經孔子刪削,不可能保留這些淫詩,一定是秦漢以後《詩經》殘缺,後人將這些淫詩混入《詩經》之中。這一觀點最早由車似慶提出,方岳附合,王柏則加以推闡。他們使用的就是"丐辭",即先斷定孔子刪詩時不可能保留這些"淫詩",而今本《詩經》中卻有,於是推斷"淫詩"是後世竄入的。宋儒使用"默證"的情況更爲普遍。王柏以傳世夏商鬴鬲盤匜之類,無所謂"科斗"字形,就斷言孔壁科斗字"古文經"屬於子虛烏有。程大昌提出《詩序》出自衛宏,理由之一就是,如果《序》先毛公而存在,則毛公作《故訓傳》時也應當對《序》有所訓釋。而今本毛傳卻無語及《序》,說明《詩序》出現晚於毛公。晁說之也以孟子、荀卿、左氏、賈誼、劉向以及西漢諸儒説《詩》都未嘗一言以《詩序》爲議,推斷《詩序》出現較晚。又如一些宋儒因爲漢世文獻沒有提到《儀禮》,就斷言《儀禮》晚出,這些都是使用默證的典型例子。"丐辭"和"默證"有時對於疑古辨僞有所幫助,但有一定的適用範圍,還必須與其他證據相結合。如果僅僅以此爲據得出結論,是比較危險的。

第三,宋儒從文體風格方面去判斷古書真偽,雖然也取得了一些成

① 胡適:《評論近人考據老子年代的方法》,載《古史辨》第六册,第388頁。
② 張蔭麟:《評近人對中國古史的討論》,載《古史辨》第二册,第271—272頁。

績,但這是一把"雙鋒劍",如果不結合其他方面的證據,終究難以真正解決問題。如朱熹指出《古文尚書》孔安國《序》與孔安國《傳》不是漢武帝時孔安國作,理由就是文體風格"卑弱"不似漢人。但由於沒有找出其他材料加以證明,故他對作者時代的推測沒有定見,持論不堅。門人就曾問他,既然漢文粗疏剛直,爲何董仲舒的文氣卑弱?朱熹只好用"仲舒爲人寬緩,其文亦如其人"來搪塞。① 說明一代的文體風格,與創作者的個性特徵有密切關繫,往往千差萬別,不能一概而論。文體風格可以作爲判斷作者時代的參考,但不能作爲唯一的標準,否則容易誤入歧途。

第四,宋儒在使用文獻方面存在不少罅漏,如用晚出文獻去衡量先出文獻、以僞書否定真本、將傳說當信史,等等。宋儒對《周禮》的考辨,就有許多問題。他們通過對《周禮》所載制度的分析,發現與實際情況並不吻合,因此懷疑"周公作《周禮》"的傳統説法。這是他們的卓識。但他們將《周禮》與《孟子》《尚書·周官》《禮記·王制》作比附,則是錯誤的。因爲《周禮》所記,並不完全是西周的實際制度,而是理想的設計,不能因其他文獻記載不一致而否定《周禮》。《周禮》與《孟子》《尚書·周官》《禮記·王制》的説法有同有異,它們之間的關繫還有待研究。但是,《尚書·周官》屬於僞古文,出於魏晉之世,其内容本身就不可靠,顯然不能作爲可信的資料來印證《周禮》。至於《禮記·王制》屬於晚出的文獻,以此來衡量《周禮》的内容,同樣犯了用後出文獻駁先出文獻的錯誤。

第五,在對待古文獻的態度上,也缺乏嚴謹,往往擅自改經以就己説。這方面的典型人物是王柏。他作《詩疑》《書疑》,對這兩部經典大揮板斧。雖然其中有些改動是有文獻依據的,且經前人指出,並非完全師心自用。但對某些篇的更改移易,則難免"師心杜撰,竄亂聖經"之譏。如《尚書》篇次是否有必要加以調整、移易,就值得考慮。因爲誰也沒有見過《尚書》原本,難保《尚書》原本篇次就是如此。至於改易《尚書》篇名,如據《禹貢》推斷《大禹謨》應作《禹謨》,《康誥》應作《康叔之命》或《孟侯之命》,《泰誓》三篇也應改名,則多屬臆必之論,沒有多少意義。王柏在這一方面就表現得比較輕率。除擅改《尚書》外,王柏還依據"義

---

① ［宋］黎靖德編:《朱子語類》卷七八。

理"删削《詩經》。而朱熹等人對《大學》的改動、對《孝經》的删改,都不是對待經典的嚴謹的態度。

(三) 得出的結論存在問題

由於在思想認識、考辨方法上存在問題,有許多結論必然經不起檢驗。由於宋人的文獻考據方法發展不完善,他們往往僅據一兩條理由就下結論,這樣作出的判斷就顯得根柢不牢。如鄭獬否定《左傳》是《春秋》之"傳","左氏"非左丘明,立論時先預設兩個前提:其一,孔子《春秋》是完經,没有缺文斷義;其二,後世所傳《春秋經》中的疑缺是秦火所致。從這兩點出發,他認爲《左傳》出現於秦漢之世。因爲《左傳》所據之經,正是有疑缺之經,而没有見到完經。由於否定了左丘明作《左傳》,他們對《左傳》的作者、時代提出各種推測,如葉夢得認爲是魯國史臣之後,鄭樵、朱熹認爲是楚國人,而項安世則認爲是魏國人。這些結論大多屬於推測之辭,缺少堅實有力的證據。對於《公羊》《穀梁》二傳,一些宋儒也因公羊、穀梁二姓罕見,就否定二氏之存在,甚至認爲是漢儒的依托。晁説之、胡宏、洪邁等人爲了否定王安石新學,進而否定《周禮》,認爲《周禮》是劉歆傅會而成,誤謬至極,顛倒人倫、顛倒鬼神,不可以爲經,不可以與《易》《詩》《書》等經典相提並論。胡宏將《周禮》與劉歆、王莽、王安石乃至鄭玄都綁在一起,痛加詆毁,把北宋亡國歸罪於王安石誤信《周禮》而推行其道。他甚至否認《周禮》爲經,其懷疑《周禮》可謂登峰造極。他們將《周禮》説成是劉歆助莽篡漢的僞書,並用後世推行《周禮》的成敗去衡量《周禮》的真僞,甚至無端懷疑《史記》《漢書》等文獻的記載,以僞《古文尚書·周官》一篇作爲判斷《周禮》真僞的座標,以晚周文獻未見徵引就輕率否定《周禮》在當時存在,這在方法論上是不可取的,結論當然難以立足。

在今天看來,宋儒的考據之學雖然還比較幼稚,考辨方法還不夠科學,論證不很周密,證據還較薄弱,有些結論過於草率,但是,他們勤於思考,不迷信權威,善於發現經典中的問題,並試圖加以解決,這對後世經典考據學的發展起了推動作用。後世學者對《周易》《尚書》《詩經》《周禮》《儀禮》《禮記》《左傳》《孝經》等儒家經典的考辨,往往以宋儒的研究作爲起點。無論後人對宋儒的觀點是贊同還是反對,都無法回避宋儒提出的疑點,都直接或間接受到宋學的沾溉,這是不容回避的事實。① 没有宋學,就不會有清學。清儒解決的許多問題,其實發端於宋儒。在贊揚清儒的學術成就之時,也不應埋没宋儒的開創之功。宋儒善於提出問題,而清儒善於解決問題。不過,宋儒提出的問題,直至今天,也不能説已經完全得到解決,還將繼續啓發我們對儒家經典作更加深入的研究。我們在指出宋儒治學局限性的同時,也應當充分肯定他們在疑古辨僞方面的篳路襤褸之功。

（原載《儒藏論壇》第二輯,四川大學出版社,2007 年,
題作《宋代經典辨疑思潮的得與失》）

---

① 參見王子今:《20 世紀中國歷史文獻研究》,清華大學出版社,2002 年;吳少珉、
趙金昭主編:《二十世紀疑古思潮》,學苑出版社,2003 年。

理學殿軍——劉宗周

劉宗周是明代最後一位儒學大師,也是宋明理學(心學)的殿軍。他著作甚多,内容複雜而晦澀。他開創的蕺山學派,在中國思想史特別是儒學史上影響很大。清初大儒黄宗羲、陳確、張履祥、萬斯同、毛奇齡、邵廷采等都是這一學派的傳人。劉宗周的思想學説還具有承先啓後的作用。當代新儒家學者牟宗三甚至認爲,劉宗周絶食而死後,中華民族的命脉和中華文化的命脉都發生了危機。

一、杜門重憶十年病,束髮誰先天下憂

劉宗周(1578—1645),初名憲章,字起東(一作啓東),號念臺,浙江山陰(今浙江紹興)人。後因講學於山陰縣城北蕺山,學者尊稱爲蕺山先生。他出生時,父親已去世五月,因此,自幼隨母依養於外祖父章穎家中。

章穎字叔魯,別號南洲,是當時浙東一帶很有名氣的儒者,精通《易》學。青年時期屢試不第,遂以講學爲生,與族兄章禮、章焕號稱章氏三傑。他有一套獨特的教學方法,故門生之中不乏擢高第、登顯宦的人,如徐階、陶望齡、周應中等著名學者和官僚都出自他的門下。

劉宗周受到外祖父的培育,學問日進。十七歲時,又從魯念彬學習制藝。由於他本人的努力,加上先生善於造就,只用了一年左右的時間,劉宗周的八股文就做得很好,爲以後登第創造了條件。

萬曆二十五年(1597),劉宗周考中了舉人,四年以後(萬曆二十九年,1601),考取了進士。但因母親去世,他没有受官。後來經人介紹,他又師從湖州德清學者許孚遠。

許孚遠(1535—1604),字孟仲,號敬庵,是湛若水(甘泉)門下唐樞(一庵)的弟子。其學以"克己"爲要,"篤信良知,而惡夫援良知以入佛

者"，因此與羅汝芳（近溪）一派講學不合，認爲羅及其弟子"以無善無惡爲宗"，不合王陽明的"正傳"，故作《九諦》與之論難。① 劉宗周拜許爲師時，問爲學之要，許告以"存天理，遏人欲"。劉宗周受許孚遠影響很大，從此"勵志聖賢之學"，認爲入道莫如敬，以整齊嚴肅入，"每有私意起，必痛加省克"②。

萬曆三十二年（1604），劉宗周北上京師赴選，任行人司行人。路過德清，拜別許孚遠，許勉勵他"爲學不在虛知，要歸實踐"，劉宗周"爲之猛省"。他一生對許非常推崇，曾説："余年二十六，從德清許恭簡公游，鼂鼂問學，於今頗有朝聞之説"③，"平生服膺許師"④。後來他提倡"慎獨"之説，與許孚遠很有關繫。

當時朝政黑暗，權臣當道，朋比爲奸，排斥正人。萬曆皇帝昏庸腐朽，深居宮中，數十年不上朝，大明江山已呈"山雨欲來風滿樓"之勢。劉宗周任官不到一年，就以侍親爲由，告辭還鄉。不久，外祖父、祖父相繼去世，他承重守制，於居喪之暇，在大善寺僧舍延課生徒，以此爲生。他閑居七年，貧病交加，敝衾破缶，衣食不繼，往往靠借貸度日。但他足迹不至公庭，官吏有慕名造訪的，他也拒而不見。

萬曆四十年（1612），因人推薦，朝廷下詔恢復劉宗周行人司行人的舊職。在北上途中，路過無錫，拜訪高攀龍。高與顧憲成都是當時的理學巨子，又是東林書院的創建人，天下士大夫仰之爲泰山北斗。劉宗周在無錫短暫停留，與高相互切磋學問，有問學三書，一論居方寸，二論窮理，三論儒釋異同與主敬之功。從此劉宗周論學更反躬近裏，從事治心之功。

當時東林黨人與朝中大臣互相攻訐，形同水火。劉宗周上《修正學以淑人心以培養國家元氣疏》，指出當時廷臣日趨爭競，黨同伐異之風行，而人心日下，士習日險。他希望朝廷化偏黨而歸於蕩平，不必以門户分邪正。這篇奏疏對當時的黨爭作了持正的分析，不全以東林黨人爲

---

① ［明］黃宗羲：《明儒學案·甘泉學案》。
② ［明］劉汋：《先君子蕺山先生年譜》，見《劉子全書》卷四〇，道光重刻本。以下凡引《劉子全書》，僅注篇名。
③ ［明］劉宗周：《劉子暨配浩淑人孝莊章氏合葬預志》。
④ ［明］劉宗周：《與履思書》。

是,也不全以東林黨的政敵爲非。但朝中黨派傾向已很明顯,劉宗周在前疏中發明顧憲成之學,被認爲同情東林黨。他鑒於群小在位,黨禍將興,就申文吏部,請給假放歸。這時江西巡撫韓浚上疏彈劾劉宗周,比之爲少正卯,説他"行偽言堅",足以亂天下而有餘,乞賜尚方加誅,以爲惑世誣民之戒。歸子顧、劉廷元又相繼對他進行攻擊。於是他踏上了歸鄉之路。

解官後,劉宗周的心情反而覺得輕鬆。他早就想潛心學問,擺落世事的纏繞。在《與周生書》中,他寫道:

> 不佞少而讀書,即恥爲凡夫。既通籍,每抱耿耿,思一報君父,畢致身之義。偶會時艱,不恤以身試之。風波荆棘之場,卒以取困。愚則愚矣,其志可哀也。然而苦心熟慮,不諱調停,外不知群小,内不見有諸君子,抑又愚矣,其志亦可哀也。嗟乎,時事日非,斯道阻喪,亟爭之則敗,緩調之而亦敗。雖有子房,無從借今日之箸,直眼見銅駝荆棘而已!《易》曰:"小人剥廬,終不可久也。"此曹何利之有? 吾儕爲天地立心,爲生民立命,萬物一體,亦會爲此曹着忙。若夫一身之升沉寵辱,則已度外置之矣。惟是學不進,德不修,快取容足之地,而亡其所爲天地立心、生民立命之血脉,於世道人心又何當焉? 此不佞之所倦倦而不容自已也。昔韓退之中廢,作《進學解》以自勵,遂成名儒,其吾儕今日之謂乎!

小人當道,國事日非,既不能作濟世之名臣,不妨作一個弘道之名儒。因此,劉宗周更加走向了注重内省的治學道路。

劉宗周"早年不喜象山、陽明之學"[1],認爲陸、王心學"皆直信本心以證聖,不喜言克己功夫,則更不用學問思辨之事矣"[2],容易導致禪學化。所以他曾説:"王守仁之學良知也,無善無惡,其弊也,必爲佛老頑鈍而無恥。"[3]但到了中年,他的學術主張發生了很大變化。這次解官後,他閉門讀書,"悟天下無心外之理,無心外之學",轉向了陸王心學,著《心論》一文,闡發了自己的心學觀,認爲"只此一心,散爲萬化,萬化復歸於

① [明] 劉汋:《先君子蕺山先生年譜》。
② [明] 劉宗周:《劉子全書遺編》卷四《與陸以建年友書》。
③ [明] 劉宗周:《修正學以淑人心以培國家元氣疏》。

一心","大哉心乎,原始要終,是故知死生之説"。表明劉宗周完成了對心學從"始而疑"到"中而信"的轉變。①

在教學之暇,劉宗周撰成《論語學案》《曾子章句》兩部重要著作。在《論語學案》中,劉宗周强調"學字是孔門第一義",指示"君子學以慎獨,直從身外立根基","視聽言動,一心也;這點心不存,則視聽言動到處皆病,皆妄矣。若言視思明,聽思聰,言思忠,動思敬,猶近支離。"反映了他的學術思想既由心學中脱胎,又希望矯正心學之失的特徵。這表明劉宗周對陽明心學開始了由"中而信"到"終而辨難不遺餘力"的轉變。

劉宗周家居三年,這期間,他的學術思想日漸成熟,名聲遠揚。而這時明朝的内憂外患也越來越嚴重,東北的滿洲日益强大,明軍連年失利;朝中則黨爭不已,政治腐敗。劉宗周雖身在江湖,但還是心繫魏闕,不在其位,並非不謀其政。他以强烈的憂患意識寫道:

> 今天下事日大壞,莫論在中在外,皆急需匡救,以緩須臾之決裂。況退荒遠徼,尤非帖然無事之日,又重以茸闒子之釀成弊也久矣。今得一二正人在事,地方之患猶不至一日瓦解耳。敵患孔亟,當事者苟率而處軍國,無一舉動可人意,恐旦夕有變,吾輩士大夫誠不知死所。②

他認爲,國事弄到現在這個樣子,"吾黨與有罪焉",不能只怪所謂"奸黨"。他對"正人"的行爲作了深刻的反思,指出"吾輩出處語默之間,亦多可議。往往從身名起見,不能真心爲國家",只顧自家博取好名,不以國家爲念,如果天下一旦土崩瓦解,將死無葬身之地。所以劉宗周痛切地説:"所云吾黨之罪,在宋人之上,不爲虚也!"

明熹宗即位,登用東林黨人,天啓元年(1621)三月劉宗周被起用爲禮部儀制司添注主事。這時熹宗乳母客氏、近侍魏忠賢干預朝政,劉宗周上疏參劾。疏入,傳旨廷杖六十,幸得葉向高相救獲免。當時上書者多請逐客氏,而糾彈魏忠賢,則自劉宗周始。後來魏忠賢大興黨禍,擾亂國家,劉宗周不幸而言中。

天啓三年(1623),劉宗周升爲尚寶少卿,旋告歸。次年,奉聖旨"劉

---

① [明]黄宗羲:《子劉子行狀》。
② [明]劉宗周:《與周綿貞(起元)年友書》。

宗周升通政司右通政",朝廷照會贊揚劉宗周:"千秋間氣,一代完人。世曰麒麟鳳凰,學者泰山北斗。"將推他進入內閣。但劉宗周鑒於群賢被逐,不願出山。他上疏推辭説:

> 世道之衰也,士大夫不知禮義爲何物,往往知進而不知退。及其變也,或以退爲進。至於以退爲進,而下之藏身愈巧,上之持世愈無權,舉天下貿貿然奔走於聲利之場。①

他要以自己的行動,來矯正士風,砥礪氣節,爲衰世樹一榜樣。他又作了二疏,一申理諸君子發明忠邪之界,一參魏忠賢誤國之罪。二疏送到通政司,司中人目瞪口呆,説:"此何時? 進此疏耶? 大禍立至矣!"僅把辭職一疏上聞。果然熹宗大怒,降旨説:"劉宗周藐視朝廷,矯性厭世,好生恣放! 着革了職,爲民當差,仍追奪誥命。"②

此時魏忠賢閹黨當道,緹騎四出,削籍的士大夫遍天下。劉宗周既因得罪魏忠賢得禍,於是慨然嘆道:"天地晦冥,人心滅息,吾輩惟有講學明倫,庶幾留民彝於一綫乎!"③他召集諸生,於蕺山之麓會講。他認爲世道之禍,釀於人心,而人心之惡,以不學而進;今日理會此事,正欲明人心本然之善,他日庶不至凶於爾國,害於爾家。

會講每月舉行一次,到年終輟講。每次會講,劉宗周都令學者收斂身心,使根柢凝定,爲人道之基。他曾説:"此心絕無湊泊處。從前是過去,向後是未來,逐外是人分,搜裏是鬼窟。四路把截,就其中間不容髮處,恰是此心湊泊處。此處理會得分明,則大本達道,皆從此出。"④於是他提出"慎獨"之説,作爲自己學術思想的根本所在。

二、獨之外別無本體,慎獨之外別無功夫

"慎獨"是劉宗周學説的宗旨。他在自己的著作中反復强調"慎獨"

① [明]劉宗周:《天恩愈重臣義難勝懇乞聖明辭免殊常升擢容臣仍以原官在籍調理以終愚分疏》。
② 姚名達:《劉蕺山先生年譜》,商務印書館,1931年,第108頁。
③ [明]劉汋:《先君子蕺山先生年譜》"天啓五年"。
④ [明]劉汋:《先君子蕺山先生年譜》。

之重要。他説：

> 慎獨是學問的第一義。言慎獨而身、心、意、知、家、國、天下一齊俱到。故在《大學》爲格物下手處，在《中庸》爲上達天德統宗、徹上徹下之道也。①

又説：

> 《大學》之道，一言以蔽之，曰慎獨而已矣。《大學》言慎獨，《中庸》亦言慎獨。慎獨之外，別無學也。②

可見劉宗周把"慎獨"提到了很高的地位。他認爲"君子之學，慎獨而已矣"③，"學問吃緊工夫，全在慎獨；人能慎獨，便爲天地間完人"④。

那麼什麼是"獨"？劉宗周的學生陳確解釋説："獨者，本心之謂，良知是也。"⑤"獨"即是本心，即是良知，是人具有的一種主觀道德能力，"慎獨"則是一種内省的道德修養功夫。劉宗周把"獨"提升到本體論高度，而把"慎獨"説成是最重要的修養方法："獨之外別無本體，慎獨之外別無功夫。"⑥"獨即天命之性所藏精處，而慎獨即盡性之學。"⑦所以，"獨"是"至善之所統會"，所謂"致知在格物，格此而已"；"獨者，物之本，而慎獨者，格之始事也"。⑧ 這裏，不僅宇宙中的萬事萬物，而且人類的一切道德準則都統攝在"獨"（或者叫本心、良知）之中：

> 獨中具有喜、怒、哀、樂。四者，即仁、義、禮、智之別名。⑨

既然"獨"相當於王陽明所説的"良知"，"慎獨"的功夫相當於"致良知"，那麼爲何劉宗周還要立異呢？他本人對此有所解釋：

> 千古相傳只慎獨二字要訣，先生（指王陽明）言致良知，正指此。

---

① ［明］劉宗周：《學言上》。
② ［明］劉宗周：《大學古記約文》。
③ ［明］劉宗周：《書鮑長孺社約》。
④ ［明］劉宗周：《證人社語録》。
⑤ ［明］陳確：《陳確集》卷十《輯祝子遺書序》，中華書局，1979 年。
⑥ ［明］劉宗周：《中庸首章説》。
⑦ ［明］劉宗周：《聖學宗要》。
⑧ ［明］劉宗周：《會録》。
⑨ ［明］劉宗周：《聖學宗要》。

但此獨字換良字，覺於學者好易下手耳。①

他認爲"良知"說不如"慎獨"說簡易明白，後者更便於學者下手。而且"良知"說還有流於禪學的危險。

"慎獨"說是劉宗周的道德修養論。他在當時歷史條件下提出"慎獨"，主要是針對當時的士風，希望通過内省的功夫，收拾人心，使人人向善，躋於道德之域，以解救"世道之禍"。因此，他高度概括了"慎獨"的重要性：

> 君子由慎獨以致吾中和，而天地萬物無所不本、無所不達矣。達於天地，天地有不位乎？達於萬物，萬物有不育乎？天地此中和，萬物此中和，吾心此中和，致則俱致，一體無間。②

人心與天地、萬物關繫極大，通過"慎獨"的功夫治心，心爲天地萬物之本，本正則天地萬物悉正，以此爲出發點，齊家則家齊，治國則國治，天下太平則易如反掌。這裏，體現出劉宗周思想的心學特徵。

"誠意"與"慎獨"密切相關。如果說"慎獨"是劉宗周全部學說的宗旨，那麼"誠意"則是他的全部學說的根基。這裏，先要理解什麼是"意"。劉宗周說：

> 意者，心之所以爲心也。止言心，則心只是徑寸虛體耳，著個意字，方見下了定盤針，有子午可指。③
> 心之主宰曰意，故意爲心本。不是以意生心故曰本，猶身裏言心，心爲身本也。④

因此，"意"是"心"之本體，是人心中超越的價值，是"至善"，是"道心"，是"至善之所止"。劉宗周還特別指出，"意"是"有而未始滯於有，無而未始淪於無，蓋妙於有無之間而不可以有無言者"，也就是說，"意"合攝了一切價值但又不表現爲任何具體的價值規定，具一切相而不落於任何實相。所以"意爲心之所存，非所發"，爲未發之中。

---

① ［明］劉宗周：《陽明傳習録》。
② ［明］劉宗周：《中庸首章說》。
③ ［明］劉宗周：《答董生心意十問》。
④ ［明］劉宗周：《學言下》。

"意"既然不是現實的活動,而只是一種超越的潛存,那麼它就不可能是"動念",而是"至靜"。劉宗周與弟子的一段對話説:

> 問:"一念不起時,意在何處?"
>
> 先生曰:"一念不起時,意恰在正當處也。念有起滅,意無起滅也。"
>
> 又曰:"事過應寂後,意歸何處?"
>
> 先生曰:"意淵然在中,動而未嘗動,所以靜而未嘗靜也。"①

在關於"未發之中"這一點上,劉宗周揭出"意"這一個重要範疇,指出"意無所爲善惡,但好善惡惡而已"②,也就是説,"意"只是善必好、惡必惡的一種潛在意向,不是好善惡惡的具體活動。由此出發,他對朱熹、陸九淵、王陽明等人都進行了批評:

> 朱子惑於禪而闢禪,故其失也支;陸子入於禪而避禪,故其失也粗;文成(即王陽明)似禪而非禪,故不妨用禪,其失也玄。③

劉宗周所説的"意"既然如此,那麼如何"誠意"呢? 他説:

> 意根最微,誠體本天。本天者,至善者也。以其至善還之至微,乃見真止;定靜安慮,次第俱到。④

也就是説,通過"定靜安慮"的功夫,使意"以其至善還之至微",以實現對超驗價值本體的還原。《中庸》説"誠者,天之道也;誠之者,人之道也",《孟子》説"誠者,天之道也;思誠者,人之道也","誠意"就是要以"思誠"的人道踐履實現天道的本誠。劉宗周説:"誠意云者,即思誠一點歸宿工夫也。"⑤正因爲"誠意"是一點歸宿功夫,故正心先誠意,這是"由末以之本",因爲"誠以體言,正以用言",誠意是體,正心是用。

"誠意"的功夫就是"慎獨"。劉宗周説;

> 《大學》之道,誠意而已矣。誠意之功,慎獨而已矣。意也者,至

---

① [明]黃宗羲:《明儒學案·蕺山學案》。
② [明]劉宗周:《學言下》。
③ [明]黃宗羲:《明儒學案·蕺山學案》。
④ [明]劉宗周:《答董生心意十問》。
⑤ [明]劉宗周:《答董生心意十問》。

善歸宿之地,其爲物不二,故曰獨。其爲物不二,而生物不測,所謂物有本末也。格物致知,總爲誠意而設,亦總爲慎獨而設也。非誠意之先,又有所謂致知之功也。故誠意者《大學》之專義也,前此不必在格物,後此不必在正心也。亦《大學》之了義也,後此無正心之功,並無修治平之功也。①

這樣,誠意、慎獨與致知、正心實際上是合一的,沒有先後之分,格物致知的目的就是誠意。在《學言》中,劉宗周又說:

《大學》之教只要人知本。天下國家之本在身,身之本在心,心之本在意。意者,至善之所止也,而工夫則從格致始。正致其知本之知,而格其物有本末之物,歸於止至善云耳。格致者,誠意之功。功夫結在主意中,方爲真功夫。如離却意根一步,亦更無格致可言。故格致與誠意,二而一,一而二者也。②

可見,格致是誠意的手段或方式(功夫),誠意則是格致的目的或歸宿。通過“格物致知”這樣的經驗性方式,去體認人心中的超越的至善本體——意。因此,格致與誠意是二而一、一而二的。

牟宗三先生將劉宗周這種“誠意”“慎獨”的學說概括爲“以心著性”“歸顯於密”③。的確,誠意、慎獨的內傾性極爲明顯。劉宗周希望通過對內在超越的道德本體的探求,找到一個現實道德實踐的理論基礎,然後再向外展開,去尋求這種超驗本體的實現方式,達到本體與功夫的合一,由誠意而正心、修身、齊家、治國、平天下。

三、志慕古人聞道晚,學運當世問津遲

劉宗周被革職後,閑居講學達四年之久。在這一時期,明代閹禍達到頂峰。東林、首善等講學書院被毀,東林黨人姓名榜於天下。很多士大夫被削籍爲民、逮捕入獄甚至被處死,知識界遭受到空前浩劫。天啓

---

① [明]黄宗羲:《明儒學案·蕺山學案》。
② [明]劉宗周:《學言上》。
③ 牟宗三:《從陸象山到劉蕺山》,學生書局,1984年,第479頁。

五年(1625)七月,"東林六君子"楊漣、左光斗、袁化中、魏大中、周朝瑞、顧大章先後被魏忠賢掠殺於鎮撫司獄中。這六人之中,有好幾位都是劉宗周的密友。劉宗周知道他們的死訊,以悲憤的心情寫了一篇《吊六君子賦》。隨後,密友高攀龍自沉於止水,黃尊素被殺害,劉宗周本人也被列入了黑名單。不久熹宗崩,信王朱由檢嗣位,改元崇禎,大赦天下,解除了黨禁,斥逐閹黨,爲死難者恢復名譽,給還削籍諸臣官誥,劉宗周才倖免於難,被起用爲順天府尹。

崇禎即位之初,即欲改弦更張,勵精圖治,朝政出現了一些新氣象,明朝的社稷似乎有了一綫新希望。劉宗周飽含熱情,來到北京,上《面恩預矢責難之義以致君堯舜疏》,希望崇禎"超然遠覽,以堯舜之學,行堯舜之道",可崇禎認爲這是迂闊之言。崇禎求治心急,人才、餉糧、流寇、邊患等常縈繞在心,希望群臣能拿出一些行之有效的具體措施。劉宗周却認爲這些都是刑名之術,近於功利,人主應以仁義爲本。因議論不合,他衹作了一年順天府尹,就告病回鄉,與陶奭齡成立"證人社",會集同志講學。會期定於每月的三日這天,辰集午散。劉宗周撰定《證人社約》,分爲學楷、會儀、約言、約戒四部分,作爲證人社的章程。後來劉宗周將證人社歷次會講編爲《證人社語録》。

這以後,劉宗周又獨自講學,先後著《第一義》等説,輯《鄉約小相編》、《劉氏宗約》《聖學宗要》,著《證人小譜》,又輯《孔孟合璧》《五子連珠》等書,一方面對程朱陸王的學説進行篩選,另一方面繼續自己獨立的思考和學術活動,完善自己的哲學思想。

崇禎九年(1636),朝廷詔升劉宗周爲工部左侍郎。此時東北滿洲已建國號爲清,日益强大;明王朝內部農民起義已經如火如荼,江山已搖搖欲墜,崇禎求治的希望化爲泡影。劉宗周多年賦閑,對明王朝的痼疾瞭解得很清楚。冰凍三日,非一日之寒,急功近利,是無法解決國家的根本問題的。他希望能從皇帝本人做起,先修德治心,親近儒臣,這才是爲治的根本。他向崇禎上疏,歷數從前弊政,請崇禎帝更調化瑟。他説:

> 抑臣聞之,有天德者然後可以語王道,其要在於慎獨。故聖人之道,非事事而求之也。臣願皇上視朝之暇,時近儒臣,聽政之餘,

益披經史,日講求二帝三王之學,求其獨體而慎之,則中和位育,庶
幾不遠於此而得之。①

劉宗周向崇禎推銷自己的"慎獨"之學,崇禎帝當然不會感興趣。這
位後來的亡國之君急求嚮往的是如果打退清兵,平息内亂,如何籌集軍
餉,解決財政危機。他認爲劉宗周的話是迂闊無用的陳詞濫調。疏中劉
宗周對他的所作所爲加以批評,這位剛愎自用的皇帝不想再聽逆耳之
言,龍顏大怒,傳諭内閣,想加以重處。後來他又想,劉宗周素有清名,不
妨放他一馬,自己也樂得一個能容直言的名聲,劉宗周才得以平安過關。

也許作名儒比作名臣容易一些,劉宗周入朝後,很有些勉爲其難。
他在給兒子劉汋的信中説:

勉强拜命,真如牽羊入屠肆耳。及既拜命,則不便再容易抽身,
只得以老病之身許之君父,意欲得當以報君恩,以了生平耿耿之懷,
是以有前日之疏。②

既然入了朝廷,食了君家的俸禄,就要爲朝廷分憂。但犯顏直言吧,
人家認爲迂闊,不高興;不説吧,又對不起自己作爲孔孟之徒的良心。劉
宗周就是以這種心情,勉强入仕。他始終認爲,人心爲禍之烈,皇帝躬親
庶務之非,必須自去其聰明,慎獨用賢,昭世教以正人心,崇儒重道,始可
救衰亡於萬一。但他對國家大事的關切,得不到皇帝的賞識。這時有人
上疏説"劉宗周才諝不足而道學有餘,主治未獲經綸之益,甄士殊多砥礪
之功",於是劉宗周再次告病求歸。行至交河,上《微臣身切時艱敢因去
國之轍恭申慰悃兼附芻蕘之獻疏》,極言賢奸顛倒,任用匪人之禍,崇禎
大怒,降旨:"劉宗周明系比私亂政,顛倒是非,姑著革職爲民!"③

政治上的失意,却換來了學術上的豐收。劉宗周從宦海漩渦之中解
脱出來,將更多的時間投入講學與著述之中。在他的學術主張中,"誠
意""慎獨"始終占據了重要地位。但直到這時,他才把自己關於《大學》
"誠意"、《中庸》"已發""未發"的學説向學者系統地公開,劉宗周的哲學

① ［明］劉宗周:《痛切時艱直陳轉亂爲治之機以仰紓宵旰疏》。
② ［明］劉宗周:《劉子全書遺編》卷五《與子汋書》。
③ 姚名達:《劉蕺山先生年譜》,第240頁。

思想已臻於定型。

崇禎十一年(1638)，劉宗周完成了《陽明先生傳信録》一書的删定。他做這項工作的目的，是要糾正王學末流之弊，故選録他認爲功夫最切近、最合於王陽明早年篤實精神的部分，並加了按語，反復辨析，澄清混亂。早在天啓六、七年間，劉宗周就輯過《皇明道統録》一書，共七卷，體裁仿朱熹《名臣言行録》，首記平生行履，次抄語録，末附斷語，褒貶俱出獨見。該書對當世推爲大儒的薛瑄、陳獻章、羅欽順、王畿等人都有貶詞，而對曹端、胡居仁、陳選、蔡清、王守仁、吕柟諸人無間言。當時他特別推崇王陽明，説：

> 先生承絶學於詞章訓詁之後，一反求諸心而得其所性之覺曰良知，因示人以求端用力之要曰致良知。良知爲知，見知不囿於聞見；致良知爲行，見行不滯於方隅。即知即行，即心即物，即静即動，即體即用，即功夫，即本體，即上即下，無之不一，以救學者支離眩騖務華而絶根之病，可謂震霆啓寐，烈耀破迷，自孔孟以來，未有若此之深切著明者也。①

但是，因王陽明的學説與朱熹之説不無抵牾，且極力表章陸九淵，故有人疑"良知"之説或出於禪。劉宗周雖然承認陽明之學"從《五經》中印證過來，其爲廓然聖路無疑"，但又説："特其急於明道，往往將向上一幾，輕於指點，啓後學躐等之弊有之。"由於王陽明語焉不詳，後學之人曲解了他的意思流入禪學，這在陽明弟子王畿(龍溪)那裏表現得尤爲明顯。劉宗周批評説："至龍溪直把良知作佛性看，懸空期個悟，終成玩弄光景，雖謂之操戈入室可也。"操戈入室，指入禪門之室。如關於有名的"四句教"，劉宗周認爲考之《陽明集》中並不經見，爲陽明的未定之見，平日雖曾説過這樣的話，但未敢筆於書以滋學者之惑。至王畿始云"四有之説，猥犯支離"，勢必進之"四無"而後快。劉宗周批評説：

> 既無善惡，又何有心意知物？終必進之無心無意無知無物而後玄。如此，則"致良知"三字著在何處？②

① 〔明〕黄宗羲：《明儒學案·師説》。
② 〔明〕黄宗羲：《明儒學案·師説》。

王畿“四無”説，認爲“心是無善無惡的心，意是無善無惡的意”，將心中本來具有的“意”的至善品格抹殺了，只剩下一個空寂虛無的心，這樣，就墮入了禪學，使“致良知”三字没有了着落。

劉宗周雖然没有過多地對王陽明進行正面批評，但他認爲王陽明在有些問題上語焉不詳可能導致後學者誤入歧途。因此，他極力辨解王陽明“似禪而非禪”。王陽明主張“看喜怒哀樂未發前氣象”本身没有錯，這正是儒家修養的正途，錯的是他不知先天有止，却叫人在念起念滅時用爲善去惡之力，終非究竟一著，故失之粗。

對於“四句教”，劉宗周認爲其根本錯誤在於對“意”的理解上。他多次説過：“陽明將意字認壞”，“先生解《大學》，於意字看不清楚”。第一句“無善無惡心之體”，劉宗周認爲應該改爲“有善無惡心之體”。因爲“意”爲心體，是人類具有的一種先天性的好善惡惡的潛能，應該是純粹的善。第二句“有善有惡意之動”則錯得更遠。因爲“意”是超越動静的“至静”，它是不動的，是“未發”，動的是“念”。第三句“知善知惡是良知”、第四句“爲善去惡是格物”雖然没有大錯，但因大本已失，所謂“良知”、所謂“格物”也就徒勞無功。所以劉宗周總結説：

> 若心體果是無善無惡，則有善有惡之意又從何處來？知善知惡之知又從何處來？爲善去惡之功又從何處起？無乃語語斷流絶港乎！[1]

王畿從王陽明“四句教”中推論出“四無説”，就與禪學没有什麽區别了。因此劉宗周又對禪學進行了批評。他説：

> 釋氏之學本心，吾儒之學亦本心，但吾儒自心而推之意與知，其功夫實地却在格物，所以心與天通。釋氏言心便言覺，合下遺却意，無意則無知，無知則無物，其所謂覺，亦只是虛空圓寂之覺，與吾儒盡物之心不同。[2]

對禪學的批評實際上就是對王畿等人的批評。他認爲禪學、儒學雖然都在談“本心”，但禪學之“本心”没有任何内容，是虛寂，而儒學之“本

---

[1] ［明］黄宗羲：《明儒學案·蕺山學案》。
[2] ［明］黄宗羲：《子劉子學言》。

心”中有“意”這種超越的至善存在。所以兩家在認識心的本體上有很大差別。不僅如此，在功夫上也是截然不同的。禪學的功夫是覺，通過頓悟去覺此心之空，萬事皆空；儒家則強調“格物”的功夫，由格物而有三綱領、八條目。王畿的“四無説”，以覺言性，一覺無餘事，是率天下都是禪，因而背離了儒學，甚至也不合王陽明的原意。劉宗周主張將“四無説”改爲“四有説”，即：“心是有善無惡的心，則意亦是有善無惡之意，知亦是有善無惡之知，物亦是有善無惡之物。”這樣，就解決了本體與功夫之間的關繫問題，劃清了儒與禪之間的界限。

除《陽明先生傳信録》外，劉宗周還撰定了《經籍考》《古學經》，輯《古小學集記》《古小學通記》，並著《原旨》《治念説》。這些學術活動的目的，都是與他的學術主張密切相關的。

四、決此一朝死，了我平生事

崇禎十五年（1642），劉宗周被重新起用爲左都御史。儘管劉宗周不太情願復出，但君命難違，他還是去了。入朝後，劉宗周多次上疏，請崇禎革除弊政，以擺脱國家的危機。在《敬循職掌條列風紀之要以佐聖治疏》中，他提出“建道揆”“貞法守”“崇國體”“清伏奸”“懲官邪”“飭吏治”等策略。劉宗周雖素負清望，但畢竟只是一位飽讀詩書的學者、思想家，而不是一位運籌帷幄的政治家，因此他的一些主張並不合時宜。在當時明朝江山已是風雨飄搖，劉宗周卻認爲“今天下非無才之患，而無本心之患”①，因此主張“治心”是解救時艱的根本。他要求崇禎“明聖學以端治本”“躬聖學以建治要”“崇聖學以需治化”。這表明在劉宗周那裏，儒家經世致用的實效已經喪失。

在關於西洋傳教士湯若望的爭論中，劉宗周的主張更暴露出當時儒學已經缺乏應變能力。崇禎帝在萬般無奈的情況下，打算用湯若望製造火器，希望利用西洋的先進技術，解決內憂外患問題。如果崇禎此舉能順利進行，也許中國可以從此由冷兵器時代進入火器時代，並由兵器製造業引發一場工業革命，甚至中國近四百年的歷史都要重寫。但是，劉

---

① ［明］劉宗周：《答某司理書》。

宗周堅決反對重用湯若望,更堅決反對製造火器。他説:

> 臣聞用兵之道,太上湯武之仁義,其次桓文之節制,下此非所論矣。

> 今日不待人而恃器,國威所以愈頓也。

> 火器終無益於成敗之數。

他把湯若望看成異端之人,請崇禎"放還本國,以永絕異端之根"①。他堅持"仁義"説,反對革新兵器,更拒絕接納西洋的天主教。表明儒家傳統已失去了寬宏大量的開放精神,這也許是此後三百餘年中國科技逐漸落伍、導致近代中華文化發生危機的原因之一。

崇禎帝急於求治,劉宗周却説先治心;崇禎帝要求才望之士,劉宗周却説操守第一;崇禎帝訪問退敵弭寇之術,劉宗周却説仁義爲本。故崇禎説他"復拗褊迂",又一次將他革了職。這一年劉宗周六十五歲,這是他第三次被革職。他在《與祁世培書》中寫道:"抱頭南下,便無面目見江東父老。"

革職後,劉宗周繼續進行學術活動,發揮"誠意""慎獨"的學術思想。他又寫下了《讀易圖説》《易衍》《古易鈔義》《大學誠意章章句》《證學雜解》《良知説》《存疑雜著》等重要著作。他對王陽明及其後學進行了批評,認爲:"後來學問只有一個工夫,凡分内分外,分動分静,説有説無,劈成兩下,總屬支離。"②他對先儒分析支離之説,統而一之,兹列表如下:

先 儒 意 見	劉 宗 周 意 見
1. 心與性對。	1. 性者心之性也。
2. 性與情對。	2. 情者性之情也。
3. 分天理、人欲爲道心、人心。	3. 心只有人心。人心,人之心也。道心者,心之道也,人心之所以爲心也。
4. 分性爲氣質之性和義理之性。	4. 性只有氣質之性,義理者氣質之所以爲性也。
5. 分未發、已發,未發爲静,已發爲動。	5. 存發只是一機,動静只是一理。

---

① [明] 劉宗周:《存疑雜著》。
② [明] 劉宗周:《存疑雜著》。

可見，劉宗周在一些關鍵問題上，對宋明理學進行了改造和總結。

崇禎十七年（1644），李自成率領的農民軍攻破北京，崇禎自縊身亡。福王朱由崧在南京監國，建立南明，詔起復劉宗周左都御史原官。福王政權不僅於内政外交上没有任何作爲，反而繼承了崇禎朝的所有弊端：黨爭，苛斂，偷安，等等。劉宗周上疏獻計，提出四條建議：一曰據形勢以規進取，二曰重藩屏以資彈壓，三曰慎爵賞以肅軍情，四曰核舊官以立臣紀。① 又上疏請誅内外不職諸臣。② 於是他成爲衆矢之的，受到排擠。

劉宗周對崇禎亡國的原因進行了分析，認爲："先帝無亡國之徵，而政之弊有四：一曰治術壞於刑名，二曰人才消於黨論，三曰武功喪於文法，四曰民命促於賄賂，所謂四亡徵也。"③他希望福王政權能改弦易轍，吸取教訓，但這只是他一厢情願。在愈演愈烈的黨爭中，他不得不辭職。但他没有忘記盡一個孔孟之徒的責任，在出都門之前，上《再陳謝悃疏》，對福王進行最後的忠告。他的忠告有五條：一曰修聖政，無以近娛忽遠猷；二曰振王綱，無以主恩傷臣紀；三曰明國是，無以邪鋒危正氣；四曰端治術，無以刑名先教化；五曰固邦本，無以外釁釀内憂。但是福王未予理睬。

劉宗周歷經萬曆、天啓、崇禎、弘光四朝，"通籍四十五年，在仕六年有半，實立朝者四年"④。

回到紹興後，劉宗周與門人編定了《中興金鑑》。該書原本爲福王而作，旨在總結歷史上中興之主的歷史經驗，作爲福王的借鑒。分爲祖鑑、近鑑、遠鑑、王鑑、五帝鑑。該書最終没能送到福王手中。劉宗周又對《大學》進行了考訂，著《大學參疑》，確定了《大學》的文本，並略爲詮解。

這一時期他最重要的工作是改訂《人譜》。該書原名《證人小譜》，成書於崇禎七年（1634），之後三易其稿。在定稿自序中，劉宗周説：

子曰："道不遠人，人之爲道而遠人，不可以爲道。"今之言道者，高之或淪於虚無，以爲語性而非性也；卑之或出於功利，以爲語命而

① ［明］劉宗周：《慟哭時艱立伸討賊之義疏》。
② ［明］劉宗周：《追發先帝大痛以伸大仇疏》。
③ ［明］劉宗周：《君恩未報臣罪當誅謹瀝血陳悃仰祈聖鑒以伸在三之誼疏》。
④ ［明］劉汋：《先君子蕺山先生年譜》。

非命也。非性非命，非人也，則皆遠人以爲道者也。然二者同出異名，而功利之惑人爲甚。老氏以虛言道，佛氏以無言道，其説最高妙，雖吾儒亦視以爲不及。乃其意主於"了生死"，其要歸之自私自利。故太上有《感應篇》，佛氏亦多言因果，大抵從生死起見，而動静虛無以設教，猥云功行，實恣邪妄，與吾儒"惠迪從逆"之旨天壤。是虛無之説，正功利之尤者也。①

劉宗周對《人譜》極爲重視。他認爲佛教談因果、道教談感應，都出於功利目的，不能真正成就聖賢人格。而儒者所傳的《功過格》，也難免入於功利之門。他認爲：

> 今日開口第一義，須信我輩人人是個人。人便是聖人之人，聖人却人人可做。②

如何成聖？這便是《人譜》一書的目的。該書先列《人極圖》，第二篇爲《證人要旨》，第三篇爲《紀過格》，最後附以《訟過法》《静坐法》《改過説》。"言過不言功，以遠利也。"他認爲"譜人者莫近於是"，"學者誠知人之所以爲人，而於道亦思過半矣。將馴是而至於聖人之域，功崇業廣，又何疑乎！"③

《人譜》是劉宗周的絶筆。他後來在絶食期間對兒子劉汋説："做人之方，盡於《人譜》。"④

弘光元年（1645）五月，清兵攻破南京，福王被俘遇害，潞王監國。六月十三日，杭州失守，潞王降清。十五日午刻，劉宗周聽到這一消息，時方進膳，推案慟哭説："此予正命時也！"於是他決定效法伯夷、叔齊，開始絶食。他説：

> 至於予之自處，惟有一死。先帝（指崇禎）之變，宜死；南京失守，宜死；今監國納降，又宜死。不死，尚俟何日？世豈有偷生御史大夫耶？⑤

---

① ［明］劉宗周：《人譜·自序》。
② 姚名達：《劉蕺山先生年譜》，第176頁。
③ ［明］劉宗周：《人譜·自序》。
④ 姚名達：《劉蕺山先生年譜》，第340頁。
⑤ ［明］劉汋：《先君子蕺山先生年譜》。

　　當時江南士大夫紛紛降清，做了貳臣，玷污名教，背叛了平時所學之道。劉宗周決心要以自己的行動，成就自己的人格，爲衰世作一表率。弘光元年(1645)閏六月初八日，劉宗周前後絕食兩旬而死。其子劉汋遵照他的遺命，書其旒曰：

　　皇明蕺山長念臺劉子之柩。

　　　　　　　　　　（原載《中國歷代大儒》，吉林教育出版社，1997 年）

戴震：向儒學原旨回歸

戴震是清代中葉最具個性的儒學大師，他在學術上、思想上的卓越建樹，對他生活的時代和後世都産生過巨大的影響。如梁啓超説："苟無戴震，則清學能否卓然自樹立，蓋未可知也。"①又説："其志願確欲爲中國文化轉一新方向，其哲學之立足點，真可稱二千年一大翻案。"梁氏甚至認爲，戴學"與歐洲文藝復興時代之本質絶相類"②。胡適也認爲，"戴震的哲學，從歷史上看來，可説是宋明理學的根本革命。"③梁、胡二人都強調戴震在思想史上的創新，是很有見地的。侯外廬等學者則強調戴震哲學的啓蒙意義。隨着戴學研究的深入發展，人們對戴震學術思想諸方面都進行了有益的探討。但往往強調戴震與傳統儒學立異的多，而忽視了戴學與傳統認同的一面。事實上，戴震的獨創性並没有越出傳統儒學的框架而立異。相反，他對宋代以來儒者的批評，正是爲了矯正數百年來儒學發展之偏失，而向原始儒學回歸。

一、遺文垂絶：儒學的危機

宋明理學的産生，從思想史根源來説，主要有這樣兩個方面的原因：一是對漢唐注疏之學的反動，二是對佛道二教的應戰。在理學家看來，漢唐注疏之學"寧説周孔誤，諱言服鄭非"，使孔孟之道久而失傳。至於佛道二教流行，人們趨之若鶩，更對儒家文化産生了巨大的威脅。因此，他們懷着一種復興儒學的使命感，"不自度量，以身任道"。程頤在爲其兄所撰《明道先生墓表》中説：

① 梁啓超：《清代學術概論》（十），見《梁啓超論清學史二種》，朱維錚校注本，復旦大學出版社，1985 年。
② 梁啓超：《清代學術概論》（十一）。
③ 胡適：《戴東原的哲學》，載《胡適學術文集》（下册），中華書局，1991 年，第 1039 頁。

周公没,聖人之道不行;孟軻死,聖人之學不傳。道不行,百世無善治;學不傳,千載無真儒。無善治,士猶得以明夫善治之道,以淑諸人,以傳諸後;無真儒,天下貿貿焉莫知所之,人欲肆而天理滅矣。①

程頤的觀點代表了宋代理學家對漢唐以來儒學發展的基本估價。他們要使"聖人之學"傳於百世,上接孔孟之道統,恢復儒學之權威,即"爲天地立心,爲生民立命,爲往聖繼絕學,爲萬世開太平"(張載語)。但是,理學的流弊,在宋代就已經暴露無遺。南宋時分化爲朱、陸兩大派,互相論辯,已難斷是非。一派强調"道問學",主張"性即理",一派强調"尊德性",主張"心即理"。理學内部糾纏於心性理氣之辨,勢必影響了對經世致用的關懷,而遠離了政治實用。所以後來的理學之徒"有假其名以欺世者,真可以嘘枯吹生。凡治財賦者,則目爲聚斂;開闔捍邊者,則目爲粗材;讀書作文者,則目爲玩物喪志;留心政事者,則目爲俗吏。其所讀者,止《四書》、《近思録》、《通書》、《太極圖》、東西《銘》、語録之類,自詭其學爲正心、修身、齊家、治國、平天下。"②宋末理學登上統治地位以後,專用此一等不才愦愦之徒,以致萬事不理,喪身亡國。因此,號稱接續了孔孟道統的理學逐漸喪失了儒學的積極用世精神。到元、明、清,崇尚理學,學子在《四書》《五經》中討生活,甚至束書不觀,空言心性,拾宋人之牙慧,擢巍科,登顯宦。雖口稱孔孟,實際上已不知孔孟之道爲何物,甚至將佛、老之言當成孔孟之説而不自知。廣大士子疲精神於朱熹《四書章句集注》之中,對《四書》以外的知識茫然不知,"與之交談,兩目瞪然視,舌木强不能對"③。

陽明心學倡導"心外無理",主張"良知之在人心,不但聖賢,雖常人亦無不如此"④,人們只須向内心尋求,就能成爲聖賢。雖然對補救朱學支離繁瑣之弊有一定的積極意義,但把"尊德性"發展到極致,必然誇大主觀意志的作用。陽明後學片面强調"心外無物""心外無理",以"無念

① [宋]程頤:《明道先生墓表》,載《二程集》,王孝魚點校本,中華書局,1981年。
② [宋]周密:《癸辛雜識續集》卷下《道學》,吳企明點校本,中華書局,1988年。
③ [明]宋濂:《宋學士全集》卷一八《大明故中順大夫禮部侍郎曾公神道碑銘》,商務印書館,1939年。
④ [明]王守仁:《王文成公全書》卷二《答陸原静書》,四部叢刊本。

爲宗"，以"悟性爲宗"，提倡"現成良知"，認爲只要"静坐斂心""虚静無欲"就可以悟出"天理"，成爲聖人。這樣，儒學近於禪學，求道成了清談，人們不再去取證於六經，"儒先臆度而言之，父師沿襲而誦之，小子蒙聾而聽之。萬口一辭，不可破也；千年一律，不自知也。"①儒學成了僵死的教條、空虚無物的僞學問，原始儒學的那種對社會強烈的責任感、積極的參與意識和人本精神喪失殆盡。

理學（包括心學）是儒學在宋元明清的表現形式。理學的危機也就是儒學本身的危機。宋儒創立理學，原本是爲了復興儒學。但隨着理學被歷代統治者所推尊，它距儒學的原旨就愈來愈遠。因此，雖然表面上看來歷代帝王獎拔理學家，甚至出現了康熙、雍正等"理學天子"，實際上表明了儒家原始精神的失落，理學成了政治權威的婢女，儒學已經到了極衰的境地。

明末清初已經有人針對理學（包括心學）的流弊，提出了一些矯枉過正的主張，形成了一股實學思潮。如方以智、顧炎武、黃宗羲、王夫之等人，提倡經世致用，反對形式主義學風。但他們或站在程朱立場上闢陸王，或站在陸王立場上闢程朱，或對自己信奉的程朱或陸王之學進行修正，補偏糾謬。真正對宋明理學進行系統的批駁、主張治學須"志存聞道""求之六經"，對儒家範疇系統在訓詁的基礎上進行重新詮釋，以重建原始儒學人本主義的，是清代學術大師戴震。

二、志存聞道：明確的治學目的

戴震曾將學術門類劃分爲三種。他在乾隆乙亥（1755）《與方希原書》中説：

> 古今學問之途，其大致有三：或事於理義，或事於制數，或事於文章。事於文章者，等而末也。②

所謂理義、制數、文章，相當於後來人們説的義理、考據、詞章。在這封信中，戴震明確地宣稱文章是藝，是末，主張"以藝爲末，以道爲本"。

---

① ［明］李贄：《續焚書》卷四《題孔子像於芝佛院》，中華書局，1961 年。
② ［清］戴震：《戴東原集》卷九《與方希原書》，四部叢刊本。

他認爲,司馬遷、班固、韓愈、柳宗元等文章巨子雖然以藝見長,但並不僅僅停留於藝:"諸君子不願據其末,畢力以求據其本,本既得矣,然後曰:是道也,非藝也。"顯然戴震所謂的"本",就是"道",故他對"文以載道"之說深有所契。在《與某書》中,戴震説:

> 夫文無古今之異,聞道之君子,其見於言也,皆足以羽翼經傳,此存乎識趣者也。①

如果作文之君子能夠"志於聞道",那麼寫出來的文章可以"羽翼六經",與聖人之道不相背離。但他反對作八股文制義,認爲與其"精心於制義一事,又不若精心於一經"②。因爲八股文只是剿襲先儒之説,無病呻吟,於聖人之道無補。

戴震把是否"志乎聞道"作爲衡量學問高下的標準。因此,他不僅批評當今文章家於"大本"已失,而且對於那些"善於考核"的經學家也是頗有微詞的。他早些時候在《答鄭丈用牧書》中説:

> 今之博雅能文章、善考核者,皆未志乎聞道,徒株守先儒而信之篤,如南北朝人所譏,"寧言周孔誤,莫道服鄭非",亦未志乎聞道者也。私智穿鑿,或非盡捃擊以自表暴,積非成是而無從知,先入爲主而惑以終身;或非盡依傍以附驥尾,無鄙陋之心,而失與之等,故學難言也。③

他批評時人多存好名之心而少有聞道之意,故"非捃擊前人以自表暴,即依傍昔儒以附驥尾"。他自己以"志存聞道"爲座右銘,宣稱"其得於學,不以人蔽己,不爲一時之名,亦不期後世之名"④。"道"即是"孔孟之道",也就是戴震所説的"大本"。而先儒對"大本"的把握,或失之於偏,未能全面體會古聖賢立言之意,他説:

> 漢儒故訓有師承,亦有時傅會,故其襲取者多謬,而不謬者在其所棄。⑤

---

① 〔清〕戴震:《戴東原集》卷九《與某書》。
② 〔清〕戴震:《戴東原集》卷九《與某書》。
③ 〔清〕戴震:《戴東原集》卷九《答鄭丈用牧書》。
④ 〔清〕戴震:《戴東原集》卷九《答鄭丈用牧書》。
⑤ 〔清〕戴震:《戴東原集》卷九《與某書》。

漢儒、宋儒都有所失，而宋人所失更多。他批評宋以來儒者"以己之見，硬坐爲古聖賢立言之意，而語言文字實未之知。其於天下之事也，以己所謂理，强斷行之，而事情原委隱曲實未能得，是以大道失而行事乖"①。儒家先聖的"大道"已經掩没不彰，甚至以非爲是，謬種流傳，理學家造説"自以爲於心無愧，而天下受其咎"，戴震認爲他們應該對此負責。他引孟子的話説："生於其心，害於其政；發於其政，害於其事。"他認爲"聖人之道"應該是"使天下無不達之情，求遂其欲而天下治"。可是後儒"以理殺人"，違背了"聖人之道"，不合乎儒家的原始精神。戴震甚至認爲當時儒學的危機已經和孟子闢楊墨、韓愈闢釋老之時相差無幾，他要效法孟子和韓愈，爲維護儒學的原旨而戰鬥：

> 孟子闢楊墨，退之闢釋老。當其時，孔墨並稱，尊楊墨、尊釋老者，或曰：是聖人也，是正道也，吾所尊而守者，躬行實踐，勸善懲惡，救人心，贊治化，天下尊之，帝王尊之之人也。然則君子何以闢之哉？ 愚人睹其功，不知其害，君子深知其害故也。②

顯然，戴震是把宋明理學當作當今的楊墨、釋老，他認爲不對它進行批判，就不能使"聖人之道"重放光彩。所以在他的學術研究和理論建樹中，反復强調必須以"明道"爲鵠的，通過考據，拂去宋儒附會在儒家思想中的塵埃，還聖人之道以本來面目。

三、求之《六經》：回歸儒學的本文

戴震以"志存聞道"自任，他否認宋以來儒者"空憑胸臆"的鑿空之説符合儒學的原旨，甚至連漢晉訓詁也有時附會。那麽"聖人之道"在哪里呢？ 戴震認爲必須"求之六經"，回到儒家原始經典中去探求。乾隆二十年(1755)，戴震在《與姚孝廉姬傳書》中説："凡僕所以尋求於遺經，懼聖人之緒言暗汶於後世也。"③他反復强調儒者不應只滿足於誦法鄭玄、程朱之言，而不深思自得，學者應該"睹淵泉所導"，應該有"十分之見"。

① ［清］戴震：《戴東原集》卷九《與某書》。
② ［清］戴震：《戴東原集》卷九《與某書》。
③ ［清］戴震：《戴東原集》卷九《與姚孝廉姬傳書》。

所謂“十分之見”，戴震解釋説：“必徵之古而靡不條貫，合諸道而不留餘議，巨細畢究，本末兼察。”他批評那些“依於傳聞以擬其是，擇於衆説以裁其優，出於空言以定其論，據於孤證以信其通”的治學方法“雖溯流可以知源，不目睹淵泉所導，循根可以達杪，不手披枝肄所歧，皆未至十分之見也。”用這種方法去治經，是難以把握孔孟之道的真諦的。

戴震明確地指出：“聖人之道在六經。漢儒得其制數，失其義理；宋儒得其義理，失其制數。”①這是他早年的看法，認爲漢儒、宋儒於六經各有得失。後來看法有所改變，他對宋儒的義理基本上持否定態度。在撰成於乾隆乙酉（1765）的《題惠定宇先生授經圖》中，他説：

> 夫所謂理義，苟可以捨經而空憑胸臆，將人人鑿空而得之，奚有於經學之云乎哉！②

古代儒家賢人聖人理義即“道”不在別處，就在六經之中。他説：“六經者，道義之宗而神明之府也。”③這就是要求“不鑿空以爲經”。

戴震非常重視“故訓之學”對於理解孔孟六經的重要性。他認爲孔孟之道必須於古經中去尋求，而古經中的理義必須求之於詁訓。他論證説，在古代聖賢立言的時代，“當其時，不過據夫共聞習知，以闡幽而表微”。但歷世既久，古經中的“名義制度”已經“遙溯之至於莫之能通”，因此，後學者必須經過“離詞”與“辨言”的功夫，才能“聞道”，理解聖人之道的原意。所謂“離詞”，“則捨小學故訓無所借”；所謂“辨言”，“則捨其立言之體無從而相接以心”④。戴震認爲“六書廢棄，經學荒謬，二千年以至今”⑤，因此，在千年之後，要回歸到儒學的本文，是有些困難的。他曾深有體會地説：

> 僕聞事於經學，蓋有三難：淹博難，識斷難，精審難。⑥

他批評説，宋代的鄭樵，明代的楊慎，號稱博聞强識，著書滿家，但

① ［清］戴震：《戴東原集》卷九《與方希原書》。
② ［清］戴震：《戴東原集》卷一一《題惠定宇先生授經圖》。
③ ［清］戴震：《戴東原集》卷一〇《古經解鈎沉序》。
④ ［清］戴震：《戴東原集》卷一一《沈學子文集序》。
⑤ ［清］戴震：《戴東原集》卷三《與王內翰鳳喈書》。
⑥ ［清］戴震：《戴東原集》卷九《與是仲明論學書》。

“淹博有之，精審未也”。至於宋代的陸九淵，明代的陳獻章、王陽明，認爲“大道可以徑至”，而“廢講習討論之學，假所謂尊德性以美其名”，更爲戴震所不取。他提出質問：“然捨夫道問學則惡可命之尊德性乎！”所以他認爲鄭樵、陸九淵、王陽明等人都各執一偏，“未得爲中正”，沒有真正找到通往“聖人之道”的門徑。①

治經不能躐等，有一定的順序：“經之至者，道也；所以明道者，其詞也；所以成詞者，未有能外小學文字者也。由文字以通乎語言，由語言以通乎古聖賢之心志，譬之適堂壇之必循其階，而不可以躐等。”②這就是戴震的“由故訓以明義理”的原則。

回歸六經，“由故訓以明義理”，是對宋以來儒者“擺落訓詁，直尋義理”的矯正。戴震力求在堅實的訓詁、考據的基礎上，從儒家經典的本文出發，去打倒宋儒的臆說。如他在辨證被宋儒弄得神秘莫測的“性”“命”“理”“欲”等範疇時，就借助考據的方法，去發掘它們在儒家經典中的原義。他認爲對義理問題不能憑主觀臆測，“此非語言之能空論也，宜還而體會六經孔孟之書本文云何”③。這表明，“求之六經”是戴震學術思想的出發點。

四、力闢宋儒：發狂打破宋儒家中太極圖

“道在六經”是戴震堅定不移的信條。在他看來，儒家原始精神已經被後人特別是宋儒弄得湮没不彰。因此他要以道自任，效法孟子闢楊墨、韓愈闢釋老。他在《孟子字義疏證》一書的序言中説：

> 彼目之曰小人之害天下後世也，顯而共見，目之曰賢智君子之害天下後世也，相率趨之以爲美言，其入人心深，禍斯民也大，而終莫之或悟。④

那些理學家自以爲是賢智君子，世人也這麽看，信其言而效其行，爲

---

① ［清］戴震：《戴東原集》卷九《與是仲明論學書》。
② ［清］戴震：《戴東原集》卷一〇《古經解鈎沉序》。
③ ［清］戴震：《戴東原集》卷八《答彭進士允初書》。
④ ［清］戴震：《戴東原集》卷八《孟子字義疏證序》。

害人心,危禍斯民,而人們却不能覺察。因此,他要出來辯駁。他懷着一種衛道的責任感説:

> 孟子辯楊墨。後人習聞楊、墨、老、莊、佛之言,且以其言汨亂孟子之言,是又後乎孟子者之不可已也。苟吾不能知之亦已矣,吾知之而不言,是不忠也,是對古聖人賢人而自負其學,對天下後世之仁人而自遠於仁也。①

戴震對宋儒的批評,也就是對宋以來儒學發展的批評。從宋末直到他生活的時代,理學一直是占據統治地位,因此他爲了從根本上打倒理學,不得不去揭宋儒的老底。在他看來,宋以來儒學之失主要有兩個方面:

其一,私智穿鑿。在《沈處士戴笠圖題咏序》中,戴震説:"余嘗謂學之患二:曰私,曰蔽。世之欣於禄位,從乎鄙心生者,不必挂語。若所謂事業顯當世,及文學道藝垂千古,慕而企之,從乎私心之生者也。"②而宋以來的學者正没有去除鄙心、私心,故大本已失。宋儒最喜歡談義理,重視所謂的"内省"功夫,自以爲得聖人之心傳。戴震在評論漢儒、宋儒之學時,鮮明地指出,在解釋儒家經典的方法上,"宋人則恃胸臆爲此",所以他們的取捨大多本末倒置。因此,宋儒對儒家學説的解説大多背離了儒學的原旨。他們賴以建構學術體系的範疇系統,都講錯了。如一個"理"字,是宋以來儒者所必講的第一大範疇,戴震認爲:

> 六經、孔孟之言以及傳記群籍,理字不多見。今雖至愚之人,悖戾恣睢,其處斷一事,責詰一人,莫不輒曰理者,自宋以來,始相習成俗,則以理爲如有物焉,得於天而具於心,因以心之意見當之也。③

宋人"以意見爲理",本來就出於"私智穿鑿",後世儒者相沿成習,造成了很多負面影響。因此,要恢復儒學原旨,首先應當對宋儒的臆説進行全面批判。

其二,雜糅異學。孟子闢楊墨,韓愈斥釋老,都是爲了維護儒學的權

---

① ［清］戴震:《戴東原集》卷八《孟子字義疏證序》。
② ［清］戴震:《戴東原集》卷一一《沈處士戴笠圖題咏序》。
③ ［清］戴震:《孟子字義疏證》卷上《理》,何文光整理本,中華書局,1961年。

威。但是，無論是孟子還是韓愈，都遠没有最後完成這項工作。因此，戴震以他們的繼承人自居，接續這項任務。他對宋以來儒學與佛老二教的關繫有一個基本的估價：

> 宋以前，孔孟自孔孟，老釋自老釋，談老釋者高妙其言，不依孔孟。宋以來，孔孟之書盡失其解，儒者雜襲老釋之言以解之。於是有讀儒書而流入老釋者。有好老釋而溺其中，既而觸於儒書，樂其道之得助，因憑藉儒書以談老釋者。對同己則共證心宗，對異己則寄托其説於六經、孔孟，曰：吾所得者，聖人之微言奥義。而交錯旁午，屢變益工，渾然無罅漏。①

宋以後，儒佛道三教雜糅，渾然天成，因此儒學已不是純粹的原始儒學，這正是戴震痛心疾首之所在。所以他反復强調，“六經、孔孟而下，有荀子矣，有老莊、釋氏矣，然六經、孔孟之道猶在也。自宋儒雜荀子及老莊、釋氏以入六經、孔孟之書，學者莫知其非，而六經、孔孟之道亡矣。”②在他看來，不僅老莊、釋道是異學，告子、荀子都是異學，而宋儒以及後來的明儒正是雜襲了這些異學的言論和思想，創造出所謂的“理學”（包括心學）。

在《原善》《緒言》《孟子字義疏證》等著作中，戴震以大量的篇幅，論證了邵雍、周敦頤、張載、二程、朱熹、陸九淵以至明朝的陳獻章、王陽明等“儒宗”無一例外都曾出入佛老，“以老釋爲借階”，入室操戈，“變其言以爲六經、孔孟如是”。因此，他們以復興儒學爲幌子建立的理學體系，是頗成問題的。

戴震以六經、孔孟之言爲武器，在批判宋儒、明儒的基礎上，對儒家範疇系統進行了重新詮釋，力圖建構一套接近於儒學原旨的學術思想體系。在《孟子字義疏證》等哲學著作中，他系統地闡釋了“理”“天道”“性”“才”“道”“仁義禮智”“誠”“權”等重要概念。他認爲，宋儒對這些概念的理解都不符合六經、孔孟的原義。

如關於“理”，戴震認爲宋儒將理、欲（情）對立，是對孟子性善論的誤解。孟子説人人皆有善端，並非不承認“欲”爲人性中的一個方面。戴震引孟子的話説，“養心莫善於寡欲”，是“明乎欲不可無也，寡之而已”。

---

① ［清］戴震：《戴東原集》卷八《答彭進士允初書》。
② ［清］戴震：《孟子字義疏證》卷上《理》。

他提出"情之不爽失爲理""理者存乎欲者也",也就是説,"理"包含了人類情欲適當滿足的一面。其他如關於形上、形下問題、道器問題、太極兩儀問題,"今據孔子贊《易》本文疏通證明之,洵於文義未協",宋儒的説法不合儒家的本指。

戴震用了不少的筆墨討論"性"這個範疇。他認爲《論語》説"性相近",《孟子》説"性善",而宋儒却妄加分別,區分所謂的"氣質之性"和"義理之性"(又稱"天地之性"),是雜襲了老莊、釋氏和告子之説,"古賢聖所謂仁義禮智,不求於所謂欲之外,不離乎血氣心知",這樣言性才符合孔孟的意思。戴震指出:"人與物同有欲,欲也者性之事也;人與物同有覺,覺也者性之能也。""欲不失之私則仁,覺不失之蔽則智。仁且智,非有所加於事、能也,性之德也。"①也就是説,人性中同時包含着自然欲望(欲)與道德理性(覺)兩個方面,缺一不可言性。仁、智等道德規範都應當是人性的自覺,而非外鑠。

對於"道"這個重要概念,戴震也作了與宋明理學家不同的闡釋。宋儒以"理"釋"道",認爲"道"是形而上的抽象存在。戴震則根據《易傳》《大戴禮記》《中庸》等儒家經典,指出:"道猶行也,氣化流行,生生不息,故謂之道";"陰陽五行,道之實體也"②。自然規律稱爲道(天道),社會規律也稱爲道(人道):"在天地,則氣化流行,生生不息,是謂道;在人物,則凡生生所有事,亦如氣化之不可已,是謂道。"③"道"不再如理學家所説的那樣高深莫測,而是可以聞見、人倫日用的實在。

理、性、道等概念是宋明理學賴以成立的哲學基礎,其他重要的概念大多由此推論出來,戴震對這些核心概念的辨駁,對於動搖理學的權威無疑具有革命性意義。

五、重建仁學:復興原始儒學的人道精神

戴震不僅是一位精於考據的樸學家,更是一位卓有建樹的思想家。

① [清] 戴震:《原善》卷上。
② [清] 戴震:《孟子字義疏證》卷中《天道》。
③ [清] 戴震:《孟子字義疏證》卷上《理》。

從根本上説，他的興趣在義理而不在於考據。他"由考據以通乎性與天道"，目的在於建立一套"理精義明"之學，這是他區別於當時一批漢學家的根本所在。所以，段玉裁批評那些不理解戴震的"淺者"説："求之先生於一名一物、一字一句之間，惑矣！"①

這種自得的"理精義明"之學，就是在批判宋明理學基礎上重建儒家的仁學，復興原始儒家的人道精神。

戴震這樣解釋人道："人道，人倫日用、身之所行皆是也。""出於身者，無非道也。"因此，人倫日用都是"道之實事"，即仁、義、禮、智、信，也即君臣、父子、夫婦、昆弟、朋友之交。在他看來，"人道"是形而下的實事，而不是象宋儒所説的"道者，日用事物當行之理"那樣的虛理。這種"人道"是"不可須臾離"的，如果可以離開人倫日用，就不是道了。他引用孟子的話説，道就好比道路一樣，並不難知，人人都可以由之以達到目的地，因此引申出："如爲君而行君之事，爲臣而行臣之事，爲父爲子而行父之事、行子之事，皆所謂道也。君不止於仁，則君道失；臣不止於敬，則臣道失；父不止於慈，則父道失；子不止於孝，則子道失。"②這樣，戴震所謂的"人道"，强調躬行踐履，踏踏實實地實踐各自的道德義務。他在理論上克服了宋明理學過分注重"明心見性"、空談"良知"的道德内省化傾向，重新回到了人倫日用之學。

循此思路，戴震對"仁義禮智"這幾個儒學的重要概念進行了重新闡釋："仁者，生生之德也。民之質矣，日用飲食，無非人道所以生生者。一人遂其生，推而與天下共遂其生，仁也。"他把"仁"説成是"生生之德"，即對人類生命加以珍惜，使生命得以完成的一種品格。他認爲仁不能賅義、禮，而義、禮却可以賅仁，即"仁"應當顯現在義、禮之中，而"舉仁義禮可以賅智，智者，知此者也。"如此看來，戴震並沒有躍出儒學的界限而抽象地談論"仁"，而是主張"仁"寓於禮義之中，即在禮治秩序下應對民生予以適當的重視，"於仁無憾，於禮義不怨，而道盡矣"③。這正是原始儒學的品格。

---

① ［清］段玉裁：《重刻東原集序》，載《戴東原集》附録。
② ［清］戴震：《孟子字義疏證》卷下《道》。
③ ［清］戴震：《孟子字義疏證》卷下《仁義禮智》。

　　"禮"可以賅"仁",這是戴震的一個重要思想。他是這樣解釋"禮"的:"禮者,天地之條理也。""禮之所以治天下之情,或裁其過,或勉其不及,俾知天地之中而已矣。"①情之過或不及,都是不合禮的。而宋明理學家大多以"理"釋"禮",將"理"與"欲"直接對立,也就是將"禮"與"情"相對立。戴震認爲他們在理論上犯了"二本論"的錯誤,原始儒學在這個問題上是持"一本論"的,即理欲合一,禮情合一,理(禮)之中應該包含欲情合理滿足的一面。

　　"二本論"必然導致重視一個方面而輕視另一個方面的獨斷論。重"理"輕"欲",必然以理制欲,所謂"人欲減却一分,天理增得一分",就是這種傾向的鮮明體現。這樣,又必然會造成"以理殺人"的人間悲劇。理學家的觀點"其入人也深,禍斯民也大",故"人死於法,猶有憐之者,死於理,其誰憐之!"戴震沉痛地指出:"六經孔孟之書,豈嘗以理如有物焉,外乎人之性之發爲情欲而强制之也哉!"②"理"成了尊者、長者、貴者單方面壓迫卑者、幼者、賤者的工具,與酷吏之所謂"法"並無二致,甚至比法更爲可怕:"酷吏以法殺人,後儒以理殺人。浸浸乎捨法而論理,死矣,更無可救矣!"③

　　因此,戴震提出,理想的社會應該是這樣的:"聖人治天下,體民之情,遂民之欲,而王道備。"④拿孟子的話來説,就是統治者應該"與民同樂","省刑罰,薄賦斂","必使仰足以事父母,俯足以畜妻子","居者有積倉,行者有裹糧","内無怨女,外無曠夫",一言以蔽之,"仁政如是,王道如是而已"⑤。這就是戴震社會哲學的核心,是他重建仁學、復興原始儒學人道精神的必然結論。

(原載《四川大學學報(哲學社會科學版)》1996 年第 3 期)

---

① [清]戴震:《孟子字義疏證》卷下《仁義禮智》。
② [清]戴震:《孟子字義疏證》卷上《理》。
③ [清]戴震:《戴東原集》卷九《與某書》。
④ [清]戴震:《孟子字義疏證》卷上《理》。
⑤ [清]戴震:《孟子字義疏證》卷上《理》。

至聖前知：廖平的大統世界

　　從晚清到民國初,恐怕没有哪個四川學者像廖平(1852—1932)那樣獲得重名,並在全國學術界占據顯著的位置。廖平以經學家著稱,他的經學思想體系,極大地改寫了近代中國的學術版圖。他提出的"以禮制分今古"的學術思想,被譽爲清代學術史上的"三大發明"之一。①　不過,廖平經學思想歷經六變,"今古學"僅僅是他一變、二變時的主張。如果以戊戌(1898)爲界,將他的學術思想分爲前期和後期,那麼戊戌以後較之前期發生了重大的變化,即以"大統小統"説取代"今古"説,從而泯滅"今古"界限,實現群經"大同",建立一個相容古今、囊括中西的宏大思想體系。廖氏經學思想的這一重大改變,與他以經學"經世"的情懷關繫尤爲密切。②

　　19世紀後半期,中國面臨"三千年未有之大變局"(李鴻章語),西方列强用堅船利炮打開了中國的大門,古老的文明發生了深刻的危機。西方的科學技術、宗教文化、思想學説乃至歷史地理知識隨之蜂擁而入,遠在西蜀的廖平也能讀到大量的西學書籍。西方的物質文明比中國發達,西方的政治制度具有優勢,中國不能再抱殘守缺、深閉固拒,不得不予以重視。傳統的"天下觀"轟然坍塌,人們不得不承認,中國之外還有豐富多彩的世界,中國只不過是"萬國"之一。而進化論、地理學知識的傳入,也使廖平這樣的中國儒生開闊了視野。廖平的友人宋育仁(1857—

---

①　另兩大發明指顧炎武的古音學、閻若璩的《尚書古文疏證》。見蒙文通《議蜀學》、向楚《廖平》,收入舒大剛、楊世文主編《廖平全集》第十六册《附録》,上海古籍出版社,2015年。以下凡引廖平文皆見《廖平全集》。

②　光緒二十七年辛丑(1901)廖平五十歲時,曾寫信給張之洞,匯報自丁酉(1897)以來的學思歷程:"受業行年五十,從此不再治經,擬以餘力講求時務。"(李伏伽《六譯先生年譜補遺》)經學三變之後,廖平學術已經脱離傳統經學的軌轍,不再受漢唐訓詁、宋人義理的約束,往往別出心裁,天馬行空,馮友蘭説其"牽引比附,有許多可笑之處"(《中國哲學史》下册,中華書局,1947年,第1041頁),然而我們亦可以將其視爲近代儒學轉型期的一種探索。

1931)曾游歷歐洲,親身感受到西方世界在物質上、制度上的先進。所有這些,無疑對廖平的思想發生過影響。

在對待西學的問題上,廖平與那些保守人士不同,他並非食古不化之徒,他努力跟上時代的脚步,去瞭解西方,理解西學。但是,作爲一位孔子的忠實信徒和傳統文化的維護者,他必須嚴守儒學疆界,站在儒家的立場上去解釋世界,力圖將西學納入中國經典的知識體系,將新地理學知識納入中國傳統的五服、九州、九畿的天下觀念之中,從而建立起基於儒家經典的世界圖式和解釋模式。①

一、"大統小統"説的提出

改"今古學"爲"大小學",是廖平"經世"情懷在理論上的建構。它既是廖平經學思想自然發展的必然結果,也是接受師友勸告而作出的必要調整。梁啓超所謂張之洞"賄逼"之説固然不成立,但也不能否認廖氏在一定程度上接受了張的意見(儘管廖氏之説始終未能令張滿意)。我們觀察廖平經學三變的緣由,不能只强調内因或外因,應該看成是内因與外因合力的結果。這在廖平本人也是承認的。

首先,廖平的"今古學"提出之後,固然獲得學術界的贊譽,爲他帶來了經師的聲名,但也受到不少批評。廖平治學有一個很好的習慣,就是集思廣益,願意傾聽不同的意見。廖師慎《家學紀聞録》提要云:

> 四益(注:廖平號)每立新解,輒求駁議。丁酉(1897)以前未定之説,悉經改正。近來《詩》《易》卒業,乃以小、大二派爲歸宿。許、鄭駁議,朱、陸異同,鄉人擬爲《正楊》之作,書未殺青,故命師慎輯爲此編。凡南皮、湘潭、錢塘、鐵江、徐山、邛州諸老之議論,以及江叔海、陸繹之、周宇人、吳伯揭、岳林宗、楊敬亭、耿焕青、楊雪門、董南宣、吳蜀尤、龔熙臺、吳蜀籌之撰述,周炳奎、王崇燕、王崇烈、施焕、帥正華、李光珠、陳嘉瑜、黄鎔、賀龍驤、胡翼、白秉虔、彭堯封、李傳

---

① 在廖平思想體系中,是把"儒學""儒家"和"孔學"加以嚴格區分的。他認爲孔學是"道術",是"全體大用",而儒學、儒家只不過是"方術",爲孔門四科中的"文學科",祇居孔學之一。本文爲了叙述方便,暫且不予區分。

忠、羅煦、曾上源、李鍾秀、劉兆麟等之問難，外如《亞東報》《湘學報》《翼教叢編》，雖不爲四益發，宗旨偶同，亦引爲心怂，《序》謂置之座右，以當嚴師，務求變通，以期寡過。①

這段話很好地說明了廖平改變舊説的緣由。把丁酉（1897）之前的經説稱之爲"未定之説"，到此時"悉經改正"，放棄了經學一變、二變時期的舊説。《家學紀聞》是要把那些批評、討論、規諫廖平經説的文字悉數收録。這個名單很長，許多人都是廖平的師友，包括張之洞、王闓運、錢保宣、錢保塘、伍肇齡、江瀚，以及章太炎、朱一新等比較激烈的批評者。對此，廖氏門人施焕在《廖氏經學叢書百種解題序》中於二變、三變之故，言之甚詳。他觀察到：

> 蜀中學人，海内老宿，其指瑕索瘢者，蓋不止盈篋，師悉寫而藏之，隨加訂正。急欲求通，不能遽化。卸官杜門，謝絶書劄，忘餐廢寢，鬚白齒落，如此又十年，專治《詩》《易》，至於戊戌（1898），乃得大通。②

所謂蜀中學人，包括宋育仁、吳之英、楊楨等。面對師友的批評，廖平不得不慎重思考如何使自己的經説做到"既無删經之嫌，又收大同之效"③。這裏所謂"大同"，指"群經大同"，即不再分裂經學，將群經都收歸孔門。據《三變記》説，戊戌以後，將《周禮》删改諸條陸續通解，最終確定《周禮》是"海外大統"之書，於是"以前所删、所改之條，今皆變爲精金美玉，所謂化腐朽爲神奇"。④

批評者中比較重要的是江瀚、章太炎等人，從學術上對其進行駁正，⑤而廖平的恩師張之洞則更多地從政治上對其學説進行規誡。面對

---

① 光緒《井研縣志》卷一四《藝文四》，光緒二十六年（1900）刻本。
② 賀龍驤：《〈廖氏經學叢書百卷解題四卷〉提要》引，見光緒《井研縣志》卷一三《藝文三》。
③ 賀龍驤：《〈廖氏經學叢書百卷解題四卷〉提要》引。
④ 廖平：《四益館經學四變記·三變記》，《廖平全集》第二册，第890頁。
⑤ 江瀚（叔海）曾於光緒十四年戊子（1888）寫信給廖平，批評其今古學，但廖平没有立即回應。直到1913年夏，廖平才作《答江叔海論〈今古學考〉書》，詳細解釋自己的今古學及後來向"大統小統"説的轉變。章太炎（化名菿室主人）寫了《今古學辨義》一文，主要就廖平經學一變、二變中的"偏庉激詭"之説加以辯詰。廖平囑門人作《致菿室主人書》，署"黄鎔胡翼等公擬"；樂山帥鎮華亦有《答菿室主人書》，然而據帥氏説，答書實爲廖平自作。

張之洞的誤解及反復勸誡,廖平雖然心有不甘,但也不能不認真思量如
何交待,讓其滿意。加之康有爲《新學僞經考》《孔子改制考》出,世人多
知其説本於廖平,被指爲"非聖亂法",這也給廖平形成一定的壓力。廖
平在經學二變期間所著《知聖篇》一書中講孔子爲後世制法,從而啓發了
康有爲作《孔子改制考》及其變法改制思想的形成,這是舉世公認的。但
戊戌政變後,廖平出於避禍需要,對此事有所忌諱。

其次,廖平的今古學自身也存在一些矛盾需要解決。廖平的好友楊
楨就曾指出:

> 四益經學,美矣盛矣。惟三利未興,三弊未祛。三利者何?
> (一)有王,無帝;(二)有海内,無海外;(三)有《春秋》《尚書》,無
> 《詩》《易》。三弊者何?(一)同軌同文,今古相軋,一林二虎,勢必
> 兩傷;(二)六經不能自立門户,各標宗旨,疊規重矩,剿説雷同;
> (三)分裂六經,固傷破碎,合通六藝,則嫌複重。①

廖平以禮制分今、古,固然解決了今、古文分派的標準問題,然而今
古學所能適用的範圍,僅僅限於中國一隅,對於海外世界缺少關注和解
釋。再從六經來看,今古學所涉及的主要是《春秋》和《尚書》二經,對於
《詩》《易》關注不夠。經學分今、古,原來以周公、孔子來區分,後來信今
駁古,以爲六經都是孔子制作,指古學爲僞學,雖然説極力抬高了孔子的
地位,但把古文看成僞經,勢必造成儒學内部今、古學之間的争訟互鬥,
終究有割裂六經、分裂儒學之嫌,實際上不利於尊孔崇經。廖氏經學"大
統小統"之説的提出,正是爲了興此"三利"、除此"三弊"。

此外,廖平學術思想自身的發展演變邏輯,可以看成是他放棄"今
古學"、提倡"大小學"的内因。他作於丁酉(1897)仲冬的《四益館經
學叢書自序》中談到,早在二變之時,已將《左傳》歸還今學;在丙申
(1896)以後,已將《周禮》所删諸條"陸續通解",删去了"劉歆屢補删
改"之説,則原來所謂"新學僞經"説已經不再成立,今古學的界限也不
再劃分了。事實上,廖平在丁酉年底即已經不再堅持所謂"今古"之

① 賀龍驤:《〈廖氏經學叢書百種解題四卷〉提要》引施焕序,見光緒《井研縣志》卷
一三《藝文三》。

學，而是"化同今古"了。①

廖平經學二變時期最重要的著作是《知聖篇》和《闢劉篇》。其中
《知聖篇》"專明改制之事"（《古學考》自記）。該書作於戊子（1888），但
現在我們看到的《知聖篇》，爲廖平於庚子（1900）、辛丑（1901）年間修訂
而成，除保留二變期間"孔子改制"的内容外，做了不少增補，尤其是加入
了"大統小統"説的内容，不再攻擊《周禮》，也沒有所謂"新學僞經"之
説。相反，廖平明確提出：原來判分今古學最爲重要的兩部經典——
《王制》和《周禮》，並不是對立的，而是"互文相起"，互相依存，互相補
充的。

廖平經學三變的一個關鍵，在於對《周禮》地位的重新楷定。這個轉
變發生於光緒丁酉（1897）仲冬，時間正是廖平收到宋育仁轉達張之洞的
批評、"爲之忘餐寝者累月"之時，因此是很耐人尋味的。面對恩師的嚴
厲批評，廖平不得不思考如何補救。在苦悶之中，與宋育仁商量再四，決
定將經傳"統歸至聖"，"不再立今古名目"②。以往認爲《周禮》中無法講
通的經文，現在他發現並無問題，而是東漢賈逵、鄭玄等人的誤説造成了
混亂。既然《周禮》不再出自劉歆僞竄，也不是古文家所謂的"周公致太
平"之書，而是孔子的著作，那麼所謂"僞古文"的旗幟已倒，皮之不存，毛
將焉附？今、古文的名目再沒有存在的必要。《周禮》重歸孔學，《周禮》
《王制》爲"骨肉至親"，可以"互見相起"，廖平經學思想的這個轉變是巨
大的。

戊戌（1898）之後，廖平的"大統小統"之説更加成熟，於是以《周禮》
爲"全球治法"，③《王制》屬於"王、伯小統"，治中國；《周禮》屬於"皇、帝
大統"，治全球。以《易》《詩》《書》《春秋》四經分配皇、帝、王、伯；區分的
依據在於所治疆域的大小和文明程度的高低。這是"大統小統"説的核

---

① 據光緒《井研縣志》卷一四《藝文四》"《古今學考》二卷提要"云："按《王制》《周
禮》封建畿數不同之故，自漢至今，説者無慮千餘家，迄無定説，四益丁酉冬於成
都作二説，折定一尊，較諸家最爲精實。"所謂二説，即《五等封國説》《三服五服
九服九畿考》。
② 賀龍驤：《〈廖氏經學叢書百種解題四卷〉提要》引施焕序，見光緒《井研縣志》卷
一三《藝文三》。
③ 廖平：《知聖續篇·序》，見《廖平全集》第一册，第383頁。

心内容。

需要指出的是，廖平的這個"大統小統"説，在經學史上從來没有人提出過，是廖平的獨得之見，"大統皇帝之學，所以通中外，集大成。外間'血氣尊親'之説，久爲常談，引之經、傳，則爲四益所獨創"①。無論後來他提出"天人小大"説，還是以《黄帝内經》解《詩》《易》，他的這一主張始終没有改變。這是廖平後半生一貫堅持的、最爲重要的學術思想。

二、"大九州"與地球新義

廖平"大統小統"説的基礎，是利用"地球"學説，對傳統九州、五服説進行改造，加以重新詮釋。

"六合之外，聖人存而不論"（《莊子·齊物論》），但先民們還是對宇宙提出了自己的認識。古代中國人對宇宙的看法，主要有蓋天、渾天、宣夜三種學説。不過，"由於歷代統治者將'天圓地方'觀念政治化、倫理化，使之在社會各階層中，特别是在士大夫裏面浹肌淪髓。傳説中的九州、五服、井田制度，皇家建築中的方圓設計如天壇，地圖測繪中的計里劃方之法，人體的所謂圓踵方趾，道德説教中的外圓内方，等等，都是這一觀念的延伸。"②因此在中國傳統思想中，"蓋天説"一直占據統治地位。當明末歐洲傳教士利瑪竇將地圓説和五大洲觀念介紹到中國時，引起知識界很大的震動，"驟聞而駭之者甚衆"③。以爲"中國千古以來未聞之説"④。在他們看來，地圓學説違背常識，簡直不可思議，只能當成笑話。官紳士庶對域外世界普遍没有足夠的認識，知道地球之説者更寥若晨星。

直到鴉片戰争前夕，東南沿海一帶不斷有攜帶着堅船利炮的"夷人"游弋騷擾，知識界不得不思考他們來自何處。⑤ 於是明末清初的那幾本

---

① 廖師政：《〈家學樹坊二卷〉提要》，見光緒《井研縣志》卷一四《藝文四》。
② 郭雙林：《晚清地理學研究與傳統天地觀念的變異》，《清史研究》1994 年第 4 期。
③ 紀昀等：《四庫全書總目提要》卷一〇六，中華書局，1987 年，第 895 頁。
④ 劉獻廷：《廣陽雜記》，中華書局，1957 年，第 104 頁。
⑤ 如 1832 年蕭令裕《記英吉利》寫道："英吉利恃其船炮，漸横海上，識者每以爲憂。"1834 年湯彝《英吉利兵船記》也有英國"以兵船火器横海上"的記述。

講地理學的漢文西書再度引起了中國學者的關注。隨後發生的鴉片戰爭，更令官紳士庶不得不重視"地圓"學説。徐繼畬在《瀛環志略》中就寫道"地形如球"，魏源在《海國圖志》中也摘録了瑪吉士《新釋地理備考》中關於地圓的論述。①

不過，在甲午甚至戊戌之前，没有資料證明廖平曾對地球、地圓學説發表過意見。廖平真正將地球觀念納入自己的經學體系、加以經學闡發，是在丁酉（1897）、戊戌（1898）年間。

從廖平本人的學術性格來説，追求"三年一小變，十年一大變"，也不會株守成説，固步自封，不思變通。自戊子（1888）到丁酉（1897），剛好十年，正届廖平所謂"十年大變"之期。内因、外因相互作用，促成了他的經學思想發生巨變，從談"今古"轉變到講"小大"，使其經學由面對以往歷史向面對當下世界轉變。

他在《三變記》中寫道，戊戌年間（1898）他在資中藝風書院講學，課餘思考《詩》《書》中的一些問題，忽然領悟，《詩經》《尚書》之中早就有了地球學説，《詩經》中"小球""大球"與"小共""大共"對文，"共"就是"貢"，指九州之貢。《尚書·顧命》中所講的"天球""河圖"，根據緯書之説，河圖就是九州地圖。《詩》《書》中"小、大"連文，"小"字都放在"大"字之上，因此可以確定"天球"爲天圖，"小球、大球"爲地圖。先小後大，即由内推外。廖平對儒家經典裏"小球、大球"與"小共、大共"的理解，顯然與歷代諸儒的解釋大相徑庭。當時他的學術思想正處於"十年大變"之期，廖平主觀上有求變之心，而師友規誡等外因也對其學術思想的變化起了催化作用。另外需要説明，廖平之所以對《詩》《書》中的"小球""大球"與"小共""大共"有這樣一種慧解，顯然又受到了當時地圓、五洲新説的啓發。其中對廖平影響最大的兩本書，一是宋育仁的《泰西各國采風記》，二是薛福成的《出使四國日記》。

宋育仁是廖平的好友，光緒二十年甲午（1894）由兵部尚書孫毓汶舉薦，被派充任駐英、法、意、比四國二等參贊官，隨公使龔照瑗出使歐洲。在歐洲期間，著有《泰西各國采風記》五卷，詳細記述歐洲政治、教育、宗教、風俗等情況，並站在儒家立場上加以評價。該書分政術、學校、禮俗、

---

① 魏源：《海國圖志》卷九六，咸豐壬子（1852）古微堂重刊定本（百卷本）。

公法等部分,但"公法"部分,因中日甲午戰爭加劇而輟筆。光緒二十三年丁酉(1897)夏刻於成都。廖平與宋交往密切,在提出"大統小統"説之前,應該已經讀到這部書,比較系統地瞭解到歐洲政法、教育等方面的情形。廖平在自己的著作中也多次提到《采風記》一書。

廖平對薛福成《出使四國日記》關注的重點在於薛氏根據自己"睹大海之汪洋,念坤輿之廣遠"觀感而得出的"鄒子之説,非盡無稽"的看法。① 司馬遷《史記·孟子荀卿列傳》叙述了鄒衍的"大九州"説,薛氏過去對此説持一種懷疑態度,認爲其"聳人聽聞",簡直不可思議。但通過自己親眼所見、親耳所聞,對鄒衍所謂"大九州"説由疑而信。他在《日記》中對所謂地球五大洲的劃分做了分析,認爲地球五洲地理分布,雖然在細節部分與鄒衍之説有些出入,但大體上是吻合的。而《禹貢》所謂九州範圍,不出當時清國十八行省的區域,放在上述全球九州之中,"實不過得大地八十一分之一,而《禹貢》所詳之一州,又不過得大地七百二十九分之一",因此薛氏認爲鄒衍所謂"大九州"之説"其事殆信而有徵也"②。

從懷疑鄒衍"大九州"説"聳人聽聞",到相信其"信而有徵",這個轉變應該説是相當大的。薛氏的轉變,在當時知識界可能具有代表性。廖平讀到薛氏《日記》,對於薛福成的説法,產生了强烈的共鳴。因此他在編寫《地球新義》時,將《史記·孟子荀卿列傳》中有關鄒衍及其"大九州"説的記載、薛福成《出使四國日記》中講五大洲及"大九州"説的文字全部録入,並稱贊其"爲談地球者增一新解,識誠偉矣"。不過,廖平對薛氏之説雖然贊賞有加,但也有不滿意的地方:"薛君雖能填實衍説,而不知其説所由來,以爲古人本有此説,鄒子從而推闡之,所謂古人,究生何代? 所謂推闡,究本何書? 羌無佐證,讀之歉焉。"③薛福成雖然證實了鄒衍學説有一定的可信度,但並没有指明鄒衍學説的來源,這是廖平不滿意之處。雖然有遺憾,這却給廖平留下了繼續闡發的空間。

鄒衍之説究竟來自何處? 廖平反復閲讀司馬遷的鄒子附傳所謂"必

---

① 薛福成:《出使四國日記》,岳麓書社,1985年,第76—77頁。
② 薛福成:《出使四國日記》,岳麓書社,1985年,第77—79頁。
③ 廖平:《地球新義》卷上《書〈出使四國日記〉論大九州後》(丙子本),《廖平全集》第十册,第142頁。

先考小物，推而大之，至於無垠"云云，綜覽古今，考索中外，豁然發現：其説"乃七十子之微言，即《周禮》之九畿與《淮南·地形》之九州、八殯、八紘、八極也"。也就是説，鄒衍之説來自於孔子，實爲儒家固有之説！從儒家六藝之流傳的空間範圍上説，齊魯無疑是中心，而鄒衍是齊人，生活時代又與公羊高、子沈子、子女子這些人相近，因此廖平得出鄒衍之學來自《周禮》的結論。①

廖平的推論並没有確切的證據，當然是受其尊孔立場的指引。而且緯書、《莊子》《列子》等，在廖平看來都出自孔學，其中早已有了地圓學説，都可以爲鄒衍之説提供佐證。

廖平進而發現，經典中所言"大""小"，多與大統、小統相關。儒家經典《易》與《詩》中，凡言"小""大"之字，都可以由此相推，大指大統，小指小統。其他如經典中所謂"小畜、大畜""小過、大過""小康、大康""小國、大國""小球、大球""小共、大共"，小指小九州，大指大九州。明白了鄒衍之説講的是全球"大統"，則《禹貢》所謂"九州"顯然講的中國"小統"。而且周天三百六十度，地球度數由中間某點起算，四面皆九，四九合爲三百六十，也與鄒衍之説相同。由此可證明，西人所謂"地球"之説，"中國古實有之"②。不過，廖平承認，雖然中國古人早知地球，但因治理區域只在中國一隅，加之後人見聞狹窄，其學不傳，漸漸不能理解其説，如果不是西洋地圖傳入中國，唤起國人的歷史記憶，人們不能理解"大球""小球"究竟説的什麽。

廖平將地球説與《詩》《書》聯繫起來：

> 聖人設教，先諸夏然後夷狄，此其例也。蓋言小球者，中國禹貢之小九州也；言大球者，合大九州言之全地球也。然則地球之名雖出自晚近，而實古義，早已垂明文於《商頌》。③

原來《詩》《書》所言"大""小"，都是就"大九州""小九州"而言，也就是指中國與全球。地球之名雖然出現較晚，但其義在中國古代早已有

---

① 廖平：《地球新義》卷上《書〈出使四國日記〉論大九州後》（丙子本），《廖平全集》第十册，第142頁。
② 廖平：《地球新義》卷上《釋球》（丙子本），《廖平全集》第十册，第97頁。
③ 廖平：《地球新義》卷上《釋球》（丙子本），《廖平全集》第十册，第98頁。

之;《周禮》一書,過去以爲劉歆僞纂,現在看來,其中正包含了九州之説。《周禮》中有兩種"九州"説,一爲小九州,一爲大九州,其説與其他經典中的大、小之説互相印證。大統爲皇帝,小統爲王伯;大統爲全球之説,小統爲禹州(中國)之説,《周禮》一書實兼説大、小二統,不能混淆。大統由小統推衍而出,故曰"驗小推大"。因此,鄒子大、小九州之説,不僅不荒唐,而且有充分的經據。

由《詩》《書》推及群經,如《覲禮》所謂王者朝諸侯,設"方明":上玄,下黃,東青,南赤,西白,北黑。關於"方明",漢代經學家鄭玄説:"方明者,上下四方神明之象也。"①本爲木制神器,方四尺,設六色六玉。古代諸侯朝見天子、會盟或天子祭祀時所置。但廖平認爲,所謂"方明"就是地球;有上下四方,是合東西兩京、四岳爲六合。

又如禮,生者南鄉(向),死者北首。中國在北半球,向南,而南半球向北,則中國之人道、鬼道與南半球正相反。廖平由此得出,《易》《詩》之"鬼方",實指南半球之澳大利亞等地而言。"南北相反,人鬼異向,自中國言之,非所謂鬼方乎? 是又言地球之所當知者也。"②

歷史上,《禹貢》"九州"説與騶衍"大九州"説不無矛盾,而所謂"五大洲説"畢竟與中國固有的九州、大九州説不完全一致。廖平也看到這個問題,但他以"其實相合,其數目不無多寡之異"進行彌縫。如《詩經·大雅·民勞》五章所説的"四國""四方",廖平以爲即指的四岳,加上京師,正好共五大洲;五大洲説與九州説雖數目有所參差,但本質上是一致的。③

不過,我們應當注意到,論證騶衍"大九州"説與經典相合,並不是廖平的最終目的。他要説明的是,今天廣爲人知的世界五大洲、四大洋,聖人早已"前知",並在經典中做了規劃。只不過漢代以後儒者逐漸不知"大統"之説。漢代以後"大統"之旨失傳,儒者將"九畿"疆域局限於中土,因此當西洋地球五洲之説傳入中國後,引起震驚。過去人們普遍認爲海外世界不在六藝疆域範圍之內,聖人之教與海外世界無關。如此説

---

① 賈公彦:《儀禮注疏》卷二七《覲禮第十》,上海古籍出版社,2008年,第842頁。
② 廖平:《地球新義》卷上《釋球》(丙子本),《廖平全集》第十册,第99頁。
③ 廖平:《地球新義》卷上《〈大雅·民勞〉篇解》(丙子本),《廖平全集》第十册,第104頁。

來，《中庸》所謂"凡有血氣，莫不尊親"，究竟何指？没有着落。將來世界大一統之時，所謂"聲名洋溢蠻貊"就成了虚語。

三、大統世界與孔子經制

我們知道，廖平"大統小統"説的起點，是將地球説、五大洲説甚至西方天文學與經典進行比附闡發，從經典中找到解釋，從而證明地球説、五大洲説、行星繞日説與經典並不矛盾，孔子在六經中早就作了規劃與説明。廖平認爲，先秦時期，孔子經説不僅規劃了中國，也規劃了海外，這在《大戴禮》、鄒衍之説、群緯之中還能夠看到。伏生、韓生等漢初儒生對此還有一些異聞。到東漢之後，海外大統之説逐漸被遺忘，所以解經家往往用《禹貢》小統之説去解説《詩》《易》大統，以至於方圓鑿枘，處處矛盾。現在地球開通，海外世界歷歷在目，正好印證了《尚書緯》"地有四游"、鄒衍"海外九州"、《逸禮》之"五方"之説，而這些學説都來自孔子，證明孔子對於海外世界早已"前知"。①

孔子不僅早知海外世界，更爲重要的是，孔子還對未來地球發展的方向做了規劃。自從地球開通之後，鄒衍海外九州之説，到現在已經完全得到了應驗，學者不知其故，以爲是巧合。其實《周禮·秋官·大行人》中就有大九州説，鄒衍之説來自六藝，聖人早知大九州的存在。那麽，聖人爲什麽有先知能力？廖平認爲，經典中有所謂"百世可知""至誠前知"之説，故聖人具有"先知"（前知）能力，無庸置疑。但宋元之後儒生諱言"前知"，或者把休咎得失、卜筮占驗之類當成"前知"。事實上，聖人所謂"前知"，是指爲後世制定"大經大法""先天而天弗違，後天而奉天時"的本領；聖人通曉天地之情狀，洞悉古今之治理。也就是説，聖人"前知"，最重要的是爲後世立法創制。②

經典之中詳細規劃了"五帝"分司地球五大洲，其中最爲重要的設計，是確定了中國在五大洲的中心位置：

> 考五帝分司之法，以地中爲都邑，則中國爲震旦，西美爲西極。

---

① 廖師政：《家學樹坊·〈今古學考二卷〉》，見光緒《井研縣志》卷一四《藝文四》。
② 廖平：《知聖續編》，見《廖平全集》第一册，第399頁。

青帝建都於中國,則西美爲東,地中爲西;少昊建都於西,則以地中爲東,中國爲西。東西左右,由三統京城而定,平時背北向南,一定不易,此東西無極、南北有極之說也。①

所謂地中,指的内崐崙山。廖平認爲崐崙爲大地之中心。中國在崐崙之東,爲震旦;西美(歐美)在崐崙以西。崐崙地中與東方青帝、西方少昊輪流建都,即素、青、黄三統輪替,而"東、西二帝,互相左右",會隨着京師都邑的改變而變化,時左時右,故曰"東西無極"。這也就是《詩》所謂"顛倒衣裳"。

不僅《詩》《書》中明確傳達了五帝、三統的經制,諸經所記喪服制度,也與五帝、三統相關,並可以與《詩》《書》互相印證。②

廖平努力在經典中發現"經制",他在這方面論述非常多,讀來有似夢囈,實則是他用"大統小統"說來附會經制,説明未來大統世界,聖人早已在經典之中做了規劃。不僅規劃了疆域劃分,也規劃了制度安排。經典中的這些數字、方位、顔色等等,其排列方式並非巧合,而是聖人的精心設計,皆有微言大義在其中。因此在解讀時不可拘泥於字面意思。

在廖平看來,孔經中有大九州之説,毋庸置疑。但是,孔經中畢竟没有多少對海外九州之制的明確記載。爲了解決這個矛盾,廖平另闢路徑,提出所謂"翻譯"説。他認爲,翻譯可以分爲"豎翻""横翻"兩類:

> 《論語》"子所雅言:《詩》《書》、執禮",《莊子》孔子"翻十二經以立教",《班志》"《尚書》讀近爾雅,通古今語而可知",此豎翻例,通古今異語也。《王制》之寄象狄鞮譯,《周禮》之象胥,以通四夷言語,《公羊》之"物從中國,名從主人",《穀梁》之"物地從中國,號從主人",揚子雲之《輶軒使者絶代語》,此方言之説,爲横翻者也。蓋政制以横翻爲開化四海之首功,而立教以豎翻爲通貫古今之妙用。③

孔子"翻譯"即"子所雅言",也就是創法改制。豎翻即"通古今語",將古語翻譯成今文;横翻則是翻譯各種方言。聖人通過"横翻",開化四

---

① 廖平:《知聖續編》,見《廖平全集》第一册,第 423 頁。
② 廖平:《知聖續編》,見《廖平全集》第一册,第 405—406 頁。
③ 廖平:《地球新義》卷上《〈翻譯名義〉叙》,見《廖平全集》第十册,第 95 頁。

海;通過"豎翻",通貫古今,爲後世立教定制。因此孔子六藝,原從古本之文翻以雅言,屬於"翻前"之事,班固所謂《尚書》"通古今語而可知"者,早有明文,爲通人所共知。至於爲後世立法,屬於"翻後",其大例還很少爲人所知。如經典中所言之水名、地名,先儒都以爲指的是中國地名,這其實是不知"大統"之義,實際上指的是海外九州水地名,爲翻譯例。

"小統"上翻三代之古文,"大統"下翻百世之新事。如海外九州,地有定形,其名見於《淮南子》,連六經尚且不能詳細著録,何況百世以下還不能確定的國名,經傳之中更不可能載録。但如果不直録,則不能實指,所以不得已而用"後翻"之例。中國東南之夷曰淮海邦,而地球東南之國不能指名,則借用中國之名來稱之。又中國正南方曰荊楚,正西方曰氐羌。現在地球南邊則有澳洲、非洲,西邊則有美洲、歐洲,也借用中國的地名來稱呼,荊楚即澳洲、非洲,氐羌即歐洲、美洲。

總之,當今世界的五大洲,就是傳自孔子的"大九州",聖人早已爲全球疆域做了規劃。將來世界大一統,必然在大九州中推行帝王政教。廖平説:

> 帝王政教,必先分州作貢。疆界既明,而後政教可施。①

《尚書》中的《禹貢》小九州範圍僅僅局限在中國一隅,爲小一統(小共,小統)。將來地球大一統,則爲大共(大禹貢,大一統)。如何治理大九州呢? 廖平説:

> 五洲亦如九州,將來大一統,合要、荒爲大五服。②

也就是説,世界大一統之後,將采用"大五服"的治理方式。原來《禹貢》中的甸、侯、綏、要、荒五服中,只有甸服、侯服、綏服在中國之境,爲王化所及。其餘要服、荒服未沾王化,處於政教之外,並不直接治理。但是在將來大一統後的"大禹貢"世界中,要、荒二服也將是王化普及之處,即《中庸》所謂"凡有血氣,莫不尊親"。廖平又説:

> 《論語》云"百世可知"。今二千五百餘年,泰西輪舟、電綫、開

---

① 廖平:《〈大共圖考二卷〉提要》引自序,見光緒《井研縣志》卷一三《藝文三》。
② 廖平:《公羊春秋驗推補證》第一,隱公八年,見《廖平全集》第七册,第848頁。

河越海,正《中庸》所謂"人力所通"也。《禹貢》小九州,地球盡關爲大九州,將來一統,再推廣五服,是孔子蘊火尚未發,中外成一統,天覆地載,凡有血氣,莫不尊親,乃爲暢發無疑。①

在"大九州"中推行"五服",從而構成一個全球"大統"、同尊孔聖之教的治理體系,這是廖平對未來"大統"世界的設計。廖平把《周禮》與《尚書》都看成是規劃世界之書,因此兩書中的"九州""五服""九服"可以互相發明。《周禮》爲專講"大統"禮制之書,與《王制》講中法"小統"不同。《王制》限於中國五千里,《周禮》則擴大到海外一萬五千里,廣狹不同,這在《詩》《易》二經中也有反映。《山海經》《莊子》《列子》等書,更是屬於海外專書。但歷代學人都用中國之事去解釋,故往往扞格不通,被斥爲荒唐。而今海禁宏開,過去以爲荒誕不經之説,才一一得以驗證。

"大九州"之説雖然出自鄒衍,但廖氏認爲,諸子爲六藝支流,都源本於六經。孔子以前之黃帝、老子、管子、鬻子這些人物,都出於依托。如此,則諸子百家皆收歸孔門。而六藝都是孔子的新作,海外大統,孔子早已前知,地球千奇百怪,世界千變萬化,不出孔經範圍。孔子爲全球之聖,孔經爲世界大法,得以證明。

四、餘　論

通過閲讀西書及中國人的西游見聞,廖平接受了地球學説,並對西方世界有了比較系統的認識和瞭解。西學的傳入,無疑對中國傳統的"天下"觀以很大的衝擊,中國不再是地理上的"天下之中",也不是世界上唯一的文明,中國之外還有其他國家,世界上有五大洲、四大洋,這是毋庸質疑的。

面對日漸清晰的、呈現在眼前的新世界,作爲經學家的廖平該如何應對?在傳統儒家看來,經典是最高的真理,天文、地理、人事皆包羅於其中。但面對前所未有的挑戰和變局,是否如嚴復所謂"地球周孔未嘗夢見,海外周孔未嘗經營"?儒家經典是否無法解釋這個新的世界?如

---

① 廖平:《經話》甲編卷一,見《廖平全集》第一册,第242頁。

果真是這樣，那麼經典的價值將不復存在，儒學就將退出歷史舞臺，顯然這是廖平不能接受的。因此，他要努力從經典中闡發“新義”，使經典與現實世界合拍，讓經典面向世界。廖平的“大統”學說，正是希望通過對孔經的闡發，建構一個面向世界的經學思想體系。

當然，他對“大統”世界的建構，往往通過曲解經義的方式進行，多爲郢書燕説。他將諸子百家收歸孔門，甚至緯書、《山海經》《楚辭》、佛經、道經、醫書，都被他當成建構“大統”理論的質料而熔於一爐。所有這些，我們如果從純粹學術研究的眼光來看，固然覺得荒唐可笑。但廖平放棄“今古學”而闡發“大小統”，事實上已經不是走的學問家的道路，而是在進行思想建構了。學術力求謹嚴，論據要堅實可信；至於思想，則不妨天馬行空，上下求索。廖平對經典的另類詮釋，固然與儒學在近代面臨的挑戰有關。他試圖通過擴大孔經的包容性，來拓展經典適用的範圍，尋求孔學的時代價值。如果將其放在近代儒學轉型的大背景中來觀察，這未嘗不值得我們加以同情地理解。

（原載《孔學堂》2018 年第 4 期）

近百年時代思潮與儒家經典研究

　　"近百年"是一個比較模糊的時間概念。大體而言,相當於從晚清民國以來直至本世紀初這樣一百年左右的時間段,基本上以 20 世紀爲中心,但不局限於 20 世紀,前後兩端有所延伸,上起 19 世紀末,下到 21 世紀初。這樣處理的好處在於,照顧到了學術史的傳承與流變,避免了人爲設定某年某月爲起止點的機械性。

　　在晚清之前,雖然有過對儒家經典的零星辨疑,甚至出現過閻若璩、崔述這樣的疑古大家,但總體來説,他們的工作依附於經學,對經典的信仰是主要的,有別於純粹的歷史考證或文獻研究。近百年儒家經典研究,既是二千年來經學研究的繼續發展和演化,又與 20 世紀政治、經濟、文化與社會思潮息息相關,體現出許多鮮明的時代特點。

　　在這百年時間裏,儒家經典的命運,是與儒學地位的沉浮緊密相連的。梁啓超曾説:"泰西之政治,常隨學術思想爲轉移;中國之學術思想,常隨政治爲轉移。"①近百年來,中國社會、政治發生了"三千年未有之大變局"。當然這種變局早在道、咸之際已露端倪。晚清國運的衰微、社會危機的加深,再加上西方列强的炮艦叩關,古老的中華帝國已經處於風雨飄搖之中。洪楊之亂平定後,興起"洋務運動",模仿西藝,開礦造船練兵,試圖富國强兵。但甲午一役,不敵東瀛島夷,割地賠款,喪權辱國。終於一些有識之士如康有爲、譚嗣同等人認識到,要想救亡圖存,僅僅模仿"西藝"是不夠的,還必須學習"西制",實行變法。可是在清王朝百孔千瘡的舊體制下進行修補,談何容易!新法未及推行,就遭到了失敗。此後排滿革命呼聲日隆,1911 年辛亥革命,武昌首義,清帝退位,延續二千餘年的帝制時代宣告結束。1912 年,經學科被廢除,標志着作爲延續

---

① 梁啓超:《論中國學術思想變遷之大勢》,見《飲冰室合集·文集之七》,中華書局,1989 年,第 38 頁。

2 000 多年的官學從此退出了歷史舞臺。此後政治風雲不斷。1916 年的討袁護國運動,1919 年的“五四”新文化運動,1925 年的北伐革命運動,1927 年到 1936 年的國内戰争,1937 年至 1945 年的全面抗日戰争,1946年至 1949 年的國共全面内戰,1949 年新中國成立,1958 年的反右運動,1966 年開始的“文化大革命”,這一系列社會革命運動、政治運動,都與孔子、與儒學(當然包括經典、經學)息息相關,涉及如何對待以儒學爲核心的傳統文化的問題,如何看待孔子在中國歷史上的地位問題。在此大背景下,儒家經典也從逐漸從經學中游離出來,分別歸入文、史、哲等新學科。

受時代文化思潮的影響,近百年的儒家經典研究,大致可以分爲兩個時期和四個階段。我們以 1949 年中華人民共和國成立爲座標,分爲前後兩個時期。從清末到 1949 年約 50 年爲前期,又可以劃分爲清末到“五四”(1900—1919)、“五四”到 1949 年兩個時段。從 1950 年到 2000年前後約 50 年爲後期,又可以分兩個時段,即由新中國成立後到 1976 年“文化大革命”結束(1950—1976)爲第一階段,從“文化大革命”結束到20 世紀末(1977—2000)爲第二階段。當然,在具體論述時,1900 年並不是絶對的起點,2000 年也不是絶對的終點。學術發展具有延續性,晚清學風的演變直接影響到 20 世紀學術發展的走向。同樣,20 世紀學術發展與 21 世紀的學術無法割裂。現在已經步入 21 世紀,近年來的學術發展是 20 世紀八九十年代學術的自然延伸。因此,討論近百年儒家經典研究史,我們也將 21 世紀初的研究納入視野,以展現學術發展的延續性。

一、清末到“五四”(1900—1919):古今中西的交鋒

事實上,經學的衰落早在晚清時期已經充分表現出來了。梁啓超在解釋道、咸以後清學何以分裂時,舉出了内、外各三因。内因一是考據學的範圍“甚拘迂”,末流落入空疏不實;二是“漢學專制”局面的形成,其驍卒多爲盛氣臨人的“學閥”;三是自身發展,不斷突創,必至異端湧現。外因一是“嘉、道以還,積威日弛,人心已漸獲解放”,學問必由虚逐實;二

是咸、同間,清學的根據地江浙一帶"受禍最烈,文獻蕩然",致"百學中落";三是國難日重,西學漸輸,學者"欲破壁以自拔於此黑暗",對舊學體系做根本的衝擊。① 後來錢穆也指出,"嘉、道之際,在上之壓力已衰,而在下之衰運亦見",漢學家正統皆有"途窮將變"之迹。諸先進"起而變之者,始於議政事,繼以論風俗,終於思人才,極於正學術",最後導出康南海的"盡變祖宗之法",於是乎傳統徹底瓦解。② 伴隨着漢學的衰落,是宋學的復振、今文經學的崛起和諸子學的興盛。

晚清今文經學的興盛,在形式上是"屢遷而返其初,一變而至於道",由東漢上溯到西漢,"以復古爲解放",但實際上與漢學正統派大異其趣。研究者注意到,自劉逢禄以下的晚清今文家逐漸分爲兩途:邵懿辰、戴望、王闓運、皮錫瑞等多能遵守今文"家法",他們一般都遠離政治,對今文經的注釋只有純粹的學術興趣,在經學的藩籬之內只是擴大了研究的範圍,不一定能發展成離經叛道的顛覆性運動。而龔自珍、魏源,特別是康有爲,則走上了另外一條道路。他們"喜以經術作政論"③。經學在他們那裏,僅僅變成爲議政經世的象徵性符號。康有爲的《新學僞經考》《孔子改制考》二書,形式上雖然披着經學的外衣,實際上解構了經學,顛覆了儒家傳統的經典體系。1891 年,康有爲在所著之《新學僞經考》中大膽陳言:

> 夫"古學"所以得名者,以諸經之出於孔壁,寫以古文也;夫孔壁既虛,古文亦贋,僞而已矣,何"古"之云! 後漢之時,學分今古,既托於孔壁,自以古爲尊,此新歆所以售其欺僞者也。今罪人既得,舊案肅清,必也正名,無使亂實。欲既飾經佐纂,身爲"新"臣,則經爲"新學",名義之正,復何辭焉! 後世漢、宋互爭,門户水火,自此視之,凡後世所指目爲漢學者,皆賈(逵)、馬(融)、許(慎)、鄭(玄)之學,乃"新學",非"漢學"也;即宋人所尊述之經,乃多僞經,非孔子之經也。④

---

① 梁啓超:《清代學術概論》,東方出版社,1996 年,第 63—65 頁。
② 錢穆:《中國近三百年學術史》上册,中華書局,1986 年,第 2 頁。
③ 梁啓超:《清代學術概論》,第 69 頁。
④ 康有爲:《新學僞經考·序錄》。案:康有爲學説與廖平的關繫,此處不作討論。

　　康有爲對經典的看法,引起當時學界極大的震動。《新學僞經考》刊印後,朱一新致函康有爲,認爲把古文經説成是"僞經",勢必會動搖經學的根基。他寫道:"竊恐詆訐古人之不已,進而疑經;疑經之不已,進而疑聖;至於疑聖,則有效可睹矣!"①葉德輝也驚呼:"六經既僞,人不知書,異教起而乘其虛。"②他指責康有爲"其貌則孔也,其心則夷也"③。曾廉甚至請光緒皇帝"斬康有爲、梁啓超以塞邪慧之門,而後天下人心自靖,國家自安。否則,恐天下之禍,不在夷狄,而在奸黨也!"④由此可見衝擊之大,引起反彈之强烈。孫思昉有言:"康南海《新學僞經考》出,則群經之可讀者鮮矣!"⑤後來梁啓超在總結康有爲之説對思想界之影響時,概括爲四個方面:

　　　　一、教人讀古書,不當求諸章句訓詁名物制度之末,當求其義理。所謂義理者,又非言心言性,乃在古人創法立制之精意。於是漢學、宋學,皆所吐棄,爲學界別闢一新殖民地。二、語孔子之所以爲大,在於建設新學派(創教),鼓舞人創作精神。三、《僞經考》既以諸經中一大部分爲劉歆所僞托,《改制考》復以真經之全部分爲孔子托古之作,則數千年來共認爲神聖不可侵犯之經典,根本發生疑問,引起學者懷疑批評的態度。四、雖極力推絶孔子,然既謂孔子之創學派與諸子之創學派,同一動機,同一目的,同一手段,則已夷孔子於諸子之列。所謂"別黑白定一尊"之觀念,全然解放,導人以比較的研究。⑥

　　由此可見,晚清時期,經學與經典的地位已經發生了很大的變化。錢穆指出:"晚清康、廖諸人之尊經,其意惟在於疑經,在發經之僞,在臆想於時代之所需要而强經以從我。蓋經學之至於是已墜地而且盡";

① 朱一新:《朱侍御答第康有爲第三書》,《翼教叢編》卷一,光緒二十四年武昌重印本。
② 葉德輝:《葉吏部與南學會皮鹿門孝廉書》,《翼教叢編》卷六。
③ 葉德輝:《葉吏部與劉先瑞、黃郁文兩生書》,《翼教叢編》卷六。
④ 曾廉:《應詔上封事》,見《戊戌變法》(二),神州國光社,1953年,第493頁。
⑤ 參見《一士類稿·太炎弟子論述師説》,見榮孟源、章伯鋒主編:《近代稗海》(二),四川人民出版社,1985年,第105頁。
⑥ 梁啓超:《清代學術概論》,第72頁。

"《新學僞經考》《孔子改制考》此兩書者,非研經,乃辨史。顯以由經學而轉爲史學矣,此亦途窮思變,爲大勢之所趨"①。受康有爲《新學僞經考》的影響,今文家崔適撰寫了《史記探源》,從經學的角度探討《史記》一書,認爲《史記》屬今文經學的性質,其中與古文説和《漢書》相合的内容,是經過了劉歆的篡改。他的另一部著作《春秋復始》認爲《穀梁傳》也是古文學,是經劉歆僞造過的。湯志鈞認爲,崔適的這兩部著作"反映了這時今文經學在經部範圍之内,無論分經的或綜合的研究,都已没有發展的餘地,於是轉而治史";"説明'經師'式的研究,已陷末路";"'經'的可信範圍越縮越小,'經'的可疑程度越來越大。'經'的地位動摇了,二千年來在思想界占統治地位的經學終結了"②。由此看來,康有爲對所謂"古文經"的全面懷疑與否定,事實上動摇了經典的權威。而孔子由聖人變成教主,其在一般士人心目中的地位無疑會大打折扣。因此隨着變法的失敗,經典的作用更加受到質疑,"廢經""燒經"之聲漸起。

1901 年,清政府不得不明諭變科舉、廢八股、興學校,1905 年下令廢止科舉。面對西學輸入後經學行將消亡之窘況,清政府在進行學制改革的同時,千方百計地在新學制中給經學留下一席之地。如《學務綱要》明文規定:"中小學號,宜注重讀經義、存聖教。"張之洞等人擬定的新學制中,小學、中學皆有讀經之課,高等學有講經之課,大學堂、通儒院則以精深經學列爲專科,希望通過這些課程的設置,達到"尊崇聖道""保存古學"之目的。不僅如此,在他設計的大學堂學制中,專門設有經學科,並將"經學專門化"推向極致。張之洞將大學經學科分爲十一門:周易學門、尚書學門、毛詩學門、春秋左傳學門、春秋三傳學門、周禮學門、儀禮學門、禮記學門、論語學門、孟子學門、理學門,並對各門類講授的科目及講授法作了詳細的規定。張之洞等人還建議在地方上設立"存經""存古"學堂,以保存國粹。1911 年 4 月,清政府學部頒布《奏修訂存古學堂章程》,將經學、史學、詞章三門舊學定爲存古學堂主要學科,並對經學門研習科目作了規定。儘管這些規定非常細密,但在清末西學大潮衝擊下

---

① 錢穆:《經學與史學》,見杜維運、黄進興編:《中國史學史論文選集》第一册,華世出版社,1976 年,第 136、135 頁。
② 湯志鈞:《近代經學與政治》,中華書局,1989 年,第 363—364 頁。

的中國經學,畢竟無法適應近代新式學堂講授及學科整合的需要,因而日益受到人們的冷落。張之洞等人設計的大學經學科,也受到人們的譏諷和猛烈抨擊。1912 年民國成立後,經學科正式從分科大學中取消,經學及其所屬之典籍,被分解歸併到文、史、哲等近代學科體系中,傳統經學因失去其必要的生存空間而漸趨衰亡。①

與此同時,清末一些學者開始留意諸子之學。鄧實等晚清"國粹派"倡"古學復興",以"古學"(先秦諸子學)和漢以後的經學相對抗,對二千年來的經術和儒學進行抨擊。他們甚至認爲"孔學即君學",如黃節説:"其學能使天下之人馴服而不敢動,而一聽君主之操縱也。嗟夫!此則歷代夷狄盜賊利用之,以市中國之人心而窺中國之神器,因而愚賤士民,使神州學術長伏於專制君統之下。"②在抨擊孔儒的潮流中,早年章太炎也非常激進。他所作的《訄書·訂孔》《論諸子學》等文"激而詆孔",言詞之激烈,在當時無出其右者,影響極爲深遠,許多研究者認爲實開新文化運動時期"打倒孔家店"之先河。③

隨着帝制時代的結束,以經學爲特徵的傳統儒學失去了制度上的依榜,走下神壇,成爲被批判、審視和研究的對象。在這前後一百年的時間裏,由於政治和社會環境的變化,經學研究也呈現出不同的態勢,其發展的進路,可以説是大起大落、曲折多變。從整體上來講,經學研究具有明顯不同於以往的特點。隨着新的學科體系的建立,傳統經學研究的範式被突破,經學不再獨立,成爲現代文史哲學研究的有機組成部分。眾所周知,從漢代開始,中國思想學術進入了經學時代,孔子被視爲無上的權威,經典、聖人與聖道三位一體,學者對孔子的思想只有信仰,不能質疑。儒家經典同樣具有神聖的地位。人們詮釋經典,或疏通章句,訓釋字義,或發掘微言,創通大義,這是傳統經學家治經的"正途"。進入 20 世紀,由於儒學權威的打破和現代西方學術理論方法的引入,經學不再是"明道""通聖"的工具,變成了文學、史學或哲學,學者們研究經學的目的,變

---

① 參見左玉河:《現代學科體系觀照下之經學定位》,載《江海學刊》2007 年第 3 期。

② 黃節:《孔學君學辯》,載《政藝通報》1907 年第 3 號。

③ 景海峰:《清末經學的解體和儒學形態的現代轉換》,載《孔子研究》2000 年第 3 期。

成了對儒家思想的闡發與評價,對經典文獻的重新審視與考證,對經典中的文學美的闡釋與發現。經典的研究進入一個全新的天地。

從晚清到"五四"新文化運動,可以看成是一個從傳統經學到現代學術研究的過渡時期。在這個階段,古文、今文經學之爭還在延續,但已經接近尾聲;而經學研究領域中,也可見到舊方法與新思想並存。除康有爲外,晚清學術界還有若干著名人物,在儒家經典研究方面占據重要位置。章太炎在《説林下》中論"近世經師"説:

> 研精故訓而不支,博考事實而不亂,文理密察,發前修所未見,每下一義,泰山不移,若德清俞先生、定海黄以周、瑞安孫詒讓,此其上也。守一家之學,爲之疏通證明,文句隱没,鈎深而致之顯,上比伯淵,下規鳳喈,若善化皮錫瑞,此其次也。己無心得,亦無以發前人隱義,而通知法式,能辨真妄,比輯章句,秩如有條,不濫以俗儒狂夫之説,若長沙王先謙,此其次也。高論西漢而謬於實證,侈談大義而雜以誇言,務爲華妙,以悦文人,相其文質,不出辭人説經之域,若丹徒莊忠棫、湘潭王闓運,又其次也。歸命素王,以其言爲無不包絡,未來之事,如占著龜,瀛海之大,如觀掌上;其説經也,略法今文,而不通其條貫,一字之近於譯文者,以爲重寶,使經典爲圖書符命,若井研廖平,又其次也。①

章太炎對這些人物的高下評品,雖難免摻入自己的主觀好惡,但大體精當。他所提到的俞樾(1821—1907,著《群經平議》《茶香室經説》《古書疑義舉例》等)、黄以周(1828—1899,著《禮書通故》《子思子輯解》等)、孫詒讓(1848—1908,著《周禮正義》《尚書駢枝》等)、皮錫瑞(1850—1908,著《經學歷史》《五經通論》《尚書大傳疏證》等)、王先謙(1842—1917,著《尚書孔傳參正》《詩三家義集疏》等)、莊忠棫(著《周易通義》《易緯通義》等)、王闓運(1833—1916,著《尚書義》《尚書大傳》《詩經補箋》《禮記箋》《春秋公羊傳箋》《穀梁傳箋》《周易説》《周官箋》《論語注》《爾雅集解》等)、廖平(1852—1932,著《今古學考》《古學考》《知聖篇》《闢劉篇》等)等人,既有今文學家,也有古文學家,確爲清代學

---

① 章太炎:《太炎文録初編》卷一《説林下》。

術的殿軍人物。但是,這些人物的經學研究,與清學正統派並無本質上的區別。其中皮錫瑞的《經學歷史》《經學通論》刊行,則顯示了今文經學對經學發展總體脉絡較爲系統的把握。而廖平經學六變,牽扯歐西科學、哲學以及佛教、道教、諸子百家學説,企圖融中外古今於一爐,愈變愈新,愈新愈怪。真正開啓近百年儒家經典研究新風的,正是太炎先生本人以及精通古文經學家法、學術湛深的劉師培和深通中學西學的王國維。如果以近百年爲一個時間段,他們無疑是具有典型意義的第一代學者,既是清學的終結者,也是 20 世紀學術的開山人物。

隨着西方思想學説大量輸入中國,清末民初不少學者嘗試將經學與經典研究與之結合,以中學解釋西學,或以西學附會中學。其中西方近代政治學、社會學、倫理學與進化論思想最受當時學者青睞。早期作此嘗試的是康有爲,他用西方的"進化論"來解釋儒家今文經學中的"公羊三世"説,用資産階級政治學説來解釋"孔子改制"。1902 年,孫詒讓寫成《周禮政要》,"以《周禮》爲綱,西政爲目",系統地用西方政治學説來詮釋周代的政治,認爲"《周禮》一經,政法之精詳,與今泰東西諸國所以致富强者,若合符契"。因此,"華盛頓、拿破崙、盧梭、斯密亞丹所經營而講貫,今人所指爲西政之最新者,吾二千年之舊政已發其端"①。他以西方的議院制度解釋周代的三詢之法,以西方的陪審制度來解釋周代的三刺之法,以西方的學校制度來解釋周代的國學、郊學、鄉遂之學,等等。章太炎則認爲《周易》經傳中所反映的歷史意識,正與西方的進化論相吻合。在《易論》等著作中,章太炎認爲自《屯》至《比》諸卦反映了人類社會由野蠻蒙昧走向文明開化的進化歷程,《訟》《履》《泰》《否》《同人》諸卦所講的是古代社會的種種政制。總之,從《屯》到《同人》十卦,乃"生民建國之常率,彰往察來,横四海而不逾此"②。劉師培也認爲《易經》是中國古代學術之寶庫,認爲"《易經》一書,所該之學最廣,惟必先明其例,然後於所該之學,分類以求,則知《易經》非僅空言,實古代致用之學"③。從《易經》中可以發掘古代自然科學和社會科學,找到"社會進化之秩序,

① 孫詒讓:《周禮政要·序》,清光緒二十八年(1902)瑞安普通學堂刻本。
② 章太炎:《檢論》卷二《易論》,《章太炎全集》(三),上海人民出版社,1984 年,第 381 頁。
③ 劉師培:《經學教科書》第二冊《弁言》,見《劉申叔遺書》,鳳凰出版社,1997 年。

於野蠻進於文明之狀態"①。他着重於"發明《易》例",方法就是以近代學科體系來界定《易經》,將其蘊涵之知識,分門別類地歸併到近代學科體系中。劉師培將《易經》視爲"易學",並與近代"學科"體系中之數學、物理學、化學、博物學、文字學、哲學、史學、政治學、社會學對應起來,提示其中所蘊含的具有近代意義上之學科思想。

在孔子與六經的關繫問題上,今文學派與古文學派長期以來存在着爭論。今文家堅持六經爲孔子所作,至清末廖平、康有爲等人更將這一看法發揮到極點。皮錫瑞也説:"孔子以前,不得有經。"②劉師培、章太炎則堅持古文家的説法,認爲六經是西周之舊典,孔子只是六經的整理者。劉師培認爲:"孔子以前,久有六經","東周之時,治六經者非僅孔子一家。若孔子六經之學,則大抵得之史官"。他列舉儒家六經的來歷説,《周易》《春秋》得之魯史,《詩》篇得之遠祖正考父,復問禮老聃,問樂萇弘,觀百二國寶書於周史,故以六經奸七十二君,志不獲伸,乃退居魯國,作十翼以贊《周易》,叙列《尚書》定爲百篇,删殷周之詩定爲三百一十篇。復反魯正樂,播以弦歌,使雅頌各得其所。又觀三代損益之禮,從周禮而黜夏、殷,及西狩獲麟,乃編列魯國十二公之行事,作爲《春秋》。經過孔子的整理加工,"而周室未修之六經,易爲孔門編訂之六經"。孔子以六經作爲教材,"《易經》者,哲理之講義也;《詩經》者,唱歌之課本也;《書經》者,國文之課本也;《春秋》者,本國近世史之課本也;《禮經》者,修身之課本也;《樂經》者,唱歌課本以及體操之模範也"③。章太炎也針對皮錫瑞之説,作《駁皮錫瑞三書》,專門反駁了皮氏孔子作六經的理論。

由於今文、古文在對《春秋》經傳及《周禮》的看法上對立比較明顯,因此作爲清末民初古文經學的中堅人物,章、劉二人對《春秋》經傳及《周禮》都作過精深的研究。如章太炎自稱"私淑劉子駿",所著《春秋左傳讀》,以捍衛古文經學的立場駁難當時占學術界中心地位的今文經學,同時在《春秋左傳讀》的《序》《後序》《叙録》和《今古文辨義》《駁箴膏肓評》等文中對康有爲的《左傳》爲"僞經"説作出了有力的反擊。在《國故

---

① 劉師培:《經學教科書》第二册第二十五課《論易學與史學之關繫》。
② 皮錫瑞:《經學歷史》,中華書局,1959年,第19頁。
③ 劉師培:《經學教科書》第一册第五課《孔子定六經》。

論衡》《國學講演録》等書中，章太炎對《周禮》的作者、成書時代以及周官制度作了精到的論述。劉師培繼承了儀徵劉氏三世研究《左傳》的傳統，著有《春秋左氏傳古例詮徵》《春秋左氏傳例略》《春秋左氏傳答問》《春秋左氏傳時月日古例考》《讀左劄記》等，較爲具體地論證了《春秋左傳》在戰國時代的傳播，重申和維護了《春秋左傳》的經典性與合法性的地位。他研究《周禮》所著的《周禮古注集疏》《禮經舊説考略》《逸禮考》以及《古書疑義舉例補》《論文劄記》等，都有較高的學術價值。

二、1920—1949：多元思潮交織互動

　　如果從陳獨秀於 1915 年 9 月創辦《青年杂志》（次年改爲《新青年》）算起，到 1927 年國民政府成立，"五四"新文化運動長達十餘年，規模巨大，影響深遠。新文化運動矛頭所向，主要是傳統的綱常禮教。陳獨秀發表一系列批孔文章，認爲孔教與民主根本對立，不適於現代生活。李大釗也説："孔子爲數千年前之殘骸枯骨"，"孔子者，歷代帝王專制之護符也"①。魯迅則發表《狂人日記》，指出中國幾千年來的歷史，實際上就是"吃人"的歷史。錢玄同甚至提出"廢孔學""廢漢文"的主張。由此可見，當時對傳統儒學的批判是非常激烈的，對此後的儒學、經學研究也產生了深遠的影響。

　　從 1919 年末開始，"新文化運動"的高潮逐漸褪去。歐游歸來的梁啓超，目睹了第一次世界大戰後歐洲的瘡痍遍布及西人對西方價值體系的懷疑，1920 年他在上海公學發表演説，呼籲增强對民族文化的自信心。他説："吾人當將固有國民性發揚光大之……中國固有之基礎，亦最合世界新潮……"②並由此開始了他晚年大力推廣儒學的行動。1921 年，曾經極力反孔教的章太炎在四川出版其《太炎學説》③，倡導用儒家道德補西方物質文明的不足；翌年，發表《致柳翼謀書》。此後章氏奔走講學，號召加強國學研究。與此同時，梁漱溟在濟南講授《東西文化及其哲學》。

---

① 李大釗：《自然的倫理觀與孔子》，原載《甲寅》日刊，1917 年 2 月 4 日，編入《李大釗全集》第一卷。
② 梁啓超：《在中國公學之演説》，《東方雜志》第 17 卷第 6 號，1920 年 3 月 25 日。
③ 章太炎：《太炎學説》，四川雙流李天根澄波觀鑒廬 1921 年印行。

梁漱溟用自己的眼光系統地分析、比較了西方文化、中國文化和印度文化，認爲這三者分別代表世界文化發展的第一期、第二期和第三期，從而指出西方文化現在已經病症百出，而中國文化必將復興成爲世界文化。《東西文化及其哲學》從哲學上提出了重建儒學的理論框架，標志着現代新儒家登上了歷史舞臺。1923 年梁啓超爲東南大學學生作《治國學的兩條大路》的演講，即運用科學的方法，研究國學中有關文獻的問題；應用內省的和躬行的方法，研究國學中關於德行的學問，即人生哲學。① 這是對儒學重建的具體方法的闡釋。同年，張君勱挑起"科學與人生觀論戰"，正面闡發儒家思想，反對科學主義，以爲科學不能解決人生觀的問題。

1923 年，北京大學出版《國學季刊》。胡適在《發刊宣言》中指出："國學是國故學，而國故學包括一切過去的文化歷史。……過去種種，上自思想學術之大，下至一個字、一隻山歌之細，都是歷史，都屬於國學研究的範圍。"因此，中國的過去的文化歷史，包括儒學經典，都屬於"國故"，需要加以科學地研究和整理。後來他將這種思想表述爲："欲免'國粹淪亡'之禍，非整理國故，使一般青年能讀不可！"②由此引起了現代學術史上著名的"整理國故"的爭論。在"整理國故運動"中，傅斯年最重視科學方法。早在 1919 年，他就指出："研究國故必須用科學的主義和方法，決不是'抱殘守缺'的人所能辦到的。"③1928 年傅斯年創辦"史語所"時，更號召同仁"利用自然科學供給我們的一切工具，整理一切可逢着的史料"，"要把歷史學、語言學建設得和生物學、地質學等同樣"④。

考據與辨僞，是"整理國故"的重要途徑。胡適所謂的"整治國故，必須以漢還漢，以魏晉還魏晉，以唐還唐，以宋還宋，以明還明，以清還清，以古文還古文家，以今文還今文家，以程朱還程朱，以陸王還陸王，……各還它一個本來面目，然後評判各代各家各人的義理的是非。不還它們

① 梁啓超：《治國學的兩條大路》，《飲冰室合集·文集之三十九》，中華書局，1989年，第 110—119 頁。
② 胡適：《再談整理國故》，《晨報》副刊 1924 年 2 月 25 日。
③ 傅斯年：《國故和科學的精神》附識，《新潮》1919 年 1 卷 5 期。
④ 傅斯年：《歷史語言研究所工作之旨趣》，見《傅斯年選集》，天津人民出版社，1996 年。

的本來面目,則多誣古人;不評判它們的是非,則多誤今人"(《國學季刊發刊宣言》)。胡適通曉國學,深受清代辨僞大師崔述、姚際恒疑古辨僞精神影響。留美期間,又受赫胥黎"拿證據來"和杜威實驗主義的影響,把存疑主義作爲自己的一種哲學信仰,强調疑古和考信,並提出了著名的"大膽的假設,小心的求證"的治學方法。胡適肯定了乾嘉考據之學與西方的科學實證精神具有相通之處,將西方學術方法引入國學研究之中,開創了中國現代學術的新時代。早在 1918 年,他在《中國哲學史大綱》上卷《導言》中,就提出了應從史事、文字、文體、思想、旁證(即從別書中取證辨僞)等五種取證方法辨僞。對每種辨僞方法,他都予以充分説理。如從思想上取證辨僞,胡適認爲一個時代有一個時代的思想,每個著書立説的人總有一個思想體系可尋,決不致有大相矛盾的衝突。"故看一部書裏的學説是否能連絡貫串,也可幫助證明那書是否是真的"。錢玄同更把矛頭直指儒家經典和偶像人物,宣稱"根本不相信孔子定'六經'",認爲"經"不過是古代留下的"斷爛朝報"而已。他主張不僅要辨僞書,還要辨僞事,提出"不但歷史,一切'國故',要研究它們,總要以辨僞爲第一步"①。

受胡適、錢玄同的影響,顧頡剛於 1923 年提出了"層累地造成中國古史"的著名論斷,認爲:時代越後,傳説的古史期越長;時代越後,傳説中的古史中心人物材料越多,形象越大。這樣作成的古史,自然包含了大量虛假的成分,必須考辨其真僞。此説提出後,反響極大。胡適、錢玄同、傅斯年、周予同、羅根澤等著名學者都支持顧頡剛的這一論點,而反對者也不少,從而在學術界引發了一場規模空前的大論戰。顧頡剛宣稱"打破民族出於一元的觀念、打破地域向來一統的觀念、打破古史人化的觀念、打破古代爲黄金世界的觀念"。他們對儒家經典的真僞、源流進行系統的考辨,衝破了"經書即信史"的傳統觀念,對儒家經典,對古書古史都持有懷疑態度,認爲需要重新加以認識和考辨,以確定其真僞與價值,從而掀起了聲勢浩大的"古史辨"運動。自 1923 年顧頡剛發表《與錢玄同論古史書》,到 1926 年《古史辨》第一册問世,標志着該派的正式形成。

① 錢玄同:《論今古文經學及辨僞叢書書》,見《古史辨》第一册,上海古籍出版社,1982 年,第 242 頁。

以後，《古史辨》又持續出到七册，當時有不少知名學者參與了對古書、古史的考辨工作，留下了大量的學術遺産。

清代學者章學誠提出"六經皆史"，實際上並没有動摇經典的地位。"古史辨"派將經典看成史料，看成真僞參半的歷史文獻，揭開了經典的神秘面紗。顧頡剛認爲："我們研究史學的人，應當看一切東西都成史料。"①由於上古史的建構主要是由儒家經典完成的，因此，他們對所謂"古史"的考辨，主要是對儒家經典的考辨。僅七册《古史辨》，就收入了從1926年至1941年國内考辨古書、古史的論文多達350篇，共325萬字左右。

"古史辨"學者對學術界長期存在的"唯古是信""唯經是信"的傳統觀念進行了猛烈的衝擊，試圖將儒家經典還原爲歷史文獻，加以考辨研究，對於科學認識古史、古書無疑具有積極作用。他們的許多學術成果，至今仍是研究中國古史和儒家經典的重要參考文獻。但也不能否認，他們對古史、古書的考辨，存在着辨僞擴大化的傾向，造成了一些"冤假錯案"。他們所采用的"有罪推定"和"默證"方法，也是今天需要檢討的。

就在"古史辨"派如日中天的同時，唯物史觀派異軍突起。他們利用古史材料，研究中國社會，取得了相當豐碩的成果。爲了利用古史資料研究古代社會，需要對這些資料的成書時代、文獻價值作出判斷，因此，儒家經典也是他們研究的對象。郭沫若無疑是唯物史觀派的領軍人物。1930年，他出版了《中國古代社會研究》一書，借助古代經典研究古代社會。他對《周易》《尚書》《詩經》等上古文獻的産生時代作了基本的估計：《易經》是由原始公社制變成奴隸制時的産物，《易傳》是由奴隸制變成封建制時的産物。《詩經》是我國文獻中一部可靠的古書，而《尚書》却值得懷疑。除了《古文尚書》是僞作，在《今文尚書》中，《虞書》的《堯典》《皋陶謨》和《夏書》的《禹貢》三篇也是後世儒者的僞作，而《商書》《周書》都或許經過殷周太史及後世儒者的粉飾，可靠性只能依據時代的遠近遞減。②1935年，郭沫若撰《周易之制作時代》（收入《青銅時代》），提出《易經》作於戰國初年的楚人馯臂子弓，而《易傳》中有一大部分是

① 顧頡剛：《古史辨》第三册《自序》。
② 郭沫若：《郭沫若全集·歷史編》第一卷，人民出版社，1982年，第90—96頁。

秦代荀子門徒中的楚國人所著,著書的時期當在秦始皇三十四年以後。①另外一位運用唯物史觀研究經學的代表人物是范文瀾。范文瀾早年受業於黃侃、陳漢章、劉師培,受古文經學薰染,早在 1933 年就出版了《群經概論》,多采古文家的觀點。後來接受了唯物史觀,到延安以後,於1940 年 9 月間在延安新哲學年會上作《中國經學史的演變》的講演。他認爲,"經"作爲"封建社會的産物","是封建統治階級在思想方面壓迫人民的重要工具";"經本是古代史料。《尚書》《春秋》、三《禮》(《周禮》《儀禮》《禮記》)記載'言''行''制'(制度),顯然是史。《易經》是卜筮書,《詩經》是歌詩集,都包含着豐富的歷史材料。所以章學誠説'六經皆史'。……經作爲古史來研究,問題自能得到適當的解答"②。該文曾引起毛澤東的興趣,稱其爲第一次運用馬克思主義清算傳統經學遺産。此外,侯外廬、杜國庠也是唯物史觀陣營中的代表人物。杜國庠撰有《兩漢經今古文學之爭》《略論禮樂起源及中國禮學的發展》等文章,從唯物史觀的立場上對這些問題進行解析。

郭沫若對中國古代社會的研究,雖然"史觀派"色彩極重,但他努力將自己的學術研究建立在高水準的考據學之上。他曾指出:"我們縱使可以相信《易》《書》《詩》是先秦典籍,但它們已經失真,那是可以斷言的。因此要論中國的古代,單根據它們來作爲研究資料,那在出發點上便已是有了問題。材料不真,時代不明,籠統地研究下去,所得的結果,難道還能夠正確嗎?"於是他"努力要找尋第一手資料,例如考古發掘所得的,沒有經過後世的影響,實實足以代表古代的那種東西"(《跨著東海》)。他想要找尋的第一手資料便是甲骨文和殷周金文。早在 1928年,他便開始研究甲骨文和金文,很快便取得了豐碩的成果。他研究甲骨文,主要是在王國維與羅振玉研究成果的基礎上進行的。但他並不是跟在羅、王二家之後亦步亦趨,而是融會中西、綜貫古今、洞精察微、謹慎去取,創立了許多新説。他着手研究甲骨文不到一年的時間,便寫成了他的第一部甲骨學著作《甲骨文字研究》。在這部書中,他更爲直接地通過對商代甲骨文的考釋來研究商代社會,對《中國古代社會研究》作出了

① 郭沫若:《郭沫若全集·歷史編》第一卷,第 391—404 頁。
② 范文瀾:《范文瀾歷史論文選集》,中國社會科學出版社,1979 年,第 265—267 頁。

大量的補充。這部書中的很多觀點令當時的學術界耳目一新。1933 年,
他撰成《卜辭通纂》。1937 年,撰成《殷契粹編》。這幾部書都是甲骨學
的奠基之作。古文字學家唐蘭曾説:"夫甲骨之學,前有羅(振玉)、王
(國維),後有郭(沫若)、董(作賓)。"又説:"雪堂(羅振玉)導夫先路,觀
堂(王國維)維以考史,鼎堂(郭沫若)發其辭例,彦堂(董作賓)區其時
代。"(唐蘭《關於尾右甲卜辭》)

　　郭沫若既是唯物史觀的人物,也是利用出土甲骨、金文進行古史和
古文獻"新證"的代表人物。繼承羅、王之學,從事"新證"研究的,還有
于省吾、楊樹達等人。于省吾在語言文字領域的研究主要集中在古文字
尤其是甲骨文、金文的研究考釋和古代典籍的考證兩方面。于省吾自 30
年代以來即注意利用古文字的研究成果,及地下發現的古文字資料和文
物,對古代經典進行校訂和注釋,開闢了研究古代經典的一個新的途徑。
在對古代文獻的考證方面,著有《雙劍誃尚書新證》(1934 年)、《雙劍誃
詩經新證》(1935 年)、《雙劍誃易經新證》(1936 年)、《雙劍誃諸子新證》
(1938 年)、《論語新證》(《輔仁大學講演集》第 2 輯,1941 年)、《澤螺居
詩義解結》(《文史》1963 年第 2 輯)、《澤螺居楚辭新證》(《社會科學戰
綫》1979 年第 3、4 期)、《急就篇新證》(《遼海引年録》)、《澤螺居詩經新
證》(中華書局,1982 年)等多部(篇)論著,都是"新證"的代表作。① 楊
樹達平生精治許慎《説文解字》,服膺段玉裁和王念孫、王引之父子的治
學精神和成果,並受到歐美、日本語言學方法理論的影響。晚年治甲骨、
金文。楊樹達的《積微居小學金石論叢》《積微居金文説》《積微居金文
餘説》《積微居甲文説·附卜辭瑣記》《積微居小學述林》,和王、郭、于諸
位的甲骨、金文研究成果一樣,大有裨益於經典研究。《積微居小學金石
論叢》是楊樹達有關小學、金石類部分文章的結集。該書特點在於以聲
訓學貫穿全書。由於作者對語源學有深湛的研究,所以説字解經不乏精
闢之見,多能探本溯源。另外,在儒家經典研究方面,聞一多獨樹一幟,
既繼承了傳統經史考證方法,又注意將近代的社會學、民俗學、神話學與
文化人類學方法引入儒家經典的研究之中,取得了引人注目的成績。代
表作有《周易義證類纂》《風詩類抄》《詩經新義》《詩經通義》等。

---

①　參見《于省吾自傳》,載《晉陽學刊》1982 年第 5 期,第 49—53 頁。

在 20 世紀 20—40 年代,還有一些學者紛紛撰寫《國學概論》或《群經通論》、專經研究及經學史著作,在系統總結前人成果的基礎上,對儒家經典發表自己個人的意見。影響較大的有蒙文通的《經學導言》(1923年)、《經學抉原》(1933 年),呂思勉的《經子解題》(1926 年),龔道耕的《經學通論》(1926 年),錢穆的《國學概論》(1931 年),周予同的《群經概論》(1932 年),衛聚賢的《十三經概論》(1935 年),錢基博的《經學通志》(1936 年),蔣伯潛、蔣祖怡的《經與經學》(1941 年),蔣伯潛的《十三經概論》(1944 年),李源澄的《經學通論》(1944 年),等等。這類著作通常站在現代學術的立場上對經學與經典作出評述,對當時人們認識經學、瞭解經典起到了很好的作用。馬宗霍的《中國經學史》(商務印書館,1937 年)則以簡明精煉的文字考察了六經的產生、發展的歷程,以及歷代經學研究的基本狀況。

專經、專題研究方面,也有不少份量較重成果。如錢穆的《周官著作年代考》(《燕京學報》第 11 期,1932 年)從《周禮》所記祀典、刑法、田制、封建、軍制、外族、喪葬、音樂等方面進行考察,認爲《周禮》作成於戰國晚期。《劉向歆父子年譜》則以大量翔實可信的史料,推翻了晚清今文家所堅持的"劉歆僞經"之說,可以説是 30 年代最具價值的學術成果之一。此外 1932—1937 年間,主持哈佛燕京學社引得編纂處工作的洪業,先後撰寫了《儀禮引得序》《禮記引得序》和《春秋經傳引得序》,對這幾部儒家經典的編訂、流傳等問題,作了非常詳盡的論述與考證。李鏡池在三四十年代先後撰有《周易筮辭考》《周易筮辭續考》《易傳探源》,高亨於40 年代出版的《周易古經通說》,都是經學研究方面的重要成果。

總之,這三十年,傳統經學逐漸謝幕,現代學術體系基本建立,經學、經典被作爲文、史、哲學研究中的一個環節。學者基於各自的學術立場和治學方法,或發掘史料,或對材料作出自己的解釋,形成各種不同的觀點,對孔子與六經的關繫、儒家各經的作者與成書年代等基本問題進行研究,甚至相互爭鳴,研究呈現多元化的發展趨勢。

三、1949—1976:政治意識形態主導

新中國成立以後,馬克思主義成爲學術研究的指導思想,經過不斷

的思想改造運動，絕大多數知識份子接受了唯物史觀，開始用歷史唯物主義的思想理論和方法研究儒學和經學。除梁漱溟、熊十力、陳寅恪等少數學人外，像馮友蘭、賀麟、金岳霖等"新儒家"的代表人物，都經過思想改造、脫胎換骨之後，對自己的學說作自我批判，對孔子、對儒學也基本上持否定的態度。儒家的中心價值在中國人的生活方式中已退居邊緣，知識份子無論對儒學抱着肯定或者否定的態度，都不再以儒學爲生活方式，儒學和制度之間的聯繫中斷，成爲陷於困境的"游魂"①。儒學被作爲"封建主義"的思想根源，受到批判。

但總的來説，整個 50 年代和 60 年代前期，這一階段的學術研究基本上還能夠正常開展。作爲觀念的儒家思想雖然被看成是需要批判的"封建糟粕"，但儒家經典文獻的歷史價值仍然得到部份肯定。因此，一些研究經典或經學的論著得以出版或發表，雖然蕭條，但並未完全停止。如關於《尚書》研究，楊樹達、于省吾、顧頡剛、陳夢家、張西堂、金德建等學者都有重要的學術成果出版或發表。陳夢家出版了《尚書通論》(商務印書館，1957 年)，張西堂出版了《尚書引論》(陝西人民出版社，1958 年)。一些成書於 1949 年前的著作也在這時得到正式出版。如楊筠如《尚書覈詁》(陝西人民出版社，1959 年)。關於《周易》，在 60 年代初還出現了一場《周易》作者、性質與成書年代的爭論。其他經典的研究，也有一些成果問世，如張舜徽的《毛詩故訓傳例》、黃焯的《毛詩鄭箋平議》、翟果行的《孟子選讀》等。但總的來説，唯物史觀已經成爲經學研究的指導思想。周予同於 1959 年編寫的《中國經學史講義》明確提出："用馬克思主義的觀點來寫經學史，這有待於我們今後的努力。"他強調經學研究要"批判地繼承文化遺産，爲社會主義服務"②。1963 年，范文瀾爲紅旗雜志社等單位講經學問題，指出："經學與中國文化的關繫很密切"；"儒經爲封建統治階級服務，這是沒有問題的，但它起了反對宗教的作用"。經書是孔子教學生的課本，是他從收集的各種文獻材料中整理出來的："從卜官那裏的材料中整理出《易經》，從史官那裏的材料中整理出《春秋》，《樂》《詩》《儀禮》等書，也都是從既有的材料中整理出來的。所

---

① 余英時：《現代儒學論·序言》，上海人民出版社，1998 年。
② 周予同：《中國經學史講義》，上海文藝出版社，1999 年，第 1 頁。

以説孔子'述而不作'。"①不過需要指出的是,周予同、范文瀾等人在這個時期的經學研究雖然明顯受到政治的影響,但基本上還是站在比較客觀的立場上,進行嚴肅的學術探索,在學術史上應當有其地位。

如果説1965年之前還存在一定限度的研究儒學、經學和經典的空間,到1966年"文化大革命"開始以後,這種學術研究就基本上停止了,孔子和儒家經典都遭到批判和否定。1966年開始的"破四舊"運動(舊思想、舊文化、舊風俗、舊習慣),首當其衝的便是孔子和儒學。"孔孟之道"成爲"反動落後"的代名詞,"孔子"則變成了"孔丘""孔老二"。曲阜的孔廟也受到衝擊,孔子及其弟子塑像被毀,匾額、牌位被焚。這場運動中全國遭毀壞的圖書、文物更是無法估量。1973年,楊榮國發表《孔子——頑固地維護奴隸制度的思想家》的文章,由此"批林批孔"運動又在全國範圍内展開。這場運動將許多著名學者都捲入其中。一些學者也由信孔轉入反孔,更多的學者三緘其口,持保留態度的學者都受到不同程度的不公正待遇,於是"批林批孔"便在一些早年曾是孔子信徒的知識份子參與下掀起一個又一個高潮,最終將反傳統文化的運動推向了顛峰。這一時期的批孔著作,數量不勝枚舉,但大都屬於望文生義、牽强附會之作,當然更談不上什麽學術水準。這段時間的經典研究,留下了一段空白。

我國臺灣、香港地區的經典研究,基本上延續了民國時期的學術傳統,一些從大陸(内地)過去的學者繼續從事學術研究,取得了不小的成績。在這個時期,引人注目的是"第二代新儒家"的興起,並產生巨大的影響。1958年,牟宗三、徐復觀、張君勱、唐君毅以四人聯名發表了《爲中國文化敬告世界人士宣言——我們對中國學術研究及中國文化與世界文化前途之共同認識》。他們希望保持儒學文化傳統、復興儒學,研究儒學,並力圖作出新的闡釋。如果説梁漱溟、熊十力、馮友蘭等"第一代新儒家"主要是通過對儒家思想進行現代化改造,以圖"文化救國",那麽這批所謂"第二代新儒家"則更多的是在社會經濟現代化中苦苦"尋根",並通過容納西學,力圖保守住儒家文化的符號意義,尋求儒家傳統的創造性轉化。這一時期港臺地區從事儒學研究的學者們雖然都以弘揚傳

① 范文瀾:《經學史講演録》,收入《范文瀾歷史論文選集》。

統文化爲己任,但是成員、派別等却十分複雜,治學方法與學術取向也不盡相同。以唐君毅、徐復觀等爲代表的新儒家的經典研究,繼承了"六經注我"的闡釋傳統,在解讀過程中闡發自己的新儒學主張。陳大齊、毛子水、余家菊、南懷瑾等國學名士則將解經與當時社會現象相結合,啓發引導人們用經典中的智慧去指導日常生活。另外還有一大批經學研究專家,如屈萬里、高明、戴君仁、黄彰健、許錟輝等,在專經研究方面有諸多成績。潘重規、陳鐵凡等人對敦煌儒家文獻的研究,也有卓越的貢獻。

四、改革開放以來:復蘇與發展

20世紀70年代後期"文化大革命"結束,隨後我國實行改革開放,學術界掀起了思想解放運動,教條主義、庸俗唯物主義逐漸被學界拋棄,人們開始對孔子、儒家及經典進行理性的研究和客觀的評價。匡亞明、龐樸等著名學者先後發表評論孔子與儒學的文章,新一輪孔子和儒學的研究熱潮開始。1984年,"孔子基金會"成立。1985年,被譽爲"第三代新儒家"的重要傳人杜維明來北京大學講學。1986年底,方克立主持的"現代新儒家"思想研究課題立項,大陸興起了一股介紹研究新儒家的潮流,海峽兩岸儒學研究交流進一步加強。進入1990年代,儒學研究出現了新中國成立之後少有的活躍局面,舉行了一系列規模較大的儒學學術交流會,出版了若干專業刊物,海内外儒學交流活動頻繁。特别是1994年,孔子誕辰2545周年紀念大會召開,李瑞環、李嵐清等黨和國家領導人出席開幕式並分别在講話中對孔子進行了肯定的評價。講話還肯定了儒學在現代中國及世界文化中的積極意義。這是新中國領導人第一次公開、正式地表示對儒學、對孔子的肯定和支持態度,標志着儒學研究在中國已經得到全面的恢復。①

以《中華文史論叢》《文史》《歷史研究》《文史哲》《文學評論叢刊》《中國史研究》《哲學研究》《孔子研究》等爲代表的一大批重要級的學術刊物恢復或創刊,開始刊登儒學與經典研究的文章。1978年,《文學評論叢刊》發表了程俊英、甌群、胡念貽等學者論《詩經》的文章。周振甫的

---

① 楊明:《中國儒學重構研究》,南京大學出版社,2002年,第245—249頁。

《孔子論禮》(《文史哲》1978 年第 6 期)、鮑昌的《釋“騶虞”》(《南開大學學報》1978 年第 6 期)、劉大鈞的《溫史釋易——讀師卦》(《哲學研究》1978 年第 11 期)、蔣善國的《百篇書序的流傳》(《中華文史論叢》第 8 輯,1978 年)等經學研究論文也見諸報刊。1979 年,新創刊的《歷史學》雜志刊登了范文瀾的《經學史講演錄》(第 1 期創刊號),顧頡剛、劉起釪的《盤庚三篇校釋譯論》(1979 年第 1—2 期)等文章。復刊的《文史》輯刊刊登了顧頡剛的《周公制禮的傳說和周官一書的出現》(第 6 輯)、楊伯峻的《左傳成書年代論述》(第 6 輯)、劉起釪《釋尚書甘誓的“五行”與“三正”》(第 7 輯)、龐樸《思孟五行新考》(第 7 輯)等文章。此外,金景芳的《西周在哲學上的兩大貢獻——周易陰陽説和洪範五行説》(《哲學研究》1979 年第 6 期)、劉起釪的《尚書學源流概要》(《遼寧大學學報》1979 年第 6 期)、楊向奎的《清代的今文經學》(《清史論叢》第 1 輯)等論文也紛紛面世。值得一提的是,錢鍾書先生的《管錐編》在這一年由中華書局出版,其中論述《五經正義》的條目,包括《周易正義》27 則,《毛詩正義》60 則,《左傳正義》67 則,多有勝義。這些論著的發表和出版,表明中國經學與經典研究在經過長期的沉寂與壓制之後,開始復蘇。

　　1980 年代出現了“文化熱”,開展了傳統文化與現代化的論爭,儒學與經學、經典研究逐漸興盛。評論孔子、儒學的論著開始大量出版和發表,各種有關孔子、儒學、中國文化的學術會議頻繁舉行,中國孔子基金會、國際儒學聯合會、中華孔子學會、中國文化書院、孔子研究院等學術團體和研究機構紛紛建立,歷代儒家著作及其注解、白話文翻譯、解讀本大量出版,有關儒家的人物評傳、思想研究、專題研究以及儒學與道、釋、西方哲學及宗教的比較研究,成爲學術界關注的課題。與我國港臺地區及海外學者的交流也日趨頻繁,各種學術理論與思想紛紛被引入大陸學術界,呈現多元互動的格局。到 1990 年代,當代新儒家、自由主義與馬克思主義重新論辯與對話,出現了 20 世紀又一次“百家争鳴”的局面。

　　1980 年代以來,在中國傳統文化研究熱的推動下,儒家經典的整理、影印、標點、今注今譯出版形成一時風氣。儒家的“十三經”以及歷史上的一些重要的解經著作,先後得到了重印和整理出版。如中華書局於 1980 年影印出版了《十三經注疏(附校勘記)》,1982 年起又整理出版了《十三經清人注疏》。上海古籍出版社於 1983 年出版了《黄侃手批白文十三經》,1990年又整理出版了《十三經注疏叢書》。這些典籍的出版,爲儒學與經學、經典研究提供了最基本的文本。與此相應,爲適應普通文史研究與愛好者的需要,不少出版社紛紛約請知名專家進行古籍今注今譯工作。其中最有影響的,當屬中華書局和上海古籍出版社組織出版的古籍譯注,如楊伯峻的《論語譯注》《孟子譯注》《春秋左傳注》,周振甫的《周易今注》《詩經譯注》,余冠英的《詩經選注》,高亨的《詩經今注》,程俊英的《詩經注析》,李民、王健的《尚書譯注》,黃壽祺、張善文的《周易譯注》,楊天宇的《周禮》《儀禮》《禮記》譯注,都是有較高水準的今注今譯本。港臺學者的一些優秀今注今譯讀本也陸續在内地(大陸)出版,如李宗侗的《春秋公羊傳今注今譯》(天津古籍出版社1988年影印)、王夢鷗的《禮記今注今譯》(天津古籍出版社1987年影印)、林尹的《周禮今注今譯》(書目文獻出版社,1985年),等等。① 這些注本本身就是這些學者長期研究的結晶,它們的出版,對於推動儒學與經學、經典研究的發展,無疑具有重要的作用。

與此同時,一些著名學者的經學、經典研究著作也陸續得到出版。1978年,中華書局出版了李鏡池的《周易探源》。到80年代,經學、經典研究著作的出版逐漸增多,其中童書業的《春秋左傳研究》(上海古籍出版社,1980年),張立文的《周易思想研究》(湖北人民出版社,1980年),任善銘的《禮記目錄後案》(齊魯書社,1982年),朱維錚整理編集的《周予同經學史論著選集》(上海人民出版,1983年),吳承仕的《經典釋文序錄疏證》(中華書局,1984年),劉大鈞的《周易概論》(齊魯書社,1986年),顧頡剛講授、劉起釪筆記的《春秋三傳及國語之綜合研究》(巴蜀書社,1988年),蔣善國的《尚書綜述》(上海古籍出版社,1988年)等書,産生了較大的反響。表明經學、經典研究柳暗花明,春天已經到來。

到1990年代,經學、經典研究有了非常大的發展。據不完全統計,專經研究的單篇論文有上萬篇,與經學、經典相關的專著近千部,可謂洋洋大觀。雖然品質水平參差不齊,但其中也不乏具有較高學術價值和開拓性的著作。就通論性著作而言,如文史知識編輯部的《經書淺談》(中

---

① 參見陳居淵:《20世紀中國經學研究的回顧和展望》,載《中華文化論壇》2006年第4期。

華書局,1984年),夏傳才的《十三經概論》(天津人民出版社,1998年),錢玄的《三禮通論》(南京師範大學出版社,1996年),許道勛、徐洪興合著的《經學志》(蕭克主編《中華文化通志》之一,上海人民出版社,1998年)等書,融知識性、學術性於一體,是比較好的經學讀物。經學史通論方面,章權才的《兩漢經學史》(廣東人民出版社,1990年)和《宋明經學史》(廣東人民出版社,1999年),湯志鈞的《近代經學與政治》(中華書局,1989年)和《西漢經學與政治》(上海古籍出版社,1994年),吳雁南主編的《清代經學史通論》(雲南大學出版社,1993年),田漢雲的《中國近代經學史》(三秦出版社,1996年)等,都是斷代經學史研究的力作。至於專經研究史方面的著作,成果也很可觀。80年代出版了夏傳才的《詩經研究史概要》(中州書畫社,1982年)、劉起釪的《尚書學史》(中華書局,1989年)等專經研究史。90年代這類著作更多,如廖名春等著的《周易研究史》(湖南出版社,1991年),沈玉成、劉寧的《春秋左傳學史稿》(江蘇古籍出版社,1992年)等,都是填補空白之作。另外值得一提的是黄開國主編的《經學辭典》(四川人民出版社,1993年),是第一部經學綜合辭書,對歷史上重要的經學人物、經學著作、經學術語、經學流派和經學典故作了解釋,爲經學研究提供了極大的方便。此外,80年代出版了楊伯峻編的《春秋左傳詞典》(中華書局,1985年)、向熹編的《詩經詞典》(四川人民出版社,1986年)、董治安等編的《詩經辭典》(山東教育出版社,1989年)。90年代有吕紹綱主編的《周易辭典》(吉林大學出版社,1992年)、張善文主編的《周易辭典》(上海古籍出版社,1992年),錢玄等編的《三禮辭典》(江蘇古籍出版社,1998年),等等,都是有較高學術水平、非常有用的經學、經典研究工具書。其他專題式的經學和經典研究論著更是層出不窮,令人目不暇接。

此外,近年來的一些考古發現,對於推動儒家經典的深入研究具有重大的意義。20世紀陸續出土的敦煌吐魯番儒家文獻、漢魏石經殘片、武威漢簡、八角廊儒家文獻、馬王堆漢墓帛書、阜陽漢簡的出土,爲儒家文獻的研究提供了嶄新的材料。特別是90年代出土的郭店楚竹書、上海博物館購藏楚竹書,掀起了新的儒家文獻研究熱潮,許多學術史上的疑案得以重新認識。通過對這些出土文獻的研究,我們對儒學與經典的認識將更加全面、真實。

以上成果表明,經過 1980 年代的普及和積累,到 1990 年代,經學和經典研究已經步入了快速發展的軌道。進入 21 世紀以後,各類經學史、儒家經典研究的論著更是大幅增加,指不勝屈。許多年輕學人也加入了經典研究的隊伍,不少博士、碩士論文以儒家經典研究爲題,其中不乏優秀作品。大型儒學文獻整理工程也陸續啓動,《儒藏》等儒學文獻結集工程已經取得了引人注目的階段性成果。人們對於儒家經典的認識,也逐步走出疑古,更趨客觀。這表明,經過近百年的曲折發展,儒家經典研究真正進入了康莊大道。

(原載《儒藏論壇》第 5 輯,四川大學出版社,2011 年)

通人之談，治經門徑

——讀廖平、吳之英《經學初程》劄記

一、南皮、湘潭之教

在近代蜀學發展史上，廖平與吳之英以經學著稱，蔚爲大家。兩人都肄業於成都尊經書院，接受張之洞、王闓運的影響，各自在經學研究上取得了巨大的成就，堪稱雙星。廖平以"今古學"早獲盛名，學界多有揚詡。而吳之英"經術湛深，文章爾雅"（黃崇麟語），經學、文章都有很高的造詣。他深通《爾雅》、《公羊》、三《禮》，文章、書法無一不精，博學多能，自成一派。而淡泊名利，豹隱名山，潛心著述，不僅文行爲里黨所重，其學術成就也高標當世，爲近代蜀學的輝煌寫下了厚重的一頁。

廖平（1852—1932）與吳之英（1857—1918）爲尊經書院同學，後來又同爲書院襄教、都講。戊戌年間又共同參與宋育仁主持的蜀學會，辦《蜀學報》。民國初年又共事於四川國學院。兩人交往四十多年，論學談藝，朋友講習，書信往來，惺惺相惜。兩人都是學有根柢的經學大師，各自在學術上有自己的陣地。吳之英尊師重道，謹守張之洞、王闓運之教，重視傳統。而廖平意在創新，建立孔經哲學思想體系，難免有"風疾馬良，去道愈遠"之譏。廖平《今古學考》提出"平分今古"之說，吳之英並不認同，曾寄詩廖平，一方面稱贊其"茂質灝氣，渾沌孤靈"，同時又對其"銳思深入，輒撤藩籬，襲宦奧，據所有，作主人，叱唶指麾肆意焉"的治學態度頗有微詞，曾經多次提出規切。不過廖平並不接受，其經說從一變、二變、三變至於五變、六變，愈變愈離奇。吳詩末稱"每思君法我欲去，又憾我法君不與"①。所謂"君法"，即廖平"推倒一世"、汪洋閎肆、自作主人

---

① 吳之英：《寄廖季平》，見吳洪武、吳洪澤校注：《吳之英詩文集》，四川大學出版社，2008 年，第 72 頁。

的學術風格,而"我法"即吳之英所遵循的從小學入手,明訓詁、求大義的嚴謹治學方法。雖然廖、吳二人經學路數差別較大,但各自成家,都爲近代經學的發展做出了貢獻,不僅扭轉了長期以來蜀學不振的局面,而且將近代蜀學推進到一個新的高度,共同譜寫出近代蜀學的輝煌篇章。

雖然二人晚年學術風格差異巨大,不過,早年廖平與吳之英的經學主張還是比較一致的,這與張之洞、王闓運所提倡的尊經書院學風薰染有很大的關繫。光緒元年(1875)張之洞在成都創辦尊經書院,以"紹先哲""起蜀學""成人材"勉勵蜀士,"要其終也,歸於有用"①,故數月之間,蜀中"文風丕變,需然若決江河"。張之洞又撰著並刊行了《書目答問》《輶軒語》,提倡"紀(昀)、阮(元)兩文達之學",蜀中士人喜識治學門徑,"人人有斐然著述之思"②。受其影響,廖平、吳之英服膺南皮之教,喜於得師,故早年在尊經書院致力於訓詁文字,醉心於考據之學。後來(光緒五年,1879)王闓運來掌教尊經書院,其爲學宗今文,明於禮制,以致用爲鵠的,又善於辭章,爲一代辭宗。王氏之學不同於"江浙派",主張"先通文理,乃後説經,文通而經通,章句之學通,然後可以言訓詁義理"③,故治經講求"大義"。他掌教尊經書院達六七年,對近代蜀學的發展影響深遠。廖平在其影響下厭棄破碎餖飣之學,治經"專求大義"。而吳之英受王氏影響,治《公羊》、三《禮》之學。王闓運對吳非常賞識,稱贊"諸人欲測古,須交吳伯朅"④;學術大師劉師培稱其"簡明雅潔",優於張惠言(《吳虞日記》引);黃崇麟贊"其創通大義,發明正讀,與二戴、高密未知孰爲後先,賈公彥以下弗及也"(《壽櫟樓叢書序》)。這些稱贊並非過譽。

早年廖平與吳之英爲諸生共同撰寫了一本經學入門書——《經學初程》。根據廖宗澤所作《六譯先生年譜》,該書大約完成於光緒十二年丙

---

① 張之洞:《創建尊經書院記》,見《張之洞詩文集》,上海古籍出版社,2008年,第226頁。
② 張祥齡:《翰林院庶吉士陳君墓志銘》,見宋桂梅整理:《張祥齡集》,巴蜀書社,2018年,第218頁。
③ 王代功述:《清王湘綺先生闓運年譜》,臺灣商務印書館,1978年,第92頁。
④ 林志茂等:《民國簡陽縣志》卷六《官師》,見《中國地方志集成·四川府縣志輯》(27),巴蜀書社,1992年。

戌（1886）前後。此時正是廖平"平分今古"思想提出之際。廖譜引本書云："予（按：指廖平本人）己卯治《公羊》……至今七年。湘潭師來主講，至今六載。所刊尊經課藝，皆湘潭之教。"這段文字不知爲何不見於傳本《經學初程》。王闓運主講尊經書院始於光緒五年己卯（1879），至丙戌（1886）已七年。《尊經書院初集》（課藝）刊於丙戌（1886），廖平、吳之英此書或爲襄教尊經書院時作。署名"吳之英同撰"，但何爲廖著，何爲吳著，難以確指。光緒二十三年（1897）成都尊經書局刊印，民國三年（1914）四川存古書局印入《六譯館叢書》中。

該書中有些論述帶有明顯的廖平痕迹，如論區分今古的一些内容。但由於此書成於廖平"經學初變"之際，還比較多地保留了南皮、湘潭之教，是廖平、吳之英寫給初學治經者的一部簡明入門書，其中有不少經驗之談，即使在今天來看也是非常有用的。

該書開宗明義指出："學問之道，視乎資性，凡得力處，人各不同，不能預設程格，以律天下。然臻巧入妙，不可相傳，而規矩準繩，匠人所共。孟子曰：'大匠能與人規矩，不能使人巧。'今之論著，即語以規矩之意也。"①也就是説，雖然每個人的資質不一樣，能夠達到的學術境界也許不同，但僅憑資性是不夠的，做學問有做學問的"規矩準繩"，也就是治學的方法、門徑，具有一定的普適性，是可以傳授的。廖平、吳之英共同撰寫這本小書，就是要向初學者傳授治經學的一些基本方法。

二、易成不能耐久，取巧未必萬全

在廖平、吳之英看來，治經學先要端正學習態度，最重要的是要耐得"苦思"，才能有所成就。他們提出很多觀點都具有借鑒意義，比如：

（一）治經學最忌浮躁

學問必須沉潛苦思，方能有得；没有吃苦耐勞的精神，"華而不實，脆而不堅"，也許就只能"略窺門户"，不能"深入妙境"。因此讀書不可浮

---

① 廖平、吳之英：《經學初程》，見舒大剛、楊世文主編：《廖平全集》第一册，上海古籍出版社，2015年。下引未注出處者皆引自此書。

躁,貴沉思而不貴敏悟。要真正將學問入於内心,必須要有沉静思索、推比考訂功夫。讀書不貴“一見能記,十行俱下”,而貴能“推究尋繹”。他們批評有些人“一讀便解”,沒有深入思考,只有一知半解,可能並非真解。如果只憑口頭記誦,道聽途説,遇到盤根錯節之處,就會敗績。所以只有做到“深入詳考”“心知其意”,才能“百變不窮”。初學者最忌“博覽、泛涉、矜奇”,如果不力求精深,而惟以“泛濫自炫”,縱然讀破萬卷,也沒有什麽真正的收穫。所以説“凡進鋭貪多,好奇喜邁者,終無成就”。

將治經學與治詞章對比,廖平、吳之英認爲,資性敏悟者學詞章,稍知摹古,即有小效。至於治經,若非深通其意,斷無近功。經學不能隨意勦説以欺世。經學抉其理,詞章發其華;經學湛深之儒,詞章自然古茂。

(二) 治經學不能急於求成

他們主張治經歲月大體上以二十歲爲斷。二十以前讀小學書,這時記性好,可以打下比較好的基礎,二十之後悟性開,然後可以研治經學。不可求急助長,應當各用所長。他們反對躐等求進,反對求速效。主張“循序則易悦而有功,躐等則扞格而不入”。泰山之高,積由塵土,有些人貪功求進,結果耗費時日,全無所得。譬如登山,一人安步徐行,一人快步疾走,徐行者到了山頂也不覺得累,還可以欣賞沿途風光,享受登臨之樂,疾走者疲勞困乏,氣衰力竭,往往半途而蹶,哪有登臨之樂?廖平、吳之英反復告誡初學者不可躐等躁進,若無下學之功,遂究高妙之説,是不可能真正有所收穫的。所以講“升高自卑,一定之式也”。

對於考課,廖平、吳之英有自己的看法。尊經書院最初不考課,只分校勘、句讀各門,以便於初學。後來按照官府的意思定爲課試,廖平、吳之英認爲這對於初學者“頗不甚宜”。他們有個比喻:初學治經,正如“寠人求富”,要節衣縮食,收斂閉藏,才可以慢慢積累,徐圖富有。現在剛剛入學,便要求學生作考辨、解説,沒有基本功的積累,面對課試,則茫無頭緒,臨時抱佛脚,勢必蒙昧鈔襲,希圖了事。資性平常的人往往東塗西抹,望文生訓,以希迎合考官,不能循序用功。至於那些“播私慧,弄小巧”的人,一枝一節,自矜新穎,未檢注疏,已詆先儒。若此用功,徒勞無益。因此“學者須知考課之學,非治經之道,當於平時積累,不可於課期猝辦”。他們這些見解值得今日從事教育者深思。

（三）治經要先信後疑

廖平、吳之英主張："讀書要疑要信，然信在疑先。"這一點對初學者來講尤其重要。特別是對於經典，初學者先要帶着"信"的眼光而不是懷著"疑"的心情去讀，先記誦精熟，對先儒之説爛熟於心，"然後審其得失"。如果先存臆見，對先儒之説没有深入理解，"旁皇門外，便發難端，檢校未終，痛詆何、鄭"，難免有妄議前人之譏。

以讀《説文》爲例，應當先信《説文》；讀段（玉裁）、桂（馥）諸説也應當先信段、桂諸説。等到篤信專守到精熟，然後慢慢由信生疑，這也是讀書的一般規律。如果剛開始即多疑，則"旁皇道途，終難入竟"。如果遇到二説不同，則何所信從？廖平、吳之英的解決之道是"各求其理"。如段與桂不合，讀段求段意，讀桂求桂意，"至水到渠成，則孰得孰失，叏然理解矣"。也就是説，隨着學問的增長，自然能夠明白哪家説法比較合理。

對於漢唐注疏，宋元以來批評者多，甚至有棄注疏之説。明清科舉重制義，以致束書不觀，學風浮躁。尊經書院提倡"通經學古"，蜀中學風大變，故廖平、吳之英强調"讀注疏"是初治經學者的入手處。他們要求諸生"讀注疏先須信注疏"，否則就會導致"學無歸宿"。無論研治何經，先要將注實心體會，要篤信注説，對注説有所不解，然後讀疏，將注、疏融會貫通。通過學習，具備了一定的經學根柢，以此爲出發點，再加功力，經過五年、十年的悉心研究，則成績可期。相反，如果初學入門，便懷疑慮於注疏，"先立成見，志在攻駁"，不再細心求通，究其底蘊，必然會導致"學無宗守"，"求異既不自安，前後亦或相反"，朝三暮四，無所依歸，縱然皓首鑽研，可能也難以取得成效。所以他們告誡初學者"入門務在恂謹，苟或狂肆，未能有得"。

（四）治經不可投機取巧

廖平、吳之英告誡學生要"除張惶之習，以歸樸實之途"，治經不可投機取巧，要"迂緩自悟，乃稱心得"，學問貴在自得，不可自欺欺人，不可道聽途説，尤其不可抄襲，"一近剿襲，行同販儈"。學問應守本分，不能"徒炫新奇"，采拾荒唐之言，聳人聽聞。總之"易成不能耐久，取巧未必萬全”,學問只能靠“宏毅自奮”,別無捷徑可走。

（五）做學問還要不耻下問

“學問之道,出門有功”,即使與自己觀點不合,也有啓發意義,何況同道之間,朋友講益,更應該互相觀摩。有些人耻於下問,究其原因,或者有不屑下人之志,或者以爲質疑問難恐貽輕侮,寧可閉户造車。另外有些人則徒有虚名,害怕露餡,所以杜門養拙,藉以自全。這些都是不可取的。

做學問不可護短。“學問之道,天下公同,外求合人,内必自治,乃可信今傳後,垂法無窮”。有些人自知依托,却强詞奪理,護短飾非,矜求名譽。這樣的態度是不對的。一人之手哪能盡掩天下之目?總有一天會敗露,這樣做是非常愚蠢的。

（六）做學問用心要專一

廖平、吴之英把讀書比喻爲吃洋藥,如果讀書能夠“如洋藥之上癮”,其學必有大成。但一般人又很難做到,這需要有“精心堅力”,堅持不懈,才能到此地步。如果治經有點小小收穫便自我滿足,或者稍微遇到一些挫折便自暴自棄,讀書不上癮,這樣的人是不適合治經學的。

三、初學之功,深造之基

廖平、吴之英非常注意給初學者指示治學的門徑,尤其强調初學者要打好基本功。在他們看來,目録、校勘,音韻、訓詁,都是通往經學的階梯,爲治經學者所必備的學問。因此必須重視基本功的訓練,懂得目録、校勘,精熟前人注疏。有此堅實的基礎,才能更上層樓。

（一）目録、校勘,爲初學入門者的必由之道

其中目録的主要作用是瞭解圖書流别,這是“深造之初基”。校勘的作用是“祛舛誤”,這是“精覈之首事”。張之洞曾爲尊經書院學子編寫了《書目答問》《輶軒語》,並親自撰寫《四川省城尊經書院記》,爲蜀中學子開示治學門徑,尤其强調目録、校勘的重要性。廖平、吴之英受其薰

陶，獲益良多。但張之洞離蜀之後，風氣轉移，有人竟以二事爲末，故他
們在《經學初程》中特別强調目録、校勘的重要性，把二者看成初學入門
的必由之路。

不過他們又指出，目録、校勘只是治學的"初階"，進入學術殿堂的重
要工具。治經學如果僅僅停留在"知其目而不知其藴，校其字而不習其
編"，淺嘗則止，不求甚解，就會造成"使初學之功，再無續效"，難以取得
好的成績。因此"經學自小學始，不當以小學止"。

（二）小學、算學都是治經學的初基，必須在這些方面打下基礎

古人治經，先習小學、算學，不僅要學習這些基本知識，還有"磨練其
心，使其耐勞苦，思以返樸質"的目的。古人先入小學，後入大學，原來是
有等次的，不能躐等求進，鄙棄小學。小學是經學的基礎，任何人治經，
都離不開聲音、訓詁。他們批評近來風尚好高務遠，把聲音、訓詁看成只
是童蒙占畢，想繞開這個基本功，橫通絶域。若此之流，不僅學問有所欠
缺，心志也没有得到磨練，難以有所成就。

小學書中，他們特別指出"《説文》爲古學之淵海，最爲有用，其有功
古學，不在賈、馬之下"。因此欲解《左傳》《周禮》《書經》《毛詩》，取之
《説文》而有餘，因爲《説文》所解都爲先師相傳之舊，並非臆解。初學
《説文》，先要認得篆字，又要分得六書，事頗繁難。廖平、吳之英建議初
學者可以立定章程，以抄書爲主，先抄部首五百四十字篆文並段注，將六
書名目注於篆文旁。然後將各部中象形、指事、會意、形聲字分四本鈔
之。又將其中古文、籀文、篆文分別鈔出。通過抄寫，達到"認得清，記得
牢，講得明"的目的。鈔過一遍，漸漸精熟，然後再看段注，參考《爾雅》
《廣雅》《方言》《玉篇》《廣韻》《經籍籑詁》等書進行考校。通過如此功
夫，自然對《説文》就比較熟悉了，以後受用不窮。

古音學也是重要的小學功夫，初學者應該通習。廖平、吳之英推薦
初學者應當看顧寧人（炎武）的《音學五書》，高度評價顧炎武的成就，認
爲"古音大明，全賴顧君"，"欲講古音者，須先求顧書讀之"。其中尤以
《唐韻正》爲要，其書彙集韻證，標舉誤讀，初學者讀之，最易明瞭。後來
江（永）、錢（大昕）、段（玉裁）、王（念孫、引之）諸家之説本原於顧作，但
這些人所言多爲"後半功夫"，初學者閲之不能遽解，故應當先讀顧氏《唐

韻正》。經過這樣的功夫,小學方面就可以打下比較牢靠的基礎。

(三) 讀書治學要"先博後約",這是"一定之理"

博與約的關繫,歷代學者都有討論。在廖平、吴之英看來,學者雖然通曉了小學諸學問,還不能立即去治專經。還必須用一二年時間去博覽前人對諸經的議論考辨,擴大知識面,瞭解各經的源流派別,思量自己比較適合治哪一經,選擇一經以爲宗主,這樣才没有"孤陋扞格之病"。而且經典都是互相關聯的,欲通一經,還得對其他經辨别門户,通達條理,然後本經才可以通,未有不讀群經而能通一經者。所以説博覽群書是學人分内之事,如果苦畏繁難,苟求簡便,枯守窮鄉,閉關自大,不僅窘陋可嗤,難免怪迂,尤多流弊。治經學必須放寬視野,多見多聞。

然而博覽的目的在"便於擇術,以定指歸",做學問必須做到"惟專乃精",才能達到"深造之詣"。如果只爲獲得"鴻博"之名,無所不習,到頭來必至一無所長。從歷史上看,真正稱得上"宏通"之人,代不數人,因此"必是專門,乃能自立"。尤其是對初學者來講,如果泛觀博覽,往而不返,必然會分散精力。初學者心思既分,課程必懈。原先想要"兼長",終歸於"一無所長"。

(四) 精熟前人注疏,也是重要的基本功,初學者不能忽視

廖平、吴之英的經學成就,就是在精研前人成果基礎上的進步。他們強調"治經當以注疏爲主",治《説文》也應當以本注爲主,至於其他那些"枝葉繁博"之書,不必早讀,等到精熟本注之後,再讀《經解》之類諸書,可以"去疑開悟,以資博洽"。讀書時如有所疑,可以先"記存其事",不必急忙去翻撿别書,影響讀書進度,並且可能造成泛濫無歸,産生畏難情緒。

四、經學自小學始,不當以小學止

具備了正確的治學態度,扎實的基本功,這是從事經學研究的必要前提。不過,廖平、吴之英看來,僅僅有小學功夫還不夠,學問還必須更進一層,故他們又特别強調:"經學自小學始,不當以小學止。"小學既通,

則當習經。小學爲經學梯航，自來經學家未有不通小學，但“聲音訓詁，亦非旦夕可以畢功，若沉浸於中，則終身以小道自域，殊嫌狹隘”。在他們看來，小學是經學的梯航，在具備這些基本功之後，就應該以“推尋大義”爲主，而不可沉迷於餖飣考據，不能自拔。

儒家經典數量龐大，其中有難有易。對於初學者來說，先治何經？這可能是諸生比較關心的問題。廖平、吳之英做了解答。在他們眼中，初學者“不可遽讀三《禮》、三《傳》”。他們解釋了其中的原因：“竊以三《禮》、《公羊》皆初學之迷道，又如八門陣，《公羊》、三《禮》爲死門，初學治之，如從死門入也。”《春秋》文約理繁，如果不具備“心思開悟、深明義例”者，不能知其變化。有人花四五年功夫還沒有理出個頭緒，因此“漢人猶不以教子”。至於《禮》學，千頭萬緒，更無總綱，在群經中最號難治，老師宿儒尚不知其要領，初學者一入其中，五花八門，不辨方位。譬如行遠者，“剛出門庭，便入荊棘”，轉來轉去，意趣索然。因此初學者可將三《傳》、三《禮》先放一放。

至於其他經典中，《孝經》一書雖然不入六藝，但爲六藝總綱，其重要性自不待言。其書少，易於通習，“以其事近行習，故以爲初學首基”，這是每個人應當先學習的，爲經學先導。

初學治經，除三《禮》、三《傳》外，其他如《書》《詩》《論》《孟》等，各人可以根據自己的興趣去研習。不過，廖平、吳之英特別強調，無論治哪一經，先要明白該經的源流正變。如治《書》須知今、古文之異，不宜篤守僞孔之學，先儒已有考辯，不可不知。要兼讀馬、鄭注，陽湖孫本（即孫星衍《尚書今古文注疏》）即佳。雖然孔安國《傳》爲僞，然亦須涉獵瞭解，知其短淺，才能愈見馬、鄭之優長。《詩經》則有《傳》、有《箋》，《傳》《箋》互有同異，要各求其旨，以觀其通，不宜執此詆彼，同室操戈。《論語》有何晏集解，《孟子》有趙岐注，過去最稱名家。到宋代朱子注出來之後，近世學人往往不讀古注。然而何、趙“時有精理”，朱注“務叶中味”，各有所長，不容相掩，不可妄議昔人。至於《易經》，治經家以爲畏途，“蓋《易經》合四聖人之論，著以成書，理氣象數，無乎不具”。歷史上名家解說最繁，王注、孔疏之外，李鼎祚《周易集解》保存古説。鄭玄之注，王伯厚（應麟）舊有輯錄。如果粗略瞭解，讀讀王注及其他諸家注義；若要深入研究，則需要下苦功，“蓋語其淺，則王注但長於理，其他故誼師説，可網羅散佚,以闕其全。語其深,則聖人假年之學也,末學無得名焉,在性近者善治之耳"。

"《書》《詩》《論》《孟》《易經》《孝經》皆有可治之方",初學者可以各隨所宜,選擇研究。至於三《禮》、三《傳》,文博誼富,治經稍久,需要具備深厚的基礎,才能着手。三《傳》各立門戶,各有家法,其中條例有的可以相通,有的不必相通。治三《傳》之法,只要"因注例以見傳例,因傳例以見經例",則三《傳》不難於治。登堂入室之後,再根據各自材質的強弱,學力的深淺,引申發揮。而三《禮》之間互相關聯,與三《傳》不同,因此必須"曲關其理",不可"聽其乖違"。禮爲鄭學,應當"通其所通,並通其所不通",東漢鄭玄號稱禮學大師,已有很好的表率作用,初學者可以依據鄭學"謹步趨之"。

三《禮》先讀何經? 這是仁者見仁、智者見智的問題。有人主張當先讀《儀禮》,因爲篇目簡少,節文易明。廖平、吳之英則認爲,讀《禮記》尤較《儀禮》爲易。原因是《儀禮》直舉節目,無字不實,實處已難解悟,空處尚有繁文,不如《禮記》,方言其禮,即詳其義,密疏相間,經緯代宣,方讀其禮而罔罔者,旋讀其義而昭昭。當然治禮者在讀《禮》之始,也可以自己去判斷《儀禮》《禮記》孰晦孰明,根據自己的興趣愛好做出選擇。禮學繁難,入手專治一經,已爲躐等,有人又好大喜誇,兼治三《禮》,廖平、吳之英認爲"此必敗之道也"。不必説中等材質,即使天分過人,最後也必定"勞苦無得"。因此治《禮》難度較大,不能輕敵。

總之,能治三《傳》、三《禮》,"已非疏讜之人",説明經學已有很深的根柢,能夠"自求其安",做出判斷,不必強求。

五、學者之金科玉律

廖平、吳之英對初學者還有很多忠告,他們的很多見解對於我們今天研究經學具有很好的指導意義。

(一) 治經要先熟悉本經

如果本經未熟,就喜新求異,輕率提出所謂"新解",對前人注疏棄若敝屣,不屑一顧,而以異文自炫,這屬於"躐等凌次",實際上經不起推敲。

經學真的如此簡便，還有什麼價值可言！何況學業須有本末，所以他們稱贊北學篤實，"南人之巧，不如北學之拙"。三國時學者董遇教人先讀百遍，言"讀書百遍，其義自見"；又教學者珍惜"三餘"（冬者歲之餘，夜者日之餘，陰雨者時之餘）。廖平、吳之英認爲，"前說可以醫經本不熟之病"，"後說可以警推卸之弊。若勤三餘，則無人不有餘暇矣"。記誦而不論說，爲初學要道；日積月累，功夫到家，自然水到渠成。

（二）治經要先易後難

無論何經，都有深奧難通之處。如天文、地志、草木、禽獸，由於時代變遷，古今差異，要"求其精微"，並非初學淺識者所能。因此"學問之道，如臨戰陣，先其所易，後其所難"。初學者應當致力於比較容易的問題，對於那些疑難之處，可以先緩一緩，姑闕所疑，再慢慢理會。無論哪門學問，有些問題即使皓首也不能精通，暫且放過無妨，不要膠柱鼓瑟，鑽牛角尖，否則未免"因小失大"，到頭來虛耗歲月，無一經可通。

（三）治經貴專

博文約禮，屬於"孔門遺教"。然而即使極聰明之才，也要涉獵三四年，然後才可以談得上研治專經，沒有哪個剛未入門治專經而能通者。揚雄曾說作賦宜多讀，張之洞說寫八股文非記得三四千篇不能工。廖平、吳之英則以爲，非熟看注疏、學海堂《經解》，不可稱爲經生。這是因爲不多讀書，則"見聞陋，心思鄙"，據此以爲根柢，枝葉必然難以敷榮。因此他們向初學者推薦張之洞的《輶軒語》和《書目答問》，認爲這是"學者之金科玉律"。

（四）治經當"急其大者"

廖平、吳之英受王闓運影響，治經以探求"大義"爲目標。他們認爲經典之中有所謂"宏綱巨領"，治經學者不宜局限於瑣細枝葉的考訂，而應該注意那些大的方面。至於說三《禮》之服飾器物，《詩》之鳥獸草木，《書》之山水、官職，《春秋》之日月、爵名，近世學人最喜談此，一事數說，迄無折中。廖、吳以爲，研究經學，不能把功夫花在這些破碎支離的細枝末節上面。批評近今經學少深入之士，皆浮沉於此之誤；"若專說瑣細，必失宏綱”，不僅不能通經，而且細枝末節也將不通。經典中的某些具體知識，在古時童子皆知之事，由於時代的變遷，至今日則老師宿儒也可能弄不清楚。如《禹貢》山川、《周禮》名物、《詩》之鳥獸草木之類。試以《詩經》爲例，孔子教小子以多識鳥獸草木之名，這些東西當時很常見，在今日可能只能靠古書記載，而且歷代經師其言多殊。尊經書院曾經考課以“雎鳩”“荇菜”爲題，以數百人費三四日心力，課試完畢，問學生這到底爲何物？還是説不清楚。因此廖平、吳之英認爲“學不宜從此用工”，因爲這是“枉勞心力”，這些都是經學中的小事，還有更重要的問題需要研究，把精神耗在這等“小事”上，以致陷没終身，這無異於“目見飛塵，不睹泰山之大”。初學最忌從此用功。經學應該以有益身心爲大，不要“捨大循細”。他們贊同宋儒程子所謂“玩物喪志”之説，認爲費心力於細枝末節，無異於“玩物喪志”。

（五）初學者不可輕詆前賢

針對當時“未有初工，竟菲前賢”的不良風氣，廖平、吳之英以修屋比喻治經，象何休、鄭玄等歷代大儒“作室已成，可避風雨”，其中如果有一些小問題需要修補，也必須研究清楚，知其命意所在，才能根據情況做些處理，而不能魯莽拆毀，弄得一塌糊塗，“破瓦殘磚，離然滿目”。如果要想另起營壘，必須深求作者苦心，不花上十年功夫是不會成功的，何況初學入門之人，養成“凌躒之習，輕誹何、鄭”，這是不可取的。事實上要“超何軼鄭”，談何容易！古今學人衆多，恐怕千萬人中也無有一二。因此學者初有所長，便以何、鄭相許，不僅無此事實，也無此道理。

廖平、吳之英也强調了老師的作用，認爲“經學在於得師”，没有老師指點，雖勤無益。但是老師的作用“指示程向”，學生最後造詣如何，能否至於高深，全靠自己的努力。就像旅行，並不是看看“驛程記”之類的書便能飛越關河。有些人雖然没有名師指點，通過自己的努力，也能取得一些成績；而有些人即使有名師指點，却不求上進，最後還是學無所成。所以能取得多大的成就，關鍵在於本人是否篤志潛修。

在書的結尾部分，廖平、吳之英對老師也提出一些忠告：“教人最忌以己所心得使初學行之，己所疑難使初學考之。”老師的私心，不過想要“因人之力以成己之事”，而初學者做這些事，“耗消歲月，浮沉迷津”，可

能會耽誤學業。一般來説老師學力無論深淺，總較弟子爲優。有些問題
經過老師"苦思彌久，乃有此境"，而要求初學者去做、去考，如果老師私
心是想"借人之力"，則未免"其心不恭"；如果想拔苗助長，"躐等凌次"，
則所見"更爲顚頂"。總之，教人之法，應以《學記》爲宗，"以己律人"不
可取。老師要善於"推己及物"，將自己過去初學時的好經驗傳授給學
生，"可即己昔日之甘苦，以爲初學今日之程式"，不必"好爲苟難以困頓
後生"。

　　總之，《經學初程》一書篇幅不大，讀來淺近，却有深意，初學者須認
真體會，才能明白治學三昧。其中有許多經驗之談，具有指點迷津的作
用。在廖平、吴之英看來，要想深入經學的殿堂，需要具備吃苦耐勞的精
神，嚴謹的治學態度，不能急於求成，也不能揠苗助長，要先從目錄、校
勘、音韻、訓詁這些"小學"功夫入手，精熟前人注疏，不可輕詆前賢，然後
由博返約，先治專經，再通群經。他們特別强調治經學不可疲精耗神於
瑣碎不急之事，要把關注點集中於大的、重要的方面。他們的這些治學
主張，既是對張之洞、王闓運尊經書院之教的回聲，也是近代巴蜀經學特
色形成的標志。

圖書在版編目(CIP)數據

儒學轉型與經學變古 / 楊世文著. —上海：上海
古籍出版社，2022.3
ISBN 978-7-5732-0252-9

Ⅰ.①儒… Ⅱ.①楊… Ⅲ.①儒學—研究—中國
Ⅳ.①B222.05

中國版本圖書館 CIP 數據核字(2022)第 029812 號

儒學轉型與經學變古

楊世文　著

上海古籍出版社出版發行

（上海市閔行區號景路 159 弄 1－5 號 A 座 5F　郵政編碼 201101）

（1）網址：www.guji.com.cn

（2）E-mail：guji1@guji.com.cn

（3）易文網網址：www.ewen.co

上海顥輝印刷廠有限公司印刷

開本 710×1000　1/16　印張 20.75　插頁 2　字數 309,000

2022 年 3 月第 1 版　2022 年 3 月第 1 次印刷

ISBN 978-7-5732-0252-9

B·1251　定價：98.00 元

如有質量問題,請與承印公司聯繫